台州统计年鉴

TAIZHOU STATISTICAL YEARBOOK

2016

（总第19期 NO.19）

台州市统计局
国家统计局台州调查队 编

TAIZHOU STATISTICS BUREAU NBS SURVEY OFFICE IN TAIZHOU

中国统计出版社
China Statistics Press

图书在版编目（CIP）数据

台州统计年鉴. 2016 / 台州市统计局，国家统计局台州调查队编. -- 北京 : 中国统计出版社，2016.8
ISBN 978-7-5037-7863-6

Ⅰ. ①台… Ⅱ. ①台… ②国… Ⅲ. ①统计资料－台州市－2016－年鉴 Ⅳ. ①C832.553-54

中国版本图书馆CIP数据核字(2016)第166527号

台州统计年鉴-2016

作　　者/ 台州市统计局　国家统计局台州调查队
责任编辑/ 陈越月　颜邦友
装帧设计/ 台州市机关印刷有限公司
出版发行/ 中国统计出版社
地　　址/ 北京市丰台区西三环南路甲6号　邮政编码/100073
电　　话/ 邮购（010）63376909　书店（010）68783171
网　　址/ http://csp.stats.gov.cn
印　　刷/ 江西宜春资料印务有限公司
经　　销/ 新华书店
开　　本/ 890mm×1240mm　1/16
字　　数/ 1200千字
印　　张/ 40
版　　别/ 2016年 8月第1版
版　　次/ 2016年 8月第1次印刷
定　　价/ 300.00元

如有印装差错，由本社发行部调换。

《台州统计年鉴—2016》编委会与编辑人员

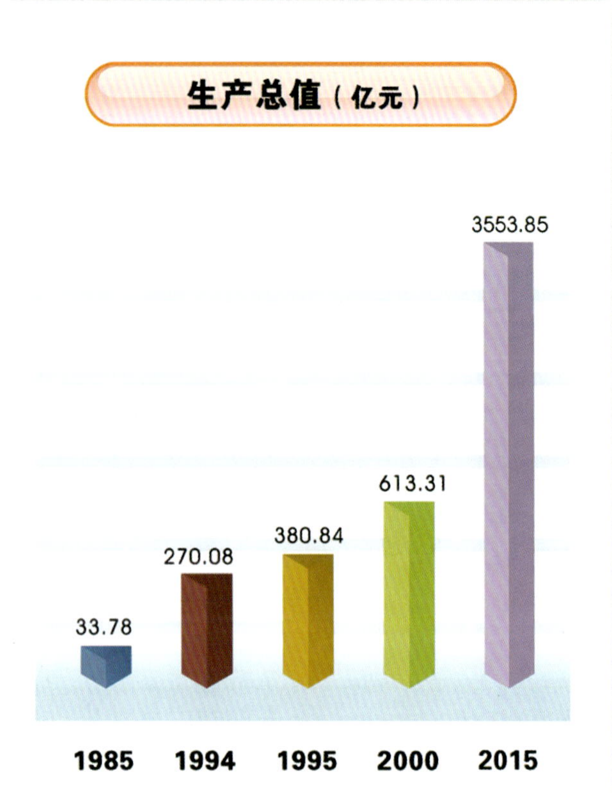
生产总值（亿元）
33.78
270.08
380.84
613.31
3553.85
1985
1994
1995
2000
2015

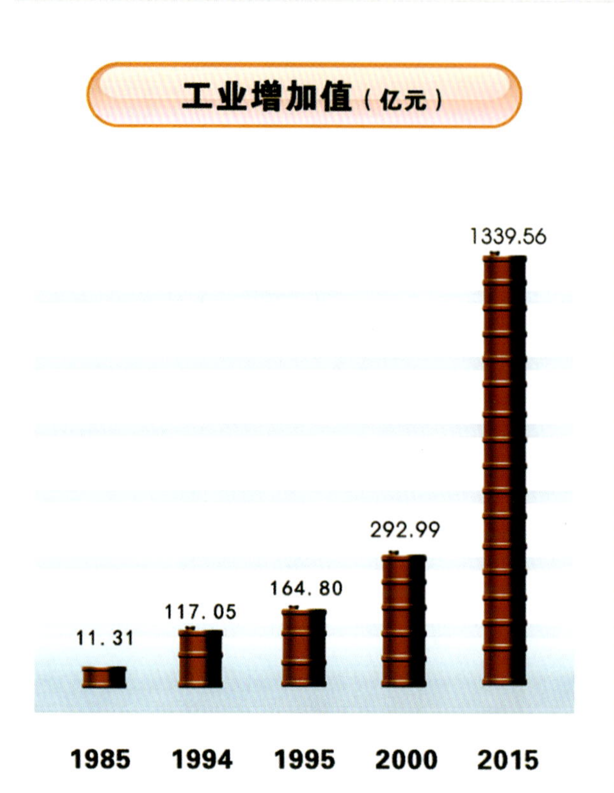
工业增加值（亿元）
11.31
117.05
164.80
292.99
1339.56
1985
1994
1995
2000
2015

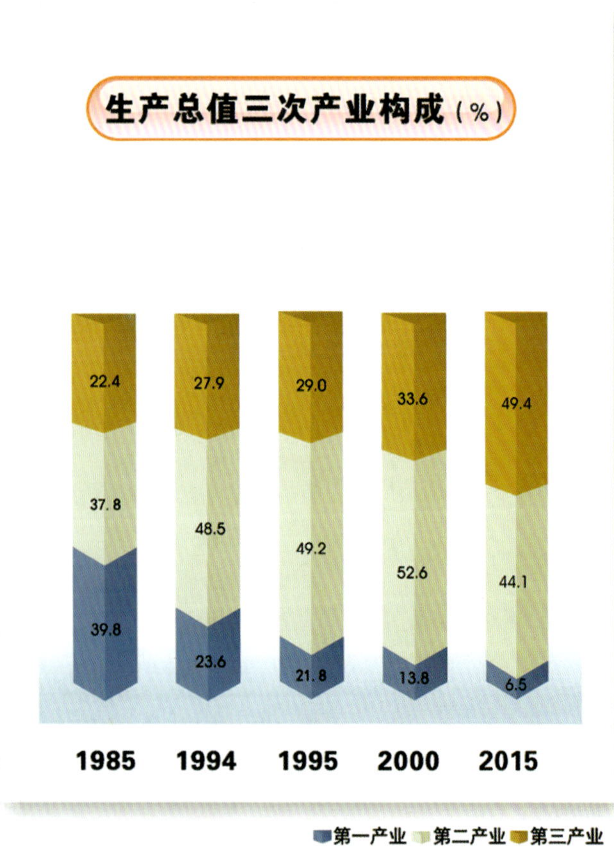
生产总值三次产业构成（%）
22.4
37.8
39.8
27.9
48.5
23.6
29.0
49.2
21.8
33.6
52.6
13.8
49.4
44.1
6.5
1985
1994
1995
2000
2015
第一产业 第二产业 第三产业

人均生产总值（元）
693
5146
7214
11257
59499
1985
1994
1995
2000
2015

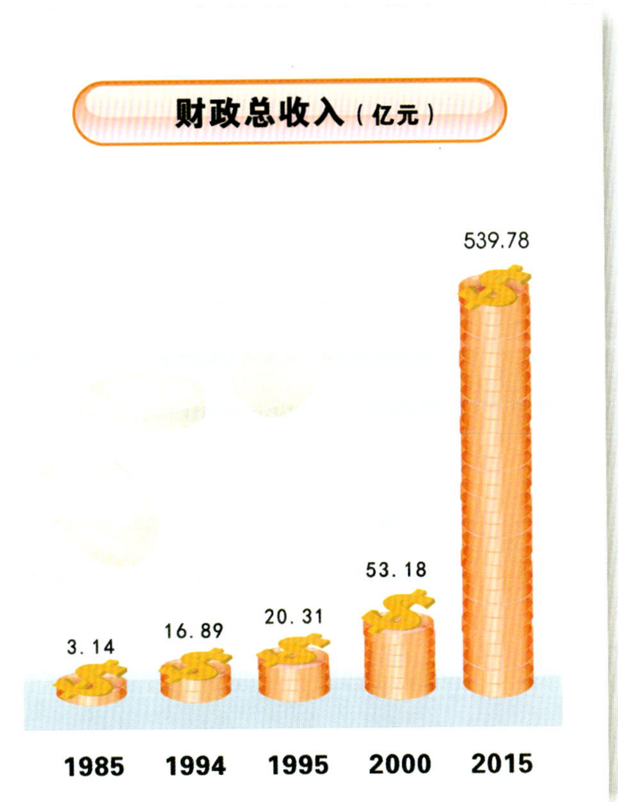
财政总收入（亿元）
539.78
53.18
20.31
16.89
3.14
1985
1994
1995
2000
2015

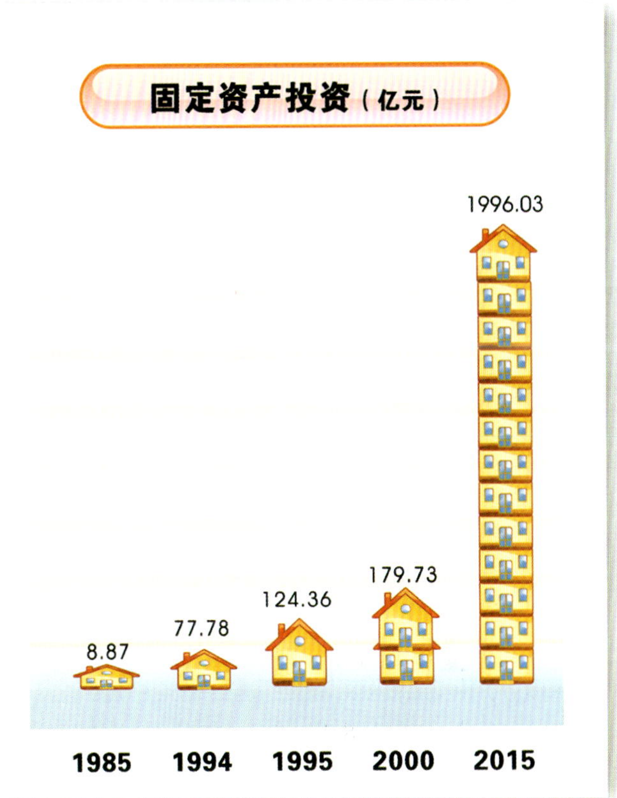
固定资产投资（亿元）
1996.03
179.73
124.36
77.78
8.87
1985
1994
1995
2000
2015

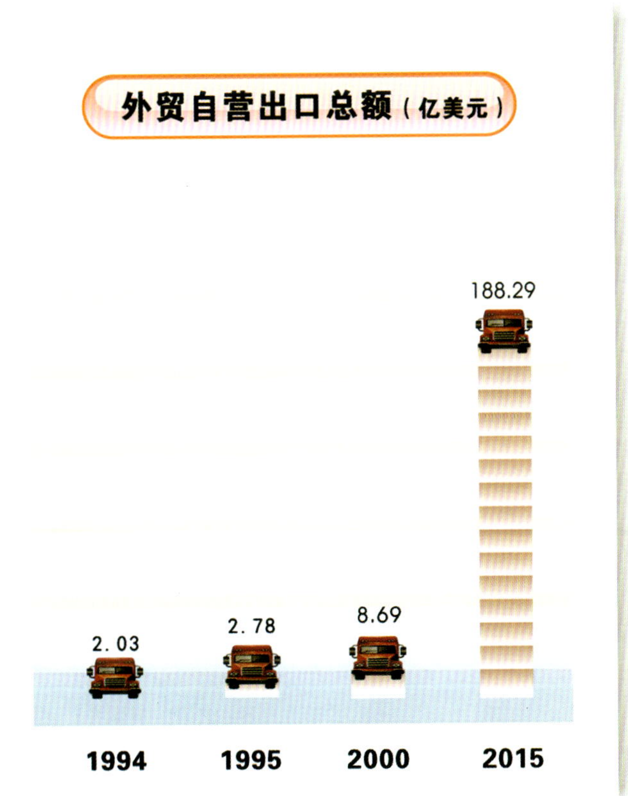
外贸自营出口总额（亿美元）
188.29
8.69
2.78
2.03
1994
1995
2000
2015

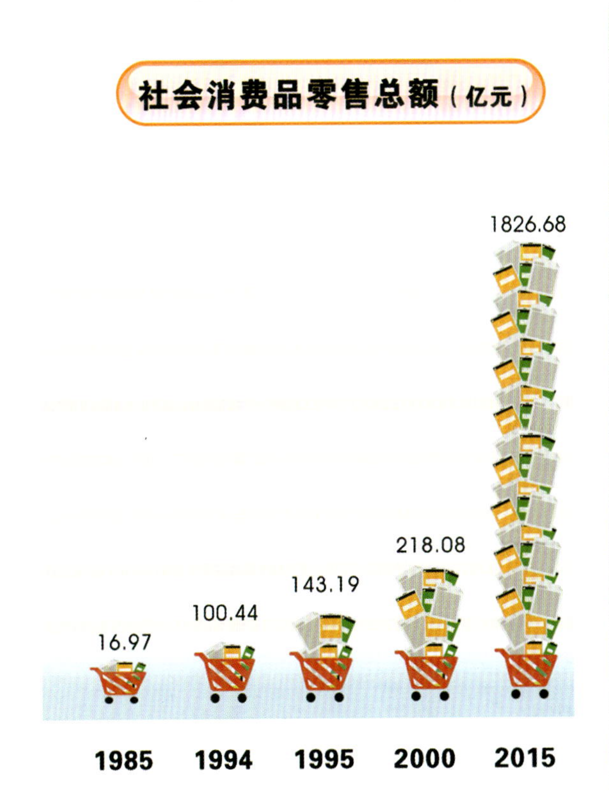
社会消费品零售总额（亿元）
1826.68
218.08
143.19
100.44
16.97
1985
1994
1995
2000
2015

编 辑 说 明

一、《台州统计年鉴—2016》是一部全面反映台州国民经济和社会发展情况的资料性年刊，本年鉴不仅记载了台州市和各县、市、区、乡镇、全省各市及长江三角洲各城市2015年经济和社会各方面大量的统计数据，还整理收录了主要历史年份和撤地建市以来台州主要统计数据。

二、全书内容分21个篇章。即：（1）综合；（2）人口和从业人员；（3）农业；（4）工业；（5）固定资产投资和建筑业；（6）交通运输邮电通信和电力；（7）原材料和能源；（8）批发零售贸易和住宿餐饮业；（9）对外经济贸易和旅游；（10）财政金融保险；（11）物价；（12）人民生活；（13）城市建设和环境保护；（14）教育科技和质量监督；（15）文化卫生体育和广播；（16）档案工会妇联共青团社会保障；（17）各县市区国民经济主要指标；（18）各乡镇社会经济情况；（19）各市国民经济主要指标；（20）长江三角洲各城市国民经济主要指标；（21）统计公报。

为了便于读者使用，每篇章后均附有主要统计指标解释，并在部分表下作了简要注释。

三、本年鉴对过去发表的统计资料重新予以核实，并按统计口径的变化对历史年份数据作了调整，凡以往统计资料与本年鉴不一致的，均以本年鉴为准。

四、本年鉴中部分数据合计数或相对数由于单位取舍不同而产生的计算误差，均未做机械调整。

五、本年鉴中使用的符号：“#”表示其中的主要项；“…”表示数据不足本表最小单位数；“空格”表示无该项指标数据或数据不详。

《台州统计年鉴》自公开出版以来，受到社会各界的重视和好评，为进一步提高年鉴的编辑水平，欢迎读者提出宝贵意见。

目　　录

一、综　　合

二、人口和从业人员

三、农　　业

四、工　　业

五、固定资产投资和建筑业

六、交通运输邮电通信和电力

七、原材料和能源

八、批发零售贸易业和住宿餐饮业

九、对外经济贸易和旅游

十、财政金融保险

十一、物　　价

十二、人民生活

十三、城市建设和环境保护

十四、教育科技和质量监督

十五、文化卫生体育和广播

十六、档案工会妇联共青团和社会保障

十七、各县市区国民经济主要指标

十八、各乡镇社会经济情况

十九、各市国民经济主要指标

二十、长江三角洲各城市国民经济主要指标

二十一、统计公报

1
综 合
General Survey

1-1 人口和自然资源

（2015年）

指　　标		2015年
一、人　口		
年末总人口	（万人）	597.49
人口密度	（人/平方公里）	635
二、土　地		
土地面积	（平方公里）	9411
	（千公顷）	941.1
山地、丘陵占总面积比重	（%）	73.0
平原占总面积比重	（%）	22.4
河流水面占总面积比重	（%）	4.6
三、森　林		
有林地面积	（千公顷）	623.04
森林覆盖率	（%）	60.3
林木蓄积量	（万立方米）	1979.53
四、水文、水利		
淡水总面积	（千公顷）	51.16
其中：已养殖面积	（千公顷）	11.20
滩涂围垦可利用资源	（千公顷）	66.62
其中：已养殖面积	（千公顷）	14.26
已围垦海涂	（千公顷）	50.00
年降水总量	（亿立方米）	177.16
河川年径流量	（亿立方米）	105.27
水资源总量	（亿立方米）	106.18
水力资源蕴藏量	（万千瓦）	53.71
其中：可开发量	（万千瓦）	36.20
已开发量	（万千瓦）	27.37
潮汐能可开发量	（万千瓦）	104.81
其中：已开发量	（千　瓦）	3450
海岸线长度	（公　里）	1660
其中：大陆岸线	（公　里）	745
岛屿个数	（个）	687

注：人口资料取自公安户籍年报，下同。

1－2 行政区划土地面积和人口密度

（2015 年）

地 区	行政区划（个）						土地面积（平方公里）	人口密度（人/平方公里）
	镇 数	乡 数	街道办事处数	城市社区	居民委员会	村民委员会		
全 市	**61**	**24**	**44**	**187**	**143**	**4646**	**9411**	**635**
市 区	10	6	22	77	35	1037	1536	1037
椒江区	1		8	37	4	275	274	1934
黄岩区	5	6	8	25	15	475	988	617
路桥区	4		6	15	16	287	274	1653
玉环县	6	2	3	30	11	276	378	1138
三门县	6	1	3	7	4	510	1072	411
天台县	7	5	3	11	4	597	1426	416
仙居县	7	10	3	15		403	1992	254
温岭市	11		5	16	86	830	836	1454
临海市	14		5	31	3	993	2171	551

1－3 部分县市区平均气温

（2015 年）

单位：摄氏度

地 区	1月	2月	3月	4月	5月	6月	7月	8月	9月	10月	11月	12月	年平均
椒江区	8.3	8.7	12.1	17.1	21.2	25.9	26.9	27.6	24.6	20.9	16.5	10.6	18.4
玉环县	8.8	8.8	11.3	15.8	19.8	24.2	25.4	26.7	24.0	20.9	16.6	10.9	17.8
三门县	7.2	7.9	11.7	16.8	20.8	25.3	26.4	27.1	23.5	19.6	15.2	9.3	17.6
天台县	6.8	7.9	11.9	17.3	21.0	25.1	26.2	26.9	23.0	19.2	14.7	8.6	17.4
仙居县	7.8	8.8	12.9	18.1	21.8	25.8	26.9	27.5	23.5	20.1	15.8	9.6	18.2
温岭市	8.5	8.9	12.2	17.2	21.0	25.9	26.4	27.1	24.2	20.5	16.2	10.3	18.2
临海市	7.6	8.5	12.4	17.3	21.2	25.7	26.5	27.4	23.8	20.1	15.8	9.8	18.0

1-4 部分县市区日照时数

（2015 年）

单位：小时

地 区	1 月	2 月	3 月	4 月	5 月	6 月	7 月	8 月	9 月	10 月	11 月	12 月	全年
椒江区	134.3	85.8	118.7	134.9	96.8	82.1	133.5	168.4	107.5	114.8	43.5	73.4	1293.7
玉环县	158.5	104.8	113.3	114.0	85.1	104.9	171.4	201.1	133.6	140.2	66.5	83.2	1476.6
三门县	114.3	97.5	109.5	140.7	96.2	77.3	140.3	142.5	95.2	113.6	42.0	61.3	1230.4
天台县	135.1	117.7	111.7	160.9	133.4	101.7	173.0	185.3	123.4	146.8	55.8	78.5	1523.3
仙居县	124.8	98.4	113.5	144.2	96.8	102.3	148.7	172.0	106.3	129.6	41.6	71.6	1349.8
温岭市	125.9	87.7	100.0	133.5	96.1	100.1	147.8	163.1	119.4	121.1	56.5	82.4	1333.6
临海市	126.1	110.6	119.3	150.1	104.8	94.7	141.9	182.1	128.7	143.8	55.0	93.1	1450.2

1-5 部分县市区降水量

（2015 年）

单位：毫米

地 区	1 月	2 月	3 月	4 月	5 月	6 月	7 月	8 月	9 月	10 月	11 月	12 月	全年
椒江区	71.6	51.7	107.7	32.7	195.0	108.6	250.3	186.3	112.7	46.9	124.3	197.2	1485.0
玉环县	35.3	49.2	127.3	41.5	147.7	69.6	180.7	206.7	117.2	39.9	82.6	198.4	1296.1
三门县	54.4	76.8	90.3	59.1	159.6	176.3	312.2	400.4	319.5	58.5	251.7	163.2	2122.0
天台县	36.5	80.8	79.6	66.9	184.1	220.1	226.1	364.0	187.2	55.1	227.0	131.0	1858.4
仙居县	33.2	69.0	99.6	42.0	189.0	170.8	290.2	299.1	108.7	89.4	154.7	162.1	1707.8
温岭市	89.6	68.8	117.2	47.1	172.7	75.1	323.0	254.5	136.1	41.6	151.8	227.3	1704.8
临海市	41.3	56.5	90.3	59.7	213.5	140.7	231.2	431.7	132.9	64.1	152.1	160.9	1774.9

1－6 主要年份国民经济和社会发展主要指标

指　　标		1978 年	1990 年	1994 年	2000 年	2010 年	2014 年	2015 年
年末总人口	（万人）	452.71	515.49	526.31	546.62	583.14	597.10	597.49
年末从业人员数	（万人）	176.88	307.23	330.65	340.48	367.56	402.15	403.32
在岗职工人数	（万人）	22.90	33.49	33.64	32.56	64.81	99.33	92.39
其中:国有单位职工	（万人）	12.06	17.90	19.32	17.99	16.65	15.04	15.22
城镇集体单位职工	（万人）	10.84	15.41	13.24	7.40	2.66	4.61	4.39
生产总值(当年价)	（亿元）	10.13	78.91	270.08	613.31	2433.27	3387.38	3553.85
指数(1978 年＝100)	（%）	100.00	450.40	1053.29	2236.03	7472.55	10056.93	10704.76
第一产业增加值	（亿元）	4.74	23.89	63.82	84.60	160.42	215.63	229.75
指数(1978 年＝100)	（%）	100.00	154.50	218.27	286.80	352.81	383.60	397.08
第二产业增加值	（亿元）	3.03	31.90	130.91	322.38	1251.02	1578.85	1567.65
指数(1978 年＝100)	（%）	100.00	920.41	2819.88	6783.60	23729.20	31059.10	32008.25
第三产业增加值	（亿元）	2.36	23.12	75.36	206.33	1021.83	1592.89	1756.45
指数(1978 年＝100)	（%）	100.00	523.08	1200.22	2540.43	10098.84	14455.03	15973.98
在生产总值中:工业增加值	（亿元）	2.52	27.90	117.05	292.99	1128.31	1374.80	1339.56
指数(1978 年＝100)	（%）	100.00	1122.28	3594.97	8783.95	31395.97	40345.18	40844.23
人均生产总值(当年价)	（元）	225	1534	5146	11257	41894	56876	59499
指数(1978 年＝100)	（%）	100.00	393.97	902.77	1846.39	5787.85	7596.48	8062.44

注：本表生产总值、各产业增加值、人均生产总值均按当年价格计算。

1－6 续表1

指　　标		1978 年	1990 年	1994 年	2000 年	2010 年	2014 年	2015 年
全社会客运周转量	（亿人公里）	4.38	24.82	33.99	60.92	97.71	77.32	77.26
公　路	（亿人公里）	3.20	23.67	33.06	60.52	90.58	53.63	50.37
水　运	（亿人公里）	1.18	1.15	0.93	0.40	0.23	0.18	0.17
全社会货运周转量	（亿吨公里）	5.26	27.75	59.20	126.51	1110.64	1466.36	1571.07
公　路	（亿吨公里）	0.34	6.84	20.14	36.74	141.98	157.71	166.16
水　运	（亿吨公里）	4.92	20.91	39.06	89.78	968.66	1308.04	1404.37
固定资产投资总额	（亿元）	1.14	14.48	77.78	179.73	838.07	1765.93	1996.03
财政总收入	（亿元）	1.19	6.59	16.89	53.18	310.62	485.29	539.78
地方财政收入	（亿元）			8.65	26.15	164.88	265.21	298.02
地方财政支出	（亿元）	0.99	4.99	12.20	33.19	222.76	371.47	457.21
金融机构年末人民币存款余额	（亿元）	1.64	31.26	106.19	528.96	3562.80	5609.04	6188.65
其中:城乡居民储蓄存款余额	（亿元）	0.44	15.36	54.64	289.62	1725.08	2892.41	3145.48
金融机构年末人民币贷款余额	（亿元）	3.46	30.79	83.81	330.43	2940.51	4912.24	5429.60
社会消费品零售总额	（亿元）	4.92	37.15	100.44	218.08	960.45	1646.32	1826.68
外贸进出口总额	（亿美元）		0.10	2.45	11.44	170.01	220.79	211.66
其中:外贸出口总额	（亿美元）		0.10	2.03	8.69	139.63	193.51	188.29
商品零售价格指数(以1978年为100)	（%）	100.0	236.0	405.1	472.2	543.5	605.8	604.0
居民消费价格指数(以1978年为100)	（%）	100.0	243.6	427.2	548.1	663.3	752.5	758.5

注：1、本表固定资产投资统计范围2004年及以前为全社会口径，2005年起为计划总投资500万元及以上项目(单位)投资和全部房地产开发企业投资。2、2014年公路运输相关指标统计口径作了调整。

1－6续表2

指　　标		1978年	1990年	1994年	2000年	2010年	2014年	2015年
城镇居民人均可支配收入	（元）	311	1619	5036	8861	27212		
农村居民人均纯收入	（元）	120	918	2256	4296	11307		
城镇常住居民人均可支配收入	（元）						39763	43266
农村常住居民人均可支配收入	（元）						19362	21225
普通高校在校学生数	（人）	413	962	1794	4125	29749	32631	33567
普通高校专任教师数	（人）	79	133	167	381	1579	1645	1633
成人高等学校在校学生数	（人）		1962	1546	4802	22323	37570	34768
普通中学在校学生数	（万人）	22.58	20.01	22.21	33.41	28.68	28.23	28.50
普通中学专任教师数	（人）	10250	9751	11250	17663	20157	22296	23774
小学在校学生数	（万人）	64.96	46.03	49.75	37.05	43.05	48.16	48.09
小学专任教师数	（人）	21860	17010	17952	18809	20510	21318	20536
幼儿园在园儿童数	（万人）	0.85	7.19	8.48	9.79	25.98	23.03	22.43
卫生机构数	（个）	618	730	698	645	1380	3260	3455
其中：医院、卫生院	（个）	417	351	393	340	220	209	262
卫生技术人员	（人）	6998	11011	12406	14841	26765	34836	37841
其中：医　生	（人）	2743	4512	4950	6479	11521	14266	15723
床位数	（张）	4788	7030	7861	9559	16528	22267	24784
其中：医院、卫生院	（张）	4723	6902	7695	9459	16088	21334	23723

注：本表卫生机构数2012年起包括村卫生室。

1－7 主要年份国民经济和社会主要指标发展情况

指　　标	2015 年为下列年份%					平均每年增长%			
	1978 年	1990 年	1994 年	2000 年	2014 年	1979－2015年	1991－2015年	1995－2015年	2001－2015年
年末总人口	132.0	115.9	113.5	109.3	100.1	0.8	0.6	0.6	0.6
年末从业人员数	228.0	131.3	122.0	118.5	100.3	2.3	1.1	1.0	1.1
在岗职工人数	403.4	275.9	274.6	283.8	93.0	3.8	4.1	4.9	7.2
其中:国有单位职工	126.2	85.0	78.8	84.6	101.2	0.6	-0.6	-1.1	-1.1
城镇集体单位职工	40.5	28.5	33.2	59.3	95.2	-2.4	-4.9	-5.1	-3.4
生产总值	10704.8	2376.7	1016.3	478.7	106.4	13.5	13.5	11.7	11.0
第一产业增加值	397.1	257.0	181.9	138.5	103.5	3.8	3.8	2.9	2.2
第二产业增加值	32008.3	3477.6	1135.1	471.8	103.1	16.9	15.3	12.3	10.9
第三产业增加值	15974.0	3053.8	1330.9	628.8	110.5	14.7	14.7	13.1	13.0
在生产总值中:工业增加值	40844.2	3639.4	1136.2	465.0	101.2	17.6	15.5	12.3	10.8
人均生产总值	8062.4	2046.5	893.1	436.7	106.1	12.6	12.8	11.0	10.3
全社会客运周转量	1763.9	311.3	227.3	126.8	99.9	8.1	4.6	4.0	1.6
公　路	1574.1	212.8	152.4	83.2	93.9	7.7	3.1	2.0	-1.2
水　运	14.4	14.8	18.3	42.5	94.4	-5.1	-7.4	-7.8	-5.5
全社会货运周转量	29868.3	5661.5	2653.8	1241.9	107.1	16.7	17.5	16.9	18.3
公　路	48870.6	2429.2	825.0	452.3	105.4	18.2	13.6	10.6	10.6
水　运	28544.1	6716.3	3595.4	1564.2	107.4	16.5	18.3	18.6	20.1

注：本表生产总值、各产业增加值、人均生产总值发展速度按可比价格计算。

1－7 续表1

指标	2015年为下列年份%					平均每年增长%			
	1978年	1990年	1994年	2000年	2014年	1979－2015年	1991－2015年	1995－2015年	2001－2015年
财政总收入	45359.7	8190.9	3195.9	1015.0	111.2	18.0	19.3	17.9	16.7
地方财政收入			3445.3	1139.7	112.4			18.4	17.6
地方财政支出	46182.8	9162.5	3747.6	1377.6	123.1	18.0	19.8	18.8	19.1
金融机构年末人民币存款余额	377356.7	19797.3	5827.9	1170.0	110.3	24.9	23.6	21.4	17.8
其中:城乡居民储蓄存款余额	714881.8	20478.4	5756.7	1086.1	108.7	27.1	23.7	21.3	17.2
金融机构年末人民币贷款余额	156924.9	17634.3	6478.5	1643.2	110.5	22.0	23.0	22.0	20.5
社会消费品零售总额	37127.6	4917.0	1818.7	837.6	111.0	17.3	16.9	14.8	15.2
外贸进出口总额		211660.0	8639.2	1850.2	95.9		35.8	23.7	21.5
其中:外贸出口总额		188290.0	9275.4	2166.7	97.3		35.2	24.1	22.8
商品零售价格指数	604.0	255.9	149.1	127.9	99.7	5.0	3.8	1.9	1.7
居民消费价格指数	758.5	311.4	177.6	138.4	100.8	5.6	4.6	2.8	2.2

1－7 续表 2

指　　标	2015 年为下列年份%					平均每年增长%			
	1978 年	1990 年	1994 年	2000 年	2014 年	1979－2015年	1991－2015年	1995－2015年	2001－2015年
普通高校在校学生数	8127.6	3489.23	1871.01	813.7	102.9	12.6	15.3	15.0	15.0
普通高校专任教师数	2067.1	1227.8	977.8	428.6	99.3	8.5	10.6	11.6	10.2
成人高等学校在校学生数		1772.1	2248.9	724.0	92.5		12.2	16.0	14.1
普通中学在校学生数	126.2	142.4	128.3	85.3	101.0	0.6	1.4	1.2	－1.1
普通中学专任教师数	231.9	243.8	211.3	134.6	106.6	2.3	3.6	3.6	2.0
小学在校学生数	74.0	104.5	96.7	129.8	99.9	－0.8	0.2	－0.2	1.8
小学专任教师数	93.9	120.7	114.4	109.2	96.3	－0.2	0.8	0.6	0.6
幼儿园在园儿童数	2638.8	312.0	264.5	229.1	97.4	9.2	4.7	4.7	5.7
医院、卫生院机构数	559.1	473.3	495.0	535.7	106.0	4.8	6.4	7.9	11.8
卫生技术人员	540.7	343.7	305.0	255.0	108.6	4.7	5.1	5.5	6.4
其中:医　生	573.2	348.5	317.6	242.7	110.2	4.8	5.1	5.7	6.1
卫生机构床位数	517.6	352.5	315.3	259.3	111.3	4.5	5.2	5.6	6.6
其中:医院、卫生院	502.3	343.7	308.3	250.8	111.2	4.5	5.1	5.5	6.3

1-8 按登记注册类型分法人单位数

（2015年）

单位：个

项　　目	法　人 单位数	单产业 法　人	多产业 法　人
总　　计	**120580**	**118265**	**2315**
按登记注册类型分组			
内资	**119950**	**117669**	**2281**
国有	4866	4457	409
集体	1627	1569	58
股份合作	3850	3791	59
联营	20	18	2
国有与集体联营	9	8	1
其他联营	11	10	1
有限责任公司	4439	4120	319
国有独资公司	254	230	24
其他有限责任公司	4185	3890	295
股份有限公司	212	131	81
私营	84475	83165	1310
私营独资	20018	19805	213
私营合伙	4505	4456	49
私营有限责任公司	59807	58775	1032
私营股份有限公司	145	129	16
其他内资	20461	20418	43
港澳台商投资	**302**	**288**	**14**
与港澳台商合资经营	192	185	7
与港澳台商合作经营	7	6	1
港澳台商独资	101	95	6
其他港、澳、台商投资	2	2	0
外商投资	**328**	**308**	**20**
中外合资经营	212	205	7
中外合作经营	7	7	0
外资企业	98	91	7
外商投资股份有限公司	8	2	6
其他外商投资	3	3	0

1－9 按机构类型和行业分法人单位数

（2015 年）

单位:个

项目	法人单位数	单产业法人	多产业法人
总计	**120580**	**118265**	**2315**
按机构类型分组			
企业	95419	93518	1901
事业单位	3440	3205	235
机关	820	689	131
社会团体	1913	1892	21
民办非企业单位	1628	1627	1
基金会	24	24	0
居委会	280	279	1
村委会	4781	4775	6
其他组织机构	12275	12256	19
按三次产业分组			
第一产业	10183	10165	18
第二产业	51646	50930	716
第三产业	58751	57170	1581
法人单位数中:工业	49539	48979	560
按国民经济行业分组			
农、林、牧、渔业	**10433**	**10414**	**19**
农业	7126	7115	11
林业	302	301	1
畜牧业	1522	1516	6
渔业	1233	1233	0
农、林、牧、渔服务业	250	249	1
采矿业	**97**	**95**	**2**
黑色金属矿采选业	2	2	0
有色金属矿采选业	5	5	0
非金属矿采选业	89	87	2
开采辅助活动	1	1	0

1-9续表1

单位:个

项目	法人单位数	单产业法人	多产业法人
制造业	**48930**	**48397**	**533**
农副食品加工业	554	549	5
食品制造业	177	170	7
酒、饮料和精制茶制造业	153	150	3
纺织业	1034	998	36
纺织服装、服饰业	1347	1338	9
皮革、毛皮、羽毛及其制品和制鞋业	4715	4698	17
木材加工和木、竹、藤、棕、草制品业	409	404	5
家具制造业	672	661	11
造纸和纸制品业	1261	1258	3
印刷和记录媒介复制业	784	769	15
文教、工美、体育和娱乐用品制造业	3138	3105	33
石油加工、炼焦和核燃料加工业	19	19	0
化学原料和化学制品制造业	630	613	17
医药制造业	186	174	12
化学纤维制造业	13	13	0
橡胶和塑料制品业	6491	6434	57
非金属矿物制品业	1083	1072	11
黑色金属冶炼和压延加工业	400	392	8
有色金属冶炼和压延加工业	374	372	2
金属制品业	2871	2834	37
通用设备制造业	7464	7390	74
专用设备制造业	3987	3957	30
汽车制造业	4207	4182	25
铁路、船舶、航空航天和其他运输设备制造业	1436	1412	24
电气机械和器材制造业	3200	3132	68
计算机、通信和其他电子设备制造业	373	367	6
仪器仪表制造业	1430	1420	10
其他制造业	209	205	4
废弃资源综合利用业	202	198	4
金属制品、机械和设备修理业	111	111	0

1-9 续表2

单位:个

项目	法人单位数	单产业法人	多产业法人
电力、热力、燃气及水生产和供应业	**512**	**487**	**25**
电力、热力生产和供应业	288	273	15
燃气生产和供应业	29	27	2
水的生产和供应业	195	187	8
建筑业	**2218**	**2062**	**156**
房屋建筑业	378	320	58
土木工程建筑业	607	554	53
建筑安装业	366	344	22
建筑装饰和其他建筑业	867	844	23
批发和零售业	**25093**	**24548**	**545**
批发业	14147	13938	209
零售业	10946	10610	336
交通运输、仓储和邮政业	**1584**	**1510**	**74**
道路运输业	837	801	36
水上运输业	134	130	4
航空运输业	5	5	0
装卸搬运和运输代理业	444	425	19
仓储业	58	56	2
邮政业	106	93	13
住宿和餐饮业	**1429**	**1286**	**143**
住宿业	620	556	64
餐饮业	809	730	79

1-9续表3

单位:个

项　目	法人单位数	单产业法人	多产业法人
信息传输、软件和信息技术服务业	**1061**	**1049**	**12**
电信、广播电视和卫星传输服务	45	37	8
互联网和相关服务	155	154	1
软件和信息技术服务业	861	858	3
金融业	**536**	**458**	**78**
货币金融服务	142	102	40
资本市场服务	242	240	2
保险业	57	21	36
其他金融业	95	95	0
房地产业	**1958**	**1882**	**76**
房地产业	1958	1882	76
租赁和商务服务业	**7716**	**7573**	**143**
租赁业	408	404	4
商务服务业	7308	7169	139
科学研究和技术服务业	**1762**	**1705**	**57**
研究和试验发展	207	203	4
专业技术服务业	1055	1005	50
科技推广和应用服务业	500	497	3
水利、环境和公共设施管理业	**687**	**673**	**14**
水利管理业	120	115	5
生态保护和环境治理业	81	80	1
公共设施管理业	486	478	8

1－9 续表4

单位:个

项　　目	法　人 单位数	单产业 法　人	多产业 法　人
居民服务、修理和其他服务业	**1416**	**1368**	**48**
居民服务业	579	548	31
机动车、电子产品和日用产品修理业	561	549	12
其他服务业	276	271	5
教育	**2434**	**2325**	**109**
教育	2434	2325	109
卫生和社会工作	**777**	**694**	**83**
卫生	500	420	80
社会工作	277	274	3
文化、体育和娱乐业	**1572**	**1555**	**17**
新闻和出版业	21	21	0
广播、电视、电影和影视录音制作业	82	76	6
文化艺术业	278	275	3
体育	186	185	1
娱乐业	1005	998	7
公共管理、社会保障和社会组织	**10365**	**10184**	**181**
中国共产党机关	160	155	5
国家机构	2023	1876	147
人民政协、民主党派	37	37	0
社会保障	30	30	0
群众团体、社会团体和其他成员组织	3054	3032	22
基层群众自治组织	5061	5054	7

1-10 主要年份生产总值

单位:亿元

年份	生产总值	第一产业	第二产业	第三产业	在生产总值中:工业	人均生产总值(元)	
						人民币	美元
1949	1.32	1.00	0.08	0.24	0.08	55	24
1952	1.89	1.35	0.18	0.36	0.17	75	29
1957	2.74	1.67	0.45	0.62	0.40	99	40
1962	3.50	1.98	0.61	0.91	0.53	116	47
1965	4.23	2.56	0.64	1.03	0.54	126	51
1970	5.45	3.22	0.97	1.26	0.81	141	57
1975	6.65	3.53	1.74	1.38	1.49	154	78
1978	10.13	4.74	3.03	2.36	2.52	225	143
1980	14.28	6.18	4.88	3.22	4.19	311	203
1985	33.78	13.44	12.76	7.58	11.31	693	236
1990	78.91	23.89	31.90	23.12	27.90	1534	321
1994	270.08	63.82	130.91	75.36	117.05	5146	597
1995	380.84	83.09	187.49	110.26	164.80	7214	864
1996	445.79	90.80	222.63	132.36	200.15	8391	1009
1997	466.97	84.10	235.09	147.78	214.56	8737	1054
1998	505.42	87.45	256.44	161.53	233.06	9399	1135
1999	550.62	88.41	282.67	179.54	257.13	10173	1229
2000	613.31	84.60	322.38	206.33	292.99	11257	1360
2001	680.80	86.96	355.33	238.51	323.00	12433	1502
2002	782.85	89.17	403.27	290.42	367.47	14247	1721
2003	908.87	90.72	472.96	345.19	427.25	16479	1991
2004	1076.48	94.24	560.29	421.95	504.04	19422	2347
2005	1249.41	102.64	658.88	487.89	599.96	22395	2734
2006	1458.48	105.97	783.80	568.71	710.92	25940	3254
2007	1715.10	113.47	930.35	671.28	847.53	30247	3977
2008	1946.23	122.95	1041.87	781.41	950.02	34041	4901
2009	2041.05	132.22	1056.32	852.51	954.20	35419	5185
2010	2433.27	160.42	1251.02	1021.83	1128.31	41894	6189
2011	2766.47	189.25	1385.66	1191.57	1241.11	47293	7322
2012	2921.32	200.91	1413.17	1307.24	1257.01	49609	7859
2013	3169.37	211.58	1495.76	1462.03	1326.10	53492	8638
2014	3387.38	215.63	1578.85	1592.89	1374.80	56876	9259
2015	3553.85	229.75	1567.65	1756.45	1339.56	59499	9553

注：本表按当年价格计算。人均生产总值均按户籍人口计算。2004 年起第一产业包括农林牧渔服务业。2013 年起三次产业分类依据国家统计局 2012 年制定的《三次产业划分规定》,下同。

1-11 分行业增加值(一)

(1992-2015年)

单位:亿元

年份	农、林、牧、渔业	工业	建筑业	批发和零售业	交通运输、仓储及邮政业	住宿和餐饮业
1992	33.38	45.42	6.68	13.37	9.61	1.82
1993	41.51	74.81	10.20	18.22	10.97	2.24
1994	63.82	117.05	13.86	27.62	15.28	3.80
1995	83.09	164.80	22.69	40.11	20.63	6.69
1996	90.80	200.15	22.47	48.77	22.10	7.76
1997	84.10	214.56	20.53	52.04	24.30	8.33
1998	87.45	233.06	23.38	53.75	26.79	8.26
1999	88.41	257.13	25.54	57.95	28.89	8.83
2000	84.60	292.99	29.40	64.92	31.80	9.99
2001	86.96	323.00	32.33	71.72	33.76	11.02
2002	89.17	367.47	35.80	85.07	38.46	13.59
2003	90.72	427.25	45.72	98.48	43.03	16.18
2004	94.24	504.04	56.24	115.83	48.18	20.11
2005	102.64	599.96	58.92	127.99	54.25	23.76
2006	105.97	710.92	72.88	145.10	65.66	26.59
2007	113.47	847.53	82.82	169.14	73.79	31.57
2008	122.95	950.02	91.85	193.57	83.86	37.57
2009	132.22	954.20	102.12	219.92	80.06	41.07
2010	160.42	1128.31	122.71	258.57	91.56	49.17
2011	189.25	1241.11	144.55	313.91	100.90	58.90
2012	200.91	1257.01	156.16	365.44	108.74	71.07
2013	213.62	1326.10	172.27	412.26	115.93	79.89
2014	217.78	1374.80	206.65	451.59	126.78	99.90
2015	232.08	1339.56	230.43	485.66	141.97	114.71

1－12 分行业增加值(二)

(1992－2015年)

单位:亿元

年　份	金融业	房地产业	其他服务业	信息传输、软件和信息技术服务业	租赁和商务服务业	科学研究和技术服务业
1992	3.26	3.74	8.91			
1993	4.44	5.18	10.28			
1994	5.94	7.07	15.64			
1995	10.18	9.40	23.25			
1996	11.16	11.21	31.36			
1997	8.87	14.08	40.16			
1998	10.75	13.62	48.36			
1999	11.10	16.90	55.88			
2000	11.97	20.47	67.18			
2001	15.97	25.15	80.89			
2002	22.84	30.80	99.67			
2003	28.55	40.82	118.13			
2004	32.77	52.97	152.09	25.77	14.25	5.65
2005	49.51	57.87	174.53	30.23	16.39	6.48
2006	65.74	67.77	197.85	35.86	19.20	6.96
2007	89.72	80.63	226.42	43.39	20.73	7.97
2008	117.71	99.74	248.96	42.33	22.30	7.93
2009	137.43	106.58	267.44	41.39	22.09	8.83
2010	178.54	144.21	299.77	42.10	26.14	9.78
2011	215.70	161.44	340.72	45.01	28.05	10.88
2012	200.88	169.44	391.65	43.92	31.77	12.53
2013	227.60	187.00	434.70	43.16	42.38	24.43
2014	250.23	187.48	472.16	43.78	45.29	26.65
2015	274.11	208.36	526.96	43.02	52.80	29.24

1-13 分 行 业 增 加 值(三)

(1992-2015年)

单位:亿元

年 份	水利、环境和公共设施管理业	居民服务、修理和其他服务业	教 育	卫生和社会工作	文化、体育和娱乐业	公共管理、社会保障和社会组织
1992						
1993						
1994						
1995						
1996						
1997						
1998						
1999						
2000						
2001						
2002						
2003						
2004	3.26	14.03	30.54	18.49	5.08	35.02
2005	3.64	16.77	34.27	21.07	5.65	40.03
2006	4.07	18.66	37.61	23.22	6.68	45.59
2007	4.46	21.51	41.85	25.62	7.78	53.10
2008	4.63	25.28	44.92	25.81	11.86	63.90
2009	5.54	25.93	56.01	27.96	10.95	68.75
2010	5.93	29.77	65.14	30.43	14.31	76.17
2011	5.39	41.17	70.23	36.93	16.53	86.54
2012	5.72	45.98	80.19	46.53	19.29	105.72
2013	9.36	57.31	87.44	49.21	16.87	104.54
2014	11.24	64.83	93.90	55.74	18.07	112.67
2015	12.55	74.41	103.53	61.93	20.05	129.43

1－14 主要年份生产总值构成

单位：%

年 份	生产总值	第一产业	第二产业	第三产业	在生产总值中：工业
1949	100.00	75.69	6.12	18.19	5.88
1952	100.00	71.65	9.46	18.89	8.76
1957	100.00	61.03	16.32	22.65	14.40
1962	100.00	56.63	17.32	26.05	15.16
1965	100.00	60.63	15.11	24.26	12.72
1970	100.00	59.00	17.77	23.23	14.89
1975	100.00	53.08	26.22	20.70	22.42
1978	100.00	46.79	29.91	23.30	24.88
1980	100.00	43.28	34.15	22.57	29.34
1985	100.00	39.79	37.78	22.43	33.48
1990	100.00	30.27	40.43	29.30	35.36
1994	100.00	23.63	48.47	27.90	43.34
1995	100.00	21.82	49.23	28.95	43.27
1996	100.00	20.37	49.94	29.69	44.90
1997	100.00	18.01	50.34	31.65	45.95
1998	100.00	17.30	50.74	31.96	46.11
1999	100.00	16.06	51.34	32.61	46.70
2000	100.00	13.79	52.56	33.64	47.77
2001	100.00	12.77	52.19	35.03	47.44
2002	100.00	11.39	51.51	37.10	46.94
2003	100.00	9.98	52.04	37.98	47.01
2004	100.00	8.75	52.05	39.20	46.82
2005	100.00	8.21	52.74	39.05	48.02
2006	100.00	7.27	53.74	38.99	48.74
2007	100.00	6.62	54.24	39.14	49.42
2008	100.00	6.32	53.53	40.15	48.81
2009	100.00	6.48	51.75	41.77	46.75
2010	100.00	6.59	51.41	41.99	46.37
2011	100.00	6.84	50.09	43.07	44.86
2012	100.00	6.88	48.37	44.75	43.03
2013	100.00	6.68	47.19	46.13	41.84
2014	100.00	6.37	46.61	47.02	40.59
2015	100.00	6.46	44.11	49.42	37.69

1－15 主要年份生产总值指数

（以1952年为100）

年 份	生产总值	第一产业	第二产业	第三产业	在生产总值中：工 业	人均生产总值
1949	72.50	75.91	51.60	62.21	53.58	75.41
1952	100.00	100.00	100.00	100.00	100.00	100.00
1957	141.90	136.40	189.30	149.90	175.70	127.00
1962	137.40	121.80	235.10	184.00	220.90	113.10
1965	183.60	168.30	267.50	237.30	247.40	136.90
1970	223.60	196.30	405.70	297.40	395.10	144.30
1975	266.60	196.10	797.40	420.50	780.90	154.10
1978	385.00	251.30	1355.90	698.90	1201.80	213.10
1980	485.74	250.83	2138.36	909.90	2131.84	263.13
1985	938.24	395.39	5196.46	1690.97	5423.19	479.24
1990	1734.03	388.25	12479.88	3655.80	13487.54	839.54
1994	4055.17	548.52	38234.75	8388.36	43204.29	1923.81
1995	5049.45	637.38	48982.03	10334.27	54366.52	2381.60
1996	5804.89	670.52	58633.16	11546.66	66430.67	2720.72
1997	6115.46	643.70	62764.87	12372.30	72029.13	2849.07
1998	6840.38	700.99	70987.98	13707.40	81266.57	3167.44
1999	7678.87	733.94	80762.04	15469.57	92663.22	3532.71
2000	8608.71	720.73	91978.84	17755.06	105565.50	3934.65
2001	9671.73	748.12	102340.98	20870.06	117732.41	4398.14
2002	11016.46	767.28	117107.66	24466.77	135306.91	4992.15
2003	12655.74	774.35	136435.49	28615.63	157158.42	5713.72
2004	14413.76	775.11	155639.57	33593.52	179416.08	6475.37
2005	16394.42	778.30	180121.79	38319.80	209391.28	7317.34
2006	18721.94	800.59	207904.65	44038.53	240189.90	8291.23
2007	21425.66	813.58	241617.55	50401.48	281309.97	9408.78
2008	23383.96	832.73	261480.05	56218.23	306933.56	10184.40
2009	25395.87	849.90	281541.59	62319.17	328959.50	10973.51
2010	28769.32	886.61	321744.18	70580.80	377316.76	12333.90
2011	31108.54	914.34	341810.00	78510.97	401051.30	13241.99
2012	33389.08	937.52	361691.16	86204.83	422751.98	14118.61
2013	36023.92	944.29	391834.31	93408.10	457387.46	15139.52
2014	38719.19	963.99	421130.37	101026.20	484868.34	16188.10
2015	41213.31	997.86	433999.87	111642.12	490865.93	17181.05

1-16 分行业增加值指数(一)

(1992-2015年,以2004年为100)

年　份	农、林、牧、渔业	工业	建筑业	批发和零售业	交通运输仓储及邮政业	住宿和餐饮业	金融业	房地产业	其他服务业
1992	58.10	12.39	24.58	18.83	37.36	21.11	17.54	16.63	10.44
1993	60.57	17.97	25.96	23.27	36.68	20.29	20.34	20.56	12.37
1994	70.77	24.08	30.87	28.12	47.48	26.47	22.95	23.93	15.86
1995	82.23	30.30	47.03	35.71	52.85	39.25	33.75	24.91	19.82
1996	86.51	37.03	45.99	40.94	54.36	41.91	34.97	25.84	24.09
1997	83.05	40.15	42.23	43.38	57.71	44.31	27.69	32.34	27.27
1998	90.44	45.30	49.28	45.46	61.57	45.88	34.10	32.32	33.59
1999	94.69	51.65	54.49	50.08	64.65	50.55	36.05	40.82	39.84
2000	92.98	58.84	61.81	56.55	68.60	57.27	39.27	49.18	48.09
2001	96.52	65.62	67.17	64.58	71.88	63.82	54.23	59.88	59.05
2002	98.99	75.42	73.44	75.29	81.19	77.01	73.47	68.86	68.56
2003	99.90	87.59	88.36	87.43	90.69	88.95	91.39	84.24	79.96
2004	100.00	100.00	100.00	100.00	100.00	100.00	100.00	100.00	100.00
2005	100.41	116.71	105.50	109.51	110.04	116.35	148.84	108.24	113.02
2006	103.29	133.87	129.46	123.17	127.69	129.22	195.10	125.83	126.44
2007	104.96	156.79	139.31	138.37	140.30	144.60	253.61	142.24	143.06
2008	107.43	171.07	137.95	148.96	152.06	158.36	310.67	159.22	159.25
2009	109.65	183.35	156.35	170.93	150.42	169.08	371.56	175.99	173.12
2010	114.38	210.30	171.57	190.04	170.27	197.33	450.26	201.76	190.82
2011	117.96	223.53	181.43	216.52	188.63	221.13	511.03	210.99	211.38
2012	120.95	235.63	198.78	249.84	205.15	255.67	515.49	222.97	235.71
2013	121.87	254.93	217.81	279.05	223.41	280.28	581.82	235.33	244.56
2014	124.42	270.25	261.81	303.28	244.22	325.42	644.75	243.84	260.03
2015	128.85	273.59	306.00	326.48	275.29	362.36	727.41	275.78	286.34

1-17 分行业增加值指数(二)

(1992-2015年,以2004年为100)

年份	信息传输、软件和信息技术服务业	租赁和商务服务业	科学研究和技术服务业	水利、环境和公共设施管理业	居民服务、修理和其他服务业	教育	卫生和社会工作	文化、体育和娱乐业	公共管理、社会保障和社会组织
1992									
1993									
1994									
1995									
1996									
1997									
1998									
1999									
2000									
2001									
2002									
2003									
2004	100.00	100.00	100.00	100.00	100.00	100.00	100.00	100.00	100.00
2005	117.30	112.29	112.00	109.17	116.73	109.58	113.03	108.63	112.84
2006	139.02	128.85	117.93	120.60	127.87	119.09	122.48	128.37	125.87
2007	166.95	137.23	133.25	127.04	145.32	136.81	132.40	147.01	140.72
2008	182.38	148.79	133.65	125.36	172.19	151.65	130.67	222.05	161.29
2009	183.61	152.45	153.74	155.13	182.61	187.34	138.55	202.78	176.16
2010	189.93	175.27	168.76	162.65	203.73	218.06	142.17	261.54	189.94
2011	202.37	182.23	181.92	143.17	273.02	235.50	167.16	294.98	204.74
2012	200.42	203.99	197.81	165.81	298.37	267.31	175.76	342.15	244.74
2013	202.62	225.00	227.56	192.45	336.27	282.24	181.20	342.94	234.05
2014	206.82	235.57	242.38	223.24	361.44	298.31	200.21	374.59	247.06
2015	212.46	270.31	272.81	244.89	406.88	319.95	216.78	410.15	279.89

1－18 市区主要年份生产总值

单位:万元

年 份	市 区	椒江区	黄岩区	路桥区
1978	32548	11798	12199	8551
1980	47228	19456	16261	11512
1985	123012	49694	41634	31685
1986	134558	52163	46940	35455
1987	158033	58958	56567	42508
1988	204461	72331	75302	56828
1989	233516	76817	86557	70142
1990	251971	85480	89308	77183
1991	320142	106932	117033	96178
1992	416663	135425	155083	126155
1993	566571	175524	215144	175903
1994	889076	277480	344506	267090
1995	1219390	420112	394322	404956
1996	1469187	512340	475342	481505
1997	1664627	589163	506782	568682
1998	1846313	665377	539013	641923
1999	2057792	750645	584676	722471
2000	2315012	852007	646569	816436
2001	2559125	946555	704133	908437
2002	2938954	1081028	805272	1052654
2003	3409949	1272132	907349	1230468
2004	4046993	1517137	1057407	1472449
2005	4676246	1729918	1237310	1709018
2006	5440355	1998309	1459654	1982392
2007	6299807	2290122	1715834	2293850
2008	7102018	2502935	1992212	2606871
2009	7306812	2610850	2009848	2686113
2010	8558216	3073502	2324439	3160274
2011	9862650	3541357	2673431	3647862
2012	10585857	3749956	2868755	3967146
2013	11473843	4064300	3081768	4327775
2014	12332110	4324431	3356469	4651211
2015	12959715	4597188	3538311	4824216

1－19 各县市主要年份生产总值

单位:万元

年　份	玉环县	三门县	天台县	仙居县	温岭市	临海市
1978	7910	7466	8526	8901	20355	18886
1980	12849	9655	11307	10892	27552	27380
1985	27674	22798	25189	22548	69826	57830
1986	30742	26531	27417	26008	84676	74650
1987	39272	30993	31353	32580	107129	86161
1988	58652	40983	44292	44266	139991	112371
1989	59058	45282	53997	50121	152507	136167
1990	73143	46863	58527	53103	161212	137622
1991	98558	57381	69247	59045	216933	157599
1992	128821	66757	79406	70313	278919	194374
1993	173184	83114	109834	96943	421251	267318
1994	283692	116881	157202	129603	657951	411952
1995	393645	150638	196314	158030	933228	573323
1996	479248	172491	211334	177662	1160182	656810
1997	525506	139490	208921	187289	1245195	554209
1998	577629	173035	222958	203712	1353736	605975
1999	656642	194092	250604	227802	1482229	675992
2000	745819	222107	292820	255474	1656554	769872
2001	828499	244602	326569	273822	1782466	875558
2002	964328	291671	374218	322357	1996711	1017712
2003	1110045	346115	437201	365210	2277769	1178192
2004	1275327	415166	532948	440053	2655088	1414103
2005	1491049	495020	621279	512406	3046852	1645667
2006	1808080	586951	721696	600620	3505331	1919255
2007	2255094	708585	837557	702939	4113559	2262489
2008	2557079	832095	961002	790216	4732891	2577347
2009	2452714	890531	1008145	842168	5004864	2772657
2010	3093270	1069088	1188819	1017219	5781044	3285699
2011	3594690	1245436	1377938	1181410	6612895	3694548
2012	3722256	1316007	1491435	1272516	6767718	3902936
2013	4030484	1422857	1606018	1399746	7403194	4246345
2014	4236762	1564290	1737879	1558254	7972117	4393416
2015	4365850	1699508	1882776	1692452	8271472	4648445

1-20 市区主要年份生产总值指数

（以1978年为100）

年　份	市　区	椒江区	黄岩区	路桥区
1978	100.00	100.00	100.00	100.00
1980	126.21	143.02	116.29	118.21
1985	287.40	337.88	252.92	269.27
1986	310.30	354.33	279.57	296.03
1987	365.33	393.90	353.94	345.40
1988	405.60	390.97	436.50	385.73
1989	447.89	401.04	490.74	456.25
1990	471.14	410.82	517.19	493.99
1991	572.51	488.30	639.99	602.05
1992	739.31	647.89	815.33	766.68
1993	863.17	673.45	1004.42	947.66
1994	1075.82	885.85	1164.71	1215.51
1995	1316.58	1128.57	1285.71	1582.65
1996	1560.34	1370.54	1533.47	1820.95
1997	1781.99	1571.90	1663.65	2167.63
1998	2067.28	1863.53	1869.94	2527.81
1999	2384.35	2152.12	2127.98	2943.60
2000	2679.40	2415.56	2379.09	3325.16
2001	3005.48	2713.77	2664.58	3727.94
2002	3433.07	3067.81	3066.93	4280.24
2003	3931.25	3523.53	3474.84	4924.69
2004	4512.59	4052.82	3940.46	5691.03
2005	5127.84	4544.27	4527.22	6503.45
2006	5837.40	5133.94	5231.24	7379.39
2007	6592.53	5722.10	6008.18	8339.83
2008	7147.13	6019.19	6715.04	9098.88
2009	7635.89	6465.52	6999.91	9852.18
2010	8557.45	7270.12	7762.18	11091.85
2011	9338.85	7863.77	8503.98	12174.14
2012	10074.03	8296.54	9218.28	13361.81
2013	10844.90	8901.56	9913.67	14439.04
2014	11729.56	9511.78	10793.16	15714.48
2015	12479.46	10102.73	11555.16	16668.95

1－21　各县市主要年份生产总值指数

（以 1978 年为 100）

年　份	玉环县	三门县	天台县	仙居县	温岭市	临海市
1978	100.00	100.00	100.00	100.00	100.00	100.00
1980	156.70	112.08	114.88	130.29	129.65	145.32
1985	259.63	224.86	203.28	201.99	293.19	227.77
1986	278.31	240.61	211.51	225.66	372.32	285.39
1987	332.22	262.38	218.85	269.38	477.20	321.62
1988	457.68	311.38	275.47	335.51	559.87	374.73
1989	463.27	330.02	306.88	362.95	669.45	442.75
1990	497.55	327.32	322.07	377.83	731.81	403.49
1991	572.50	401.45	361.63	411.72	925.60	446.59
1992	706.87	454.84	394.30	431.41	1150.67	537.66
1993	850.28	492.59	460.92	547.64	1682.98	657.87
1994	1130.88	557.12	543.24	626.95	2177.10	859.77
1995	1393.11	612.24	603.92	703.42	2670.24	969.79
1996	1683.78	610.71	621.85	766.81	3393.82	1087.64
1997	1906.02	498.39	614.14	819.32	3669.45	901.49
1998	2141.09	621.01	669.35	938.89	4162.68	1019.41
1999	2560.88	714.95	778.69	1078.83	4727.57	1169.65
2000	2957.20	803.31	908.08	1205.25	5301.42	1334.03
2001	3344.60	901.31	1018.70	1337.82	5787.66	1527.31
2002	3823.13	1044.62	1172.31	1530.47	6436.30	1755.55
2003	4373.48	1222.20	1343.35	1722.02	7270.97	2025.95
2004	4989.80	1411.65	1569.26	1969.42	8207.53	2350.66
2005	5692.81	1638.49	1783.36	2242.26	9215.75	2676.51
2006	6733.14	1909.60	2025.60	2579.93	10465.19	3056.89
2007	8196.35	2230.64	2280.14	2903.80	11947.56	3504.37
2008	8954.50	2493.97	2519.72	3143.76	13205.24	3854.15
2009	8828.20	2738.93	2721.18	3454.11	14508.92	4274.12
2010	10730.54	3115.52	3044.95	3945.22	15982.56	4850.66
2011	11955.80	3385.44	3371.68	4339.39	17315.92	5186.87
2012	12659.15	3574.36	3666.95	4733.67	18509.31	5556.30
2013	13653.33	3815.67	3931.92	5157.55	19895.45	6002.52
2014	14471.49	4166.39	4257.05	5718.15	21288.51	6221.47
2015	15200.12	4554.50	4648.89	6255.72	22453.33	6674.04

1－22 市区主要年份第一产业增加值

单位:万元

年 份	市 区	椒江区	黄岩区	路桥区
1978	12763	3051	5170	4542
1980	17311	5578	6295	5438
1985	34876	10268	13508	11100
1986	35628	10716	13675	11237
1987	40455	12906	15123	12426
1988	47543	14666	18048	14829
1989	49622	13805	19662	16155
1990	52736	16412	19940	16384
1991	60743	17412	24218	19113
1992	71567	17951	30501	23115
1993	84136	23208	35266	25661
1994	121306	37497	49985	33824
1995	172467	56160	58221	58086
1996	190767	61694	65266	63807
1997	170736	52837	56381	61518
1998	185514	58055	64684	62775
1999	185907	57009	67150	61748
2000	180337	52036	68458	59843
2001	185606	53794	70107	61705
2002	194692	57853	73259	63580
2003	194801	55175	75641	63986
2004	203055	57532	78150	67373
2005	218671	61474	81718	75479
2006	224892	63608	87181	74103
2007	226444	68537	90841	67066
2008	242959	75343	96616	71000
2009	260844	83934	102865	74045
2010	327548	118033	122068	87447
2011	382029	141906	137166	102957
2012	402846	151507	146434	104905
2013	423208	164639	148864	109705
2014	433339	168648	152540	112151
2015	460410	182475	159476	118459

1－23　各县市主要年份第一产业增加值

单位:万元

年　份	玉环县	三门县	天台县	仙居县	温岭市	临海市
1978	3574	4123	4186	5459	8462	7578
1980	3561	5086	5415	6361	9807	12224
1985	8300	10767	11833	12383	26138	23549
1986	8736	11221	11958	13125	29840	28022
1987	10859	13233	13113	14878	38716	27956
1988	16146	17456	16071	17768	47754	32001
1989	17617	20221	19057	19487	50792	36219
1990	20797	20412	17591	22630	53223	41691
1991	29177	23919	20269	22880	79171	48365
1992	32580	24094	20603	22615	94637	53015
1993	50920	32993	24889	30926	108432	58583
1994	83474	57979	36708	34974	180230	88069
1995	117290	73174	40348	38024	224680	118225
1996	134916	75830	45730	38789	236223	136829
1997	137597	43730	44881	38827	256253	122190
1998	137788	62386	46145	39751	259929	126369
1999	139536	66275	46735	40464	262839	131165
2000	136637	69227	47866	41425	255171	134870
2001	132488	75260	49731	41673	260372	141070
2002	129313	81151	51211	44133	261644	140131
2003	122686	87501	52517	47608	264787	144661
2004	122051	92727	54646	52542	265021	152358
2005	130510	103391	63186	60107	286396	164094
2006	133257	106801	66852	64195	290218	173500
2007	136616	114767	73583	77715	312720	192883
2008	153599	125657	76744	85587	334045	210884
2009	165812	134107	76876	87727	360766	236056
2010	197928	161867	102560	108655	420519	285087
2011	242524	194134	108189	122377	505873	337353
2012	253094	210039	116873	131128	535290	359878
2013	264681	225083	119056	132546	571582	379666
2014	269149	229206	121044	135020	582928	385661
2015	293853	247308	127476	141955	623656	402896

1－24　市区主要年份第一产业增加值指数

（以1978年为100）

年　份	市　区	椒江区	黄岩区	路桥区
1978	100.00	100.00	100.00	100.00
1980	118.52	159.04	105.26	106.30
1985	205.69	286.69	185.73	173.59
1986	207.54	302.66	182.01	172.29
1987	235.08	365.24	207.86	177.79
1988	235.00	336.79	229.68	171.57
1989	237.55	308.47	248.75	175.97
1990	241.35	342.25	251.24	160.75
1991	267.95	344.40	309.27	171.58
1992	294.24	319.63	374.52	188.78
1993	290.46	324.33	377.90	175.82
1994	316.72	377.72	416.07	177.28
1995	371.97	493.10	378.20	270.94
1996	394.51	519.03	406.94	284.68
1997	369.21	466.26	365.44	287.58
1998	417.78	531.48	436.70	305.53
1999	437.11	540.51	466.83	319.28
2000	426.30	495.11	471.04	314.17
2001	438.94	508.97	487.52	322.02
2002	461.38	547.66	510.93	332.66
2003	459.31	519.18	523.19	334.42
2004	460.87	522.29	520.66	338.10
2005	455.73	532.81	494.46	340.87
2006	469.99	550.92	536.00	331.33
2007	478.90	552.02	560.66	331.66
2008	488.37	572.42	574.99	330.86
2009	494.81	598.14	580.48	327.30
2010	515.02	641.30	593.26	339.08
2011	529.92	660.22	611.65	347.64
2012	539.48	683.67	625.72	343.27
2013	542.72	697.33	626.76	340.65
2014	555.30	716.07	640.29	347.50
2015	578.58	749.57	669.44	357.73

1－25 各县市主要年份第一产业增加值指数

（以1978年为100）

年份	玉环县	三门县	天台县	仙居县	温岭市	临海市
1978	100.00	100.00	100.00	100.00	100.00	100.00
1980	125.24	113.95	101.68	127.07	120.37	161.53
1985	206.48	186.39	161.45	166.97	274.75	228.85
1986	205.07	185.83	154.14	170.20	371.58	264.84
1987	243.51	188.43	146.06	169.42	452.25	256.13
1988	268.30	199.92	144.41	162.39	429.59	258.33
1989	292.18	207.12	159.25	168.75	603.71	274.17
1990	300.03	181.23	141.52	175.96	615.11	240.97
1991	315.87	238.59	159.57	194.40	693.23	291.93
1992	327.26	249.33	155.78	185.22	704.32	288.23
1993	395.24	270.73	171.05	212.63	743.06	288.04
1994	474.37	347.77	184.41	182.86	877.56	337.39
1995	592.94	386.72	184.41	187.43	965.31	329.35
1996	654.22	331.82	185.22	190.05	970.14	365.88
1997	693.63	198.90	188.81	197.66	1051.63	339.41
1998	724.18	295.57	201.54	210.70	1110.52	366.86
1999	756.30	323.67	210.24	224.78	1149.39	392.58
2000	735.08	335.41	213.31	233.10	1099.97	400.51
2001	720.02	368.32	223.79	234.90	1130.77	423.39
2002	703.65	397.16	230.56	250.15	1127.80	445.04
2003	660.27	428.23	233.86	268.24	1130.19	454.47
2004	632.08	427.88	234.38	283.40	1109.97	460.02
2005	620.82	439.10	241.67	300.05	1112.26	461.68
2006	625.16	453.15	249.40	321.66	1116.71	491.68
2007	621.41	458.59	253.39	338.06	1126.76	507.91
2008	636.45	469.78	259.30	351.40	1133.09	534.65
2009	638.44	480.42	266.44	358.45	1154.17	561.40
2010	671.87	509.14	277.68	379.96	1186.27	591.84
2011	695.36	524.47	284.24	393.26	1219.48	615.16
2012	700.99	548.20	290.07	400.73	1260.95	632.79
2013	691.93	549.29	295.23	402.20	1279.06	638.46
2014	705.66	561.42	302.17	411.51	1304.65	651.65
2015	735.03	583.56	313.96	427.42	1341.03	670.61

1－26 市区主要年份第二产业增加值

单位:万元

年份	市区	椒江区	黄岩区	路桥区
1978	12105	5876	3999	2230
1980	18952	8600	6394	3958
1985	60756	26241	19772	14743
1986	65546	27450	21860	16236
1987	77119	29655	27293	20171
1988	104697	38987	37872	27839
1989	127816	45432	47575	34809
1990	128592	41626	50066	36899
1991	161295	52775	61762	46758
1992	219444	71945	84766	62733
1993	339288	105611	134799	98878
1994	529033	173928	207138	147966
1995	688456	258203	226954	203299
1996	838000	316848	279119	242033
1997	966312	378694	302684	284934
1998	1054524	410379	315510	328635
1999	1179197	464688	340909	373600
2000	1313821	515605	374926	423289
2001	1413010	558660	402198	452152
2002	1578265	610734	452162	515369
2003	1810217	706772	501383	602062
2004	2116833	831249	569441	716143
2005	2465316	942645	676560	846111
2006	2884074	1080425	810805	992844
2007	3311983	1176331	956764	1178889
2008	3665319	1218519	1109708	1337092
2009	3581144	1193872	1071856	1315416
2010	4144092	1378982	1232903	1532207
2011	4694882	1515102	1426305	1753475
2012	4947884	1592732	1467930	1887221
2013	5281254	1713056	1558840	2009358
2014	5660806	1876525	1686225	2098056
2015	5643371	1901726	1704752	2036893

1－27　各县市主要年份第二产业增加值

单位:万元

年　份	玉环县	三门县	天台县	仙居县	温岭市	临海市
1978	2078	1676	2563	2029	5797	5700
1980	5502	2438	3453	2792	9884	8293
1985	13659	6820	7376	6106	20608	17834
1986	14902	7948	8443	7676	23974	22430
1987	19789	9364	9684	11343	31088	28679
1988	30789	13319	16236	18054	39526	39588
1989	29681	14321	20983	21575	46165	54149
1990	32252	15737	23562	18925	50311	53073
1991	39694	19754	28333	22218	62931	59755
1992	59775	28860	33593	29559	94438	73998
1993	71050	33656	51057	40430	188319	121838
1994	126814	37992	68786	55277	280363	191025
1995	184924	44607	87516	69174	425266	274286
1996	238615	57545	86248	79887	574169	320133
1997	264373	48588	81583	83245	604343	247458
1998	294866	57988	87999	92413	663726	279073
1999	349993	66919	105251	106700	734779	317762
2000	411862	80041	127168	123397	845962	367305
2001	472867	84877	143378	129965	910492	425513
2002	567736	102628	168540	155632	1016922	508182
2003	668028	125912	197630	173794	1188978	597504
2004	772140	151335	240762	205140	1407838	723738
2005	917240	194467	285575	239772	1626839	860109
2006	1160442	245951	340966	288702	1899699	1028346
2007	1496990	313572	382773	329817	2243960	1222191
2008	1684266	374137	443365	359323	2575938	1371839
2009	1500807	395063	450459	370595	2686488	1462591
2010	1951561	480004	526079	454002	3089237	1719375
2011	2222064	529074	620847	527153	3445108	1885946
2012	2230270	522251	644956	553258	3223615	1895249
2013	2385270	541011	689724	595782	3430144	2097860
2014	2485695	609870	756471	658761	3698581	2000999
2015	2407779	627691	811559	692300	3563446	2061729

1－28 市区主要年份第二产业增加值指数

（以1978年为100）

年份	市区	椒江区	黄岩区	路桥区
1978	100.00	100.00	100.00	100.00
1980	133.57	125.37	138.89	144.30
1985	378.13	345.03	374.89	463.86
1986	402.32	357.73	401.41	512.73
1987	476.03	374.33	528.05	639.90
1988	551.75	400.44	673.22	722.61
1989	660.24	453.24	829.44	889.54
1990	661.08	373.76	905.08	965.77
1991	854.66	499.10	1143.78	1240.30
1992	1144.76	699.76	1466.63	1664.92
1993	1420.46	781.58	1851.43	2272.93
1994	1716.13	1097.54	1786.15	2951.69
1995	2083.10	1364.62	2123.31	3553.29
1996	2579.97	1685.43	2777.12	4201.20
1997	3060.57	2048.50	3175.23	5013.23
1998	3485.13	2286.08	3519.77	5983.36
1999	4065.59	2662.97	4079.17	7029.98
2000	4541.86	2924.06	4593.75	7948.65
2001	5065.74	3214.30	5197.29	8922.52
2002	5703.21	3504.92	6028.17	10185.40
2003	6544.86	4003.20	6920.19	11748.07
2004	7402.97	4492.30	7793.20	13452.80
2005	8511.43	5029.56	9127.46	15691.10
2006	9661.14	5597.32	10606.57	17860.22
2007	10862.55	5960.48	12265.90	20770.37
2008	11601.49	5931.83	13750.37	22798.64
2009	12122.20	6133.73	14036.55	24500.53
2010	13550.62	6863.69	15652.60	27414.69
2011	14644.73	7180.03	17325.64	29906.51
2012	15869.26	7590.63	18626.14	33298.15
2013	17149.50	8267.72	20014.71	35912.86
2014	18683.01	9028.54	21833.98	39005.14
2015	19364.39	9323.41	22972.58	40068.42

1－29 各县市主要年份第二产业增加值指数

（以1978年为100）

年　份	玉环县	三门县	天台县	仙居县	温岭市	临海市
1978	100.00	100.00	100.00	100.00	100.00	100.00
1980	201.50	97.39	124.65	136.94	141.99	147.04
1985	399.38	264.84	253.48	254.32	273.35	241.12
1986	431.97	263.18	284.11	310.18	271.56	295.80
1987	533.16	320.84	307.97	468.61	405.39	373.09
1988	860.35	462.25	481.81	734.36	499.82	497.16
1989	869.32	538.52	572.25	823.97	597.90	693.59
1990	947.37	576.75	623.20	835.44	677.17	674.72
1991	1000.71	619.21	682.20	848.25	948.82	710.53
1992	1399.11	881.61	779.82	890.01	1479.29	936.51
1993	1670.38	976.84	969.01	1297.78	2809.76	1414.18
1994	2470.38	943.09	1115.54	1723.47	3662.23	1926.93
1995	3220.35	893.21	1280.65	2032.35	4684.41	2218.78
1996	4225.06	1085.01	1267.58	2372.66	6425.61	2605.62
1997	4702.77	963.19	1199.72	2505.32	6968.72	2025.21
1998	5384.16	1025.15	1333.49	2910.57	7910.26	2353.99
1999	6638.89	1225.28	1682.70	3485.91	9100.52	2767.65
2000	7789.15	1409.46	2044.90	4002.58	10379.82	3205.06
2001	9115.88	1547.58	2335.45	4486.90	11359.33	3714.06
2002	10692.54	1779.72	2762.87	5155.44	12776.96	4321.41
2003	12432.25	2151.68	3194.25	5682.58	14800.12	5103.00
2004	14435.13	2502.41	3745.58	6441.31	16897.32	6040.44
2005	16864.28	3179.30	4366.99	7390.46	19189.51	7055.48
2006	20689.79	3911.70	5062.20	8653.72	22127.45	8186.90
2007	26157.00	4863.60	5558.55	9648.87	25613.22	9524.05
2008	28524.92	5540.10	6226.30	10203.71	28400.28	10355.71
2009	26769.15	6173.14	6614.50	11108.75	31451.81	11656.79
2010	33861.00	7192.20	7478.70	13005.50	34655.51	13267.93
2011	37551.57	7496.70	8413.17	14243.25	36893.74	13945.45
2012	39540.80	7676.52	9169.72	15601.17	38119.93	14622.37
2013	42847.80	8053.30	9918.94	16967.73	40646.37	15625.79
2014	45506.59	9000.51	10969.63	18859.80	43531.91	15110.99
2015	46520.52	9844.96	11921.26	20432.61	44737.32	16198.50

1－30　市区主要年份第三产业增加值

单位:万元

年　份	市　区	椒江区	黄岩区	路桥区
1978	7680	2871	3030	1779
1980	10965	5278	3572	2116
1985	27380	13185	8354	5841
1986	33384	13998	11405	7981
1987	40459	16397	14151	9911
1988	52221	18678	19382	14161
1989	56078	17581	19320	19178
1990	70643	27442	19302	23899
1991	98105	36745	31053	30307
1992	125652	45530	39816	40307
1993	143148	46705	45079	51364
1994	238737	66055	87382	85300
1995	358468	105750	109147	143571
1996	440420	133798	130957	175665
1997	527579	157633	147717	222230
1998	606275	196943	158820	250513
1999	692688	228948	176617	287123
2000	820855	284366	203185	333303
2001	960509	334101	231829	394580
2002	1165997	412441	279851	473705
2003	1404931	510186	330325	564420
2004	1727105	628356	409816	688933
2005	1992259	725798	479033	787428
2006	2331390	854276	561669	915445
2007	2761380	1045255	668230	1047896
2008	3193740	1209072	785888	1198780
2009	3464824	1333045	835127	1296652
2010	4086576	1576487	969468	1540620
2011	4785739	1884349	1109960	1791430
2012	5235127	2005717	1254390	1975020
2013	5769381	2186605	1374065	2208712
2014	6237965	2279258	1517703	2441004
2015	6855934	2512987	1674083	2668864

1－31 各县市主要年份第三产业增加值

单位:万元

年　份	玉环县	三门县	天台县	仙居县	温岭市	临海市
1978	2258	1667	1777	1413	6096	5608
1980	3786	2131	2439	1739	7860	6863
1985	5715	5211	5980	4059	23080	16447
1986	7104	7362	7016	5207	30862	24199
1987	8624	8396	8556	6359	37325	29526
1988	11717	10208	11985	8444	52712	40782
1989	11760	10740	13957	9059	55549	45799
1990	20094	10714	17375	11547	57678	42858
1991	29687	13708	20645	13947	74831	49479
1992	36466	13803	25210	18139	89844	67361
1993	51215	16465	33889	25587	124501	86896
1994	73405	20910	51708	39352	197359	132857
1995	91431	32857	68450	50832	283281	180813
1996	105718	39116	79357	58986	349790	199848
1997	123536	47172	82456	65217	384599	184562
1998	144975	52661	88815	71548	430081	200533
1999	167114	60898	98618	80638	484611	227065
2000	197320	72839	117786	90652	555421	267697
2001	223143	84465	133460	102184	611601	308975
2002	267278	107892	154467	122592	718145	369400
2003	319331	132702	187054	143808	824004	436026
2004	381135	171104	237541	182370	982229	538008
2005	443298	197162	272518	212527	1133617	621464
2006	514381	234199	313878	247724	1315414	717408
2007	621488	280246	381201	295406	1556879	847415
2008	719214	332301	440893	345305	1822908	994625
2009	786095	361361	480810	383847	1957609	1074010
2010	943781	427217	560179	454562	2271287	1281237
2011	1130102	522228	648903	531881	2661914	1471249
2012	1238892	583717	729606	588130	3008813	1647808
2013	1380533	656763	797239	671419	3401468	1768819
2014	1481918	725213	860364	764473	3690607	2006756
2015	1664218	824509	943740	858197	4084370	2183820

1-32 市区主要年份第三产业增加值指数

（以1978年为100）

年份	市区	椒江区	黄岩区	路桥区
1978	100.00	100.00	100.00	100.00
1980	127.53	160.46	107.24	113.36
1985	277.46	372.14	210.10	247.50
1986	334.06	396.66	292.01	318.84
1987	405.13	458.98	382.77	374.49
1988	455.60	422.75	489.49	480.43
1989	456.27	384.47	467.05	591.00
1990	549.64	554.67	469.07	717.58
1991	633.23	596.29	551.53	876.48
1992	843.55	839.76	727.48	1109.07
1993	948.16	758.52	997.16	1300.25
1994	1340.88	888.79	1683.98	1773.68
1995	1693.38	1196.54	1811.52	2519.29
1996	1917.36	1466.88	1916.87	2851.89
1997	2155.35	1547.55	2008.00	3537.85
1998	2617.36	2176.03	2273.07	4059.72
1999	3025.35	2532.56	2545.81	4767.56
2000	3550.64	3096.77	2899.69	5519.36
2001	4088.64	3669.00	3276.66	6273.41
2002	4842.79	4426.59	3827.14	7371.80
2003	5654.17	5252.81	4359.12	8608.50
2004	6742.39	6343.10	5143.76	10209.46
2005	7666.40	7187.10	5946.84	11530.11
2006	8848.61	8335.51	6889.22	13218.91
2007	10143.01	9877.39	7947.81	14615.74
2008	11248.09	11027.23	8950.70	15937.58
2009	12370.99	12305.60	9642.60	17503.97
2010	13975.51	13934.62	10715.62	19934.98
2011	15471.32	15560.39	11672.51	22094.44
2012	16684.26	16410.22	12872.57	24034.82
2013	17974.42	17447.14	13961.78	26123.24
2014	19368.90	18347.11	15257.12	28565.50
2015	21168.28	19975.33	16720.21	31277.34

1－33 各县市主要年份第三产业增加值指数

（以1978年为100）

年　份	玉环县	三门县	天台县	仙居县	温岭市	临海市
1978	100.00	100.00	100.00	100.00	100.00	100.00
1980	160.32	119.25	123.75	130.81	130.49	121.66
1985	191.11	247.26	222.61	251.47	346.76	212.65
1986	219.99	326.88	240.38	302.47	497.05	302.15
1987	243.87	344.54	265.36	337.37	603.24	357.57
1988	271.36	353.84	308.23	372.13	816.39	407.95
1989	251.62	318.81	297.86	383.34	854.12	417.49
1990	270.97	316.90	350.04	432.16	967.06	349.78
1991	380.26	405.45	404.74	510.79	1231.11	374.79
1992	453.08	383.55	459.45	623.18	1385.55	488.47
1993	549.31	395.83	521.04	756.94	1638.09	516.72
1994	664.34	439.37	677.33	956.45	2206.14	679.86
1995	729.06	583.29	773.74	1074.79	2626.96	810.12
1996	786.74	604.90	847.31	1107.09	3123.56	838.26
1997	971.16	670.39	861.78	1234.27	3346.83	730.05
1998	1095.81	817.57	930.13	1456.84	3910.30	808.48
1999	1321.94	960.25	1042.67	1637.42	4457.69	924.82
2000	1599.39	1146.61	1232.80	1824.36	5055.33	1090.40
2001	1849.55	1343.30	1392.42	2083.87	5646.60	1275.77
2002	2181.45	1666.63	1616.76	2434.24	6446.03	1499.06
2003	2631.80	2007.18	1905.49	2859.40	7314.05	1756.92
2004	3081.88	2520.53	2307.87	3389.65	8464.68	2075.01
2005	3498.00	2867.11	2608.87	3904.90	9626.93	2364.90
2006	3999.06	3358.61	2962.17	4490.13	11010.03	2689.44
2007	4682.98	3903.79	3490.37	5196.40	12640.44	3094.17
2008	5208.66	4420.64	3856.58	5824.12	14151.18	3490.61
2009	5694.06	4897.35	4267.57	6561.75	15568.34	3833.47
2010	6528.97	5547.05	4778.20	7413.96	17329.06	4393.85
2011	7453.06	6422.56	5284.91	8304.85	19396.66	4835.24
2012	8051.09	7010.50	5795.94	9154.90	21743.97	5363.46
2013	8730.39	7753.65	6212.42	10151.43	23794.32	5944.19
2014	9272.33	8445.74	6642.97	11387.11	25602.03	6658.52
2015	10256.79	9351.43	7339.41	12676.81	27887.46	7194.86

1-34 市区主要年份工业增加值

单位:万元

年 份	市 区	椒江区	黄岩区	路桥区
1978	10732	5022	3723	1987
1980	17000	7554	5919	3527
1985	54825	23284	18240	13301
1986	58899	24124	20054	14721
1987	69174	25861	25024	18289
1988	93345	33402	34703	25240
1989	115459	40323	43571	31565
1990	115482	35586	46252	33644
1991	143251	44258	56336	42657
1992	194319	59771	77461	57087
1993	305645	94712	121311	89621
1994	475734	151088	187993	136653
1995	605992	226348	197183	182462
1996	749203	279027	253459	216717
1997	882086	347339	275365	259382
1998	963968	374267	290166	299535
1999	1074701	416711	315483	342507
2000	1202859	462828	348823	391208
2001	1284404	493489	371371	419544
2002	1421409	534170	417356	469882
2003	1615867	610878	459432	545557
2004	1869800	709131	518531	642138
2005	2237434	833787	632014	771633
2006	2617939	949383	756920	911636
2007	3010817	1037509	894574	1078734
2008	3318548	1069736	1034037	1214775
2009	3216805	1044931	990499	1181375
2010	3756116	1197400	1150501	1408215
2011	4229680	1310344	1321398	1597939
2012	4447698	1374030	1355861	1717808
2013	4736172	1467829	1437409	1830935
2014	5030909	1621584	1550734	1858591
2015	4956294	1629253	1567166	1759875

1－35 各县市主要年份工业增加值

单位:万元

年份	玉环县	三门县	天台县	仙居县	温岭市	临海市
1978	1733	1567	2116	1578	3790	4140
1980	4383	2242	2938	2313	7602	6569
1985	12332	6126	6364	5595	17433	15235
1986	13360	7001	7223	6801	21571	20049
1987	17092	8369	7694	9603	27669	24755
1988	28066	12120	13815	15879	34560	34921
1989	28396	13113	16025	19570	41699	48482
1990	30710	14026	17718	17456	43874	46926
1991	36830	17507	22617	18488	52290	52430
1992	55218	25973	26716	24624	84260	65379
1993	67067	30628	43983	33519	166108	106391
1994	117616	34200	60549	46936	254137	171697
1995	167533	39455	72235	56969	390945	232991
1996	227989	50283	71781	69253	531209	278957
1997	246086	43709	73592	72848	567611	212616
1998	276500	51018	79827	81962	625464	240342
1999	330731	58531	91101	94964	698865	278070
2000	387470	70398	107378	109657	805413	324969
2001	443081	72836	125484	116233	867278	380080
2002	512157	86529	147643	140050	964829	465332
2003	594469	104439	169498	153906	1120323	543670
2004	712886	126146	208288	174720	1318893	644653
2005	851680	164054	245451	199980	1535507	764403
2006	1079766	197144	300776	235465	1779288	922535
2007	1409189	250813	336765	276025	2086360	1110107
2008	1602925	297597	387757	310666	2389819	1248400
2009	1443210	293185	397426	324805	2469397	1286894
2010	1871106	348955	460495	385059	2848074	1517457
2011	2125858	391479	523163	412690	3163210	1650326
2012	2134369	389438	535930	429662	2902717	1650723
2013	2288633	405151	572666	460042	3079783	1793763
2014	2360161	432739	646507	528757	3155933	1663068
2015	2225128	442522	675232	556396	2942778	1716442

1－36 市区主要年份工业增加值指数

（以1978年为100）

年份	市区	椒江区	黄岩区	路桥区
1978	100.00	100.00	100.00	100.00
1980	141.26	131.15	147.32	156.51
1985	412.60	368.73	409.03	531.75
1986	439.92	382.02	438.88	590.46
1987	520.94	399.14	576.69	733.71
1988	602.45	418.88	739.32	828.58
1989	736.46	492.66	919.72	1034.06
1990	733.65	393.90	1003.41	1122.27
1991	947.66	527.26	1265.69	1440.77
1992	1285.25	745.16	1665.57	1941.81
1993	1644.01	890.21	2108.74	2707.03
1994	1961.38	1216.36	2013.67	3536.72
1995	2360.93	1504.46	2390.98	4186.26
1996	2942.09	1869.36	3117.94	5020.32
1997	3554.71	2351.71	3573.33	6083.15
1998	4047.28	2614.58	3968.82	7269.20
1999	4702.32	3008.95	4589.13	8566.28
2000	5255.73	3307.85	5165.44	9685.21
2001	5842.12	3590.57	5852.50	10902.07
2002	6551.51	3883.23	6722.14	12488.68
2003	7494.95	4415.11	7704.68	14360.36
2004	8456.72	4923.65	8654.01	16461.96
2005	9923.92	5676.20	10342.18	19395.76
2006	11240.67	6256.68	11990.42	22182.84
2007	12700.24	6717.22	13921.83	25787.24
2008	13614.35	6718.90	15639.78	28322.51
2009	14191.70	6959.14	15887.21	30327.33
2010	16029.50	7766.87	17904.69	34661.03
2011	17331.04	8164.71	19772.33	37704.23
2012	18748.07	8587.30	21227.93	41971.29
2013	20198.08	9281.50	22769.57	45261.89
2014	21946.15	10209.28	24792.15	48624.53
2015	22614.24	10460.25	26004.88	49607.42

1－37 各县市主要年份工业增加值指数

（以1978年为100）

年份	玉环县	三门县	天台县	仙居县	温岭市	临海市
1978	100.00	100.00	100.00	100.00	100.00	100.00
1980	192.70	99.30	138.09	145.84	191.30	158.78
1985	521.54	433.27	290.87	299.55	413.20	277.10
1986	667.78	429.76	326.14	353.27	429.60	359.40
1987	851.76	521.08	334.66	509.95	649.20	441.45
1988	1450.89	760.84	559.16	830.25	800.80	610.31
1989	1478.45	894.06	621.19	960.70	987.65	872.81
1990	1598.50	956.20	677.23	990.59	1107.15	847.32
1991	1623.92	1001.61	766.90	907.34	1509.83	876.64
1992	2282.91	1446.33	864.29	912.62	2516.85	1174.65
1993	2753.27	1612.66	1213.67	1410.86	4880.98	1816.02
1994	4041.43	1511.06	1421.87	1938.56	6466.34	2526.00
1995	5157.41	1290.45	1522.31	2225.42	8295.69	2732.20
1996	7060.00	1655.64	1524.87	2703.91	11445.32	3288.12
1997	7713.47	1458.62	1563.30	2868.88	12548.13	2525.41
1998	8814.92	1601.57	1748.45	3365.19	14278.51	2943.56
1999	10960.69	1960.32	2118.65	4038.22	16537.59	3516.14
2000	12900.13	2289.65	2523.64	4619.72	18876.95	4116.16
2001	15144.32	2532.35	2997.85	5248.00	20697.52	4822.61
2002	17749.15	2947.66	3558.94	6050.94	23215.08	5743.34
2003	20589.03	3619.73	4060.78	6608.93	26791.62	6780.56
2004	24006.81	4253.18	4828.96	7287.28	30513.94	7921.06
2005	28121.16	5423.36	5579.51	8178.12	34832.36	9209.21
2006	34513.25	6309.05	6618.70	9321.64	39844.46	10759.26
2007	44250.72	7885.44	7280.35	10735.16	45899.27	12719.19
2008	48973.88	9080.04	8195.19	11868.84	51076.40	13961.80
2009	46133.06	9602.74	8801.76	13137.57	56277.96	15310.18
2010	58238.58	11071.40	9922.52	15053.39	62266.03	17536.94
2011	64585.44	11955.25	10862.65	15420.94	66368.13	18440.77
2012	67996.61	12379.16	11738.15	16846.93	67837.51	19299.77
2013	73703.23	13030.20	12690.37	18250.47	71935.66	20509.26
2014	77543.94	14117.64	14418.55	21027.49	74669.63	19412.72
2015	77355.11	15442.53	15461.54	22687.22	75893.25	20809.42

1－38　市区主要年份人均生产总值

单位:元

年　份	市　区	椒江区	黄岩区	路桥区
1978	282	340	248	259
1980	397	547	326	343
1985	975	1299	790	900
1986	1053	1345	880	995
1987	1221	1498	1047	1179
1988	1559	1806	1379	1557
1989	1763	1889	1576	1902
1990	1889	2077	1621	2080
1991	2387	2572	2118	2580
1992	3092	3232	2798	3369
1993	4182	4156	3869	4672
1994	6522	6525	6169	7038
1995	8887	9805	7034	10571
1996	10628	11856	8436	12449
1997	11956	13524	8949	14571
1998	13165	15131	9498	16243
1999	14550	16868	10275	18048
2000	16235	18915	11314	20206
2001	17830	20749	12323	22280
2002	20351	23384	14116	25592
2003	23439	27159	15880	29646
2004	27586	31959	18445	35137
2005	31584	35982	21458	40387
2006	36397	41072	25126	46399
2007	41754	46523	29304	53223
2008	46677	50316	33792	59991
2009	47676	52020	33908	61330
2010	55454	60671	39039	71614
2011	63479	69237	44721	82082
2012	67696	72630	47801	88695
2013	72929	78000	51163	96200
2014	77994	82341	55555	102947
2015	81778	86990	58237	106547

1－39 各县市主要年份人均生产总值

单位:元

年份	玉环县	三门县	天台县	仙居县	温岭市	临海市
1978	250	228	189	231	218	207
1980	394	286	245	279	289	292
1985	790	626	511	559	693	581
1986	865	719	552	641	831	742
1987	1089	825	624	796	1039	846
1988	1604	1071	869	1069	1340	1090
1989	1598	1170	1048	1200	1440	1312
1990	1964	1209	1132	1265	1505	1322
1991	2633	1480	1334	1395	2007	1510
1992	3431	1715	1522	1656	2565	1855
1993	4599	2127	2098	2268	3856	2537
1994	7503	2981	2987	3004	5993	3887
1995	10365	3833	3707	3633	8451	5381
1996	12562	4377	3963	4054	10435	6130
1997	13721	3528	3891	4245	11127	5146
1998	15017	4358	4114	4587	12030	5602
1999	16976	4872	4571	5094	13111	6219
2000	19200	5560	5297	5655	14590	7073
2001	21260	6109	5889	5999	15643	7960
2002	24689	7276	6743	7013	17487	9230
2003	28302	8614	7875	7892	19912	10665
2004	32377	10274	9587	9438	23156	12754
2005	37575	12142	11140	10877	26505	14753
2006	45155	14248	12872	12591	30377	17077
2007	55760	17017	14856	14576	35423	19962
2008	62549	19781	16950	16252	40428	22561
2009	59410	20984	17627	17185	42409	24096
2010	74160	25001	20557	20604	48634	28340
2011	85382	28914	23598	23785	55287	31646
2012	87794	30337	25311	25423	56273	33224
2013	94438	32575	27045	27749	61271	35940
2014	98721	35595	29115	30716	65653	36999
2015	101476	38548	31588	33358	67987	38963

1-40 市区主要年份人均生产总值指数

（以1978年为100）

年份	市区	椒江区	黄岩区	路桥区
1978	100.00	100.00	100.00	100.00
1980	122.62	139.46	113.61	116.43
1985	263.16	306.00	224.62	252.47
1986	280.51	316.56	242.20	274.32
1987	325.95	346.73	299.71	316.30
1988	357.17	338.26	362.61	348.85
1989	390.50	341.77	403.10	408.43
1990	408.04	345.94	422.28	439.49
1991	493.04	407.07	519.74	533.12
1992	633.61	535.80	658.87	675.92
1993	735.85	552.58	806.88	830.89
1994	911.56	721.91	928.10	1057.45
1995	1108.28	912.84	1016.94	1363.97
1996	1303.70	1099.06	1201.59	1554.24
1997	1478.38	1250.41	1290.98	1833.63
1998	1702.58	1468.57	1445.37	2111.62
1999	1947.29	1675.99	1636.71	2427.71
2000	2170.33	1858.39	1814.86	2716.88
2001	2418.62	2061.50	2033.30	3018.46
2002	2745.89	2299.70	2347.17	3435.42
2003	3121.15	2606.91	2651.50	3917.20
2004	3552.86	2958.72	2987.93	4483.46
2005	4000.45	3275.62	3412.99	5073.92
2006	4510.85	3656.85	3914.44	5702.23
2007	5046.94	4028.47	4460.58	6388.37
2008	5425.65	4193.45	4951.42	6912.81
2009	5754.80	4464.46	5133.69	7426.44
2010	6404.63	4973.49	5667.08	8298.07
2011	6942.69	5328.14	6183.95	9043.74
2012	7441.16	5568.81	6677.17	9862.45
2013	7961.95	5920.37	7154.63	10596.16
2014	8568.51	6276.58	7765.82	11482.76
2015	9095.70	6625.08	8267.58	12154.12

1－41 各县市主要年份人均生产总值指数

（以1978年为100）

年　份	玉环县	三门县	天台县	仙居县	温岭市	临海市
1978	100.00	100.00	100.00	100.00	100.00	100.00
1980	151.75	108.60	112.08	129.00	127.18	141.66
1985	234.15	202.20	186.18	193.11	272.29	209.14
1986	247.43	213.73	192.03	214.68	342.02	259.11
1987	291.14	228.90	196.43	253.97	433.07	288.32
1988	395.71	266.67	243.69	312.75	501.43	332.08
1989	396.37	279.47	268.67	335.32	591.56	389.62
1990	422.33	276.96	281.07	347.38	639.06	353.93
1991	483.48	339.55	314.26	375.57	801.19	390.78
1992	595.13	383.01	340.91	392.14	990.10	468.64
1993	713.69	413.27	397.18	494.41	1441.36	570.19
1994	945.44	465.76	465.69	560.95	1855.63	740.89
1995	1159.46	510.47	514.46	624.06	2262.66	831.30
1996	1395.13	507.92	526.15	675.37	2856.14	927.20
1997	1573.09	412.94	516.04	716.74	3068.23	764.56
1998	1759.52	512.46	557.13	815.93	3461.31	860.79
1999	2093.07	587.79	640.82	931.07	3912.78	982.90
2000	2406.72	658.32	741.09	1040.17	4368.98	1113.64
2001	2713.62	736.00	828.74	1142.11	4752.75	1268.28
2002	3092.35	852.29	953.04	1297.43	5274.29	1454.27
2003	3526.23	994.62	1091.62	1450.09	5947.59	1675.05
2004	4004.26	1142.82	1273.52	1645.92	6697.88	1936.41
2005	4534.98	1314.71	1442.62	1854.79	7501.47	2191.62
2006	5315.46	1516.41	1629.92	2107.57	8486.01	2484.42
2007	6406.42	1752.53	1824.55	2346.45	9626.79	2824.17
2008	6923.92	1939.50	2005.05	2519.62	10554.62	3081.57
2009	6759.63	2111.29	2146.50	2746.58	11503.63	3392.80
2010	8132.24	2383.46	2375.44	3114.09	12580.89	3821.49
2011	8976.74	2571.17	2605.03	3404.36	13546.07	4058.02
2012	9438.41	2695.51	2807.57	3685.34	14400.68	4320.25
2013	10112.68	2857.73	2987.10	3984.30	15407.22	4640.39
2014	10659.21	3101.47	3217.54	4392.39	16404.50	4785.60
2015	11168.12	3379.48	3518.79	4804.86	17268.60	5109.66

主 要 统 计 指 标 解 释

生产总值(GDP)　指一国(或地区)所有常住单位在一定时期内生产活动的最终成果。生产总值有三种表现形态,即价值形态、收入形态和产品形态。从价值形态看,它是所有常住单位在一定时期内生产的全部货物和服务的价值超过同期投入的全部非固定资产货物和服务价值的差额,即所有常住单位的增加值之和;从收入形态看,它是所有常住单位在一定时期内创造并分配给常住单位和非常住单位的初次收入分配之和;从产品形态看,它是所有常住单位在一定时期内最终使用的货物和服务价值与货物和服务净出口价值之和。在实际核算中,生产总值有三种计算方法,即生产法、收入法和支出法。三种方法分别从不同的方面反映生产总值及其构成,即从不同的角度反映国民经济生产活动成果。

1. 生产法:

生产总值 = 总产出 - 中间投入

2. 收入法(也称分配法)

生产总值 = 劳动者报酬 + 固定资产折旧 + 生产税净额 + 营业盈余

3. 支出法

生产总值 = 最终消费支出 + 资本形成总额 + 货物和服务净出口

根据国民经济核算范围的整体性与一致性原则,从三个角度测算的生产总值理论上是一致的。即:生产法计算的生产总值 = 分配法(收入法)计算的生产总值 = 支出法计算的生产总值在我国的生产总值核算中,最常用的方法是分配法。

三次产业　是根据社会生产活动历史发展的顺序对产业结构的划分,产品直接取自自然界的部门称为第一产业,对初级产品进行再加工的部门称为第二产业,为生产和消费提供各种服务的部门称为第三产业。它是世界上较为通用的产业结构分类,但各国的划分不尽一致。我国的三次产业划分是:

第一产业:农、林、牧、渔业(包括农业、林业、牧业、渔业和农林牧渔服务业)。

第二产业:工业(包括采矿业;制造业;电力、燃气及水的生产和供应业)和建筑业。

第三产业:除第一、第二产业以外的其他各业。由于第三产业包括的行业多、范围广,根据我国的实际情况,第三产业可分为:1. 批发和零售业;2. 交通运输、仓储和邮电业;3. 住宿和餐饮业;4. 信息传输、软件和信息技术服务业;5. 金融业;6. 房地产业;7. 租赁和商务服务业;8. 科学研究和技术服务业;9. 水利、环境和公共设施管理业;10. 居民服务、修理和其他服务业;11. 教育;12. 卫生和社会工作;13. 文化、体育和娱乐业;14. 公共管理、社会保障和社会组织;15. 国际组织。

当年价格　指报告期的实际价格。

可比价格　指计算各种总量指标所采用的扣除了价格变动因素的价格,可进行不同时期总量指标的对比。按可比价格计算总量指标有两种方法:一种是直接用产品产量乘某一年的不变价格计算;另一种是用价格指数进行缩减。

不变价格　指以同类产品某年的平均价格作为固定价格,用于计算各年的产品价值。按不变价格计算的产品价值消除了价格变动因素,不同时期对比可以反映生产的发展速度。本《年鉴》所列的农业总产值指数是按不变价格计算的。计算有关年份产值增长速度,可用指数直接进行计算。

平均增长速度　在我国计算平均速度有两种方法,一种是"水平法",又称几何平均法,是以间隔期最后一年的水平同基期水平对比来计算平均每年增长(或下降)速度;另一种是"累计法",又称代数平均法或方程法,是以间隔期内各年水平的总和同基期对比来计算平均每年增长(或下降)速度。本《年鉴》内所列的平均增长速度,除固定资产投资用"累计法"计算外,其余都是用"水平法"计算的。

2

人口和从业人员

Population and Employment

2-1 主要年份年末总户数和户籍人口数

年份	总户数（万户）	总人口数（万人）	按性别分		按户籍分		按城乡分	
			男性	女性	农业人口	非农业人口	城镇人口	农村人口
1949	60.43	240.57	123.10	117.47	222.36	18.21		
1952	67.32	251.74	128.75	122.99	229.63	22.11		
1957	72.16	282.99	145.03	137.96	256.58	26.41		
1962	77.94	306.74	156.57	150.17	278.87	27.87		
1965	79.52	339.84	174.44	165.40	315.60	24.24		
1970	87.58	391.75	201.04	190.71	366.17	25.58		
1975	97.41	434.56	223.58	210.98	408.47	26.09		
1978	105.70	452.71	233.41	219.30	426.73	25.98		
1980	109.92	461.61	237.98	223.63	430.09	31.52		
1985	126.03	490.08	253.72	236.36	448.94	41.14		
1990	149.29	515.49	267.27	248.22	468.42	47.07		
1994	157.40	526.31	272.83	253.48	472.42	53.89		
1995	159.04	529.56	274.51	255.05	471.88	57.68		
1996	161.42	532.98	276.21	256.77	471.61	61.37		
1997	164.61	535.98	277.63	258.35	469.72	66.26		
1998	168.15	539.51	279.53	259.98	463.88	75.63		
1999	173.26	542.98	281.13	261.85	461.41	81.57		
2000	175.56	546.62	282.77	263.85	455.83	90.79		
2001	177.49	548.52	283.63	264.89	456.43	92.09		
2002	179.71	550.46	284.42	266.04	456.65	93.81		
2003	182.03	552.61	285.38	267.23	457.26	95.35		
2004	183.89	555.92	286.87	269.05	459.23	96.69		
2005	186.83	559.85	288.71	271.14	461.54	98.31		
2006	189.12	564.66	291.01	273.65	464.86	99.80		
2007	191.99	569.39	293.25	276.15	467.51	101.88		
2008	193.69	574.06	295.38	278.68	470.71	103.35		
2009	193.34	578.47	297.54	280.93	474.08	104.39		
2010	192.68	583.14	299.68	283.46	477.48	105.67		
2011	192.30	586.79	301.35	285.43	480.03	106.76		
2012	191.70	590.95	303.26	287.69	483.07	107.87		
2013	191.52	594.04	304.60	289.44	485.32	108.72		
2014	190.85	597.10	305.88	291.23	482.97	114.13		
2015	191.77	597.49	305.61	291.88			260.35	337.14

2-2 市区主要年份年末户籍人口数

单位:万人

年 份	市 区	椒江区	黄岩区	路桥区
1978	117.37	34.86	49.32	33.19
1980	119.31	35.74	49.99	33.58
1985	126.97	38.52	53.02	35.43
1986	128.57	39.06	53.69	35.82
1987	130.34	39.68	54.38	36.28
1988	131.99	40.43	54.83	36.73
1989	132.96	40.90	55.03	37.03
1990	133.77	41.41	55.17	37.19
1991	134.47	41.73	55.36	37.38
1992	136.14	42.08	55.48	38.58
1993	135.91	42.39	55.73	37.79
1994	136.73	42.66	55.96	38.11
1995	137.70	43.03	56.16	38.51
1996	138.79	43.40	56.54	38.85
1997	139.67	43.73	56.73	39.21
1998	140.83	44.22	56.77	39.84
1999	142.03	44.78	57.03	40.22
2000	143.17	45.31	57.27	40.59
2001	143.90	45.93	57.01	40.96
2002	144.93	46.53	57.09	41.31
2003	146.05	47.15	57.19	41.71
2004	147.37	47.79	57.47	42.11
2005	148.75	48.37	57.86	42.52
2006	150.20	48.94	58.33	42.93
2007	151.56	49.51	58.77	43.27
2008	152.75	49.98	59.14	43.64
2009	153.77	50.40	59.41	43.96
2010	154.89	50.92	59.67	44.30
2011	155.85	51.38	59.89	44.58
2012	156.90	51.88	60.14	44.87
2013	157.76	52.33	60.33	45.10
2014	158.47	52.71	60.51	45.26
2015	159.29	52.99	61.01	45.30

2-3 各县市主要年份年末户籍人口数

单位:万人

年份	玉环县	三门县	天台县	仙居县	温岭市	临海市
1978	31.84	33.17	45.40	38.76	94.18	91.99
1980	32.86	33.99	46.49	39.07	95.71	94.19
1985	35.32	36.65	49.47	40.40	101.26	100.01
1986	35.79	37.15	49.91	40.74	102.46	101.19
1987	36.35	37.98	50.62	41.16	103.75	102.58
1988	36.77	38.57	51.37	41.65	105.20	103.56
1989	37.12	38.84	51.68	41.91	106.58	104.03
1990	37.36	38.65	51.71	42.05	107.72	104.23
1991	37.50	38.88	52.12	42.35	108.48	104.54
1992	37.59	38.98	52.23	42.57	109.01	105.05
1993	37.73	39.16	52.48	42.93	109.50	105.72
1994	37.89	39.25	52.78	43.34	110.06	106.27
1995	38.07	39.35	53.14	43.67	110.79	106.84
1996	38.23	39.47	53.50	43.98	111.58	107.44
1997	38.37	39.61	53.88	44.27	112.23	107.95
1998	38.56	39.79	54.52	44.56	112.83	108.39
1999	38.79	39.88	55.12	44.88	113.28	109.00
2000	38.89	40.02	55.44	45.48	113.80	109.83
2001	39.03	40.06	55.47	45.82	114.09	110.15
2002	39.13	40.11	55.52	46.12	114.28	110.37
2003	39.28	40.25	55.52	46.43	114.50	110.58
2004	39.50	40.57	55.66	46.82	114.82	111.18
2005	39.84	40.97	55.88	47.39	115.09	111.92
2006	40.23	41.42	56.26	48.01	115.70	112.86
2007	40.66	41.86	56.50	48.44	116.56	113.82
2008	41.10	42.27	56.89	48.80	117.58	114.66
2009	41.47	42.60	57.50	49.21	118.45	115.47
2010	41.96	42.92	58.16	49.53	119.29	116.40
2011	42.25	43.23	58.62	49.81	119.93	117.09
2012	42.55	43.53	59.22	50.29	120.60	117.85
2013	42.81	43.83	59.54	50.60	121.05	118.45
2014	43.02	44.06	59.84	50.87	121.80	119.04
2015	43.02	44.11	59.37	50.60	121.53	119.57

2-4 主要年份人口自然变动情况

年　份	出　生		死　亡		自然增长	
	人数（人）	出生率（‰）	人数（人）	死亡率（‰）	人数（人）	自然增长率（‰）
1949	61063	25.58	32794	13.74	28269	11.84
1952	70721	28.27	30600	12.23	40121	16.04
1957	105765	38.05	25120	9.04	80645	29.01
1962	103246	34.08	24548	8.10	78698	25.98
1965	135207	40.43	28458	8.51	106749	31.92
1970	119335	30.87	23123	5.98	96212	24.89
1975	96398	22.37	27793	6.45	68605	15.92
1978	77592	17.25	25928	5.76	51664	11.49
1980	61815	13.45	26211	5.70	35604	7.75
1985	70894	14.54	27879	5.72	43015	8.82
1990	58776	11.43	27818	5.41	30958	6.02
1994	66000	12.57	29922	5.70	36078	6.87
1995	67425	12.77	32057	6.07	35368	6.70
1996	68640	12.92	32010	6.03	36630	6.89
1997	63482	11.88	31319	5.86	32163	6.02
1998	68263	12.69	32162	5.98	36101	6.71
1999	68220	12.60	31945	5.90	36275	6.70
2000	72905	13.38	33565	6.16	39340	7.22
2001	61712	11.27	31417	5.74	30295	5.53
2002	64052	11.66	33072	6.02	30980	5.64
2003	66612	12.08	33478	6.07	33134	6.01
2004	75969	13.71	32927	5.94	43042	7.77
2005	74640	13.37	34823	6.24	39817	7.13
2006	73612	13.09	32502	5.78	41110	7.31
2007	67765	11.95	32665	5.76	35100	6.19
2008	65301	11.42	34478	6.03	30823	5.39
2009	66741	11.58	34660	6.01	32081	5.57
2010	72862	12.54	36699	6.32	36163	6.22
2011	65503	11.20	34785	5.95	30718	5.25
2012	75335	12.79	36209	6.15	39126	6.64
2013	63717	10.75	34568	5.83	29149	4.92
2014	65957	11.07	35651	5.98	30306	5.09
2015	71395	11.95	36560	6.12	34835	5.83

2-5 主要年份年末从业人员数

单位:万人

年　份	从业人员总数	第一产业	第二产业	第三产业	#城镇集体以上单位在岗职工	国有经济单位	城镇集体经济单位	其他经济单位	#城镇私营和个体从业人员
1952	100.74				3.34	2.55	0.79		2.89
1957	114.39				6.40	4.14	2.26		2.94
1962	122.02				9.30	5.08	4.22		0.70
1965	129.82				9.74	5.41	4.33		0.62
1970	145.58				12.59	7.33	5.26		0.50
1975	157.86				16.75	9.41	7.34		0.26
1978	176.88				22.90	12.06	10.84		0.34
1980	185.19				23.93	13.95	9.98		0.60
1985	268.79				29.94	15.99	13.90	0.05	1.14
1990	307.23				33.49	17.90	15.41	0.18	2.16
1994	330.65				33.64	19.32	13.24	1.08	9.37
1995	341.04	161.18	102.10	77.76	34.18	20.34	12.57	1.27	11.99
1996	341.23	157.20	104.77	79.26	34.32	20.47	12.34	1.51	11.87
1997	340.75	152.99	111.38	76.38	34.70	20.94	12.11	1.65	12.36
1998	341.19	147.52	113.92	79.75	34.42	20.13	10.32	3.97	11.28
1999	340.70	143.48	114.87	82.35	34.19	19.41	9.36	5.42	13.21
2000	340.48	135.52	116.03	88.93	32.56	17.99	7.40	7.17	13.82
2001	343.24	130.21	119.15	93.88	31.74	16.94	5.52	9.28	26.15
2002	347.25	125.90	120.85	100.50	31.77	15.95	4.19	11.63	29.84
2003	358.87	122.31	127.40	109.16	32.87	15.04	3.75	14.08	33.69
2004	364.13	106.21	136.89	121.03	35.31	15.49	3.84	15.98	42.22
2005	368.67	103.83	140.06	124.78	39.13	15.43	3.21	20.48	44.57
2006	370.21	101.43	142.50	126.28	40.22	15.63	2.66	21.93	45.69
2007	373.14	88.60	152.84	131.70	47.53	16.39	3.51	27.63	51.25
2008	375.57	83.76	157.34	134.47	54.92	16.82	2.65	35.45	56.36
2009	378.55	78.12	162.12	138.31	59.71	16.57	2.59	40.55	56.48
2010	367.56	75.25	160.28	132.03	64.81	16.65	2.66	45.50	95.50
2011	380.81	75.59	165.75	139.47	79.93	16.20	2.85	60.89	100.38
2012	389.26	75.47	170.55	143.24	88.98	15.83	3.61	69.55	104.69
2013	397.15	74.84	175.17	147.14	92.63	15.15	3.91	73.57	123.45
2014	402.15	73.59	178.56	150.00	99.33	15.03	4.61	79.69	147.23
2015	403.32	71.72	180.23	151.37	92.39	15.22	4.39	72.78	166.55

注：2010 年从业人员总数与第六次人口普查相关数据衔接;2001 年开始个体私营从业人员统计口径扩大,包括股份合作企业从业人员;2003 年以前在岗职工为职工资料。

2-6 分行业全部在岗职工年末人数

（2010-2015年）

单位：人

行　　业	2010年	2011年	2012年	2013年	2014年	2015年
总　　计	**648104**	**799344**	**889843**	**926335**	**993308**	**923917**
按企业、事业、机关分						
企　业	499053	653958	741633	777569	843481	774429
事　业	108300	107822	105061	104518	101593	102394
机　关	39384	36374	38358	40605	41224	42150
民间非营利组织	1081	890	2106	2371	1483	2797
其　它	286	300	2685	1272	5527	2147
按国民经济行业分						
农、林、牧、渔业	4054	4128	1338	1072	727	507
采矿业	196	198	201	133	82	80
制造业	226245	307056	324854	358805	350872	297249
电力、热力、燃气及水生产和供应业	10086	9548	8875	7113	7273	7388
建筑业	176283	246132	301028	306009	380104	366995
批发和零售业	19076	22248	22304	22641	23228	22082
交通运输、仓储和邮政业	11670	12270	14559	15220	14939	13440
住宿和餐饮业	7927	7398	6867	7039	6486	6341
信息传输、软件和信息技术服务业	3966	4080	4394	4434	4505	5237
金融业	23994	25844	30026	27336	27472	29089
房地产业	7251	7404	9863	7924	11837	10120
租赁和商务服务业	11237	9894	14255	13983	9379	9229
科学研究、技术服务业	5809	6032	8459	7928	8071	7826
水利、环境和公共设施管理业	5490	5280	6101	7171	7516	5927
居民服务、修理和其他服务业	1355	1387	970	1415	1402	1136
教　育	54659	54601	56272	56416	55767	56187
卫生和社会工作	27659	28360	30331	30716	31667	32539
文化、体育和娱乐业	3483	3722	3699	3490	3672	3407
公共管理、社会保障和社会组织	47664	43762	45447	47490	48309	49138

注：本表统计范围为城镇集体以上各类单位。

2-7 分行业国有经济在岗职工年末人数

(2010-2015年)

单位:人

行业	2010年	2011年	2012年	2013年	2014年	2015年
总计	**166481**	**161951**	**158324**	**151504**	**150383**	**152211**
按企业、事业、机关分						
企业	27609	24788	22895	13927	12610	11207
事业	99054	100730	97038	96647	94114	97974
机关	39384	36374	38358	40605	41224	42150
民间非营利组织	396	20	20	16	76	101
其它	38	39	13	309	2359	779
按国民经济行业分						
农、林、牧、渔业	3961	4048	1262	1017	709	465
制造业	1727	1590	1452	570	236	207
电力、热力、燃气及水生产和供应业	8507	7857	6892	4507	4209	4386
建筑业	1004	457	564	550	554	554
批发和零售业	2893	2854	2783	1554	1737	1350
交通运输、仓储和邮政业	4939	5365	5082	3162	2689	2073
住宿和餐饮业	496	556	497	187	150	158
信息传输、软件和信息技术服务业	1002	1696	1248	736	833	698
金融业	4272	3819	2668	821	361	341
房地产业	908	738	843	716	923	622
租赁和商务服务业	4078	2783	2322	2231	2301	2546
科学研究、技术服务业	4728	4334	4404	4337	4272	3326
水利、环境和公共设施管理业	3113	3904	4048	4712	4190	4221
居民服务、修理和其他服务业	379	336	350	385	371	343
教育	50850	50065	50373	50229	49276	50120
卫生和社会工作	22925	24694	25705	26066	27641	30012
文化、体育和娱乐业	3271	3241	2969	2774	2630	2348
公共管理、社会保障和社会组织	47428	43614	44862	46950	47301	48441

2－8　分行业城镇集体经济在岗职工年末人数

（2010－2015年）

单位：人

行　　业	2010年	2011年	2012年	2013年	2014年	2015年
总　计	**26567**	**28467**	**36051**	**39113**	**46068**	**43877**
按企业、事业、机关分						
企　业	18896	23542	30826	34275	41471	43320
事　业	7645	4862	4784	4669	4350	433
民间非营利组织	3	41	130	145	135	100
其　它	23	22	311	24	112	24
按国民经济行业分						
农、林、牧、渔业	16	10	6	5	5	5
采矿业		85	85			
制造业	3272	1151	522	570	727	425
电力、热力、燃气及水生产和供应业	282	162	128	143	144	146
建筑业	13580	20522	28435	32255	39217	41587
批发和零售业	248	43	59	78	131	134
交通运输、仓储和邮政业		30	33	37	7	7
住宿和餐饮业	42	79	24	24	24	24
金融业	428	429	444	468	474	477
房地产业	97	55	90	40	35	21
租赁和商务服务业	886	966	1112	633	604	360
科学研究、技术服务业	142	146	148	173	61	104
水利、环境和公共设施管理业	1731	495	578	626	1142	3
居民服务、修理和其他服务业	13	11	6	6	5	5
教　育	1661	1327	1437	1423	1153	314
卫生和社会工作	4048	2854	2856	2608	2314	221
文化、体育和娱乐业	2					21
公共管理、社会保障和社会组织	119	102	88	24	25	23

2-9 分行业其他经济在岗职工年末人数

（2010-2015年）

单位：人

行业	2010年	2011年	2012年	2013年	2014年	2015年
总计	**455056**	**608926**	**695468**	**735718**	**796857**	**727829**
按企业、事业、机关分						
企业	452548	605628	687912	729367	789400	719902
事业	1601	2230	3239	3202	3129	3987
民间非营利组织	682	829	1956	2210	1272	2596
其它	225	239	2361	939	3056	1344
按国民经济行业分						
农、林、牧、渔业	77	70	70	50	13	37
采矿业	196	113	116	133	82	80
制造业	221246	304315	322880	357665	349909	296617
电力、热力、燃气及水生产和供应业	1297	1529	1855	2463	2920	2856
建筑业	161699	225153	272029	273204	340333	324854
批发和零售业	15935	19351	19462	21009	21360	20598
交通运输、仓储和邮政业	6731	6875	9444	12021	12243	11360
住宿和餐饮业	7389	6763	6346	6828	6312	6159
信息传输、软件和信息技术服务业	2964	2384	3146	3698	3672	4539
金融业	19294	21596	26914	26047	26637	28271
房地产业	6246	6611	8930	7168	10879	9477
租赁和商务服务业	6273	6145	10821	11119	6474	6323
科学研究、技术服务业	939	1552	3907	3418	3738	4396
水利、环境和公共设施管理业	646	881	1475	1833	2184	1703
居民服务、修理和其他服务业	963	1040	614	1024	1026	788
教育	2148	3209	4462	4764	5338	5753
卫生和社会工作	686	812	1770	2042	1712	2306
文化、体育和娱乐业	210	481	730	716	1042	1038
公共管理、社会保障和社会组织	117	46	497	516	983	674

2-10 各经济类型分行业全部在岗职工年末人数

(2015 年)

单位:人

行业	在岗职工年末人数	国有经济单位	城镇集体经济单位	其他经济单位
总计	**923917**	**152211**	**43877**	**727829**
按企业、事业、机关分				
企业	774429	11207	43320	719902
事业	102394	97974	433	3987
机关	42150	42150		
民间非营利组织	2797	101	100	2596
其它	2147	779	24	1344
按国民经济行业分				
农、林、牧、渔业	**507**	**465**	**5**	**37**
农业	397	385		12
林业	80	80		
渔业	30		5	25
采矿业	**80**			**80**
非金属矿采选业	80			80
制造业	**297249**	**207**	**425**	**296617**
农副食品加工业	3106		40	3066
食品制造业	4265			4265
酒、饮料和精制茶制造业	1143			1143
纺织业	5325			5325
纺织服装、服饰业	839			839
皮革、毛皮、羽毛及其制品和制鞋业	9801			9801
木材加工及木、竹、藤、棕、草制品业	603			603
家具制造业	6902			6902
造纸和纸制品业	1686		42	1644
印刷业和记录媒介复制业	2152		35	2117
文教、美工、体育和娱乐用品制造业	7867		7	7860
石油加工、炼焦和核燃料加工业	18			18

注:本表统计范围为城镇集体以上各类单位。

2－10续表1

单位:人

行　　业	在岗职工年末人数	国　有经济单位	城镇集体经济单位	其　他经济单位
化学原料和化学制品制造业	7154			7154
医药制造业	27834			27834
化学纤维制造业	97			97
橡胶和塑料制品业	27014			27014
非金属矿物制品业	2775		90	2685
黑色金属冶炼和压延加工业	1562		50	1512
有色金属冶炼和压延加工业	2519			2519
金属制品业	13473		128	13345
通用设备制造业	49589			49589
专用设备制造业	18981			18981
汽车制造业	36243			36243
铁路、船舶、航空和其他运输设备制造业	15553	207		15346
电气机械和器材制造业	20670		33	20637
计算机、通讯和其他电子设备制造业	4579			4579
仪器仪表制造业	11396			11396
其他制造业	10757			10757
废弃资源综合利用业	3310			3310
金属制品、机械和设备修理业	36			36
电力、热力、燃气及水生产和供应业	**7388**	**4386**	**146**	**2856**
电力、热力生产和供应业	4991	4145	23	823
燃气生产和供应业	306		106	200
水的生产和供应业	2091	241	17	1833
建筑业	**366995**	**554**	**41587**	**324854**
房屋建筑业	292132		38653	253479
土木工程建筑业	69381	548	2934	65899
建筑安装业	1898			1898
建筑装饰和其他建筑业	3584	6		3578

2－10 续表2

单位:人

行业	在岗职工年末人数	国有经济单位	城镇集体经济单位	其他经济单位
批发和零售业	**22082**	**1350**	**134**	**20598**
批发业	9287	1127	113	8047
零售业	12795	223	21	12551
交通运输、仓储和邮政业	**13440**	**2073**	**7**	**11360**
道路运输业	10047	1564	7	8476
水上运输业	1878	83		1795
航空运输业	130	130		
装卸搬运和运输代理业	904	261		643
仓储业	280	35		245
邮政业	201			201
住宿和餐饮业	**6341**	**158**	**24**	**6159**
住宿业	5163	158		5005
餐饮业	1178		24	1154
信息传输、软件和信息技术服务业	**5237**	**698**		**4539**
电信、广播电视和卫星传输服务业	4650	680		3970
互联网和相关服务	247			247
软件和信息技术服务业	340	18		322
金融业	**29089**	**341**	**477**	**28271**
货币金融服务业	24430	341	477	23612
保险业	4659			4659
房地产业	**10120**	**622**	**21**	**9477**
房地产开发经营	6018	46		5972
物业管理	3429	87		3342
房地产中介服务	38			38
租赁和商务服务业	**9229**	**2546**	**360**	**6323**
租赁业	17			17
商务服务业	9212	2546	360	6306
科学研究、技术服务业	**7826**	**3326**	**104**	**4396**
研究与试验发展	2646	372		2274

2-10 续表3

单位:人

行业	在岗职工年末人数	国有经济单位	城镇集体经济单位	其他经济单位
专业技术服务业	4269	2073	74	2122
科技推广和应用服务业	911	881	30	
水利、环境和公共设施管理业	**5927**	**4221**	**3**	**1703**
水利管理业	774	771	3	
生态保护和环境治理业	175	17		158
公共设施管理业	4978	3433		1545
居民服务、修理和其他服务业	**1136**	**343**	**5**	**788**
居民服务业	410	329	5	76
机动车、电子产品和日用品修理业	404			404
其他服务业	322	14		308
教育	**56187**	**50120**	**314**	**5753**
初等教育	22326	21565	69	692
中等教育	26776	23145		3631
高等教育	2830	2739		91
卫生和社会工作	**32539**	**30012**	**221**	**2306**
卫生	32290	29830	176	2284
社会工作	249	182	45	22
文化、体育和娱乐业	**3407**	**2348**	**21**	**1038**
新闻和出版业	856	535		321
广播、电视、电影和影视录音制作业	1248	1022	16	210
文化艺术业	913	753	5	155
体育	112	16		96
娱乐业	278	22		256
公共管理、社会保障和社会组织	**49138**	**48441**	**23**	**674**
中国共产党机关	2131	2131		
国家机构	45024	44786		238
人民政协、民主党派	346	346		
社会保障	432	432		
群众团体、社会团体和其他成员组织	815	746	23	46

2－11 分行业全部从业人员素质情况(一)

(2015 年)

单位:人

行业	从业人员年末人数	大学本科及以上	大专	中专及高中	初中及以下
总计	**1011536**	**172666**	**145899**	**242616**	**450355**
按企业、事业、机关分					
企业	825007	70656	103730	218046	432575
事业	124209	69443	26084	14003	14679
机关	56759	30096	14740	9489	2434
民间非营利组织	3108	1385	787	629	307
其它	2453	1086	558	449	360
按国民经济行业分					
农、林、牧、渔业	**548**	**15**	**62**	**118**	**353**
农业	401	4	43	83	271
林业	107	7	8	24	68
渔业	40	4	11	11	14
采矿业	**92**	**6**	**4**	**20**	**62**
非金属矿采选业	92	6	4	20	62
制造业	**306181**	**22645**	**41228**	**82565**	**159743**
农副食品加工业	3782	83	258	784	2657
食品制造业	4514	96	178	199	4041
酒、饮料和精制茶制造业	1531	126	328	457	620
纺织业	5500	192	524	1412	3372
纺织服装、服饰业	853	18	89	212	534
皮革、毛皮、羽毛及其制品和制鞋业	9891	438	840	3014	5599
木材加工及木、竹、藤、棕、草制品业	624	12	77	161	374
家具制造业	7182	271	562	1801	4548
造纸和纸制品业	1691	31	116	357	1187
印刷业和记录媒介复制业	2181	80	254	615	1232
文教、美工、体育和娱乐用品制造业	7967	238	773	2005	4951
石油加工、炼焦和核燃料加工业	18		2	16	

注:本表统计范围为城镇集体以上各类单位。

2－11 续表1

单位:人

行业	从业人员年末人数	大学本科及以上	大专	中专及高中	初中及以下
化学原料和化学制品制造业	7236	967	1380	2487	2402
医药制造业	28112	6200	4665	8345	8902
化学纤维制造业	97	5	8	15	69
橡胶和塑料制品业	27611	1411	3796	6967	15437
非金属矿物制品业	2857	204	428	835	1390
黑色金属冶炼和压延加工业	1565	25	87	429	1024
有色金属冶炼和压延加工业	2552	51	219	508	1774
金属制品业	13523	620	1575	3420	7908
通用设备制造业	50315	3092	7023	13251	26949
专用设备制造业	19100	1888	3234	5799	8179
汽车制造业	36878	2249	5912	11035	17682
铁路、船舶、航空和其他运输设备制造业	15761	1039	1800	4468	8454
电气机械和器材制造业	21287	1644	3410	6008	10225
计算机、通讯和其他电子设备制造业	4788	301	674	1636	2177
仪器仪表制造业	11804	840	1679	3627	5658
其他制造业	10757	439	1233	2016	7069
废弃资源综合利用业	6168	82	100	682	5304
金属制品、机械和设备修理业	36	3	4	4	25
电力、热力、燃气及水生产和供应业	**9611**	**2999**	**3291**	**2284**	**1037**
电力、热力生产和供应业	6820	2374	2395	1565	486
燃气生产和供应业	328	79	134	87	28
水的生产和供应业	2463	546	762	632	523
建筑业	**379403**	**10969**	**25795**	**96312**	**246327**
房屋建筑业	298172	7089	15929	79547	195607
土木工程建筑业	74824	3340	8445	14619	48420
建筑安装业	2787	296	1023	835	633
建筑装饰和其他建筑业	3620	244	398	1311	1667

2-11 续表 2

单位:人

行业	从业人员年末人数	大学本科及以上	大专	中专及高中	初中及以下
批发和零售业	**24479**	**2736**	**6923**	**8471**	**6349**
批发业	9802	1598	3013	3141	2050
零售业	14677	1138	3910	5330	4299
交通运输、仓储和邮政业	**15970**	**2044**	**3372**	**5232**	**5322**
道路运输业	11575	1469	2458	3614	4034
水上运输业	2220	288	497	840	595
航空运输业	314	97	87	130	
装卸搬运和运输代理业	1341	153	226	406	556
仓储业	317	33	89	120	75
邮政业	203	4	15	122	62
住宿和餐饮业	**6486**	**218**	**1059**	**2730**	**2479**
住宿业	5280	209	900	2097	2074
餐饮业	1206	9	159	633	405
信息传输、软件和信息技术服务业	**5617**	**2783**	**1977**	**629**	**228**
电信、广播电视和卫星传输服务业	5024	2611	1717	542	154
互联网和相关服务	247	83	132	25	7
软件和信息技术服务业	346	89	128	62	67
金融业	**47656**	**20691**	**13412**	**12032**	**1521**
货币金融服务业	26200	17266	7212	894	828
保险业	21456	3425	6200	11138	693
房地产业	**11050**	**2080**	**3388**	**2418**	**3164**
房地产开发经营	6327	1615	2681	1479	552
物业管理	3918	166	442	763	2547
房地产中介服务	38	22	1	14	1
租赁和商务服务业	**11578**	**1644**	**1976**	**3513**	**4445**
租赁业	112	8	14	12	78
商务服务业	11466	1636	1962	3501	4367
科学研究、技术服务业	**8882**	**4997**	**2405**	**1167**	**313**
研究与试验发展	2729	2019	443	175	92

2－11 续表3

单位:人

行　　业	从业人员年末人数	大学本科及以上	大专	中专及高中	初中及以下
专业技术服务业	5204	2500	1645	859	200
科技推广和应用服务业	949	478	317	133	21
水利、环境和公共设施管理业	**9487**	**906**	**1317**	**1026**	**6238**
水利管理业	862	211	372	165	114
生态保护和环境治理业	194	85	23	29	57
公共设施管理业	8431	610	922	832	6067
居民服务、修理和其他服务业	**1243**	**73**	**236**	**420**	**514**
居民服务业	517	60	129	198	130
机动车、电子产品和日用品修理业	404	9	91	205	99
其他服务业	322	4	16	17	285
教　育	**63569**	**43738**	**10268**	**4755**	**4808**
初等教育	25044	15251	6009	2319	1465
中等教育	29616	23550	2435	1374	2257
高等教育	3081	2716	157	136	72
卫生和社会工作	**38488**	**17668**	**10433**	**6301**	**4086**
卫　生	38056	17561	10344	6236	3915
社会工作	432	107	89	65	171
文化、体育和娱乐业	**4216**	**1429**	**1009**	**1372**	**406**
新闻和出版业	1104	421	140	533	10
广播、电视、电影和影视录音制作业	1447	443	464	460	80
文化艺术业	1245	525	357	238	125
体　育	112	29	24	21	38
娱乐业	308	11	24	120	153
公共管理、社会保障和社会组织	**66980**	**35025**	**17744**	**11251**	**2960**
中国共产党机关	2377	1970	225	139	43
国家机构	62178	31854	16913	10727	2684
人民政协、民主党派	396	275	61	53	7
社会保障	590	349	194	44	3
群众团体、社会团体和其他成员组织	975	564	259	112	40

2-12 分行业全部从业人员素质情况(二)

(2015年)

单位:人

行业	从业人员中经营管理人员	从业人员中专业技术人员	高级专业技术人员	中级专业技术人员	初级专业技术人员	在专业技术岗位工作人员	从业人员中技术工人
总计	**101151**	**227705**	**16642**	**51609**	**76770**	**82684**	**458408**
按企业、事业、机关分							
企业	86265	134945	5798	20392	37733	71022	450671
事业	13839	83301	9976	28323	36123	8879	6069
机关		6609	430	2123	1949	2107	1615
民间非营利组织	392	1828	254	444	608	522	8
其它	655	1022	184	327	357	154	45
按国民经济行业分							
农、林、牧、渔业	**59**	**43**		**10**	**24**	**9**	**101**
农业	44	15		1	8	6	13
林业	7	20		7	12	1	80
渔业	8	8		2	4	2	8
采矿业	**32**	**8**	**1**	**1**	**3**	**3**	**26**
非金属矿采选业	32	8	1	1	3	3	26
制造业	**42069**	**39838**	**1688**	**5294**	**11973**	**20883**	**166549**
农副食品加工业	385	234	3	37	75	119	1957
食品制造业	201	150	17	39	51	43	4048
酒、饮料和精制茶制造业	183	287	10	30	107	140	592
纺织业	747	656	32	64	192	368	2926
纺织服装、服饰业	94	227		4	16	207	314
皮革、毛皮、羽毛及其制品和制鞋业	760	1502	6	34	122	1340	7070
木材加工及木、竹、藤、棕、草制品业	34	93		6	6	81	232
家具制造业	1037	532	11	31	219	271	4213
造纸和纸制品业	269	118	4	8	35	71	597
印刷业和记录媒介复制业	321	182	9	24	41	108	1132
文教、美工、体育和娱乐用品制造业	1322	597	11	51	163	372	3525
石油加工、炼焦和核燃料加工业	4	4	1		1	2	3

注:本表统计范围为城镇集体以上各类单位。

2－12 续表1

单位:人

行业	从业人员中经营管理人员	从业人员中专业技术人员	高级专业技术人员	中级专业技术人员	初级专业技术人员	在专业技术岗位工作人员	从业人员中技术工人
化学原料和化学制品制造业	1258	1467	96	240	491	640	2694
医药制造业	4136	7008	188	937	2514	3369	12515
化学纤维制造业	14	13				13	33
橡胶和塑料制品业	4261	2923	153	455	962	1353	13841
非金属矿物制品业	405	489	17	77	138	257	929
黑色金属冶炼和压延加工业	172	213	6	27	70	110	815
有色金属冶炼和压延加工业	395	319	7	22	42	248	1109
金属制品业	1325	1058	37	105	268	648	8851
通用设备制造业	7487	5357	231	647	1626	2853	30536
专用设备制造业	2746	4133	212	606	1074	2241	9513
汽车制造业	5141	5111	319	789	1478	2525	19672
铁路、船舶、航空和其他运输设备制造业	1373	1917	48	371	987	511	8224
电气机械和器材制造业	3277	2549	145	372	659	1373	10480
计算机、通讯和其他电子设备制造业	785	280	30	43	72	135	2849
仪器仪表制造业	1906	1540	85	164	448	843	6843
其他制造业	1841	708	6	82	60	560	6086
废弃资源综合利用业	181	160	2	27	52	79	4939
金属制品、机械和设备修理业	9	11	2	2	4	3	11
电力、热力、燃气及水生产和供应业	**1939**	**2418**	**148**	**648**	**1168**	**454**	**3835**
电力、热力生产和供应业	1215	1809	122	454	853	380	2983
燃气生产和供应业	69	73	2	15	33	23	61
水的生产和供应业	655	536	24	179	282	51	791
建筑业	**17895**	**57986**	**2634**	**9384**	**15852**	**30116**	**267265**
房屋建筑业	10764	46733	1952	6438	11971	26372	211903
土木工程建筑业	6572	9766	599	2616	3454	3097	52438
建筑安装业	285	782	41	145	239	357	1228
建筑装饰和其他建筑业	274	705	42	185	188	290	1696

2－12 续表2

单位:人

行业	从业人员中经营管理人员	从业人员中专业技术人员	高级专业技术人员	中级专业技术人员	初级专业技术人员	在专业技术岗位工作人员	从业人员中技术工人
批发和零售业	**4597**	**4363**	**151**	**546**	**1632**	**2034**	**4099**
批发业	2395	2177	27	202	595	1353	1378
零售业	2202	2186	124	344	1037	681	2721
交通运输、仓储和邮政业	**2852**	**2434**	**241**	**590**	**754**	**849**	**5772**
道路运输业	2010	1273	153	321	406	393	4703
水上运输业	339	884	83	208	244	349	588
航空运输业	20	61		26	23	12	
装卸搬运和运输代理业	365	127	5	17	40	65	438
仓储业	70	67		18	19	30	43
邮政业	48	22			22		
住宿和餐饮业	**884**	**672**	**25**	**66**	**168**	**413**	**454**
住宿业	768	590	17	54	160	359	385
餐饮业	116	82	8	12	8	54	69
信息传输、软件和信息技术服务业	**828**	**2106**	**108**	**387**	**637**	**974**	**617**
电信、广播电视和卫星传输服务业	749	1903	87	357	518	941	498
互联网和相关服务	31	24	1	5	18		119
软件和信息技术服务业	48	179	20	25	101	33	
金融业	**9260**	**16993**	**236**	**1545**	**3405**	**11807**	**218**
货币金融服务业	4527	15169	211	1436	2580	10942	218
保险业	4733	1824	25	109	825	865	
房地产业	**3363**	**2579**	**238**	**1038**	**902**	**401**	**357**
房地产开发经营	2316	2154	202	905	769	278	54
物业管理	687	273	13	63	90	107	299
房地产中介服务	12	18	3	3	8	4	
租赁和商务服务业	**2367**	**1578**	**151**	**388**	**373**	**666**	**237**
租赁业	13	5				5	94
商务服务业	2354	1573	151	388	373	661	143
科学研究、技术服务业	**1455**	**5906**	**658**	**1344**	**1482**	**2422**	**398**
研究与试验发展	277	2208	200	168	177	1663	233

2－12 续表3

单位:人

行业	从业人员中经营管理人员	从业人员中专业技术人员	高级专业技术人员	中级专业技术人员	初级专业技术人员	在专业技术岗位工作人员	从业人员中技术工人
专业技术服务业	846	3345	416	1016	1175	738	145
科技推广和应用服务业	332	353	42	160	130	21	20
水利、环境和公共设施管理业	**1208**	**1378**	**60**	**269**	**306**	**743**	**3063**
水利管理业	285	235	21	106	99	9	204
生态保护和环境治理业	30	76		13	33	30	12
公共设施管理业	893	1067	39	150	174	704	2847
居民服务、修理和其他服务业	**186**	**145**	**5**	**37**	**34**	**69**	**288**
居民服务业	76	55	1	15	13	26	133
机动车、电子产品和日用品修理业	81	88	4	22	21	41	144
其他服务业	29	2				2	11
教　育	**4233**	**50990**	**7092**	**19540**	**20128**	**4230**	**1178**
初等教育	1142	21454	872	8595	10191	1796	245
中等教育	1813	24242	5237	8931	8489	1585	656
高等教育	525	2242	579	1240	306	117	110
卫生和社会工作	**3067**	**28805**	**2522**	**7509**	**14956**	**3818**	**1824**
卫　生	2939	28761	2518	7492	14946	3805	1817
社会工作	128	44	4	17	10	13	7
文化、体育和娱乐业	**1017**	**1165**	**81**	**301**	**448**	**335**	**242**
新闻和出版业	153	161	1	15	91	54	2
广播、电视、电影和影视录音制作业	401	406	19	112	159	116	183
文化艺术业	376	571	58	164	190	159	13
体　育	35	13	1	5	7		
娱乐业	52	14	2	5	1	6	44
公共管理、社会保障和社会组织	**3840**	**8298**	**603**	**2712**	**2525**	**2458**	**1885**
中国共产党机关	22	95	7	27	19	42	78
国家机构	3050	8008	569	2636	2463	2340	1734
人民政协、民主党派		53	15	3	4	31	44
社会保障	211	44	1	26	16	1	1
群众团体、社会团体和其他成员组织	309	75	11	17	17	30	24

主 要 统 计 指 标 解 释

人口数 指一定时点全市行政管辖范围内的有生命的个人的总和。年度统计的年末人口数是指12月31日24时常住户口和未落户口的人口数。

农业人口 指凡在农村从事农、林、牧、副、渔的劳动者，以及乡（不包括乡）以下，不直接从事农业生产的各种人员及其抚养的家属。

非农业人口 指从事农、林、牧、副、渔业以外各种行业的人员。包括国营的农、林、牧、渔、园艺场、拖拉机站、抽水机站等，在编的行政管理人员、文教卫生、财贸、邮电等人员，以及附属的独立核算的工业企业中常年不从事农业生产的国家职工。包括抚养的家属。

出生率 指一年内平均每千人所出生的人数比例，一般以千分率表示。计算公式：

$$出生率 = \frac{全年出生人数}{年平均人数} \times 1000‰$$

出生人数指活产婴儿，即胎儿脱离母体时（不管怀孕月数），有过呼吸或其他生命现象。

死亡率 指一年内平均每千人所死亡的人数比例，一般以千分率表示。计算公式：

$$死亡率 = \frac{全年死亡人数}{年平均人数} \times 1000‰$$

人口自然增长率 指一年内人口自然增长数（出生人数减死亡人数）与平均人数之比例，一般以千分率表示。计算公式：

$$人口自然增长率 = \frac{年内出生人数 - 年内死亡人数}{年平均人数} \times 1000‰$$

或 人口自然增长率 = 人口出生率 - 人口死亡率

人口密度 指在一定时点一定地区的人口数与该地区的面积数之比，即一定时点的单位土地面积上的人口数，通常以每平方公里的居民人数来表示。计算公式：

$$人口密度 = \frac{该地区的人口数}{该地区的土地面积数}$$

从业人员 指从事一定社会劳动并取得劳动报酬或经营收入的全部劳动力。包括国有经济单位、城镇集体经济单位、其他各种经济类型单位的全部职工。城镇私营和个体从业人员和其他从业人员，乡村从业人员，从事家庭副业，其收入相当于当地一个从业人员最低收入水平或参加社会劳动累计在三个月以上的乡、村从业人员也包括在内。

在岗职工 指调查时期（点）在本单位工作并由单位支付劳动报酬的职工。包括由单位派出学习、劳务及病伤产假且仍由单位支付劳动报酬的人员。

城镇私营和个体从业人员 城镇私营从业人员指在工商行政管理部门注册登记，其经营地址设在县城关镇（含城关镇）以上的私营企业从业人员，包括私营企业投资者和雇工。城镇个体从业人员指在工商管理部门注册登记，并持有城镇户口或在城镇长期居住，经批准从事个体工商经营的从业人员，包括个体经营者和在个体工商户劳动的家庭帮工和雇工。

经营管理人员 指在企业、事业单位和其他非公有制经济组织经营管理岗位上工作的人员。统计对象为企业、事业单位中中层及以上管理人员（不包括专业技术管理工作的人员，专业技术管理工作的人员作为专业技术人员统计）。

专业技术人员 指在企业、事业单位和其他非公有制经济组织中从事专业技术工作或专业技术管理工作的人员。并符合下列条件之一的人员：1、受聘初级及以上专业技术职务；2、取得专业技术职务任职资格或专业技术职务资格；3、具有大专及以上学历；4、获得省部级及以上科学技术奖励；5、持有政府有关部门认定的发明专利。专业技术人员还包括未聘任专业技术职务，但在专业技术岗位上工作的人员。按照公务员管理或参照公务员管理的人员不统计为专业技术人员。

3

农业 Agriculture

3-1 农村基本情况

(1990-2015年)

单位:个

年份	乡镇政府和街道办事处	#镇政府	村民委员会	通自来水村数	通公路村数	通电话村数	通有线电视村数	通宽带村数
1990	367	81	5627					
1991	361	83	5638					
1992	167	92	5609					
1993	167	94	5601	2657	3298	2432		
1994	167	99	5600	3011	3480	3006		
1995	169	97	5600	3354	3963	3678		
1996	169	99	5603	3496	4112	4128		
1997	169	102	5586	3718	4413	4624		
1998	169	103	5560	3892	4523	5014		
1999	169	103	5570	4064	4684	5163		
2000	167	101	5567	4169	4830	5297		
2001	127	68	5536	4323	4963	5380		
2002	127	68	5150	4021	4654	5022		
2003	131	66	5134	4209	4715	5012	4473	
2004	131	65	5109	4282	4790	5005	4543	
2005	131	65	5037	4356	4794	4987	4571	
2006	131	65	5034	4474	4852	4996	4611	
2007	131	65	5029	4528	4900	4999	4650	
2008	131	65	5028	4567	4920	5007	4706	
2009	133	64	5028	4617	4937	5008	4744	
2010	133	64	5028	4674	4976	5009	4782	
2011	133	64	5026	4747	4977	5007	4807	
2012	133	64	5025	4814	4983	5010	4873	
2013	129	61	4705	4538	4672	4703	4625	
2014	129	61	4704	4600			4656	4630
2015	129	61	4646	4616			4667	4642

3-2 农村人口和从业人员情况

（1990-2015年）

单位:万人

年份	农村住户数(万户)	农村人口	农村劳动力资源总数	农村从业人员数	男性	女性
1990	137.59	469.16	285.13	271.58	151.66	119.92
1991	137.35	470.35	286.28	279.65	154.52	125.13
1992	138.70	471.99	293.60	285.38	156.00	129.38
1993	139.93	473.44	295.67	286.20	156.53	129.67
1994	140.86	475.04	296.83	287.64	156.65	130.99
1995	142.00	475.68	299.48	289.79	157.67	132.12
1996	142.58	475.72	300.92	290.28	157.56	132.72
1997	143.26	477.23	302.04	290.86	157.48	133.38
1998	144.20	473.74	302.27	290.49	156.96	133.53
1999	146.56	474.56	303.35	291.23	157.07	134.16
2000	146.93	471.91	303.87	291.49	157.06	134.43
2001	151.64	481.25	313.49	302.20	162.75	139.45
2002	155.05	491.87	318.48	306.03	164.41	141.62
2003	154.32	487.17	320.43	307.04	163.73	143.31
2004	156.98	488.49	322.53	307.75	163.68	144.07
2005	158.38	493.51	324.78	309.44	165.27	144.17
2006	158.86	497.03	327.52	310.61	165.50	145.11
2007	163.10	499.13	332.65	316.38	168.16	148.22
2008	164.44	498.51	332.57	313.59	166.51	147.08
2009	163.59	498.75	333.05	312.98	165.70	147.28
2010	163.95	504.92	337.59	317.56	168.16	149.40
2011	164.73	510.22	340.38	320.37	168.55	151.82
2012	166.31	522.27	348.49	327.06	171.32	155.74
2013	169.71	543.00	366.05	345.04	180.92	164.12
2014	171.12	548.05	368.14	344.21	181.43	162.78
2015	172.22	550.97	367.54	342.94	181.52	161.42

3－3 主要年份农林牧渔业总产值

单位:万元

年 份	农林牧渔业总产值	农业产值	林业产值	牧业产值	渔业产值	农林牧渔服务业产值
1949	14081	10479	1180	1215	1207	
1952	19267	14615	1346	1714	1592	
1957	24190	16789	1714	2693	2994	
1962	29111	20888	1672	2758	3793	
1965	37545	26121	1794	5287	4343	
1970	46703	32750	1520	7383	5050	
1975	50669	34762	1127	7395	7385	
1978	67698	51211	1062	8993	6432	
1980	90813	66341	1683	14321	8468	
1985	183311	111219	5506	39892	26694	
1990	336931	173445	9212	72854	81420	
1994	954595	357971	19578	158077	418969	
1995	1280014	433670	17573	173121	655650	
1996	1383990	472623	22424	183638	705305	
1997	1330376	392998	20096	180948	736334	
1998	1444665	460390	19445	154657	810173	
1999	1480847	465720	18585	142816	853726	
2000	1532112	478300	22084	144697	887031	
2001	1589394	524114	24193	150231	890856	
2002	1629779	551293	27798	154162	896526	
2003	1677748	583703	29265	158381	892933	13466
2004	1741193	610132	28694	174358	913443	14566
2005	1847928	658669	28443	182672	961644	16500
2006	1956767	710811	32408	173613	1023038	16897
2007	2161607	778134	36307	233165	1095979	18022
2008	2119570	803703	37606	245845	1008642	23774
2009	2303842	871347	40933	238196	1127846	25520
2010	2760166	1055423	53696	271418	1351987	27642
2011	3289011	1176929	56579	337450	1687831	30222
2012	3491510	1264092	59886	356463	1779332	31737
2013	3729627	1296656	58980	360182	1980197	33612
2014	3793382	1336177	63033	323795	2034581	35796
2015	4047708	1380456	61368	308730	2258581	38573

注:2009 年农林牧渔业总产值、渔业产值数据有所调整,下同。

3－4　主要年份农林牧渔业总产值构成

单位：%

年　　份	农林牧渔业总产值	农业产值	林业产值	牧业产值	渔业产值	农林牧渔服务业产值
1949	100.00	74.42	8.38	8.63	8.57	
1952	100.00	75.86	6.99	8.90	8.26	
1957	100.00	69.40	7.09	11.13	12.38	
1962	100.00	71.75	5.74	9.47	13.03	
1965	100.00	69.57	4.78	14.08	11.57	
1970	100.00	70.12	3.25	15.81	10.81	
1975	100.00	68.61	2.22	14.59	14.57	
1978	100.00	75.65	1.57	13.28	9.50	
1980	100.00	73.05	1.85	15.77	9.32	
1985	100.00	60.67	3.00	21.76	14.56	
1990	100.00	51.48	2.73	21.62	24.17	
1994	100.00	37.50	2.05	16.56	43.89	
1995	100.00	33.88	1.37	13.52	51.22	
1996	100.00	34.15	1.62	13.27	50.96	
1997	100.00	29.54	1.51	13.60	55.35	
1998	100.00	31.87	1.35	10.71	56.08	
1999	100.00	31.45	1.26	9.64	57.65	
2000	100.00	31.22	1.44	9.44	57.90	
2001	100.00	32.98	1.52	9.45	56.05	
2002	100.00	33.83	1.71	9.46	55.01	
2003	100.00	34.79	1.74	9.44	53.22	0.80
2004	100.00	35.04	1.65	10.01	52.46	0.84
2005	100.00	35.64	1.54	9.89	52.04	0.89
2006	100.00	36.33	1.66	8.87	52.28	0.86
2007	100.00	36.00	1.68	10.79	50.70	0.83
2008	100.00	37.92	1.77	11.60	47.59	1.12
2009	100.00	37.82	1.78	10.34	48.95	1.11
2010	100.00	38.24	1.95	9.83	48.98	1.00
2011	100.00	35.78	1.72	10.26	51.32	0.92
2012	100.00	36.20	1.72	10.21	50.96	0.91
2013	100.00	34.77	1.58	9.66	53.09	0.90
2014	100.00	35.22	1.66	8.54	53.64	0.94
2015	100.00	34.10	1.52	7.63	55.80	0.95

3-5 主要年份农林牧渔业总产值指数

（1952 年为 100）

年份	农林牧渔业总产值	农业产值	林业产值	牧业产值	渔业产值	农林牧渔服务业产值
1949	75.05	73.63	90.06	72.79	77.84	
1952	100.00	100.00	100.00	100.00	100.00	
1957	128.50	117.57	130.36	160.84	192.42	
1962	119.77	113.29	98.49	127.57	188.83	
1965	156.29	143.34	106.93	247.41	218.75	
1970	181.53	167.82	84.60	322.60	237.50	
1975	167.84	152.21	53.15	273.74	294.24	
1978	213.42	213.62	47.12	313.46	241.29	
1980	242.71	234.60	62.98	420.76	267.78	
1985	339.22	290.97	99.32	743.12	473.70	
1990	361.74	296.81	99.89	758.92	594.84	
1994	605.48	362.83	144.00	957.84	1563.68	
1995	726.87	380.87	114.97	919.57	2184.06	
1996	763.20	411.19	134.53	919.72	2275.29	
1997	737.46	382.03	128.87	857.03	2260.69	
1998	786.06	385.57	128.53	802.28	2534.14	
1999	862.35	432.57	115.55	898.56	2754.61	
2000	861.27	384.58	138.70	925.68	2867.88	
2001	890.85	441.17	149.40	976.94	2823.74	
2002	900.60	432.00	159.56	1023.83	2874.57	
2003	922.21	466.56	166.10	1041.24	2837.20	100.00
2004	923.13	470.76	149.16	1036.08	2837.20	102.24
2005	932.36	465.11	137.38	1142.80	2857.06	113.88
2006	960.33	492.09	147.96	1098.23	2919.92	113.55
2007	984.34	504.88	152.84	1135.57	2984.16	119.67
2008	1007.96	519.52	151.62	1203.70	3025.94	154.77
2009	1027.11	534.59	154.65	1238.61	3047.12	167.48
2010	1074.36	547.42	150.47	1311.69	3239.09	173.68
2011	1108.74	566.03	145.35	1366.78	3342.74	178.72
2012	1138.68	581.31	144.77	1447.42	3412.94	183.37
2013	1146.65	585.38	144.77	1408.34	3460.72	190.70
2014	1170.73	598.26	152.44	1335.11	3571.46	198.14
2015	1212.88	620.99	151.22	1268.35	3739.32	213.00

注：本表按可比价格计算。农林牧渔服务业产值指数以 2003 年为 100。

3-6 农林牧渔业分项产值(一)

(1990-2015年)

单位:万元

年份	农林牧渔业总产值	农业产值	#粮食作物	#谷物	#豆类	#薯类
1990	336931	173445	94301	63671	1521	3090
1991	424828	212210	121014	77411	1849	3756
1992	479188	220023	117090	90770	2168	4405
1993	610251	255060	128552	106223	3477	8244
1994	954595	357971	199308	184616	4594	10098
1995	1280014	433670	241657	220079	5136	16442
1996	1383990	472623	266108	239675	6823	19610
1997	1330376	392998	223484	198442	6984	18058
1998	1444665	460390	252813	221467	8772	22574
1999	1480847	465720	243693	211266	8608	23819
2000	1532112	478300	197896	165872	9968	22056
2001	1589394	524114	158515	133643	10461	14411
2002	1629779	551293	126422	100148	10141	16134
2003	1677748	583703	104380	80187	10508	13685
2004	1741193	610132	137506	105157	12898	19451
2005	1847928	658669	135755	101953	13956	19846
2006	1956767	710811	152677	115841	15170	21666
2007	2161607	778134	151196	111399	16993	22804
2008	2119570	803703	189066	134015	17266	37785
2009	2303842	871347	178975	126265	16106	36604
2010	2760166	1055423	195511	137442	15964	42105
2011	3289011	1176929	207199	148452	16576	42171
2012	3491510	1264092	213880	152451	15486	45943
2013	3729627	1296656	221394	158600	16285	46509
2014	3793382	1336177	180217	147019	12286	20912
2015	4047708	1380456	185101	151719	13636	19746

3－7 农林牧渔业分项产值(二)

(1990－2015年)

单位:万元

年份	#油料	#甘蔗	#药材	#蔬菜	#花卉园艺	#茶桑果及坚果
1990	607	764	262	25100		33495
1991	849	73	240	26422		41363
1992	1037	1022	251	26419		52926
1993	435	2033	435	45873		54243
1994	599	2507	684	53691		75515
1995	934	2487	888	64200		93303
1996	948	2750	861	65280		108664
1997	969	2221	747	64748		76571
1998	1240	3479	1288	72520		95958
1999	1180	5792	4095	85135		92962
2000	1508	19482	5428	120093		98054
2001	1761	18644	7993	162047	8195	140936
2002	1679	22190	9220	187697	15427	164566
2003	1872	30179	13150	196251	24227	194029
2004	2051	27122	13168	189322	24676	196935
2005	2222	23762	13638	205584	26497	228925
2006	2398	19759	16991	215893	28505	253450
2007	3401	23558	18453	230164	30018	296673
2008	6460	22234	20600	221960	24742	294198
2009	6122	20464	21827	240836	26026	352843
2010	7197	23146	47090	296131	30653	442467
2011	6939	29468	41517	329141	38579	512909
2012	7879	20814	29188	364596	44864	570609
2013	7782	20146	27766	364308	51227	592325
2014	6419	29526	34228	383560	57210	624879
2015	6660	29768	42761	401198	56089	639701

注:2010年开始,坚果产值列入农业统计,不再作为林业统计,下同。

3-8 农林牧渔业分项产值(三)

(1990-2015年)

单位:万元

年份	林业产值	#人造林生长	#林产品	#竹木采运	牧业产值	牲畜	家禽饲养
1990	9212	2992	1135	5085	72854	53604	4620
1991	13875	2434	1423	10018	78837	54084	6419
1992	9990	3016	1649	5325	90663	60560	6942
1993	13857	2937	1535	9385	109180	73495	8658
1994	19578	3008	2597	13973	158077	111139	10516
1995	17573	3922	3706	9945	173121	123796	13019
1996	22424	5377	5878	11169	183638	125791	20325
1997	20096	4937	3773	11386	180948	126306	15402
1998	19445	4480	4348	10617	154657	114090	13695
1999	18585	3970	4411	10204	142816	93259	16788
2000	22084	5242	6355	10487	144697	95779	16259
2001	24193	5452	6914	11827	150231	98318	14632
2002	27798	6915	6453	14430	154162	100757	14533
2003	29265	7229	6995	15041	158381	101567	17483
2004	28694	6247	6194	16253	174358	118427	17574
2005	28443	6683	9050	12710	182672	116313	20787
2006	32408	6524	9680	16204	173613	105097	20207
2007	36307	6280	11636	18391	233165	155562	22852
2008	37606	5480	12004	20122	245845	164734	25549
2009	40933	6599	13076	21258	238196	153691	26804
2010	53696	6152	11645	23105	271418	176878	32541
2011	56579	6791	13865	22962	337450	223327	42780
2012	59886	8599	13504	25387	356463	228687	54872
2013	58980	8145	13932	24364	360182	232874	49875
2014	63033	8288	16018	26542	323795	212430	43208
2015	61368	8536	17336	23529	308730	205663	36152

3-9 农林牧渔业分项产值(四)

(1990-2015年)

单位:万元

年份	活的畜产品	其他动物	渔业产值	海水产品	淡水产品	农林牧渔服务业产值
1990	10148	4482	81420	76940	4480	
1991	12840	5494	119906	114791	5115	
1992	18184	4977	158512	152093	6419	
1993	22303	4724	232154	221276	10878	
1994	28534	7888	418969	403534	15435	
1995	29866	6440	655650	622675	32975	
1996	32811	4711	705305	648900	56405	
1997	23389	15851	736334	697949	38385	
1998	19910	6962	810173	768293	41880	
1999	19096	13673	853726	805164	48562	
2000	18343	14316	887031	841151	45880	
2001	21433	15848	890856	841461	49395	
2002	23018	15854	896526	838559	57967	
2003	23700	15631	892933	832365	60568	13466
2004	23696	14661	913443	858067	55376	14566
2005	24749	20823	961644	914495	47149	16500
2006	25707	22602	1023038	975657	47381	16897
2007	32069	22682	1095979	1051285	44694	18022
2008	33219	22343	1008642	969421	39221	23774
2009	33754	23947	1127846	1085872	41974	25520
2010	39850	22149	1351987	1305542	46445	27642
2011	45949	25394	1687831	1631838	55993	30222
2012	46306	26598	1779332	1715347	63985	31737
2013	49305	27302	1980197	1910409	69788	33612
2014	45410	22747	2034581	1954937	79644	35796
2015	41755	25160	2258581	2182291	76290	38573

3-10 主要农作物播种面积(一)

(1990-2015年)

单位:千公顷

年份	农作物播种面积	粮食作物	谷物	稻谷	早稻	晚稻及单季稻	小麦	大麦	玉米	其他谷物
1990	436.09	347.14	314.69	239.81	109.83	129.98	38.68	33.04	2.43	0.73
1991	439.67	351.12	318.95	239.61	110.08	129.53	40.77	35.17	2.90	0.50
1992	433.49	345.89	312.84	237.32	108.78	128.54	40.21	30.65	3.96	0.70
1993	412.70	316.19	283.74	227.31	102.75	124.56	37.59	15.50	3.00	0.34
1994	401.30	304.58	276.73	223.96	100.98	122.98	36.01	13.77	2.73	0.26
1995	401.00	307.06	277.70	226.03	102.62	123.41	35.01	13.41	3.07	0.18
1996	404.34	312.20	280.39	225.74	102.84	122.90	36.62	14.65	3.11	0.27
1997	407.50	315.23	280.97	225.53	102.70	122.83	37.60	14.29	3.35	0.20
1998	408.21	313.01	278.60	224.54	102.29	122.25	36.71	13.75	3.47	0.13
1999	407.45	310.53	275.64	222.63	101.20	121.43	36.67	12.90	3.24	0.20
2000	377.45	270.63	235.77	190.78	79.19	111.59	32.30	8.82	3.66	0.21
2001	339.72	219.05	185.33	150.24	51.41	98.83	24.86	6.37	3.52	0.34
2002	308.55	179.56	145.72	116.08	29.05	87.03	21.13	4.64	3.64	0.23
2003	276.82	144.62	111.71	87.49	11.36	76.13	17.08	3.50	3.54	0.10
2004	284.02	162.45	121.42	98.33	15.27	83.05	14.66	2.78	5.45	0.21
2005	286.01	165.86	123.32	97.75	13.72	84.02	16.62	3.00	5.80	0.16
2006	282.87	165.86	122.78	96.93	13.72	83.22	16.48	3.18	6.03	0.15
2007	280.16	163.08	118.98	92.64	11.80	80.84	16.33	3.18	6.72	0.11
2008	283.69	173.87	122.90	96.88	14.17	82.71	15.98	3.02	6.87	0.15
2009	271.54	158.65	110.34	84.81	8.56	76.25	16.05	3.05	6.33	0.10
2010	265.43	152.37	107.35	82.07	8.08	73.99	15.98	2.69	6.52	0.09
2011	254.59	141.13	98.90	75.18	7.90	67.28	15.30	2.44	5.91	0.07
2012	251.37	137.44	95.82	73.76	8.26	65.50	13.95	2.25	5.80	0.07
2013	252.86	140.06	98.25	76.62	10.50	66.12	13.82	1.92	5.85	0.05
2014	203.60	96.10	75.38	64.05	11.07	52.98	5.28	0.32	4.77	0.97
2015	206.81	96.35	74.85	63.66	13.24	50.42	5.15	0.17	5.01	0.86

注:2008年起,马铃薯归入薯类(粮食)统计,不再作蔬菜统计。2014年起,粮食播种面积采用粮食生产监测抽样推算数据。

3-11 主要农作物播种面积(二)

(1990-2015年)

单位:千公顷

年 份	豆类	#大豆	薯类	油料	#油菜籽	甘蔗	药材类	蔬菜	果用瓜	花卉苗木
1990	12.12	5.78	16.13	2.56	2.09	0.53	0.20	19.47		
1991	11.97	5.62	16.17	3.32	2.93	0.58	0.23	21.03		
1992	12.88	5.46	15.65	4.93	4.54	0.67	0.25	20.49		
1993	13.21	5.35	15.02	1.89	1.53	0.80	0.23	27.23		
1994	13.33	6.08	14.52	1.64	1.27	0.90	0.16	26.87		
1995	13.85	6.23	15.51	2.46	2.09	0.67	0.22	25.94		
1996	15.94	6.30	15.87	2.42	2.07	0.70	0.22	29.79		
1997	17.44	6.74	16.82	2.30	1.90	0.68	0.22	31.92		
1998	18.10	6.69	16.31	2.51	2.09	0.70	0.44	35.29		
1999	18.39	6.57	16.50	2.63	2.15	0.80	0.36	38.67		
2000	19.84	8.60	15.02	3.35	2.78	3.26	1.01	49.29		
2001	20.06	9.55	13.67	3.68	2.91	4.19	1.23	61.08	10.89	0.33
2002	19.43	8.75	14.41	3.94	3.22	4.67	1.71	73.62	11.74	0.97
2003	19.30	9.08	13.61	4.12	3.29	6.41	3.17	76.49	14.31	2.19
2004	23.35	12.27	17.68	4.37	3.45	5.92	3.53	71.95	16.24	2.66
2005	24.59	12.87	17.95	4.83	3.89	4.57	2.57	72.22	16.90	2.65
2006	24.63	13.18	18.45	4.94	3.94	3.41	2.47	72.33	15.93	2.73
2007	25.06	13.38	19.04	5.00	3.97	3.09	2.46	73.63	15.40	2.92
2008	25.09	13.49	25.88	9.10	8.05	3.13	2.52	65.08	14.31	2.74
2009	23.38	12.48	24.93	11.28	10.25	2.93	2.48	66.77	14.49	2.59
2010	21.51	11.30	23.50	11.65	10.58	2.86	2.76	67.08	14.32	2.57
2011	19.73	10.00	22.50	10.38	9.28	2.83	2.92	69.64	14.32	2.83
2012	19.02	10.03	22.60	11.30	10.18	2.96	3.11	70.29	12.67	3.40
2013	19.16	10.10	22.65	10.69	9.56	2.60	3.14	69.76	13.05	3.65
2014	10.96	6.18	9.76	8.10	7.17	2.41	3.53	67.82	12.84	3.78
2015	11.78	6.80	9.72	8.27	7.19	2.40	4.04	69.70	13.76	3.88

3-12 主要农作物总产量(一)

(1990-2015年)

单位:吨

年份	粮食作物	谷物	稻谷	早稻	晚稻及单季稻	小麦	大麦	玉米	其他谷物
1990	1506974	1401447	1165457	634602	530855	108575	107683	4986	14746
1991	1904769	1786667	1543389	699609	843780	104012	116064	10504	12698
1992	1727967	1617038	1371483	645090	726393	114290	102599	13017	15649
1993	1606793	1495561	1321880	537932	783948	110033	51818	10386	1444
1994	1607359	1497309	1347863	591965	755898	96472	42473	9431	1070
1995	1648568	1524576	1382964	588839	794125	88675	41729	10363	845
1996	1758021	1628393	1459164	636986	822178	108885	47939	10830	1575
1997	1521940	1404532	1232347	633022	599325	111945	47735	11641	855
1998	1643871	1506501	1349478	537881	811597	102030	41974	12503	516
1999	1664773	1524024	1362509	567795	794714	107809	40784	12246	676
2000	1386973	1255201	1115651	438107	677544	96968	27948	13803	831
2001	1161195	1033880	927998	287213	640785	72153	19716	13277	736
2002	925879	791428	709048	154397	554651	54093	13459	13915	913
2003	756978	634038	562509	61928	500581	46893	10676	13548	412
2004	851126	691477	615716	85716	530000	43919	9242	21735	865
2005	824828	661446	579605	76248	503357	47605	9640	23943	653
2006	895013	724448	638626	76252	562374	49771	10584	24876	591
2007	841768	666153	576108	62345	513763	51225	10975	27483	362
2008	934734	730189	640094	78046	562048	50647	10648	28303	497
2009	846018	660502	572491	46440	526051	50761	10557	26321	372
2010	827542	653485	568240	44772	523468	47853	9080	27983	329
2011	789250	621234	538477	47695	490782	47624	8460	26419	254
2012	791920	622563	545589	51174	494415	43422	7600	25675	277
2013	799124	630387	553732	66501	487231	44216	6652	25585	202
2014	602159	520524	473937	69980	403957	18462	1167	23985	2973
2015	607539	524145	475343	81656	393687	20602	734	25405	2061

注:2014年起,粮食产量采用粮食生产监测抽样推算数据。

3－13 主要农作物总产量(二)

(1990－2015年)

单位:吨

年份	豆类	#大豆	薯类	油料	#油菜籽	甘蔗	药材类	蔬菜	果用瓜
1990	17752	7480	87775	3585	3003	23294		687561	
1991	18603	8071	99499	5192	4629	32433		705533	
1992	20814	7883	90115	6440	6029	31107		632200	
1993	22825	9301	88407	2372	1873	51967		847477	
1994	22008	9553	88042	2276	1725	57157		768258	
1995	22093	9732	101899	3369	2835	46732		734429	
1996	27774	11115	101854	3373	2849	48554		762027	
1997	29125	9720	88283	3331	2763	35904		750727	
1998	34019	13301	103351	3863	3165	53220		820784	
1999	35323	12705	105426	4022	3224	60055		915949	
2000	38014	15987	93758	5571	4439	252639		1197250	
2001	39882	18392	87433	6332	4678	330094		1590930	
2002	38828	17384	95623	6437	5031	361341	6617	1885196	439210
2003	40066	18030	82874	7229	5562	513605	9336	1969596	533784
2004	46669	22623	112980	7820	5966	424731	30502	1831261	597649
2005	49504	23873	113878	8303	6461	312315	20133	1793418	572043
2006	53641	27500	116924	8625	6628	254215	20120	1838069	541441
2007	55592	28406	120023	8994	6956	245934	21577	1883959	533346
2008	55098	28546	149447	15352	13239	251533	20445	1681210	492715
2009	51137	25944	134379	18348	16269	223115	20242	1708827	502677
2010	46791	24675	127266	18115	15935	214234	23704	1722747	506983
2011	44694	22850	123322	17415	15180	215658	26364	1828818	516290
2012	42437	22895	126920	19317	16990	227770	27533	1871956	417181
2013	42759	22838	125978	19184	16909	195241	27126	1824063	434153
2014	27428	16376	54207	15470	13506	181226	28784	1884396	431822
2015	30112	18049	53282	15701	13485	184161	32977	1961609	425827

3－14 主要果园面积

（1990－2015 年）

单位:公顷

年份	果园面积	柑桔	梨	桃子	葡萄	柿子	枇杷	杨梅	其他
1990	50837	32300	443	3211	309	381	4970	7833	1390
1991	51335	33723	464	2616	332	413	4674	8067	1046
1992	49489	33146	394	2100	325	296	4428	7872	928
1993	50440	34091	392	1702	497	491	4391	7848	1028
1994	50002	33666	350	1907	404	563	4770	6851	1491
1995	53925	36163	413	2071	392	653	4574	8004	1655
1996	55168	36757	376	2193	435	668	4478	8808	1453
1997	49903	35581	421	1113	331	617	3735	6938	1167
1998	49891	34738	497	1203	332	683	3462	7389	1587
1999	49790	34619	571	1224	356	648	3402	7723	1247
2000	49696	33491	741	1331	414	662	3277	8514	1266
2001	49599	32729	1106	1534	435	739	3040	8912	1104
2002	51162	31588	1443	1674	638	816	3400	10243	1360
2003	55381	31256	1851	1649	1003	786	3155	12371	3310
2004	57827	31510	2289	1790	1495	772	3318	14718	1935
2005	58950	31405	2305	1807	1614	791	3351	15892	1785
2006	58888	30664	2338	1839	1710	817	3219	16311	1990
2007	62111	29580	2620	2085	1811	895	3207	19371	2542
2008	61644	28537	2644	2099	2070	906	3220	20006	2162
2009	61092	26192	2567	2212	2631	975	3191	21118	2206
2010	63474	26244	2492	2406	3166	986	3294	22816	2070
2011	63917	26128	2444	2447	3470	1011	3324	23309	1784
2012	64985	25828	2409	2654	3994	1010	3388	24039	1663
2013	65275	25555	2426	2854	4260	998	3424	24277	1481
2014	65801	25013	2306	3226	4475	937	3519	24386	1939
2015	67434	25123	2308	3692	4889	957	3573	24693	2199

注：2001 年起，果园面积和产量包括果用瓜及草莓。

3-15 主要水果产量

(1990-2015年)

单位:吨

年份	水果产量	柑桔	梨头	桃子	葡萄	柿子	枇杷	杨梅	其他
1990	262977	217088	2507	9858	901	1944	16723	13070	886
1991	340302	286415	2547	6677	915	2080	25302	15555	811
1992	395740	336354	1919	8172	1508	1874	25676	18985	1252
1993	372777	320378	2237	8337	1781	1986	20197	14952	2909
1994	489773	423938	3327	9072	2573	2786	28253	17129	2695
1995	560100	484772	2781	10424	3549	3242	19135	33154	3043
1996	638498	531798	2802	11269	3311	4045	45285	35873	4115
1997	628851	524360	2881	12135	4258	5806	32103	42165	5143
1998	515846	413770	4324	12896	4607	6526	25422	40860	7441
1999	632272	520035	3894	13338	5077	6138	30640	46254	6896
2000	387418	274920	5268	15535	7247	6532	26615	43677	7624
2001	910550	441419	7226	13898	7919	8435	30690	49186	351777
2002	896860	323397	8610	16839	12035	8172	31332	55336	441139
2003	1081139	386998	13356	15279	18989	4812	28559	73548	539598
2004	1158327	370147	19554	17430	22569	4419	30581	90019	603608
2005	1069970	314849	22442	18920	28270	4433	18013	84509	578534
2006	1106719	365314	25197	21702	32452	4783	23073	85345	548853
2007	1156927	390875	27520	22219	36028	5233	23665	108204	543183
2008	1205779	462443	30476	24646	41897	5443	24567	113467	502840
2009	1165807	372652	27792	27079	55754	5821	24834	136643	515232
2010	1245474	435342	27767	29686	60678	6369	21802	144445	519385
2011	1287820	447372	26722	33038	70426	7439	21979	152763	528081
2012	1215825	443978	28072	35174	87419	7886	21397	162473	429426
2013	1223521	426759	27006	37616	89991	7553	21422	169903	443271
2014	1264754	441096	26833	41734	94425	7651	23639	186544	442832
2015	1312864	476975	27265	50337	105164	7706	23864	181766	439787

3－16 林 业 生 产 情 况

（1990－2015 年）

单位:公顷

年份	造林面积	#用材林	#经济林	#防护林	零星（四旁）植树（万株）	中幼林抚育实际面积	育苗面积	更新造林面积	主要林产品产量(吨)	
									竹笋干	板栗
1990	9380	8240	155	606	489.6	7015	99	546	967	753
1991	11772	9412	210	306	377.0	8906	110	624	781	399
1992	7847	6533	510	291	424.0	13229	91	293	894	415
1993	6638	3336	2055	267	337.1	10653	73	540	786	291
1994	8173	3951	3535	333	271.0	12863	385	542	803	410
1995	6058	1521	3912	457	256.0	9567	32	784	41221	1184
1996	4090	1461	1888	418	246.9	9340	32	1213	5543	2465
1997	5269	1538	3076	508	287.0	7354	34	1375	812	535
1998	4942	2055	2212	675	321.0	9828	102	1070	940	667
1999	2688	730	1210	748	310.5	6063	53	1296	920	2273
2000	3537	394	1580	1505	164.0	2188	71	1522	1894	1059
2001	3160	275	1213	1669	174.0	6994	92	1541	2615	1160
2002	2664	36	547	1978	181.0	4402	218	411	3740	1200
2003	2867	19	409	2160	146.0	4595	763	513	3980	1320
2004	3207	45	670	2392	141.0	5792	210	375	2908	1301
2005	3804	495	541	2765	117.0	7556	849	234	2566	1338
2006	2213	508	214	1491	129.5	3810	777	655	2788	1361
2007	2002	94	154	1401	103.8	2726	591	1189	2880	1515
2008	1521	17	69	1435	121.7	1940	1700	1113	2717	1639
2009	6352	9		6343	110.0	1395	1556	317	3358	1745
2010	1728		45	1683	115.5	1209	1521	934	3514	1598
2011	3884	125	750	2958	129.0	1837	2969	865	3643	1599
2012	4162	415	575	3172	376.5	9014	2585	1257	3388	2049
2013	4183	731	694	2758	539.0	20664	2944	1026	3577	2135
2014	3466	112	813	2541	211.8	22687	3502	1397	4164	2268
2015	1944	48	357	1539	187.2	23631	3187	796	4156	2286

注：1. 2002 年起，育苗面积中包含绿化苗木。
2. 2007 年起，造林面积中包含无林地和疏林地新封面积。
3. 2011 年及以前中幼林抚育实际面积不包括中林抚育实际面积。

3-17 畜牧业生产情况(一)

(1990-2015年)

年份	生猪年末存栏头数(万头)	#能繁殖的母猪	年内肥猪出栏头数(万头)	生猪饲养量(万头)	牛年末存栏头数(头)	#良种牛	羊年末存栏只数(万只)	兔年末存栏只数(万只)	家禽年末存栏只数(万只)
1990	116.83	6.39	100.69	217.52	80518	2851	4.47	21.74	608.23
1991	113.44	6.89	97.87	211.31	76176	3199	4.28	20.66	741.55
1992	114.10	8.18	99.78	213.88	69543	3247	4.33	24.67	837.18
1993	108.86	7.01	93.64	202.50	64827	2580	4.65	21.56	909.94
1994	105.81	6.53	91.59	197.40	60487	1945	5.20	29.66	948.54
1995	99.44	6.05	88.10	187.54	58713	1943	5.27	29.45	904.93
1996	86.70	5.83	80.74	167.44	57384	1617	5.23	26.54	1015.34
1997	92.65	5.82	82.86	175.51	51900	1655	4.90	23.75	939.23
1998	105.65	6.51	97.72	203.37	48828	1526	5.24	26.63	842.89
1999	109.52	6.36	106.07	215.59	48487	1705	5.48	28.64	896.07
2000	112.04	6.51	113.29	225.33	47179	2263	5.92	29.41	891.45
2001	112.91	7.04	118.83	231.74	44254	4208	6.13	42.75	888.02
2002	109.25	6.16	121.52	230.77	44018	5038	6.34	38.38	822.28
2003	104.08	5.36	118.12	222.20	39654	4593	6.29	33.49	895.61
2004	100.96	5.49	112.27	213.23	39122	4703	6.33	41.35	883.98
2005	100.10	5.33	117.79	217.89	38723	4592	6.47	51.04	866.60
2006	58.25	3.64	71.46	129.71	27197	3390	3.72	55.78	890.62
2007	65.54	4.48	79.06	144.60	27621	4010	4.46	66.63	905.25
2008	75.61	6.22	85.21	160.82	28447	4306	5.41	59.05	925.82
2009	78.32	6.55	87.62	165.94	29741	4035	5.67	52.48	981.18
2010	77.80	6.69	91.51	169.31	31426	4146	5.82	54.69	1052.69
2011	81.53	6.86	94.66	176.19	31613	3881	5.71	55.50	1107.99
2012	80.76	6.86	97.64	178.40	30249	3669	6.23	53.86	1164.32
2013	79.16	6.86	97.83	176.99	29758	3443	6.46	56.36	985.68
2014	65.36	5.80	92.15	157.51	27138	3021	6.40	58.17	687.28
2015	65.43	5.59	87.58	153.02	26971	3352	6.77	59.54	641.43

3-18 畜牧业生产情况(二)

(1990-2015年)

年份	家禽饲养量(万只)	肉类总产量(吨)	#猪肉产量	禽蛋产量(吨)	养蜂年末箱数(箱)	蜂蜜产量(吨)	蚕茧产量(吨)	饲养蚕种张数(张)
1990	1125.50	92729	86200	22208	58886	2800	1486	43088
1991	1358.36	92230	85015	32043	49935	2756	1747	53693
1992	1526.10	98750	90327	41988	38274	2061	2355	65222
1993	1737.68	94515	83692	46203	32227	1583	2246	63396
1994	1871.23	98140	85891	45511	27661	1906	2373	65085
1995	1880.60	97280	84041	40336	25180	1450	1670	53706
1996	2217.71	92501	76808	40373	28040	1427	500	14752
1997	2045.68	92721	79257	34961	32091	2133	658	14896
1998	1658.91	104986	91653	30205	45804	1500	776	19658
1999	2127.84	114037	99577	29774	43432	2100	673	17165
2000	2045.63	120868	106562	30356	42911	2458	625	15534
2001	2050.53	123988	108222	33139	40271	2370	675	17076
2002	1997.05	128457	111492	35882	40850	2564	652	15984
2003	2348.17	128890	109031	37479	37181	2340	472	11875
2004	2361.61	125433	104561	36239	40942	2203	495	11623
2005	2468.17	132300	108590	37919	40228	2195	461	11023
2006	2443.33	90367	67723	38307	40537	2197	613	13710
2007	2501.61	98414	75249	41643	41562	1927	618	14011
2008	2529.52	105776	82590	42971	41773	1996	525	12434
2009	2723.69	109039	84080	43758	46905	2359	401	8985
2010	3154.10	117952	87999	46574	47464	2589	388	8456
2011	3268.74	124070	91458	48494	46363	2597	381	8361
2012	4309.06	139118	93673	48771	50217	2582	328	7637
2013	3756.38	134840	94110	48450	51629	2545	298	6614
2014	2949.45	123414	89231	39150	56160	2526	279	5433
2015	2112.32	110344	85991	38529	48927	2401	244	5227

3-19 渔业生产情况(一)

(1990-2015年)

单位:吨

年 份	水产品总产量	海水产品产量	#海洋捕捞	#海水养殖	鱼类	甲壳类	贝类	藻类	头足类	其他
1990	280670	269772	197530	72242	104735	89337	74380	593		727
1991	318813	306838	226674	80164	106947	120560	78652	679		
1992	368344	355654	267232	88422	138469	127016	89300	869		
1993	459446	443460	346112	97348	161630	150439	108127	1090		22174
1994	753547	735327	588107	147220	287361	201912	186947	1142		57965
1995	987950	964316	763355	200961	458969	227436	260650	1694		15567
1996	1034042	1005520	767800	237720	497964	217711	267955	1890		20000
1997	1114878	1089952	869334	220618	544447	252652	290715	1779		359
1998	1309819	1278913	1024760	254153	695577	281718	299110	2342		166
1999	1329413	1294720	988026	306694	618321	301192	370434	3312		1461
2000	1392848	1352453	990625	361828	610270	324945	410620	6030		588
2001	1384249	1340823	961501	379322	588381	321029	416274	8596		6543
2002	1411019	1363574	972447	391127	631214	300063	418487	12898		912
2003	1382628	1334501	927268	407233	632995	256115	355496	16085	64640	9170
2004	1383814	1339435	945247	394188	519902	280777	349350	11750	75791	101865
2005	1350028	1308430	941075	367355	620817	280631	326126	9242	63827	7787
2006	1355067	1317234	952716	364518	610345	307456	321037	10192	62129	6075
2007	1375594	1335572	986118	349454	647173	300884	304129	9271	67727	6388
2008	1387283	1349301	1004437	344864	672002	301122	299050	9310	63106	4699
2009	1340491	1302200	968103	334097	633754	300232	288583	10530	60777	7151
2010	1403826	1360501	1005827	354674	650532	311887	303743	10893	67679	9778
2011	1413087	1368787	1009499	359288	655909	314810	305489	10317	67964	7053
2012	1417871	1373297	1001181	361683	642339	330462	306260	10457	66521	6825
2013	1437533	1392796	1012436	368975	635608	346459	312081	11851	69474	5938
2014	1483914	1435832	1031334	384613	644727	358485	326171	12700	69911	3953
2015	1568978	1519900	1102633	408337	707375	363527	345547	14123	74398	6000

注：2003年起，按类别分产品产量口径有所调整，与以前年份不可比。

3－20 渔业生产情况(二)

（1990－2015 年）

单位:吨

年份	淡水产品产量	淡水捕捞	淡水养殖	鱼类	甲壳类	贝类	其他类	海水养殖面积(公顷)	淡水养殖面积(公顷)
1990	10898	2673	8225	9922	233	265	478	12450	3874
1991	11975	2603	9372	11403	165	290	117	12826	12892
1992	12690	2672	10018	11999	207	382	102	13266	12954
1993	15986	2287	13699	13135	226	575	2050	14792	13718
1994	18220	3099	15121	15697	362	820	1341	18416	13228
1995	23631	4141	19493	21002	542	1279	811	21897	13735
1996	28522	4890	23632	24496	667	1970	1389	24297	13862
1997	24926	4556	20370	20203	1132	1821	1770	26002	14606
1998	30906	5163	25743	25699	1155	2207	1845	27872	14156
1999	34693	6369	28324	28250	1737	2479	2227	32671	14639
2000	40395	5472	34923	31115	2084	3658	3538	38648	14754
2001	43426	6012	37414	33980	2597	3215	3634	38834	15345
2002	47445	6840	40605	37000	3196	3392	3857	40386	14992
2003	48127	5351	42776	38413	3885	2814	3015	39973	15404
2004	44379	4672	39707	34642	3917	2648	3172	38734	13780
2005	41598	5217	36381	32984	3554	2727	2333	36637	13234
2006	37833	5007	32826	30141	3388	2557	1747	35882	12549
2007	40022	5520	34502	30289	5790	2357	1586	34206	12611
2008	37982	4761	33221	29177	4954	2168	1683	31493	12083
2009	38291	4942	33349	28606	5446	2339	1900	29316	11719
2010	43325	4746	38579	28081	6230	3287	5727	28422	12044
2011	44300	4882	39418	29362	6072	3236	5630	27809	11275
2012	44574	4989	39585	32557	5843	2929	3245	27307	11124
2013	44737	4132	40605	31961	6759	2853	3164	27034	11209
2014	48082	3468	44614	34573	6997	1511	5001	26879	11211
2015	49078	3719	45359	38765	6818	2171	1324	28143	11203

3－21 农业机械年末拥有量(一)

(1990－2015年)

单位:千瓦

年份	农业机械总动力	耕作机械动力	#农用小型拖拉机(台)	#农用小型拖拉机	收获前机械动力	收获后处理机械动力	植保机械动力	排灌机械动力
1990	1202167	228375	24646	213427	122757		3484	107752
1991	1337189	231738	25086	217389	130693		3254	109353
1992	1462999	233744	25370	219894	135211		3257	109047
1993	1501218	235935	25602	222059	145282		3475	111420
1994	1700908	238782	25711	222954	154315		3214	112606
1995	2000643	240799	25720	223395	163317		3079	114804
1996	2098437	238872	25676	222987	173621		3125	111988
1997	2124715	234306	24989	217047	179186		3170	113686
1998	2246400	233623	24625	216445	187684		3380	111414
1999	2411183	231289	24082	209800	204087		3458	118004
2000	2557648	232801	23589	204753	220529		4548	122055
2001	2698458	215079	21888	192247	246146		4859	132394
2002	2734070	199085	20829	178487	251589		4733	133604
2003	2799713	181639	19280	167356	248485		5411	134325
2004	2643820	176498	17856	159085	236057		5229	130534
2005	2886333	178914	18006	159876	247515		8936	174382
2006	3500146	161264	14589	135870	360295		23190	336879
2007	3473685	165438	14446	134202	356135		25281	332076
2008	3394747	164170	14061	129477	348240		27703	317250
2009	3434370	186708	14713	138207	357624		42727	319920
2010	3411345	194475	14244	134849	331534		60111	323386
2011	3521059	203890	14331	136599	320738		78209	326074
2012	3472675	219707	14071	137693	114985	192712	82275	324309
2013	3404227	230723	14196	140931	124911	166163	85362	329179
2014	3452195	231595	13326	132434	129452	128316	83121	315684
2015	3386934	241643	13113	131176	134752	92019	84477	315674

注：2011年及以前收获前机械动力包括收获后机械动力。

3-22 农业机械年末拥有量(二)

(1990-2015年)

单位:千瓦

年份	农副产品加工机械动力	运输机械动力	渔业机械动力	#机动渔船动力	#机动渔船艘数(艘)	#机动渔船吨位(吨位)	其它农业机械动力
1990	114858	157211	455745	455745	8901	225589	11985
1991	115966	168478	562980	562980	10764	300597	14727
1992	116459	234488	612005	607882	9847	324028	18788
1993	117275	266409	601170	598424	9066	320380	20252
1994	116984	327279	728205	725243	10396	393464	19523
1995	115724	389976	951727	948304	12362	509135	21217
1996	116573	423969	1007802	1005606	11456	532786	22487
1997	117573	430258	1023832	1018842	11369	545739	22704
1998	120580	425509	1141492	1134504	10534	574089	22718
1999	122740	510551	1186502	1178865	10397	614507	34552
2000	126686	533569	1282908	1269083	10839	652992	34552
2001	127317	584008	1315854	1299104	10749	681527	72801
2002	126644	593141	1316564	1300746	9945	707028	108710
2003	125009	699191	1290879	1290879	9622	686871	114774
2004	121787	667999	1229010	1229010	8868	648426	76706
2005	124331	723434	1227233	1227233	8716	647240	201588
2006	125697	626014	1351774	1351774	8884	701970	515033
2007	127393	638617	1403511	1403511	9001	718315	425234
2008	129048	594476	1397377	1397377	8467	703378	416483
2009	127761	597716	1377372	1358856	7948	711084	424542
2010	128760	599403	1334626	1301595	6802	687962	439050
2011	129331	593020	1418788	1380774	7073	759257	451009
2012	123487	589231	1479459	1438014	7089	853176	346510
2013	122494	533211	1480898	1438496	6857	905218	331286
2014	119684	506829	1491896	1447375	6648	924370	445618
2015	120309	469224	1494688	1447923	6503	942556	434148

3－23 农田水利建设情况

（1990－2015年）

单位：千公顷

指标	有效灌溉面积	林地灌溉面积	园地灌溉面积	水土流失治理面积	堤防总长度（公里）	已建成水库（座）	总库容（万立方米）
1990	127.40	0.78	7.94	148.21	631	293	86969
1991	128.63	0.83	8.35	147.31	645	300	87078
1992	127.79	0.69	6.42	144.27	645	305	130079
1993	126.28	0.72	7.28	349.21	638	306	160329
1994	124.54	0.74	7.16	349.21	638	307	160343
1995	123.25	0.74	7.18	348.71	641	311	162176
1996	121.76	0.72	7.12	348.71	642	314	162544
1997	121.69	0.73	7.10	348.71	629	314	162543
1998	121.67	0.73	8.37	348.71	629	314	162637
1999	122.45	0.73	7.91	392.60	629	317	163714
2000	124.03	0.73	7.96	224.88	633	316	163605
2001	125.03	0.75	8.09	293.11	681	322	164098
2002	126.03	3.37	5.48	238.56	707	327	164144
2003	126.26	3.35	13.23	238.88	710	328	177602
2004	127.95	3.44	13.52	249.40	739	328	177587
2005	126.86	3.50	13.21	253.55	758	326	181664
2006	127.14	4.16	13.47	264.48	1189	323	182769
2007	125.88	4.85	13.37	269.08	1266	327	188027
2008	127.67	4.85	13.57	267.81	1343	324	182716
2009	127.67	4.95	13.87	272.61	1390	325	185361
2010	127.35	4.95	13.97	275.29	1412	326	185373
2011	125.48	5.02	13.78	281.79	1425	326	188147
2012	128.54	4.99	14.06	283.18	1487	345	193643
2013	135.36	5.24	11.39	215.51	2342	345	186813
2014	130.30	3.57	10.70	243.38	2382	346	187434
2015	125.96	4.15	10.67	249.79	2347	346	186813

3－24　农村用电量及化肥施用量

（1990－2015年）

单位：吨

年　份	农村用电量（万千瓦时）	农用化肥施用量（折纯量）	农用塑料薄膜使用量	农用柴油使用量	农药使用量
1990	48022	78955	835		4682
1991	61544	87255	1025		5066
1992	73877	88439	1030		4315
1993	94785	91072	1226	103884	4212
1994	110137	89957	1491	134547	4749
1995	131166	106371	3200	230696	5742
1996	142967	107856	3249	252132	5710
1997	154907	109638	3445	328071	6334
1998	167880	110055	3742	337194	6499
1999	198862	109314	3978	331624	6457
2000	227818	105913	4558	351640	6414
2001	237471	96388	5726	499103	6007
2002	299886	90613	6318	498723	5862
2003	346952	87727	6656	501040	5574
2004	372411	88932	7020	517635	5597
2005	468125	89625	7405	532714	5610
2006	506716	88848	7471	544063	5561
2007	572777	87047	7541	547733	5415
2008	633158	88334	7775	521620	5340
2009	706158	91545	7898	541420	5093
2010	807710	90977	8152	593300	4850
2011	920219	89670	8363	605851	4727
2012	957734	90370	8545	611604	4605
2013	1024355	92561	8946	636934	4515
2014	1033239	89528	9210	648731	4336
2015	1031618	88296	9387	668007	4189

主 要 统 计 指 标 解 释

农、林、牧、渔业的统计范围是：

1. 农业：包括种植业和其他农业。

种植业包括谷物、豆类、油料、棉花、麻类、糖料、烟叶、药材、薯类、蔬菜、瓜类、饲料作物等种植业，茶、桑、果种植业。

其他农业包括野生植物的果实、纤维、油料和野生药物、菌类、柴草等的采集等。

2. 林业：包括人工植树造林、森林抚育、迹地更新，村及村以下竹、木材采伐。油桐籽、油茶籽、核桃等林产品的采集。

3. 牧业：包括猪、牛、羊等的饲养和放牧业，鸡、鸭、鹅等有家畜养殖业以及兔、蚕、蜂等小动物饲养，野生动物的狩猎、诱捕、猎物饲养，野生动物产品的采集。

4. 渔业：包括利用海水进行鱼、虾、贝、藻类等水生动、植物的养殖和对海洋水生动、植物的捕捞；还包括在内陆水域进行鱼、虾、蟹、贝类、珍珠等水生动物的养殖和捕捞。

农林牧渔业总产值 指以货币表现的农林牧渔业全部产品总量。它用价值量形式综合反映一定时期内农林牧渔业生产的总成果和总规模。农林牧渔业总产值的计算方法，一般采用“产品法”进行计算，即凡是有产品产量的，都按产品产量乘以其产品单价求得每一种农产品的产值，然后将四业产品的产值相加求得。

农作物播种面积 指实际播种或移植有农作物的面积。凡是实际种植有农作物的面积，不论种植在耕地上还是非耕地上的，也不论面积大小，均应包括在内。统计播种面积，按种植一次算一次，但移植作物的，按移植后的面积计算。

粮食产量 指全社会的产量，包括国营农场等全民所有制经营、集体统一经营的和农民家庭经营的产量，还包括工矿企业家属办的农场和其他生产单位的产量。粮食在统计上分为谷物、豆类、薯类。从浙江的实际种植结构看，谷物包括稻谷、小麦、玉米和其他谷物，按脱粒后的原粮计算；豆类包括大豆、蚕(豌)豆、杂豆，按去豆荚后的干豆计算；蕃薯按5千克鲜薯折1千克粮食计算。

粮食产量统计方法主要有两种：全面统计和农产量抽样调查。从1988年起，国家统计局统一规定，全国和各省(区、市)的粮食产量一律以农产量抽样调查数为准。从2014年起，浙江省统计局规定，各地市粮食产量以抽样调查数为准。农产量抽样调查主要分两部分：一是抽选网点，二是调查推算。

水果产量 指本年度内收获的全部水果产量。不论出售或自食的都应计算在内。水果产量按鲜果计算，不按加工后的产量计算。2001年起，水果产量包括果用瓜(西瓜、甜瓜、草莓等)，但不包括作蔬菜食用的藕、西红柿等，也不包括采集的野生水果。

造林面积 指本年度内在荒山、荒地、沙丘等一切可以造林的土地上，采取人工播种、植苗、飞机播种等方法，新植的成片乔木林和灌木林，经过检查验收，符合“造林技术规程”要求的株数，成活率达85%以上(1986年以前成活率按40%以上计算)的面积。四旁植树在四行以上，连续面积在一亩以上，应统计在造林面积内，但不包括补植面积、重造面积、迹地更新面积、低产林改造面积和零星植树折算面积。

肥猪出栏头数 指年内农村合作经济组织、农民、国营农场、机关、团体、工矿企业、部队等单位以及城镇居民饲养的，供屠宰并已出栏的全部肉猪头数，包括交售给国家、集市上出售和农民自食部分。

肉类总产量 指当年出栏并已屠宰的猪、牛、羊、兔、家禽和其他畜禽的肉产量，按屠宰后除去头蹄下水后带骨肉的重量，即按胴体重计算。

水产品产量 指本年度内捕捞的水产品产量(包括人工养殖和天然生长)。海水生长的藻类计入海水产品产量。淡水生长的各种水生植物，不计算为水产品产量。除海蜇按三矾后，海藻按干品计量外，其余均按捕捞起水时的鲜活实重计量。

有效灌溉面积 是指灌溉工程设施基本配套，有一定灌溉水源，土地比较平整，抗旱能力达到30天以上的耕地面积。由于雨水及时或所种的农作物不需要灌溉等原因，当年没有进行灌溉或遇较大干旱年当年不能进行灌溉，而以往年份已统计为有效灌溉面积的耕地，也都应统计在内。

农业机械总动力 指主要用于农、林、牧、副、渔业的耕地机械、排灌机械、收获机械、农产品加工机械、运输机械、植保机械、林业机械、渔业机械和其他农业机械等各种动力机械的动力总和。电动机楞率按千瓦计算，内燃机功力按引擎马力折成千瓦计算。

农用化肥施用量 指在本年度内实际用于农业生产的化肥数量。包括氮肥、磷肥、钾肥及复合肥。施用量按标准及折纯量两种方法计算。标准量，是指化肥将实物量按统一规定的折合标准计算。实物量折合标准量的标准是：尿素1:2，硝酸铵1:1.65，石灰氮、碳酸氢铵、氨水均为1:0.67，氮磷钾复合肥1:2（也可根据具体情况进行折算），其他化肥按实际含量进行折算。折纯法，即把氮肥、磷肥、钾肥分别按含氮、含五氧化二磷、含氧化钾100%折算，标准量换算折纯量的比例是：氮肥1:0.21，磷肥1:0.18，钾肥1:0.25。

农村用电量 指本年度内扣除在农村中的全民所有制工业、交通、基建单位的用电量以后的农村生产和生活上的全年用电总度数（全年累计数），包括国家电网的供电量，也包括农村自办电站的供电量。

农村住户数 按"常住地"统计。是指长期（一年以上）居住在除县级以上政府所在地和原来老的工矿企业的镇以外的乡镇和农村街道办事处行政管理区域内的住户，以及居住在城关镇所辖行政村范围内的农村住户。户口不在本地而在本地居住一年及以上的住户也包括在本地农村住户内；有本地户口，但举家外出谋生一年以上的住户，无论是否保留承包耕地都不包括在本地农村住户范围内。

农村人口数 指农村户数中的常住人口数，即经常在家或在家居住六个月以上，而且经济和生活与本户连成一体的人口。外出从业人员在外居住时间虽然在六个月以上，但收入主要带回家中，经济与本户连成一体，仍视为家庭常住人口；在家居住，生活和本户连成一体的国家职工、退休人员也为家庭常住人口。但现役军人、中专及以上（走读生除外）的在校生以及常年在外（不包括探亲、看病等）且已有稳定职业与居住场所的外出人员，不应当作家庭常住人口。

农村劳动力资源 指农村人口中在劳动年龄内（男16周岁至60周岁、女16周岁至55周岁），并具有劳动能力的人数和虽在劳动年龄以外，却能经常参加农业生产劳动或家庭副业劳动并顶上一个或半个劳动力的人数。不包因病长期不能参加生产劳动和因残疾而丧失劳动能力的人数。

农村从业人员 指农村人口中16岁以上实际参加生产经营活动并取得实物或货币收入的人员，既包括劳动年龄内经常参加劳动的人员，也包括超过劳动年龄但经常参加劳动的人员。但不包括户口在家的在外学生、现役军人和丧失劳动能力的人，也不包括待业人员和家务劳动者。从业人员年龄为16岁以上。从业人员按从事主业时间最长（时间相同按收入）分为农业从业人员、工业从业人员、建筑业从业人员、交运仓储及邮政从业人员、信息传输、计算机服务和软件业从业人员、批发与零售业从业人员、住宿和餐饮业从业人员、其他行业从业人员等。

4 工业

Industry

4－1 主要年份工业企业单位数

单位:个

年份	全部工业单位数	国有企业	集体企业	其他各种类型企业	股份合作企业	私营个体
1949	386	12	1	246		127
1952	678	32	25	262		359
1957	1000	141	634	204		21
1962	1226	171	692	269		94
1965	1099	144	563	301		91
1970	1551	217	841	387		106
1975	2370	271	1620	364		115
1978	4669	303	2141	1813		412
1980	7162	314	2872	3469		507
1985	25751	334	3672	3238	5197	13310
1990	37446	364	3521	2228	7519	23814
1994	79722	283	2649	1862	16001	58927
1995	87510	303	2465	3930	13682	67130
1996	85271	286	2173	1674	13232	67906
1997	84203	248	1373	1780	8185	72617
1998	87564	159	1565	508	10427	74905
1999	87436	123	876	647	9912	75878
2000	87381	93	601	1013	11002	74672
2001	89449	94	658	2761	9551	76385
2002	86479	90	634	3138	9394	73223
2003	89209	81	558	2984	7661	77925
2004	99758	47	445	3958	5818	89490
2005	102361	47	431	4105	5859	91919
2006	101443	47	392	4686	3958	92360
2007	103983	50	343	4899	3681	95010
2008	106598	50	211	5819	3080	97438
2009	108629	55	218	5844	2196	100316
2010	110886	52	207	5935	1848	102844
2011	113259	50	204	5797	1754	105454
2012	115094	42	193	5865	1671	107323
2013	116105	38	216	2570	3462	109819
2014	125932	37	227	2629	3822	119217
2015	131224	32	194	2532	3356	125110

4-2 规模以上工业单位数

(2005-2015年)

单位:个

年份	工业单位数	#国有及国有控股企业	轻工业	重工业	大型企业	中型企业	小型企业	微型企业
2005	3945	60	1833	2112	14	250	3681	
2006	4547	60	2059	2488	14	317	4216	
2007	5474	50	2378	3096	18	375	5081	
2008	5973	53	2503	3470	17	393	5563	
2009	6210	54	2581	3629	19	371	5820	
2010	7308	52	2941	4367	24	436	6848	
2011	3040	37	1157	1883	53	486	2477	24
2012	3377	42	1327	2050	47	423	2840	67
2013	3733	43	1452	2281	47	424	3137	125
2014	3804	49	1449	2355	43	404	3246	111
2015	3672	51	1419	2253	41	383	3144	104

注：规模以上工业统计范围是：2015年为年主营业务收入2000万元及以上工业（不包括台州电业局），2011年起为年主营业务收入2000万元及以上工业（不包括台州电业局和台州电业局直属供电局），2009年起统计范围为年主营业务收入500万元及以上工业（不包括华能国际电力股份有限公司浙江分公司、台州电业局），2007年起统计范围为年主营业务收入500万元及以上工业（不包括华能国际电力股份有限公司浙江分公司、台州电业局和台州电业局直属供电局），2005年、2006年统计范围为国有和年销售收入500万元以上工业。下同。

4-3 分注册类型规模以上工业单位数

(2005-2015年)

单位:个

年份	国有企业	集体企业	股份合作企业	联营企业	有限责任公司	股份有限公司	私营企业	其他企业	港澳台商投资公司	外商投资企业
2005	44	29	679	5	1291	25	1520		170	182
2006	40	25	514	7	1471	31	2074		185	200
2007	32	25	508	10	1511	40	2926		197	225
2008	30	17	413	3	1522	28	3510		200	250
2009	35	23	401	3	1574	34	3694		206	240
2010	34	21	274	3	1699	45	4799		207	226
2011	21	7	55	2	873	36	1742		142	162
2012	21	4	91	3	996	54	1909	2	141	156
2013	13	4	102		1233	73	2024	2	136	146
2014	13	4	100		1239	82	2117	1	118	130
2015	13	4	122		1130	78	2124		90	111

4-4 分行业规模以上工业单位数(一)

(2005-2015年)

单位:个

年份	有色金属矿采选业	非金属矿采选业	农副食品加工业	食品制造业	酒饮料和精制茶制造业	纺织业	纺织服装服饰业	皮革毛皮羽毛及其制品和制鞋业	木材加工和木竹藤棕草制品业
2005	3	2	77	20	15	131	44	236	39
2006	2	1	86	22	15	154	51	255	45
2007	1	3	99	23	15	167	63	323	56
2008	1	4	107	21	17	184	62	314	46
2009	1	4	118	23	19	194	71	334	42
2010	1	5	123	25	20	210	74	377	45
2011	1	1	53	17	8	83	13	148	17
2012	1	3	77	19	8	85	19	223	16
2013	1	3	85	17	9	92	24	264	17
2014	1	4	72	20	8	85	20	248	16
2015	1	3	69	21	8	86	21	216	15

4-5 分行业规模以上工业单位数(二)

(2005-2015年)

单位:个

年份	家具制造业	造纸和纸制品业	印刷和记录媒介复制业	文教工美体育和娱乐用品制造业	石油加工炼焦和核燃料加工业	化学原料和化学制品制造业	医药制造业	化学纤维制造业	橡胶和塑料制品业
2005	51	79	40			120	99		458
2006	59	96	50			114	96	1	523
2007	82	115	60	400	1	124	97	1	619
2008	106	115	69	412	1	132	108	1	718
2009	114	115	64	410	1	133	113	1	779
2010	122	137	75	456	1	145	113	2	1042
2011	75	54	20	103		75	86	1	383
2012	80	63	23	114	1	75	82	3	407
2013	87	63	26	127	2	74	83	3	461
2014	99	57	35	131	2	77	77	3	480
2015	97	55	42	141	1	72	76	3	455

4-6　分行业规模以上工业单位数(三)

(2005-2015年)

单位:个

年　份	非金属矿物制品业	黑色金属冶炼和压延加工业	有色金属冶炼和压延加工业	金属制品业	通用设备制造业	专用设备制造业	汽车制造业	铁路船舶航空航天和其他运输设备制造业	电气机械和器材制造业
2005	59	19	81	168	608	192			284
2006	66	23	101	183	708	237			329
2007	99	24	101	254	908	302	410	308	445
2008	83	28	97	287	1065	330	438	331	522
2009	91	33	99	285	1142	347	479	305	540
2010	106	40	119	354	1331	432	567	327	628
2011	53	25	70	133	510	164	261	176	292
2012	65	62	62	174	528	177	279	184	307
2013	69	64	74	199	608	200	318	184	336
2014	75	69	82	208	624	211	336	177	352
2015	88	53	85	194	594	214	327	161	339

4-7　分行业规模以上工业单位数(四)

(2005-2015年)

单位:个

年　份	计算机通信和其他电子设备制造业	仪器仪表制造业	其他制造业	废弃资源综合利用业	金属制品机械和设备修理业	电力热力生产和供应业	燃气生产和供应业	水的生产和供应业
2005	54	86		24		29	2	13
2006	68	136		41		30	2	13
2007	61	165	58	48		25	3	14
2008	66	157	45	59		26	3	18
2009	58	144	41	58		28	5	19
2010	69	204	42	61		30	5	20
2011	34	79	26	43		21	5	10
2012	40	83	29	47	2	22	5	12
2013	39	87	28	46	3	22	6	12
2014	38	81	27	44	2	24	6	13
2015	38	79	30	41	1	25	6	15

4-8 规模以上工业总产值

(2005-2015年)

单位:万元

年份	工业总产值	#国有及国有控股企业	轻工业	重工业	大型企业	中型企业	小型企业	微型企业
2005	17376957	2096616	7262286	10114671	2437585	5845924	9093448	
2006	22288036	2482361	8618563	13669474	2500613	7566852	12220572	
2007	27406557	2656289	10460812	16945745	3337383	9642839	14426336	
2008	28776593	2255599	11091360	17685233	3016513	10135687	15624393	
2009	28698750	2412672	10914002	17784748	3257893	9437875	16002981	
2010	36307993	2512402	13234098	23073895	4206081	11991528	20110384	
2011	34484524	3701348	11926945	22557579	7325624	11456998	15624205	77697
2012	35308116	3810150	12288552	23019564	6578552	11650375	16814066	265123
2013	38057551	3897907	13239163	24818388	6630746	12450427	18291326	685052
2014	40525239	3645337	13883372	26641866	6895474	12346983	20210736	1072045
2015	38522436	3627077	14043304	24479132	6747282	11992931	19249282	532942

4-9 分注册类型规模以上工业总产值

(2005-2015年)

单位:万元

年份	国有企业	集体企业	股份合作企业	联营企业	有限责任公司	股份有限公司	私营企业	其他企业	港澳台商投资公司	外商投资企业
2005	1392336	369796	1467859	56945	6603203	798312	4400255		943672	1344579
2006	1646126	435388	1191946	56514	8242000	872554	6637474		1245250	1960784
2007	1786410	189356	1143417	74607	9348072	1410040	9655624		1343894	2455138
2008	1333741	30889	920398	53390	10157156	1215391	11316230		1461893	2287506
2009	1527561	48367	814169	52861	9567032	1138748	12099779		1447964	2002270
2010	1654347	48841	596434	46363	10632452	2014041	16568499		1901632	2845384
2011	1743080	45391	358040	61732	10025366	2494792	14041145		2086225	3628753
2012	1845080	8705	442061	60623	10464235	3669109	13329098	10764	2057946	3420495
2013	1771082	8868	456512		11925049	4274332	14097353	7816	1960898	3555641
2014	1750949	12493	487823		12461313	4992474	15637331	2204	1736385	3444267
2015	1708856	17326	623142		10862012	5095468	16123084		1399207	2693341

4－10 分行业规模以上工业总产值(一)

(2005－2015 年)

单位:万元

年份	有色金属矿采选业	非金属矿采选业	农副食品加工业	食品制造业	酒饮料和精制茶制造业	纺织业	纺织服装服饰业	皮革毛皮羽毛及其制品和制鞋业	木材加工和木竹藤棕草制品业
2005	10826	575	180872	91369	77310	343804	82771	581061	189680
2006	1898	1378	236120	95231	89420	405945	99176	734082	124287
2007	1373	2420	269837	104175	99250	466128	117544	904699	183477
2008	1660	4044	308520	125358	132843	636149	117004	865254	112899
2009	803	6831	338860	119275	109079	618096	107954	914255	112393
2010	2520	9077	438747	137647	127269	765929	121762	1095485	129790
2011	4169	3174	394537	160689	124238	674815	55018	869941	90882
2012	3967	8622	461000	176172	158162	649353	62095	1084784	84632
2013	4537	9667	526800	161691	173003	768231	74302	1194398	85080
2014	4755	11590	509603	185822	165921	797852	63720	1242094	83610
2015	4692	8727	532868	205236	145901	795583	67449	1051218	92505

4－11 分行业规模以上工业总产值(二)

(2005－2015 年)

单位:万元

年份	家具制造业	造纸和纸制品业	印刷和记录媒介复制业	文教工美体育和娱乐用品制造业	石油加工炼焦和核燃料加工业	化学原料和化学制品制造业	医药制造业	化学纤维制造业	橡胶和塑料制品业
2005	195299	187103	59077			584139	1103506		1660243
2006	287103	235851	78449			578750	1255932	944	1963692
2007	379483	278259	105782	875713	591	677025	1447448	1136	2459252
2008	544220	301648	103595	777034	859	715891	1808101	2428	2514752
2009	495486	287602	94087	733466	1165	716000	1850466	2265	2700936
2010	593613	424315	127420	884093	1579	916766	2112764	4932	3762112
2011	564168	363091	78805	525382		990493	2318317	5396	3496565
2012	592382	387714	92572	554247	4556	1136979	2477180	49335	3406175
2013	684862	469782	109107	565773	7087	1232630	2655998	60466	3731372
2014	763219	432457	168594	596991	5580	1403901	2882853	57275	4023909
2015	634846	426376	190255	666901	2004	1330842	3261306	51751	4010026

4-12 分行业规模以上工业总产值(三)

(2005-2015年)

单位:万元

年份	非金属矿物制品业	黑色金属冶炼和压延加工业	有色金属冶炼和压延加工业	金属制品业	通用设备制造业	专用设备制造业	汽车制造业	铁路船舶航空航天和其他运输设备制造业	电气机械和器材制造业
2005	161336	95217	593176	787332	1775840	1013539			1472178
2006	216008	71513	997081	888989	2389167	1359241			1722493
2007	279442	99697	948656	1402047	3328573	1661758	2061207	2647003	2362380
2008	343361	173110	961655	1210104	3847520	1278995	2236924	3240843	2775423
2009	381464	225368	768440	1051957	3505679	1330988	2627021	3238334	2622589
2010	452874	321823	1156964	1456205	4546467	1806644	3484411	3148864	3314844
2011	520890	403174	1119167	1218505	4046503	1517898	3152426	2808317	2914075
2012	507301	503297	1053749	1411807	4062297	1684261	3093339	2433063	2748761
2013	565119	604722	1167251	1578508	4594453	1931162	3390579	2150932	3283700
2014	690853	606484	1464834	1728961	5020940	2012324	3545234	2160882	3669584
2015	689769	513683	1404377	1563173	4592382	1863607	3320968	1973457	3202774

4-13 分行业规模以上工业总产值(四)

(2005-2015年)

单位:万元

年份	计算机通信和其他电子设备制造业	仪器仪表制造业	其他制造业	废弃资源综合利用业	金属制品机械和设备修理业	电力热力生产和供应业	燃气生产和供应业	水的生产和供应业
2005	229583	312555		354924		1319291	1528	39381
2006	319894	775464		663321		1600507	1967	45825
2007	269380	812899	606487	736142		1753057	13968	50272
2008	302716	407238	553795	1006150		1283916	19405	63179
2009	358343	303109	539545	957859		1474619	29191	75227
2010	457338	843446	692394	1257792		1596378	26600	89131
2011	412435	750261	697171	1408883		2668849	18097	108197
2012	475497	802530	765203	1437873	11756	2784950	23578	118930
2013	516310	847244	665143	1241869	11151	2833184	34011	127428
2014	550868	897777	736968	1186100	2839	2668935	43448	138462
2015	635312	841586	788239	906060	2780	2550531	41623	153628

4－14　规模以上工业主要产品产量

（2015 年）

产品名称		产量	产品名称		产量
精制食用植物油	（万吨）	0.67	其中：木质家具	（万件）	203.61
鲜、冷藏肉	（万吨）	0.96	金属家具	（万件）	2434.13
冷冻水产品	（万吨）	24.08	软体家具	（万件）	10.47
糖果	（万吨）	0.16	箱纸板	（万吨）	0.43
罐头	（万吨）	12.43	纸制品	（万吨）	59.24
食品添加剂	（万吨）	0.11	精甲醇	（万吨）	1.46
饮料酒	（万千升）	42.89	化学农药原药(折有效成分 100%)	（万吨）	1.29
其中：啤酒	（万千升）	42.89	其中:杀虫剂原药	（万吨）	1.29
软饮料	（万吨）	5.18	涂料	（万吨）	6.63
其中:果汁和蔬菜汁饮料类	（万吨）	4.70	初级形态的塑料	（万吨）	15.33
精制茶	（吨）	45	化学试剂	（万吨）	1.27
纱	（万吨）	1.78	化学药品原药	（万吨）	8.75
其中:棉混纺纱	（万吨）	0.03	中成药	（万吨）	0.05
化学纤维纱	（万吨）	1.75	橡胶轮胎外胎	（万条）	63.50
布	（万米）	21012	塑料制品	（万吨）	151.65
印染布	（万米）	15037	其中：塑料薄膜	（万吨）	8.04
绒线(俗称毛线)	（万吨）	0.42	泡沫塑料	（万吨）	4.54
蚕丝被	（万条）	8.00	塑料人造革、合成革	（万吨）	16.68
无纺布(无纺织物)	（万吨）	1.23	日用塑料制品	（万吨）	42.85
服装	（万件）	697	水泥	（万吨）	378.50
其中：梭织服装	（万件）	551	其中:散装水泥	（万吨）	297.60
针织服装	（万件）	146	商品混凝土	（万立方米）	885.45
轻革	（万平方米）	92.23	预应力混凝土桩	（万米）	405.62
皮革鞋靴	（万双）	32622	砖	（万块）	5107
人造板	（万立方米）	11.81	钢化玻璃	（万平方米）	117.76
其中：纤维板	（万立方米）	10.51	日用玻璃制品	（万吨）	3.18
家具	（万件）	3154.03	玻璃保温容器	（万个）	243

4－14 续表

产品名称	产量	产品名称	产量
卫生陶瓷制品（万件）	26.60	铜材（万吨）	20.75
生铁（万吨）	0.25	铝材（万吨）	48.33
铝合金（万吨）	1.49	钢材（万吨）	53.45
金属切削工具（万件）	1406	白银（银锭）（千克）	27113
发动机（万千瓦）	333.44	两轮脚踏自行车（万辆）	32.18
金属切削机床（万台）	0.62	电动自行车（万辆）	140.41
其中：数控金属切削机床（万台）	0.22	民用钢质船舶（万载重吨）	71.07
电焊机（万台）	176.99	交流电动机（万千瓦）	1220.69
泵（万台）	2659.56	变压器（万千伏安）	2042.12
其中：真空泵（万台）	114.30	电力电缆（万千米）	24.49
气体压缩机（万台）	229.67	绝缘制品（万吨）	0.37
其中：制冷设备用压缩机（万台）	229.67	锂离子电池（万只）	4.16
阀门（万吨）	21.45	太阳能电池（万千瓦）	30.30
齿轮（万吨）	14.21	家用电冰箱（万台）	73.54
电动手提式工具（万台）	318.50	家用冷柜(家用冷冻箱)（万台）	82.87
金属紧固件（万吨）	2.78	房间空气调节器（万台）	1.91
铸铁件（万吨）	17.61	家用电风扇（万台）	13.94
铸钢件（万吨）	2.57	家用电热烘烤器具（万个）	23.98
锻件（万吨）	21.75	电子元件（万只）	375984
减速机（万台）	61.51	彩色电视机（万台）	344.33
模具（万套）	5.65	其中：液晶(LCD）电视机（万台）	344.33
收获机械（万台）	1.58	眼镜成镜（万副）	9780.06
其中：谷物收获机械（万台）	1.58	发电量（亿千瓦小时）	274.55
汽车（万辆）	8.01	其中：火力发电量（亿千瓦小时）	261.21
其中:基本型乘用车(轿车)（万辆）	6.68	水力发电量（亿千瓦小时）	11.97
载货汽车（万辆）	1.19	风力发电量（亿千瓦小时）	1.37
摩托车整车（万辆）	106.72	自来水生产量（万立方米）	43149

4－15　规模以上工业主要财务指标(一)

(2015年)

单位:万元

项　　目	企业单位数(个)	工业总产值	工业销售产值	出口交货值	年末资产总计	从业人员年平均人数(人)
总　计	**3672**	**38522436**	**35961331**	**10454211**	**44418559**	**618181**
其中:国有控股企业	51	3627077	3604152	224977	6153256	27395
按登记注册类型分						
国有企业	13	1708856	1708982	8434	1029356	7286
集体企业	4	17326	16512		19355	288
股份合作企业	122	623142	598419	120420	458149	11722
有限责任公司	1130	10862012	10215991	2754321	13864896	194348
股份有限公司	78	5095468	4715329	2182061	9046929	67565
私营企业	2124	16123084	14822877	4224261	14476720	283690
港、澳、台商投资公司	90	1399207	1274692	524426	1491830	23355
外商投资企业公司	111	2693341	2608527	640289	4031324	29927
按轻重工业分						
轻工业	1419	14043304	12862803	5372600	16306345	263149
重工业	2253	24479132	23098528	5081611	28112214	355032
按大中小微型分						
大型企业	41	6747282	6381265	2365968	10679130	90510
中型企业	383	11992931	11079813	3668605	14071327	185594
小型企业	3144	19249282	17984979	4299879	18984523	334494
微型企业	104	532942	515274	119759	683578	7583
按工业行业分						
有色金属矿采选业	**1**	**4692**	**2225**		**2467**	**78**
贵金属矿采选	1	4692	2225		2467	78
非金属矿采选业	**3**	**8727**	**6757**		**27774**	**108**
土砂石开采	3	8727	6757		27774	108
农副食品加工业	**69**	**532868**	**499192**	**69821**	**370551**	**8218**
饲料加工	1	10328	9553	7493	8554	210
植物油加工	1	13064	12919		27105	144
屠宰及肉类加工	2	65793	65793		10413	371
水产品加工	63	435609	403477	58607	314111	7226
蔬菜、水果和坚果加工	1	4758	4337	3721	6425	95
其他农副食品加工	1	3316	3114		3943	172
食品制造业	**21**	**205236**	**180184**	**89915**	**204963**	**4937**

4－15续表1

单位:万元

项目	企业单位数（个）	工业总产值	工业销售产值	出口交货值	年末资产总计	从业人员年平均人数（人）
焙烤食品制造	1	4071	4098		3052	74
糖果、巧克力及蜜饯制造	2	4771	4242		8219	161
罐头食品制造	11	107113	87800	67377	102263	4064
其他食品制造	7	89282	84044	22538	91430	638
酒、饮料和精制茶制造业	**8**	**145901**	**138569**	**143**	**170297**	**2073**
酒的制造	4	95079	92329		124772	1423
饮料制造	3	47131	42550	143	39130	605
精制茶加工	1	3691	3691		6394	45
纺织业	**86**	**795583**	**741710**	**246325**	**687226**	**13455**
棉纺织及印染精加工	15	207688	181980	11832	186220	1856
毛纺织及染整精加工	3	26796	25015	5062	31351	643
化纤织造及印染精加工	15	118916	117028	7422	97113	1696
针织或钩针编织物及其制品制造	6	41924	40569	35	51070	610
家用纺织制成品制造	6	33525	33422	6579	24526	590
非家用纺织制成品制造	41	366734	343697	215394	296946	8060
纺织服装、服饰业	**21**	**67449**	**64314**	**32427**	**54295**	**2132**
机织服装制造	13	43591	41568	24666	30270	1230
针织或钩针编织服装制造	5	13581	13123	1505	19215	557
服饰制造	3	10277	9624	6256	4810	345
皮革、毛皮、羽毛及其制品和制鞋业	**216**	**1051218**	**997034**	**623009**	**591106**	**35247**
皮革鞣制加工	3	9386	8133		19907	132
皮革制品制造	7	25803	25438	24156	20280	803
制鞋业	206	1016029	963464	598853	550919	34312
木材加工和木、竹、藤、棕、草制品业	**15**	**92505**	**87246**	**18558**	**77907**	**1889**
人造板制造	4	34634	32959	6743	38002	482
木制品制造	6	28988	27904	6499	13544	735
竹、藤、棕、草等制品制造	5	28883	26383	5316	26361	672
家具制造业	**97**	**634846**	**601236**	**338588**	**560657**	**18632**
木质家具制造	52	238027	222185	111919	253279	8534
竹、藤家具制造	4	17277	17231	10195	12021	547
金属家具制造	27	257805	244001	142792	215616	7223
塑料家具制造	8	85227	82603	68150	55287	1307

4－15 续表 2

单位:万元

项　　目	企业单位数（个）	工业总产值	工业销售产值	出口交货值	年末资产总计	从业人员年平均人数（人）
其他家具制造	6	36510	35216	5531	24454	1021
造纸和纸制品业	**55**	**426376**	**398676**	**20728**	**445323**	**6690**
造纸	10	118173	103869	816	109748	1441
纸制品制造	45	308204	294806	19913	335575	5249
印刷和记录媒介复制业	**42**	**190255**	**184067**	**36050**	**192115**	**4494**
印刷	42	190255	184067	36050	192115	4494
文教、工美、体育和娱乐用品制造业	**141**	**666901**	**636627**	**452059**	**444732**	**21985**
文教办公用品制造	2	6302	6075	4435	4726	199
工艺美术品制造	125	611346	582494	417860	410786	20324
体育用品制造	3	7913	7497	1898	7193	254
玩具制造	10	35545	34955	27704	15882	1085
游艺器材及娱乐用品制造	1	5796	5606	163	6144	123
石油加工、炼焦和核燃料加工业	**1**	**2004**	**2000**		**2462**	**18**
精炼石油产品制造	1	2004	2000		2462	18
化学原料和化学制品制造业	**72**	**1330842**	**1235970**	**370585**	**2042259**	**10671**
基础化学原料制造	13	285648	272502	120279	628365	2939
农药制造	3	83760	75753	20302	47984	784
涂料油墨颜料及类似产品制造	21	285192	280299	114178	623735	2510
合成材料制造	13	294396	267083	6302	286879	1401
专用化学产品制造	16	349108	308946	104972	419208	2410
炸药、火工及焰火产品制造	1	3526	3580		6282	88
日用化学产品制造	5	29214	27807	4552	29806	539
医药制造业	**76**	**3261306**	**2725642**	**1160894**	**5250497**	**34495**
化学药品原料药制造	57	2725858	2274524	1066189	4580009	28701
化学药品制剂制造	2	135365	132848	7725	199185	1936
中药饮片加工	2	4743	4315		3517	53
中成药生产	4	157858	101801		242597	1020
兽用药品制造	1	5800	5350	911	7311	63
生物药品制造	10	231682	206804	86069	217878	2722
化学纤维制造业	**3**	**51751**	**46863**	**4047**	**65072**	**378**
合成纤维制造	3	51751	46863	4047	65072	378
橡胶和塑料制品业	**455**	**4010026**	**3674024**	**908228**	**3924001**	**64858**
橡胶制品业	88	721908	680872	137438	801113	12919

4－15 续表3

单位:万元

项　　目	企业单位数（个）	工业总产值	工业销售产值	出口交货值	年末资产总计	从业人员年平均人数（人）
塑料制品业	367	3288118	2993152	770791	3122888	51939
非金属矿物制品业	**88**	**689769**	**675727**	**51108**	**685256**	**8149**
水泥、石灰和石膏制造	8	104812	101214		83602	639
石膏、水泥制品及类似制品制造	49	406298	405283	826	385535	4181
砖瓦、石材等建筑材料制造	12	51725	49033	1656	68864	770
玻璃制造	4	20287	19618	2099	20877	526
玻璃制品制造	6	61891	58691	38892	65219	923
玻璃纤维和玻璃纤维增强塑料制品制造	1	8675	8160		12760	222
陶瓷制品制造	7	33602	31254	7635	46384	871
石墨及其他非金属矿物制品制造	1	2480	2474		2016	17
黑色金属冶炼和压延加工业	**53**	**513683**	**477056**	**4505**	**360336**	**5133**
炼铁	2	9834	9554		7213	147
黑色金属铸造	28	125517	114114	2843	104134	2681
钢压延加工	23	378333	353389	1662	248989	2305
有色金属冶炼和压延加工业	**85**	**1404377**	**1345521**	**99291**	**868022**	**6094**
常用有色金属冶炼	5	80362	79808		21197	235
贵金属冶炼	2	11838	11687		12287	119
有色金属合金制造	5	32792	32321	836	31812	516
有色金属铸造	4	34632	33515		29584	624
有色金属压延加工	69	1244754	1188190	98455	773141	4600
金属制品业	**194**	**1563173**	**1443862**	**499193**	**1522996**	**27427**
结构性金属制品制造	4	31633	30156	6038	26544	338
金属工具制造	20	75775	70846	6335	61189	1866
集装箱及金属包装容器制造	7	21297	20017	708	30383	571
金属丝绳及其制品制造	10	61726	60985	2896	30527	600
建筑、安全用金属制品制造	76	559525	520718	214079	398584	10472
金属表面处理及热处理加工	26	113071	105296	796	98470	3530
搪瓷制品制造	3	8623	8187	2225	11419	196
金属制日用品制造	21	480219	433841	241796	615142	6599
其他金属制品制造	27	211305	193818	24321	250739	3255
通用设备制造业	**594**	**4592382**	**4342130**	**2058436**	**5219756**	**96017**
锅炉及原动设备制造	6	25968	24071	7465	41159	818
金属加工机械制造	39	230435	218595	82208	288331	6343

4－15 续表4

单位：万元

项　　目	企业单位数（个）	工业总产值	工业销售产值	出口交货值	年末资产总计	从业人员年平均人数（人）
物料搬运设备制造	12	203809	196632	58498	311751	3506
泵、阀门、压缩机及类似机械制造	401	3050207	2880929	1640927	3032678	60945
轴承、齿轮和传动部件制造	65	529141	496767	82785	879098	11991
烘炉、风机、衡器、包装等设备制造	43	384791	367429	146604	465520	9013
文化、办公用机械制造	3	33496	29614	5755	43339	728
通用零部件制造	24	130215	124325	33373	155202	2558
其他通用设备制造业	1	4321	3768	822	2679	115
专用设备制造业	**214**	**1863607**	**1769782**	**531543**	**2164663**	**36828**
采矿、冶金、建筑专用设备制造	13	69863	64199	5743	57573	1480
化工、木材、非金属加工专用设备制造	88	653250	623696	145853	896621	13042
食品、饮料、烟草及饲料生产专用设备制造	6	14618	13529	918	18367	407
印刷制药日化及日用品生产专用设备制造	2	5282	5227		7428	183
纺织、服装和皮革加工专用设备制造	44	616429	593609	200295	691086	11607
农、林、牧、渔专用机械制造	38	380098	361329	175350	348858	6717
医疗仪器设备及器械制造	10	70099	59571	905	71186	2223
环保社会公共服务及其他专用设备制造	13	53968	48621	2478	73543	1169
汽车制造业	**327**	**3320968**	**3126800**	**657054**	**4250673**	**61019**
汽车整车制造	6	488918	466578	20992	944026	3146
汽车零部件及配件制造	321	2832050	2660222	636062	3306647	57873
铁路船舶航空航天和其他运输设备制造业	**161**	**1973457**	**1847336**	**230789**	**2392152**	**31841**
铁路运输设备制造	6	121039	115886	908	251541	1465
船舶及相关装置制造	34	492482	436809	17595	687221	4543
航空、航天器及设备制造	3	13782	13312		19021	249
摩托车制造	83	1004962	955936	200454	1186562	21110
自行车制造	33	331192	315836	11833	242158	4293
非公路休闲车及零配件制造	2	10000	9557		5649	181
电气机械和器材制造业	**339**	**3202774**	**3023674**	**976612**	**3850969**	**51336**
电机制造	105	1145328	1065839	339270	1347774	20156
输配电及控制设备制造	58	556640	523414	99128	720626	8602
电线、电缆、光缆及电工器材制造	51	527866	513161	4862	504905	3385
电池制造	1	30088	28545	11025	33552	290
家用电力器具制造	26	376522	359845	198263	696864	8128

4－15 续表 5

单位：万元

项 目	企业单位数（个）	工业总产值	工业销售产值	出口交货值	年末资产总计	从业人员年平均人数（人）
非电力家用器具制造	8	80504	75108	53560	82788	1954
照明器具制造	83	463576	436061	270039	428880	8192
其他电气机械及器材制造	7	22251	21702	465	35581	629
计算机、通信和其他电子设备制造业	**38**	**635312**	**601591**	**220595**	**1173353**	**7990**
计算机制造	2	14980	14754	13850	11771	688
通信设备制造	2	35310	32848	13048	25138	525
广播电视设备制造	2	8984	7520	562	16308	139
视听设备制造	1	343524	336186	159787	263485	1833
电子器件制造	4	49978	42797	6744	380727	1294
电子元件制造	20	142676	133180	17088	424503	2612
其他电子设备制造	7	39862	34306	9516	51422	899
仪器仪表制造业	**79**	**841586**	**783056**	**276321**	**1070925**	**18608**
通用仪器仪表制造	50	588732	548711	223438	614215	11495
专用仪器仪表制造	4	37047	29420	6102	25650	822
光学仪器及眼镜制造	23	210473	199878	45274	427586	6144
其他仪器仪表制造业	2	5334	5048	1507	3474	147
其他制造业	**30**	**788239**	**715794**	**476469**	**936428**	**17262**
日用杂品制造	29	770431	700587	461261	922545	16762
其他未列明制造业	1	17808	15208	15208	13883	500
废弃资源综合利用业	**41**	**906060**	**840217**		**663211**	**8852**
金属废料和碎屑加工处理	35	883237	823073		619286	8438
非金属废料和碎屑加工处理	6	22823	17144		43925	414
金属制品、机械和设备修理业	**1**	**2780**	**2780**	**920**	**5887**	**37**
铁路、船舶、航空航天等运输设备修理	1	2780	2780	920	5887	37
电力、热力生产和供应业	**25**	**2550531**	**2549004**		**3386722**	**8820**
电力生产	11	1056274	1054657		2686110	2958
电力供应	9	1459920	1460141		652536	5387
热力生产和供应	5	34337	34207		48075	475
燃气生产和供应业	**6**	**41623**	**41623**		**65342**	**400**
水的生产和供应业	**15**	**153628**	**153042**		**688169**	**2010**
自来水生产和供应	13	144220	143633		606668	1838
污水处理及其再生利用	2	9408	9408		81500	172

4－16 规模以上工业主要财务指标(二)

(2015年)

单位:万元

项　　目	流动资产合计	存货	固定资产合计	固定资产原价	固定资产净值	年末负债合计
总　计	**23830595**	**5237301**	**11647019**	**17991035**	**10747133**	**24793146**
其中:国有控股企业	1514676	258434	3520543	5649223	3336268	2949922
按登记注册类型分						
国有企业	133861	33052	849327	1713867	771632	426041
集体企业	6103	1342	11191	16941	11191	8879
股份合作企业	322223	69376	98043	180880	95234	260425
有限责任公司	7359902	1601659	3879535	5869083	3661227	8524938
股份有限公司	4729656	833017	1626963	2144875	1318727	3313734
私营企业	8824847	2156966	3369670	5183967	3193667	9641893
港、澳、台商投资公司	870242	271685	328780	505681	307927	870777
外商投资企业公司	1583761	270205	1483510	2375741	1387528	1746459
按轻重工业分						
轻工业	9129069	2064288	3698549	5620206	3335084	9100355
重工业	14701527	3173013	7948470	12370830	7412048	15692791
按大中小微型分						
大型企业	5299721	1072404	1980256	3291997	1761000	4338781
中型企业	6758682	1671525	4876867	7129302	4470587	7453226
小型企业	11397324	2431163	4695682	7408626	4425929	12550180
微型企业	374868	62208	94214	161111	89616	450959
按工业行业分						
有色金属矿采选业	**953**	**266**	**234**	**713**	**234**	**302**
贵金属矿采选	953	266	234	713	234	302
非金属矿采选业	**7770**	**1935**	**934**	**1668**	**888**	**25582**
土砂石开采	7770	1935	934	1668	888	25582
农副食品加工业	**204815**	**65577**	**113026**	**143687**	**103290**	**222832**
饲料加工	5681	1153	1333	2409	988	6857
植物油加工	7060	2853	9382	11092	9382	12087
屠宰及肉类加工	4877	19	3352	3911	2588	6121
水产品加工	182950	59157	93968	120561	86287	190201
蔬菜、水果和坚果加工	3404	2098	2272	2786	2272	4889
其他农副食品加工	844	298	2719	2928	1774	2677

4－16 续表1

单位:万元

项目	流动资产合计	存货	固定资产合计	固定资产原价	固定资产净值	年末负债合计
食品制造业	**129591**	**65184**	**43461**	**67103**	**39804**	**127539**
焙烤食品制造	1339	412	1713	2695	1713	1344
糖果、巧克力及蜜饯制造	2958	1382	3870	5501	3870	4978
罐头食品制造	71085	44497	23429	36964	21266	72010
其他食品制造	54209	18893	14448	21942	12954	49208
酒、饮料和精制茶制造业	**62346**	**33230**	**91697**	**151832**	**87390**	**98709**
酒的制造	33832	24785	82077	137403	79237	72737
饮料制造	23866	8419	8092	12424	6624	24796
精制茶加工	4649	26	1529	2005	1529	1177
纺织业	**434412**	**99834**	**147129**	**237233**	**138344**	**436235**
棉纺织及印染精加工	117892	30711	45520	68275	44472	109388
毛纺织及染整精加工	17020	3101	9233	17593	8085	23847
化纤织造及印染精加工	68706	17357	21475	35021	17391	65073
针织或钩针编织物及其制品制造	23264	4384	6756	12666	6756	28482
家用纺织制成品制造	16100	3779	3216	5081	3216	16650
非家用纺织制成品制造	191431	40501	60929	98597	58424	192796
纺织服装、服饰业	**34423**	**7773**	**17103**	**27363**	**16258**	**35610**
机织服装制造	23492	4652	5313	8663	5230	17426
针织或钩针编织服装制造	7810	2234	10531	15794	9770	14143
服饰制造	3121	887	1259	2906	1259	4041
皮革、毛皮、羽毛及其制品和制鞋业	**425043**	**81625**	**96678**	**164320**	**92312**	**432749**
皮革鞣制加工	10192	6949	9188	12836	7337	20949
皮革制品制造	13921	2769	4430	8968	4430	14072
制鞋业	400931	71907	83061	142516	80546	397729
木材加工和木、竹、藤、棕、草制品业	**55116**	**13479**	**13871**	**22602**	**13848**	**51103**
人造板制造	28429	4430	2627	7457	2627	24846
木制品制造	8849	2049	3220	4917	3197	10996
竹、藤、棕、草等制品制造	17838	7000	8024	10229	8024	15261
家具制造业	**330133**	**126997**	**149374**	**227797**	**144740**	**396888**
木质家具制造	135103	55852	73250	110668	69098	190258
竹、藤家具制造	10120	1943	659	1244	615	10187

4－16 续表 2

单位:万元

项目	流动资产合计	存货	固定资产合计	固定资产原价	固定资产净值	年末负债合计
金属家具制造	146255	53614	43051	69289	42618	149631
塑料家具制造	20879	8304	27696	39751	27694	24739
其他家具制造	17776	7284	4719	6845	4717	22073
造纸和纸制品业	**253319**	**33604**	**114500**	**174918**	**108442**	**283976**
造纸	47345	6965	42943	56409	40676	78861
纸制品制造	205974	26639	71557	118509	67766	205115
印刷和记录媒介复制业	**124312**	**18613**	**50336**	**95844**	**50023**	**131290**
印刷	124312	18613	50336	95844	50023	131290
文教、工美、体育和娱乐用品制造业	**274357**	**64231**	**119438**	**179402**	**105115**	**299015**
文教办公用品制造	2674	208	1707	2998	1603	3629
工艺美术品制造	254936	59886	110910	165306	97268	275731
体育用品制造	3935	2049	1619	2766	1619	5095
玩具制造	10083	1428	5086	8126	4508	9631
游艺器材及娱乐用品制造	2730	660	116	205	116	4930
石油加工、炼焦和核燃料加工业	**2278**	**442**	**96**	**308**	**96**	**1537**
精炼石油产品制造	2278	442	96	308	96	1537
化学原料和化学制品制造业	**1200286**	**167096**	**378030**	**467707**	**306956**	**956372**
基础化学原料制造	344289	32875	78177	130506	78177	226286
农药制造	27554	5237	17624	16551	5520	19978
涂料油墨颜料及类似产品制造	452138	57977	81928	111715	73933	299615
合成材料制造	148269	38124	39810	56452	39810	237344
专用化学产品制造	205267	27840	153166	137569	102192	159517
炸药、火工及焰火产品制造	1475	383	3156	4820	3156	3559
日用化学产品制造	21295	4661	4169	10094	4169	10072
医药制造业	**2377212**	**647440**	**1241430**	**1901515**	**1128089**	**2298393**
化学药品原料药制造	1941370	574247	1119174	1703361	1019366	1961917
化学药品制剂制造	117887	10619	34143	72610	34133	140596
中药饮片加工	2751	495	365	375	238	2938
中成药生产	170052	24144	45363	52825	33294	60761
兽用药品制造	6438	578	823	2304	823	1078
生物药品制造	138714	37357	41563	70039	40235	131104
化学纤维制造业	**41556**	**10553**	**19244**	**27632**	**19244**	**46738**
合成纤维制造	41556	10553	19244	27632	19244	46738

4－16 续表3

单位:万元

项目	流动资产合计	存货	固定资产合计	固定资产原价	固定资产净值	年末负债合计
橡胶和塑料制品业	**2286787**	**478122**	**944947**	**1436668**	**870432**	**2218912**
橡胶制品业	527909	104504	186276	285060	179514	434567
塑料制品业	1758878	373618	758671	1151608	690918	1784344
非金属矿物制品业	**443114**	**108970**	**173525**	**299622**	**165076**	**476130**
水泥、石灰和石膏制造	47264	5386	29033	48084	28141	50520
石膏、水泥制品及类似制品制造	270736	69667	84581	154234	78506	282020
砖瓦、石材等建筑材料制造	32445	6279	25922	39435	25922	44425
玻璃制造	12752	3812	6694	12487	6276	17094
玻璃制品制造	43799	10641	13732	25163	13049	33327
玻璃纤维和玻璃纤维增强塑料制品制造	6559	1558	4430	5921	4430	11915
陶瓷制品制造	27786	11448	9000	13906	8620	35595
石墨及其他非金属矿物制品制造	1773	180	134	392	134	1236
黑色金属冶炼和压延加工业	**227916**	**49722**	**88111**	**133199**	**85872**	**268146**
炼铁	2883	315	678	1577	678	4520
黑色金属铸造	63162	11197	29507	45834	27328	76046
钢压延加工	161871	38211	57926	85788	57866	187580
有色金属冶炼和压延加工业	**504673**	**114428**	**132225**	**210637**	**127150**	**589159**
常用有色金属冶炼	14619	5194	4786	6606	4394	15241
贵金属冶炼	10643	3649	1008	1591	1008	7728
有色金属合金制造	20167	5102	10455	14333	10283	30165
有色金属铸造	15783	3951	10037	21376	9989	24779
有色金属压延加工	443461	96531	105939	166731	101476	511246
金属制品业	**942589**	**204368**	**282588**	**450009**	**263294**	**897529**
结构性金属制品制造	17896	4736	5526	5856	4302	16195
金属工具制造	33257	9161	22470	34230	22346	47189
集装箱及金属包装容器制造	24370	3625	4453	10003	4452	19781
金属丝绳及其制品制造	21725	5191	7319	13088	7008	24631
建筑、安全用金属制品制造	270868	86334	92528	126812	82423	248079
金属表面处理及热处理加工	49033	7181	42722	63706	38219	71121
搪瓷制品制造	5910	2019	4288	4724	3519	8361
金属制日用品制造	356373	59855	47375	88683	45182	292366
其他金属制品制造	163158	26268	55907	102909	55842	169806
通用设备制造业	**2902514**	**776894**	**1181346**	**1782074**	**1050613**	**2799795**

4－16续表4

单位:万元

项目	流动资产合计	存货	固定资产合计	固定资产原价	固定资产净值	年末负债合计
锅炉及原动设备制造	24752	4528	11780	19149	11780	26499
金属加工机械制造	188693	62144	73316	121814	67994	202313
物料搬运设备制造	162020	33725	73282	121751	73106	189571
泵、阀门、压缩机及类似机械制造	1647419	453607	550835	904079	519439	1565140
轴承、齿轮和传动部件制造	515287	129721	301237	362083	218071	430127
烘炉、风机、衡器、包装等设备制造	240210	69763	112328	169441	102480	256695
文化、办公用机械制造	33685	8610	5213	12738	5213	29360
通用零部件制造	88766	14437	52484	69546	51657	98453
其他通用设备制造业	1683	359	874	1473	874	1638
专用设备制造业	**1316095**	**335281**	**528150**	**852958**	**474157**	**1353508**
采矿、冶金、建筑专用设备制造	40452	11264	14583	23058	13216	30659
化工、木材、非金属加工专用设备制造	523209	119453	223034	412420	211021	581233
食品、饮料、烟草及饲料生产专用设备制造	7580	2716	5121	9552	5118	10143
印刷制药日化及日用品生产专用设备制造	5550	1205	1762	3223	1762	4074
纺织、服装和皮革加工专用设备制造	440806	133809	160338	233780	136237	418999
农、林、牧、渔专用机械制造	214260	51068	77141	108953	71171	220602
医疗仪器设备及器械制造	46345	8535	17131	30878	14770	48043
环保社会公共服务及其他专用设备制造	37894	7231	29041	31095	20862	39755
汽车制造业	**2312674**	**355383**	**797323**	**1282401**	**756640**	**2635436**
汽车整车制造	505685	29309	78024	141783	77871	576149
汽车零部件及配件制造	1806989	326074	719299	1140618	678769	2059288
铁路船舶航空航天和其他运输设备制造业	**1543119**	**380597**	**428570**	**624229**	**350222**	**1391635**
铁路运输设备制造	149893	17349	32797	43403	25659	50778
船舶及相关装置制造	501129	187413	130043	203033	123971	465775
航空、航天器及设备制造	12484	679	2204	4592	2204	13035
摩托车制造	721692	136782	225540	320010	161610	666181
自行车制造	153721	37232	36536	51334	35328	191481
非公路休闲车及零配件制造	4199	1144	1450	1857	1450	4385
电气机械和器材制造业	**2578073**	**427535**	**657150**	**1002281**	**612424**	**2441187**
电机制造	853959	162814	273508	395136	251111	748927
输配电及控制设备制造	498082	84708	128282	199711	119231	473096
电线、电缆、光缆及电工器材制造	371383	48054	49454	79822	46951	296545
电池制造	15039	6978	5282	9828	5282	22255

4－16 续表 5

单位:万元

项目	流动资产合计	存货	固定资产合计	固定资产原价	固定资产净值	年末负债合计
家用电力器具制造	501710	56075	83753	122792	74755	508488
非电力家用器具制造	52997	13456	19615	33491	19566	41937
照明器具制造	263930	50095	87596	148635	85869	328035
其他电气机械及器材制造	20974	5355	9659	12867	9659	21905
计算机、通信和其他电子设备制造业	**555449**	**104071**	**157350**	**223036**	**146911**	**322160**
计算机制造	10224	3557	1538	1881	1538	6166
通信设备制造	18606	8367	2253	3954	2253	10205
广播电视设备制造	9001	3968	3747	4366	3564	13537
视听设备制造	218007	45874	15825	21406	15825	125821
电子器件制造	54625	12192	20455	26245	10455	48970
电子元件制造	219193	22938	98648	143243	98491	83038
其他电子设备制造	25793	7176	14884	21942	14784	34422
仪器仪表制造业	**632444**	**146354**	**178161**	**310687**	**172623**	**469693**
通用仪器仪表制造	383762	103623	94756	169588	90313	325413
专用仪器仪表制造	15028	2919	6126	13870	5739	12549
光学仪器及眼镜制造	231337	39065	76503	125876	75795	129204
其他仪器仪表制造业	2317	747	776	1353	776	2529
其他制造业	**562649**	**107579**	**190147**	**254469**	**154105**	**465128**
日用杂品制造	554090	103070	185461	249028	150693	452652
其他未列明制造业	8559	4509	4686	5441	3412	12476
废弃资源综合利用业	**352854**	**149049**	**167370**	**177944**	**147016**	**485777**
金属废料和碎屑加工处理	339064	147809	147056	146589	126702	454429
非金属废料和碎屑加工处理	13790	1240	20314	31355	20314	31348
金属制品、机械和设备修理业	**1599**	**183**	**4288**	**6220**	**4288**	**2891**
铁路、船舶、航空航天等运输设备修理	1599	183	4288	6220	4288	2891
电力、热力生产和供应业	**449547**	**46929**	**2770973**	**4543934**	**2690520**	**1639359**
电力生产	377872	42241	2166436	3519605	2145019	1347112
电力供应	52572	4187	580049	966421	521547	270901
热力生产和供应	19102	501	24488	57908	23954	21346
燃气生产和供应业	**22894**	**3365**	**24830**	**36308**	**24470**	**37289**
水的生产和供应业	**237682**	**10596**	**343384**	**472716**	**296249**	**454543**
自来水生产和供应	212990	10466	302217	403621	255082	382134
污水处理及其再生利用	24692	130	41167	69095	41167	72409

4－17 规模以上工业主要财务指标(三)

(2015 年)

单位:万元

项　　目	流动负债	非流动负债	年末所有者权益合计	实收资本	主营业务收入	主营业务成本
总　　计	**21712603**	**2055852**	**19571913**	**8670239**	**35090803**	**29206639**
其中:国有控股企业	1646398	735074	3203334	1460967	3519728	2839576
按登记注册类型分						
国有企业	310286	105755	603315	219993	1699205	1598678
集体企业	6782	2098	10476	3097	12547	10666
股份合作企业	254329	4290	197724	62978	584855	506680
有限责任公司	7043948	846650	5331708	2153512	9948272	8241567
股份有限公司	2808954	472285	5733195	2224171	4682843	3530755
私营企业	9092144	240970	4810609	2464523	14444409	12362915
港、澳、台商投资公司	848428	17991	621053	370365	1246878	1053115
外商投资企业公司	1347732	365813	2263834	1171601	2471795	1902264
按轻重工业分						
轻工业	8161252	804869	7190730	2866801	12591072	10198595
重工业	13551351	1250982	12381183	5803438	22499732	19008045
按大中小微型分						
大型企业	3620421	675845	6340349	2186599	6225112	4931611
中型企业	6364876	505172	6618099	2780690	10743448	8712338
小型企业	11468773	870731	6434048	3585967	17645967	15131947
微型企业	258533	4104	179416	116982	476277	430743
按工业行业分						
有色金属矿采选业	**302**		**2165**	**800**	**2225**	**1009**
贵金属矿采选	302		2165	800	2225	1009
非金属矿采选业	**23797**	**1475**	**2192**	**1410**	**6883**	**5425**
土砂石开采	23797	1475	2192	1410	6883	5425
农副食品加工业	**191113**	**20627**	**147719**	**84841**	**495438**	**445916**
饲料加工	6857		1697	1697	9553	8584
植物油加工	6305	5782	15018	4500	12919	7601
屠宰及肉类加工	6030	92	4292	2500	65496	63060
水产品加工	165010	14098	123910	73140	400021	360605
蔬菜、水果和坚果加工	4466	424	1536	1500	4337	3662
其他农副食品加工	2446	231	1266	1505	3114	2405

4－17 续表1

单位:万元

项　　目	流动负债	非流动负债	年末所有者权益合计	实收资本	主营业务收入	主营业务成本
食品制造业	**127140**	**380**	**77424**	**28938**	**173754**	**142372**
焙烤食品制造	1344		1708	508	4105	3306
糖果、巧克力及蜜饯制造	4978		3241	1003	3725	3188
罐头食品制造	71611	380	30253	15629	85443	72360
其他食品制造	49208		42222	11798	80481	63518
酒、饮料和精制茶制造业	**93008**	**5275**	**71587**	**58331**	**136654**	**105627**
酒的制造	67477	5230	52035	46363	92710	69123
饮料制造	24355	45	14335	6808	40284	33392
精制茶加工	1177		5217	5160	3660	3112
纺织业	**394114**	**5603**	**240471**	**118351**	**698605**	**605407**
棉纺织及印染精加工	108977	410	76832	24968	173575	159811
毛纺织及染整精加工	22803	1043	7504	5814	24731	21006
化纤织造及印染精加工	65068		32041	19962	117017	103156
针织或钩针编织物及其制品制造	28482		22588	14560	40464	32998
家用纺织制成品制造	9721		2454	1290	33132	28790
非家用纺织制成品制造	159064	4150	99053	51758	309687	259646
纺织服装、服饰业	**35610**		**18684**	**14063**	**63696**	**55887**
机织服装制造	17426		12844	8547	40951	36133
针织或钩针编织服装制造	14143		5072	4788	13133	11444
服饰制造	4041		769	728	9612	8310
皮革、毛皮、羽毛及其制品和制鞋业	**424996**	**3538**	**158356**	**90504**	**992679**	**873076**
皮革鞣制加工	20949		－1042	5719	8133	6245
皮革制品制造	13962	110	6208	2935	25418	22057
制鞋业	390086	3428	153189	81850	959129	844774
木材加工和木、竹、藤、棕、草制品业	**50708**	**121**	**26804**	**12422**	**82895**	**73094**
人造板制造	24451	121	13156	8581	29133	26771
木制品制造	10996		2548	2231	27435	24677
竹、藤、棕、草等制品制造	15261		11100	1610	26328	21646
家具制造业	**394869**	**633**	**163768**	**85358**	**577656**	**486088**
木质家具制造	189107	633	63020	39335	218542	178646
竹、藤家具制造	9340		1834	616	14404	12348

4－17续表2

单位:万元

项　目	流动负债	非流动负债	年末所有者权益合计	实收资本	主营业务收入	主营业务成本
金属家具制造	149611		65984	27737	235743	205703
塑料家具制造	24739		30548	14700	78756	62994
其他家具制造	22073		2381	2970	30211	26397
造纸和纸制品业	**271114**	**12408**	**161346**	**81729**	**381042**	**331460**
造纸	74684	4178	30887	21568	101108	87504
纸制品制造	196430	8230	130460	60161	279934	243955
印刷和记录媒介复制业	**122794**	**4974**	**60825**	**33688**	**182907**	**160750**
印刷	122794	4974	60825	33688	182907	160750
文教、工美、体育和娱乐用品制造业	**289588**	**1417**	**145693**	**71024**	**624516**	**514822**
文教办公用品制造	3629		1098	1508	6075	5255
工艺美术品制造	266307	1414	135031	64950	570460	468766
体育用品制造	5092	3	2099	1464	7476	6185
玩具制造	9631		6251	2602	34900	30069
游艺器材及娱乐用品制造	4930		1215	500	5606	4547
石油加工、炼焦和核燃料加工业	**1537**		**926**	**1000**	**2000**	**1769**
精炼石油产品制造	1537		926	1000	2000	1769
化学原料和化学制品制造业	**812054**	**129642**	**1084093**	**551509**	**1227223**	**923241**
基础化学原料制造	149956	70653	400285	340698	267035	203247
农药制造	17547	1131	28006	8400	67586	51800
涂料油墨颜料及类似产品制造	294626	4479	324120	69538	310232	198424
合成材料制造	198128	38197	49534	39027	245801	220486
专用化学产品制造	138219	15128	259692	89109	303764	228617
炸药、火工及焰火产品制造	3505	54	2723	1000	3394	1857
日用化学产品制造	10072		19734	3736	29411	18811
医药制造业	**1912578**	**356307**	**2950047**	**937965**	**2651489**	**1846400**
化学药品原料药制造	1596534	336048	2616036	856876	2209191	1545181
化学药品制剂制造	131492	9104	58589	13180	130079	98055
中药饮片加工	2938		579	640	4289	4018
中成药生产	53414	7347	181836	39506	103828	37283
兽用药品制造	1078		6233	100	5350	3831
生物药品制造	127121	3809	86775	27664	198752	158033
化学纤维制造业	**46738**		**18333**	**3616**	**47121**	**43459**
合成纤维制造	46738		18333	3616	47121	43459

4－17 续表3

单位:万元

项目	流动负债	非流动负债	年末所有者权益合计	实收资本	主营业务收入	主营业务成本
橡胶和塑料制品业	**2103471**	**39557**	**1703672**	**743866**	**3612653**	**2993364**
橡胶制品业	418890	14496	366546	143864	675966	552356
塑料制品业	1684581	25061	1337126	600002	2936687	2441008
非金属矿物制品业	**450730**	**4901**	**209126**	**159304**	**662124**	**558318**
水泥、石灰和石膏制造	34837	1520	33082	19586	105216	87883
石膏、水泥制品及类似制品制造	275511	172	103516	85078	389519	334681
砖瓦、石材等建筑材料制造	43073	1351	24439	19081	47402	37906
玻璃制造	17088	5	3783	4560	19611	17500
玻璃制品制造	33319	8	31892	17633	58624	46861
玻璃纤维和玻璃纤维增强塑料制品制造	11864	52	845	2000	8160	5911
陶瓷制品制造	33802	1793	10790	11208	31119	25530
石墨及其他非金属矿物制品制造	1236		780	158	2474	2046
黑色金属冶炼和压延加工业	**216522**	**16392**	**90118**	**52958**	**474355**	**441824**
炼铁	4520		2692	400	9388	8841
黑色金属铸造	74957	1078	28087	17049	111808	98004
钢压延加工	137044	15314	59339	35509	353159	334979
有色金属冶炼和压延加工业	**563086**	**20215**	**278579**	**115958**	**1316074**	**1275095**
常用有色金属冶炼	15241		5956	5628	77036	74588
贵金属冶炼	7728		4559	5800	15986	14893
有色金属合金制造	30165		1647	5231	32322	29788
有色金属铸造	24339	440	4805	3414	32894	29629
有色金属压延加工	485612	19774	261613	95885	1157837	1126197
金属制品业	**840939**	**42501**	**606212**	**314051**	**1387923**	**1164234**
结构性金属制品制造	15692		10349	10620	31053	27337
金属工具制造	47134		13999	7586	68523	59044
集装箱及金属包装容器制造	19612	170	10602	3766	19507	16639
金属丝绳及其制品制造	23322	1308	5897	5582	60968	57279
建筑、安全用金属制品制造	234488	1387	131251	114137	502182	443809
金属表面处理及热处理加工	66237	4884	27348	12706	103640	88885
搪瓷制品制造	8361		3058	1200	8186	6780
金属制日用品制造	257968	34144	322776	101320	409572	306292
其他金属制品制造	168126	608	80932	57134	184294	158170
通用设备制造业	**2642060**	**117301**	**2419959**	**898057**	**4247845**	**3548482**

4－17 续表4

单位:万元

项　　目	流动负债	非流动负债	年末所有者权益合计	实收资本	主营业务收入	主营业务成本
锅炉及原动设备制造	26499		14661	11621	24082	20649
金属加工机械制造	191451	408	86018	51627	216161	181635
物料搬运设备制造	188434	1137	122180	46628	194856	172659
泵、阀门、压缩机及类似机械制造	1453260	82617	1467538	530316	2814069	2357375
轴承、齿轮和传动部件制造	410645	18832	448970	106010	480842	382761
烘炉、风机、衡器、包装等设备制造	248615	8080	208824	120245	365439	305530
文化、办公用机械制造	29176	184	13979	6344	29562	25366
通用零部件制造	92346	6040	56749	25017	119514	99993
其他通用设备制造业	1634	4	1041	249	3320	2516
专用设备制造业	**1303356**	**37161**	**811155**	**373528**	**1738435**	**1415420**
采矿、冶金、建筑专用设备制造	30658	1	26914	10149	64202	51944
化工、木材、非金属加工专用设备制造	566052	12896	315388	152035	606692	480016
食品、饮料、烟草及饲料生产专用设备制造	6326	355	8225	2778	13677	10381
印刷制药日化及日用品生产专用设备制造	4074		3354	1298	5227	4092
纺织、服装和皮革加工专用设备制造	392826	19181	272087	110511	582106	488553
农、林、牧、渔专用机械制造	217357	3245	128256	57059	357302	297841
医疗仪器设备及器械制造	47396	646	23143	11982	61483	45566
环保社会公共服务及其他专用设备制造	38667	836	33788	27717	47746	37028
汽车制造业	**2127241**	**491291**	**1614236**	**556343**	**2988952**	**2455991**
汽车整车制造	401475	171026	367877	108347	373919	333601
汽车零部件及配件制造	1725766	320265	1246359	447997	2615033	2122390
铁路船舶航空航天和其他运输设备制造业	**1254667**	**79626**	**996057**	**421962**	**1664344**	**1425418**
铁路运输设备制造	47392	3386	200763	63020	114413	60380
船舶及相关装置制造	382776	35221	219639	141455	374875	340457
航空、航天器及设备制造	10389	2646	5985	4480	13297	11201
摩托车制造	618545	38072	517728	172431	867960	751983
自行车制造	191181	300	50677	39876	284115	252940
非公路休闲车及零配件制造	4385		1265	700	9685	8458
电气机械和器材制造业	**2286762**	**105129**	**1402556**	**736189**	**3081087**	**2601691**
电机制造	688309	30967	598847	200411	1046180	859929
输配电及控制设备制造	457738	12745	244482	152332	503199	417682
电线、电缆、光缆及电工器材制造	282842	11	204182	163404	500057	451213
电池制造	21918	337	11297	9072	19490	15895

4－17 续表5

单位:万元

项　　目	流动负债	非流动负债	年末所有者权益合计	实收资本	主营业务收入	主营业务成本
家用电力器具制造	449058	58214	188376	97011	483600	396039
非电力家用器具制造	40650	1288	40850	10889	73084	57427
照明器具制造	324342	1568	100845	94434	433858	386131
其他电气机械及器材制造	21905		13676	8637	21619	17376
计算机、通信和其他电子设备制造业	**302132**	**8275**	**849586**	**167438**	**587610**	**510659**
计算机制造	2084		5605	6006	14754	13412
通信设备制造	10205		14933	5788	26921	18425
广播电视设备制造	12924	614	2771	620	7677	6754
视听设备制造	125821		137664	20010	336156	308590
电子器件制造	45104	3865	331757	39229	41578	35278
电子元件制造	81242	1796	341465	84526	127623	100973
其他电子设备制造	24753	2000	15392	11260	32900	27227
仪器仪表制造业	**426854**	**27467**	**599455**	**197228**	**772326**	**614560**
通用仪器仪表制造	299096	11622	287027	126095	537010	429649
专用仪器仪表制造	12538	10	13101	6188	29446	23384
光学仪器及眼镜制造	112691	15835	298382	64645	200862	157245
其他仪器仪表制造业	2529		945	300	5009	4283
其他制造业	**462540**	**2579**	**471300**	**285763**	**646651**	**530685**
日用杂品制造	450064	2579	469893	284763	631444	517481
其他未列明制造业	12476		1407	1000	15208	13204
废弃资源综合利用业	**456098**	**25008**	**177434**	**153719**	**841085**	**804412**
金属废料和碎屑加工处理	431747	18011	164857	140171	820690	788977
非金属废料和碎屑加工处理	24351	6997	12577	13548	20394	15434
金属制品、机械和设备修理业	**2891**		**2995**	**3000**	**2717**	**2052**
铁路、船舶、航空航天等运输设备修理	2891		2995	3000	2717	2052
电力、热力生产和供应业	**855082**	**240455**	**1747362**	**1188517**	**2532145**	**2106991**
电力生产	627800	185491	1338998	1164715	1042912	675481
电力供应	209093	51808	381635	15095	1450993	1399917
热力生产和供应	18190	3156	26729	8708	38240	31593
燃气生产和供应业	**34941**	**2348**	**28053**	**15037**	**36619**	**27100**
水的生产和供应业	**191171**	**253247**	**233625**	**111773**	**151075**	**114542**
自来水生产和供应	146853	228156	224534	97887	143004	106695
污水处理及其再生利用	44318	25091	9091	13886	8071	7847

4－18 规模以上工业主要财务指标(四)

(2015年)

单位:万元

项目	销售费用	财务费用	#利息支出	主营业务税金及附加	利润总额	利税总额	本年应交增值税
总计	**1027718**	**525685**	**660028**	**209549**	**2131978**	**3598257**	**1250295**
其中:国有控股企业	68074	85589	90015	23954	319943	521213	177023
按登记注册类型分							
国有企业	356	10049	10127	7181	45818	115601	62415
集体企业	217	241	143	149	3775	4319	395
股份合作企业	10957	7202	8170	3313	27204	50635	19574
有限责任公司	323051	198848	229263	60693	509631	905621	333235
股份有限公司	239685	26339	71335	25816	566294	809397	215597
私营企业	370734	217198	259566	75013	610437	1142418	455398
港、澳、台商投资公司	36042	21780	23547	8506	46877	93098	37347
外商投资企业公司	46677	44029	57878	28878	321942	477169	126336
按轻重工业分							
轻工业	474391	171468	250667	88186	852627	1417387	474297
重工业	553327	354217	409361	121363	1279351	2180870	775999
按大中小微型分							
大型企业	268591	38380	77102	38886	619439	905991	246101
中型企业	294892	163944	219981	68945	828536	1356285	458396
小型企业	458778	313865	351024	99191	675456	1312607	534710
微型企业	5458	9498	11921	2528	8547	23374	11089
按工业行业分							
有色金属矿采选业	**19**	**0**	**0**	**78**	**744**	**1129**	**307**
贵金属矿采选	19	0	0	78	744	1129	307
非金属矿采选业	**57**	**99**	**116**	**130**	**632**	**1284**	**522**
土砂石开采	57	99	116	130	632	1284	522
农副食品加工业	**6543**	**8534**	**8540**	**1210**	**19920**	**27329**	**6187**
饲料加工	269	176	361	13	157	407	237
植物油加工	945	386	382	65	1891	2440	484
屠宰及肉类加工	1037	137	193	6	268	314	40
水产品加工	4002	7536	7310	1023	17619	23762	5109
蔬菜、水果和坚果加工	237	152	139	42	112	224	70
其他农副食品加工	54	147	156	61	－126	182	247

4-18 续表1

单位:万元

项目	销售费用	财务费用	#利息支出	主营业务税金及附加	利润总额	利税总额	本年应交增值税
食品制造业	**5825**	**2686**	**3474**	**1078**	**9370**	**16980**	**6520**
焙烤食品制造	32	169	179	21	339	530	170
糖果、巧克力及蜜饯制造	38	254	257	87	-73	214	199
罐头食品制造	3641	971	1893	736	2218	6870	3916
其他食品制造	2114	1292	1145	234	6885	9367	2235
酒、饮料和精制茶制造业	**2582**	**2597**	**2427**	**12076**	**7807**	**27670**	**7772**
酒的制造	936	1110	885	11747	6311	23773	5716
饮料制造	1646	1389	1445	312	1467	3713	1919
精制茶加工		98	97	17	29	184	137
纺织业	**17864**	**12009**	**14376**	**3892**	**27196**	**51373**	**20236**
棉纺织及印染精加工	2549	4980	5466	586	3055	7703	4062
毛纺织及染整精加工	337	1322	1425	242	371	1897	1284
化纤织造及印染精加工	1756	1601	1658	519	6146	9623	2959
针织或钩针编织物及其制品制造	700	773	876	199	3246	4278	833
家用纺织制成品制造	588	635	596	143	1486	2352	723
非家用纺织制成品制造	11935	2699	4353	2203	12893	25520	10375
纺织服装、服饰业	**1043**	**832**	**1095**	**324**	**1349**	**4281**	**2608**
机织服装制造	586	351	561	200	995	2888	1692
针织或钩针编织服装制造	127	376	388	73	110	699	516
服饰制造	331	105	146	51	245	695	399
皮革、毛皮、羽毛及其制品和制鞋业	**23266**	**6531**	**9929**	**4822**	**41770**	**79275**	**32684**
皮革鞣制加工	99	538	550	20	-515	-233	262
皮革制品制造	912	411	616	186	367	1656	1103
制鞋业	22255	5582	8764	4616	41918	77853	31319
木材加工和木、竹、藤、棕、草制品业	**2013**	**999**	**1627**	**454**	**2657**	**5761**	**2646**
人造板制造	716	47	668	162	83	924	675
木制品制造	562	499	522	149	466	1563	949
竹、藤、棕、草等制品制造	734	452	437	144	2109	3274	1022
家具制造业	**26259**	**7010**	**12560**	**4161**	**13939**	**36033**	**17929**
木质家具制造	10609	3683	4869	2230	4426	14675	8016
竹、藤家具制造	405	458	478	83	311	1009	615

4－18 续表2

单位:万元

项　　目	销售费用	财务费用	#利息支出	主营业务税金及附加	利润总额	利税总额	本年应交增值税
金属家具制造	9572	2247	6055	1334	4468	12807	7005
塑料家具制造	5284	－57	340	400	3854	5753	1498
其他家具制造	388	679	819	115	880	1789	795
造纸和纸制品业	**8093**	**6430**	**7948**	**1761**	**16369**	**28498**	**10367**
造纸	1541	2461	2508	353	4204	6757	2201
纸制品制造	6553	3969	5440	1408	12166	21740	8167
印刷和记录媒介复制业	**3626**	**2575**	**3283**	**1087**	**5963**	**13155**	**6103**
印刷	3626	2575	3283	1087	5963	13155	6103
文教、工美、体育和娱乐用品制造业	**28025**	**7936**	**9446**	**5068**	**21111**	**54201**	**27950**
文教办公用品制造	349	－58	59	25	－9	198	182
工艺美术品制造	25873	7893	9158	4736	19791	50022	25424
体育用品制造	214	111	127	42	171	466	253
玩具制造	1244	－32	76	219	938	3034	1877
游艺器材及娱乐用品制造	346	21	27	46	220	480	215
石油加工、炼焦和核燃料加工业	**60**	**73**	**73**	**30**	**13**	**72**	**29**
精炼石油产品制造	60	73	73	30	13	72	29
化学原料和化学制品制造业	**41087**	**21567**	**29242**	**7082**	**186069**	**238569**	**45336**
基础化学原料制造	4488	3060	5187	1712	59271	74636	13653
农药制造	3407	－253	342	266	6086	8602	2250
涂料油墨颜料及类似产品制造	10253	9820	11165	2720	71507	91098	16790
合成材料制造	5650	8637	9721	737	5874	10302	3691
专用化学产品制造	12057	100	2545	1247	40299	48671	7125
炸药、火工及焰火产品制造	322	116	117	33	443	803	327
日用化学产品制造	4910	87	166	369	2588	4457	1500
医药制造业	**125492**	**41869**	**68327**	**17730**	**310638**	**468201**	**139778**
化学药品原料药制造	94528	30951	55632	14482	256570	385855	114747
化学药品制剂制造	6420	6620	6757	957	8245	16500	7297
中药饮片加工	35	66	68	6	－89	－73	11
中成药生产	16808	1323	1606	1124	34756	45614	9735
兽用药品制造	31	－124	38	33	1278	1580	270
生物药品制造	7669	3034	4226	1127	9879	18724	7718
化学纤维制造业	**301**	**858**	**818**	**165**	**1623**	**2262**	**474**
合成纤维制造	301	858	818	165	1623	2262	474

4－18 续表 3

单位:万元

项　　目	销售费用	财务费用	#利息支出	主营业务税金及附加	利润总额	利税总额	本年应交增值税
橡胶和塑料制品业	**117356**	**57265**	**65971**	**20213**	**236228**	**382140**	**124676**
橡胶制品业	20482	13725	14105	3926	46032	75794	25765
塑料制品业	96874	43540	51866	16287	190196	306345	98912
非金属矿物制品业	**22482**	**12307**	**14561**	**3604**	**35685**	**60797**	**21426**
水泥、石灰和石膏制造	3088	2189	2245	575	9469	14245	4201
石膏、水泥制品及类似制品制造	12108	6371	7871	2041	15596	30524	12805
砖瓦、石材等建筑材料制造	3965	1181	1185	272	2933	4718	1514
玻璃制造	508	607	616	147	－229	359	440
玻璃制品制造	1234	974	1666	244	6595	7821	983
玻璃纤维和玻璃纤维增强塑料制品制造	448	297	287	105	73	583	405
陶瓷制品制造	1049	675	675	211	1035	2249	1002
石墨及其他非金属矿物制品制造	84	14	14	9	213	298	75
黑色金属冶炼和压延加工业	**2425**	**7105**	**7444**	**1185**	**10889**	**18487**	**6414**
炼铁	7	1	1	27	271	512	214
黑色金属铸造	1093	3039	3152	611	3289	7534	3634
钢压延加工	1325	4065	4292	547	7329	10441	2566
有色金属冶炼和压延加工业	**7991**	**11998**	**17943**	**2150**	**10849**	**36581**	**23383**
常用有色金属冶炼	387	338	370	76	213	574	284
贵金属冶炼	24	349	450	36	111	247	101
有色金属合金制造	440	1251	1289	98	－1871	－1321	453
有色金属铸造	123	1650	1747	97	－66	686	655
有色金属压延加工	7017	8409	14088	1843	12462	36395	21891
金属制品业	**64230**	**17071**	**21809**	**8031**	**54726**	**105296**	**42375**
结构性金属制品制造	461	634	645	127	1327	1995	541
金属工具制造	1053	1291	1293	396	3205	5637	2036
集装箱及金属包装容器制造	347	430	442	124	758	1556	674
金属丝绳及其制品制造	472	971	1085	127	510	1292	655
建筑、安全用金属制品制造	12263	5175	7387	2809	10079	28468	15580
金属表面处理及热处理加工	1344	1348	1353	626	4218	9460	4616
搪瓷制品制造	445	298	301	90	255	668	323
金属制日用品制造	44373	344	2058	2676	30621	45012	11551
其他金属制品制造	3471	6581	7246	1057	3753	11209	6399
通用设备制造业	**120357**	**51827**	**73945**	**24666**	**220763**	**393650**	**146731**

4－18 续表4

单位:万元

项　　目	销售费用	财务费用	#利息支出	主营业务税金及附加	利润总额	利税总额	本年应交增值税
锅炉及原动设备制造	840	552	754	162	－1025	19	882
金属加工机械制造	4928	4641	5827	1458	6492	16409	7468
物料搬运设备制造	5611	3124	3721	607	5469	14012	7937
泵、阀门、压缩机及类似机械制造	80584	24912	40629	16363	150624	260251	92850
轴承、齿轮和传动部件制造	12750	10424	11649	3118	38516	60192	18552
烘炉、风机、衡器、包装等设备制造	12249	4900	7297	2180	13665	29384	13471
文化、办公用机械制造	543	264	950	182	882	1374	310
通用零部件制造	2613	2962	3070	581	6026	11780	5163
其他通用设备制造业	240	48	48	16	115	229	98
专用设备制造业	**69661**	**25917**	**33178**	**10674**	**80837**	**159293**	**67625**
采矿、冶金、建筑专用设备制造	2215	641	703	436	4413	7753	2898
化工、木材、非金属加工专用设备制造	19765	14844	15245	5089	35724	71910	31001
食品、饮料、烟草及饲料生产专用设备制造	255	204	222	127	969	1926	791
印刷制药日化及日用品生产专用设备制造	88	75	82	42	365	686	279
纺织、服装和皮革加工专用设备制造	25017	4276	8436	2914	16284	39151	19954
农、林、牧、渔专用机械制造	16785	2443	4777	1169	18239	26943	7532
医疗仪器设备及器械制造	3385	2064	2163	568	3761	7545	3216
环保社会公共服务及其他专用设备制造	2151	1370	1549	329	1081	3379	1955
汽车制造业	**108923**	**42276**	**50503**	**23465**	**185257**	**316894**	**107992**
汽车整车制造	6641	3302	3058	7844	41673	58449	8933
汽车零部件及配件制造	102282	38973	47445	15622	143584	258445	99060
铁路船舶航空航天和其他运输设备制造业	**37062**	**22479**	**27389**	**11012**	**82241**	**151820**	**58010**
铁路运输设备制造	7880	643	1454	1015	29047	39194	9132
船舶及相关装置制造	2452	3831	3899	1729	10606	25957	13076
航空、航天器及设备制造	279	58	61	93	550	1273	630
摩托车制造	17524	14962	17625	7118	35071	71091	28891
自行车制造	8784	3054	4328	1020	6458	13425	5948
非公路休闲车及零配件制造	143	－69	23	38	509	881	335
电气机械和器材制造业	**91269**	**41094**	**64102**	**14903**	**156742**	**270045**	**96582**
电机制造	23135	12988	18136	6006	77282	124347	40991
输配电及控制设备制造	20776	11546	12670	2901	362	22003	18719
电线、电缆、光缆及电工器材制造	7320	10066	11981	1456	15829	27067	9782
电池制造	478	605	564	142	477	1000	381

4－18 续表5

单位:万元

项目	销售费用	财务费用	#利息支出	主营业务税金及附加	利润总额	利税总额	本年应交增值税
家用电力器具制造	25086	－1556	9041	1364	48034	58729	7811
非电力家用器具制造	3736	660	1263	501	5909	10748	4338
照明器具制造	9918	6124	9769	2381	8794	25346	13964
其他电气机械及器材制造	819	662	679	153	56	806	597
计算机、通信和其他电子设备制造业	**12124**	**6971**	**8946**	**1933**	**18575**	**26944**	**6429**
计算机制造	260	－65	4	23	－305	－282	
通信设备制造	1561	138	175	109	4638	5677	931
广播电视设备制造	381	526	511	88	－598	－353	158
视听设备制造	4850	876	2477	784	14728	16218	707
电子器件制造	924	1019	1580	346	－3683	－1556	1781
电子元件制造	3029	3428	3096	410	3040	5930	2480
其他电子设备制造	1118	1050	1103	175	755	1310	373
仪器仪表制造业	**29552**	**10324**	**13673**	**5152**	**56315**	**89478**	**27939**
通用仪器仪表制造	20034	7124	9885	3469	37838	61535	20157
专用仪器仪表制造	1475	623	654	210	1837	3303	1257
光学仪器及眼镜制造	7797	2536	3097	1447	16470	24371	6455
其他仪器仪表制造业	246	43	37	27	171	268	70
其他制造业	**31374**	**－126**	**6212**	**4779**	**63144**	**109287**	**41351**
日用杂品制造	30780	－80	6016	4705	62901	108384	40765
其他未列明制造业	594	－47	196	74	244	903	585
废弃资源综合利用业	**12942**	**23250**	**10914**	**1354**	**－27394**	**－19357**	**6599**
金属废料和碎屑加工处理	12732	22339	10002	1238	－28162	－21054	5790
非金属废料和碎屑加工处理	210	911	912	116	768	1697	808
金属制品、机械和设备修理业	**20**	**168**	**184**	**26**	**87**	**332**	**215**
铁路、船舶、航空航天等运输设备修理	20	168	184	26	87	332	215
电力、热力生产和供应业	**314**	**59413**	**55757**	**14403**	**264978**	**418491**	**138834**
电力生产		49308	45430	7817	241938	329283	79452
电力供应	314	9681	9718	6389	16182	79941	57258
热力生产和供应		424	609	197	6858	9267	2124
燃气生产和供应业	**2940**	**694**	**647**	**276**	**6576**	**7495**	**643**
水的生产和供应业	**4542**	**13050**	**13571**	**576**	**8310**	**14513**	**5627**
自来水生产和供应	4462	11011	11694	566	9919	15860	5375
污水处理及其再生利用	80	2039	1877	10	－1608	－1346	252

4－19　规模以上工业主要经济效益指标(一)

(2015 年)

项　　目	企　业 亏损面 (%)	资　产 负债率 (%)	流　动 比　率	存货周 转次数 (次)	产　品 销售率 (%)
总　　计	**11.36**	**55.82**	**1.10**	**5.58**	**93.35**
其中:国有控股企业	9.80	47.94	0.92	10.99	99.37
按轻重工业分					
轻工业	10.64	55.81	1.12	4.94	91.59
重工业	11.81	55.82	1.08	5.99	94.36
按工业行业分					
有色金属矿采选业		12.25	3.16	3.80	47.43
非金属矿采选业	33.33	92.11	0.33	2.80	77.43
农副食品加工业	11.59	60.14	1.07	6.80	93.68
食品制造业	23.81	62.23	1.02	2.18	87.79
酒、饮料和精制茶制造业	12.50	57.96	0.67	3.18	94.97
纺织业	13.95	63.48	1.10	6.06	93.23
纺织服装、服饰业	14.29	65.59	0.97	7.19	95.35
皮革、毛皮、羽毛及其制品和制鞋业	3.24	73.21	1.00	10.7	94.85
木材加工和木、竹、藤、棕、草制品业	20.00	65.59	1.09	5.42	94.31
家具制造业	23.71	70.79	0.84	3.83	94.71
造纸和纸制品业	10.91	63.77	0.93	9.86	93.50
印刷和记录媒介复制业	4.76	68.34	1.01	8.64	96.75
文教、工美、体育和娱乐用品制造业	10.64	67.23	0.95	8.02	95.46
石油加工、炼焦和核燃料加工业		62.41	1.48	4.00	99.79
化学原料和化学制品制造业	5.56	46.83	1.48	5.53	92.87
医药制造业	14.47	43.77	1.24	2.85	83.58
化学纤维制造业		71.83	0.89	4.12	90.55
橡胶和塑料制品业	9.89	56.55	1.09	6.26	91.62
非金属矿物制品业	17.05	69.48	0.98	5.12	97.96
黑色金属冶炼和压延加工业	15.09	74.42	1.05	8.89	92.87
有色金属冶炼和压延加工业	31.76	67.87	0.90	11.14	95.81
金属制品业	11.34	58.93	1.12	5.70	92.37
通用设备制造业	7.07	53.64	1.10	4.57	94.55
专用设备制造业	7.01	62.53	1.01	4.22	94.97
汽车制造业	6.73	62.00	1.09	6.91	94.15
铁路船舶航空航天和其他运输设备制造业	15.53	58.18	1.23	3.75	93.61
电气机械和器材制造业	12.98	63.39	1.13	6.09	94.41
计算机、通信和其他电子设备制造业	21.05	27.46	1.84	4.91	94.69
仪器仪表制造业	7.59	43.86	1.48	4.20	93.05
其他制造业	20.00	49.67	1.22	4.93	90.81
废弃资源综合利用业	63.41	73.25	0.77	5.40	92.73
金属制品、机械和设备修理业		49.11	0.55	11.22	100.00
电力、热力生产和供应业	8.00	48.41	0.53	44.90	99.94
燃气生产和供应业		57.07	0.66	8.05	100.00
水的生产和供应业	20.00	66.05	1.24	10.81	99.62

4-20　规模以上工业主要经济效益指标(二)

(2015年)

项　　目	企　业 亏损率 (%)	成本费用 利润率 (%)	百元销售收 入实现利税 (元)	百元固定 资产原值 实现利税 (元)	出口交货 值占工业 销售产值 (%)
总　　计	**7.62**	**6.44**	**10.25**	**20.00**	**29.07**
其中:国有控股企业	2.95	10.04	14.81	9.23	6.24
按轻重工业分					
轻工业	3.47	7.22	11.26	25.22	41.77
重工业	10.19	6.00	9.69	17.63	22.00
按工业行业分					
有色金属矿采选业		53.05	50.74	158.37	
非金属矿采选业	6.48	10.33	18.66	76.99	
农副食品加工业	6.55	4.19	5.52	19.02	13.99
食品制造业	11.72	5.65	9.77	25.30	49.9
酒、饮料和精制茶制造业	8.02	6.55	20.25	18.22	0.10
纺织业	8.99	4.04	7.35	21.65	33.21
纺织服装、服饰业	15.39	2.17	6.72	15.65	50.42
皮革、毛皮、羽毛及其制品和制鞋业	3.40	4.40	7.99	48.24	62.49
木材加工和木、竹、藤、棕、草制品业	6.67	3.31	6.95	25.49	21.27
家具制造业	17.81	2.48	6.24	15.82	56.32
造纸和纸制品业	8.79	4.46	7.48	16.29	5.20
印刷和记录媒介复制业	0.67	3.37	7.19	13.73	19.59
文教、工美、体育和娱乐用品制造业	5.95	3.53	8.68	30.21	71.01
石油加工、炼焦和核燃料加工业		0.68	3.61	23.46	
化学原料和化学制品制造业	1.65	16.98	19.44	51.01	29.98
医药制造业	2.21	13.14	17.66	24.62	42.59
化学纤维制造业		3.54	4.80	8.19	8.63
橡胶和塑料制品业	3.00	6.95	10.58	26.60	24.72
非金属矿物制品业	8.10	5.68	9.18	20.29	7.56
黑色金属冶炼和压延加工业	22.33	2.34	3.90	13.88	0.94
有色金属冶炼和压延加工业	53.7	0.82	2.78	17.37	7.38
金属制品业	11.20	4.10	7.59	23.40	34.57
通用设备制造业	3.72	5.47	9.27	22.09	47.41
专用设备制造业	17.14	4.88	9.16	18.68	30.03
汽车制造业	5.65	6.50	10.6	24.71	21.01
铁路船舶航空航天和其他运输设备制造业	8.71	5.17	9.12	24.32	12.49
电气机械和器材制造业	12.82	5.35	8.76	26.94	32.30
计算机、通信和其他电子设备制造业	27.65	3.32	4.59	12.08	36.67
仪器仪表制造业	3.01	7.77	11.59	23.80	35.29
其他制造业	0.98	10.38	16.90	42.95	66.57
废弃资源综合利用业	516.87	-3.19	-2.30	-10.88	
金属制品、机械和设备修理业		3.48	12.22	5.34	33.07
电力、热力生产和供应业	2.04	11.89	16.53	9.21	
燃气生产和供应业		19.57	20.47	20.64	
水的生产和供应业	23.05	5.48	9.61	3.07	

4－21 国有及国有控股工业主要财务指标(一)

(2015年)

单位:万元

项目	企业单位数(个)	工业总产值	工业销售产值	出口交货值	年末资产总计	从业人员年平均人数(人)
总计	**51**	**3627077**	**3604152**	**224977**	**6153256**	**27395**
按轻重工业分						
轻工业	23	948171	929203	216542	2628134	17071
重工业	28	2678906	2674949	8436	3525122	10324
按大中小微型分						
大型企业	4	901612	889695	216542	2094542	14961
中型企业	15	2292657	2290804		2891906	8184
小型企业	30	426420	417266	8436	1131905	4223
微型企业	2	6388	6388		34904	27
按工业行业分						
非金属矿采选业	**1**	**4457**	**2488**		**4038**	**89**
土砂石开采	1	4457	2488		4038	89
农副食品加工业	**1**	**14444**	**14444**		**2580**	**124**
屠宰及肉类加工	1	14444	14444		2580	124
食品制造业	**1**	**5733**	**5409**		**12633**	**60**
其他食品制造	1	5733	5409		12633	60
酒、饮料和精制茶制造业	**2**	**13035**	**12140**		**13877**	**552**
酒的制造	2	13035	12140		13877	552
印刷和记录媒介复制业	**1**	**2961**	**2952**		**2706**	**109**
印刷	1	2961	2952		2706	109
医药制造业	**3**	**448890**	**440245**	**158712**	**1517745**	**6449**
化学药品原料药制造	3	448890	440245	158712	1517745	6449
非金属矿物制品业	**2**	**58133**	**58024**		**36884**	**306**
水泥、石灰和石膏制造	2	58133	58024		36884	306
通用设备制造业	**1**	**7013**	**6543**		**17454**	**359**
泵、阀门、压缩机及类似机械制造	1	7013	6543		17454	359
专用设备制造业	**1**	**38189**	**37160**		**34824**	**480**
农、林、牧、渔专用机械制造	1	38189	37160		34824	480
铁路船舶航空航天和其他运输设备制造业	**6**	**364552**	**355798**	**66265**	**565165**	**8337**
铁路运输设备制造	1	12061	12055	1	18803	130
船舶及相关装置制造	2	31031	30937	8434	73359	249
摩托车制造	2	320124	311352	57829	472339	7898
自行车	1	1337	1455		664	60
废弃资源综合利用业	**1**	**20003**	**19503**		**43821**	**304**
金属废料和碎屑加工处理	1	20003	19503		43821	304
电力、热力生产和供应业	**16**	**2492702**	**2492923**		**3194717**	**8176**
电力生产	6	1026750	1026750		2531255	2635
电力供应	9	1459920	1460141		652536	5387
热力生产和供应	1	6032	6032		10925	154
燃气生产和供应业	**1**	**5910**	**5910**		**19722**	**59**
水的生产和供应业	**14**	**151056**	**150615**		**687090**	**1991**
自来水生产和供应	12	141648	141207		605589	1819
污水处理及其再生利用	2	9408	9408		81500	172

4－22 国有及国有控股工业主要财务指标(二)

(2015年)

单位:万元

项目	流动资产合计	存货	固定资产合计	固定资产原价	固定资产净值	年末负债合计
总计	**1514676**	**258434**	**3520543**	**5649223**	**3336268**	**2949922**
按轻重工业分						
轻工业	919132	173314	703121	1037418	598798	1161363
重工业	595545	85121	2817422	4611805	2737470	1788558
按大中小微型分						
大型企业	631514	156640	588257	1275497	531228	778971
中型企业	460862	51077	2315759	3345502	2241340	1456015
小型企业	416953	50124	587343	962765	534516	699254
微型企业	5348	593	29184	65459	29184	15682
按工业行业分						
非金属矿采选业	**3103**	**419**	**292**	**976**	**292**	**3413**
土砂石开采	3103	419	292	976	292	3413
农副食品加工业	**1757**		**823**	**1383**	**761**	**1815**
屠宰及肉类加工	1757		823	1383	761	1815
食品制造业	**7568**	**878**	**1330**	**2276**	**1330**	**4818**
其他食品制造	7568	878	1330	2276	1330	4818
酒、饮料和精制茶制造业	**5572**	**2234**	**6725**	**12760**	**6670**	**5062**
酒的制造	5572	2234	6725	12760	6670	5062
印刷和记录媒介复制业	**2346**	**345**	**334**	**401**	**334**	**1741**
印刷	2346	345	334	401	334	1741
医药制造业	**446164**	**110003**	**315741**	**552150**	**315741**	**614207**
化学药品原料药制造	446164	110003	315741	552150	315741	614207
非金属矿物制品业	**18824**	**2544**	**15704**	**25239**	**15704**	**21143**
水泥、石灰和石膏制造	18824	2544	15704	25239	15704	21143
通用设备制造业	**7354**	**3507**	**9942**	**12225**	**9908**	**7651**
泵、阀门、压缩机及类似机械制造	7354	3507	9942	12225	9908	7651
专用设备制造业	**22828**	**5297**	**8455**	**10168**	**8455**	**29750**
农、林、牧、渔专用机械制造	22828	5297	8455	10168	8455	29750
铁路船舶航空航天和其他运输设备制造业	**318089**	**70922**	**89666**	**85493**	**32595**	**217945**
铁路运输设备制造	17689	1668	985	1476	985	2972
船舶及相关装置制造	57179	19866	12320	18063	12320	62240
摩托车制造	242616	48882	76311	65859	19282	151882
自行车	605	507	50	95	8	851
废弃资源综合利用业	**11219**	**4360**	**24524**	**25807**	**24524**	**37751**
金属废料和碎屑加工处理	11219	4360	24524	25807	24524	37751
电力、热力生产和供应业	**423838**	**46265**	**2698446**	**4442565**	**2618526**	**1538742**
电力生产	362634	41909	2116268	3458872	2094850	1264883
电力供应	52572	4187	580049	966421	521547	270901
热力生产和供应	8632	169	2130	17272	2130	2958
燃气生产和供应业	**8819**	**1066**	**5589**	**6192**	**5589**	**12489**
水的生产和供应业	**237197**	**10596**	**342974**	**471590**	**295840**	**453398**
自来水生产和供应	212505	10466	301807	402495	254673	380989
污水处理及其再生利用	24692	130	41167	69095	41167	72409

4-23 国有及国有控股工业主要财务指标(三)

(2015年)

单位:万元

项目	流动负债	非流动负债	年末所有者权益合计	实收资本	主营业务收入	主营业务成本
总计	**1646398**	**735074**	**3203334**	**1460967**	**3519728**	**2839576**
按轻重工业分						
轻工业	666650	487558	1466771	259878	869650	624057
重工业	979749	247516	1736564	1201089	2650078	2215520
按大中小微型分						
大型企业	533158	245814	1315570	320215	839965	598471
中型企业	781616	130576	1435891	887154	2270049	1915305
小型企业	315943	358684	432651	239296	403325	321763
微型企业	15682		19222	14302	6388	4038
按工业行业分						
非金属矿采选业	**3103**		**626**	**310**	**2613**	**1499**
土砂石开采	3103		626	310	2613	1499
农副食品加工业	**1723**	**92**	**766**	**500**	**14113**	**13543**
屠宰及肉类加工	1723	92	766	500	14113	13543
食品制造业	**4818**		**7815**	**1000**	**5409**	**3298**
其他食品制造	4818		7815	1000	5409	3298
酒、饮料和精制茶制造业	**4176**	**855**	**8815**	**7545**	**12521**	**9116**
酒的制造	4176	855	8815	7545	12521	9116
印刷和记录媒介复制业	**1741**		**965**	**500**	**2912**	**2521**
印刷	1741		965	500	2912	2521
医药制造业	**384324**	**229883**	**903539**	**89081**	**433431**	**266177**
化学药品原料药制造	384324	229883	903539	89081	433431	266177
非金属矿物制品业	**5981**	**1000**	**15742**	**7600**	**58027**	**47197**
水泥、石灰和石膏制造	5981	1000	15742	7600	58027	47197
通用设备制造业	**5183**	**2468**	**9803**	**3830**	**6337**	**4135**
泵、阀门、压缩机及类似机械制造	5183	2468	9803	3830	6337	4135
专用设备制造业	**29750**		**5075**	**3000**	**36172**	**28636**
农、林、牧、渔专用机械制造	29750		5075	3000	36172	28636
铁路船舶航空航天和其他运输设备制造业	**159526**	**58419**	**347220**	**79350**	**303824**	**261915**
铁路运输设备制造	2967	5	15831	8433	12055	8979
船舶及相关装置制造	32399	29841	11119	7465	30937	27776
摩托车制造	123309	28573	320457	63252	259373	223649
自行车	851		-187	200	1459	1511
废弃资源综合利用业	**28457**	**9294**	**6070**	**8000**	**19503**	**18809**
金属废料和碎屑加工处理	28457	9294	6070	8000	19503	18809
电力、热力生产和供应业	**815213**	**179707**	**1655974**	**1142117**	**2470454**	**2066526**
电力生产	603162	127899	1266372	1121315	1013428	660751
电力供应	209093	51808	381635	15095	1450993	1399917
热力生产和供应	2958		7967	5708	6032	5858
燃气生产和供应业	**12379**	**110**	**7233**	**6448**	**5910**	**4117**
水的生产和供应业	**190025**	**253247**	**233692**	**111687**	**148503**	**112090**
自来水生产和供应	145707	228156	224601	97801	140432	104243
污水处理及其再生利用	44318	25091	9091	13886	8071	7847

4－24 国有及国有控股工业主要财务指标(四)

(2015 年)

单位:万元

项目	销售费用	财务费用	#利息支出	主营业务税金及附加	利润总额	利税总额	本年应交增值税
总计	68074	85589	90015	23954	319943	521213	177023
按轻重工业分							
轻工业	60081	25417	32457	9217	62065	108608	37312
重工业	7993	60172	57559	14737	257878	412605	139711
按大中小微型分							
大型企业	55161	14761	19836	7476	70234	112096	34308
中型企业	3998	50345	51308	13587	209082	342164	119384
小型企业	8915	19651	18040	2774	38751	64038	22409
微型企业		833	831	118	1876	2916	922
按工业行业分							
非金属矿采选业	57	0	17	116	529	1045	400
土砂石开采	57	0	17	116	529	1045	400
农副食品加工业	248	-9	0	6	28	74	40
屠宰及肉类加工	248	-9	0	6	28	74	40
食品制造业	10	-44		44	2453	2913	404
其他食品制造	10	-44		44	2453	2913	404
酒、饮料和精制茶制造业	129	34		1565	485	3112	1062
酒的制造	129	34		1565	485	3112	1062
印刷和记录媒介复制业		0		9	58	108	42
印刷		0		9	58	108	42
医药制造业	52442	14400	19673	3759	30852	57907	23295
化学药品原料药制造	52442	14400	19673	3759	30852	57907	23295
非金属矿物制品业	2432	757	769	268	6693	9499	2538
水泥、石灰和石膏制造	2432	757	769	268	6693	9499	2538
通用设备制造业	145	229	229	72	49	696	573
泵、阀门、压缩机及类似机械制造	145	229	229	72	49	696	573
专用设备制造业	3339	461	558		1572	1572	
农、林、牧、渔专用机械制造	3339	461	558		1572	1572	
铁路船舶航空航天和其他运输设备制造业	3461	64	1235	3504	19492	30612	7617
铁路运输设备制造	636	-97		65	1112	1636	460
船舶及相关装置制造	5	123	145	165	210	437	62
摩托车制造	2739	38	1089	3268	18383	28698	7048
自行车	82	0	1	7	-212	-159	47
废弃资源综合利用业	76	1794	1796	45	-1943	-1696	202
金属废料和碎屑加工处理	76	1794	1796	45	-1943	-1696	202
电力、热力生产和供应业	314	54721	52015	13945	251104	400651	135326
电力生产		45088	42297	7517	231440	316138	77105
电力供应	314	9681	9718	6389	16182	79941	57258
热力生产和供应		-48		39	3481	4572	963
燃气生产和供应业	909	146	152	52	161	111	-102
水的生产和供应业	4513	13036	13571	570	8410	14607	5627
自来水生产和供应	4433	10998	11694	560	10019	15953	5375
污水处理及其再生利用	80	2039	1877	10	-1608	-1346	252

4－25　国有及国有控股工业主要经济效益指标(一)

(2015年)

项　　目	企　业 亏损面 (%)	资　产 负债率 (%)	流　动 比　率	存货周 转次数 (次)	产　品 销售率 (%)
总　　计	**9.80**	**47.94**	**0.92**	**10.99**	**99.37**
按轻重工业分					
轻工业	8.70	44.19	1.38	3.60	98.00
重工业	10.71	50.74	0.61	26.03	99.85
按工业行业分					
非金属矿采选业		**84.50**	**1.00**	**3.57**	**55.81**
土砂石开采		84.50	1.00	3.57	55.81
农副食品加工业		**70.33**	**1.02**		**100.00**
屠宰及肉类加工		70.33	1.02		100.00
食品制造业		**38.14**	**1.57**	**3.76**	**94.35**
其他食品制造		**38.14**	**1.57**	**3.76**	**94.35**
酒、饮料和精制茶制造业		**36.48**	**1.33**	**4.08**	**93.13**
酒的制造		36.48	1.33	4.08	93.13
印刷和记录媒介复制业		**64.34**	**1.35**	**7.32**	**99.71**
印刷		64.34	1.35	7.32	99.71
医药制造业		**40.47**	**1.16**	**2.42**	**98.07**
化学药品原料药制造		40.47	1.16	2.42	98.07
非金属矿物制品业		**57.32**	**3.15**	**18.55**	**99.81**
水泥、石灰和石膏制造		57.32	3.15	18.55	99.81
通用设备制造业		**43.83**	**1.42**	**1.18**	**93.31**
泵、阀门、压缩机及类似机械制造		43.83	1.42	1.18	93.31
专用设备制造业		**85.43**	**0.77**	**5.41**	**97.31**
农、林、牧、渔专用机械制造		85.43	0.77	5.41	97.31
铁路船舶航空航天和其他运输设备制造业	**16.67**	**38.56**	**1.99**	**3.69**	**97.60**
铁路运输设备制造		15.81	5.96	5.38	99.95
船舶及相关装置制造		84.84	1.76	1.40	99.69
摩托车制造		32.16	1.97	4.58	97.26
自行车制造	100.00	128.12	0.71	2.98	108.84
废弃资源综合利用业	**100.00**	**86.15**	**0.39**	**4.31**	**97.5**
金属废料和碎屑加工处理	100.00	86.15	0.39	4.31	97.5
电力、热力生产和供应业	**6.25**	**48.17**	**0.52**	**44.67**	**100.00**
电力生产	16.67	49.97	0.60	15.77	100.00
电力供应		41.52	0.25	334.35	100.00
热力生产和供应		27.08	2.92	34.68	100.00
燃气生产和供应业		**63.32**	**0.71**	**3.86**	**100**
水的生产和供应业	**14.29**	**65.99**	**1.25**	**10.58**	**99.71**
自来水生产和供应	8.33	62.91	1.46	9.96	99.69
污水处理及其再生利用	50.00	88.85	0.56	60.55	100.00

4-26 国有及国有控股工业主要经济效益指标(二)

(2015 年)

项目	企业亏损率(%)	成本费用利润率(%)	百元销售收入实现利税(元)	百元固定资产原值实现利税(元)	出口交货值占工业销售产值(%)
总计	**2.95**	**10.04**	**14.81**	**9.23**	**6.24**
按轻重工业分					
轻工业	0.60	7.47	12.49	10.47	23.30
重工业	3.50	10.94	15.57	8.95	0.32
按工业行业分					
非金属矿采选业		**26.89**	**40.00**	**107.14**	
土砂石开采		26.89	40.00	107.14	
农副食品加工业		**0.20**	**0.53**	**5.38**	
屠宰及肉类加工		0.20	0.53	5.38	
食品制造业		**62.62**	**53.85**	**127.99**	
其他食品制造		**62.62**	**53.85**	**127.99**	
酒、饮料和精制茶制造业		**4.59**	**24.86**	**24.39**	
酒的制造		4.59	24.86	24.39	
印刷和记录媒介复制业		**1.97**	**3.72**	**26.98**	
印刷		1.97	3.72	26.98	
医药制造业		**7.48**	**13.36**	**10.49**	**36.05**
化学药品原料药制造		7.48	13.36	10.49	36.05
非金属矿物制品业		**12.72**	**16.37**	**37.64**	
水泥、石灰和石膏制造		12.72	16.37	37.64	
通用设备制造业		**0.74**	**10.99**	**5.69**	
泵、阀门、压缩机及类似机械制造		0.74	10.99	5.69	
专用设备制造业		**4.52**	**4.35**	**15.46**	
农、林、牧、渔专用机械制造		4.52	4.35	15.46	
铁路船舶航空航天和其他运输设备制造业	**1.08**	**6.66**	**10.08**	**35.81**	**18.62**
铁路运输设备制造		9.28	13.57	110.82	0.01
船舶及相关装置制造		0.68	1.41	2.42	27.26
摩托车制造		7.41	11.06	43.58	18.57
自行车制造		-12.55	-10.88	-167.51	
废弃资源综合利用业		**-8.92**	**-8.69**	**-6.57**	
金属废料和碎屑加工处理		-8.92	-8.69	-6.57	
电力、热力生产和供应业	**2.03**	**11.52**	**16.22**	**9.02**	
电力生产	2.19	31.27	31.19	9.14	
电力供应		1.13	5.51	8.27	
热力生产和供应		51.02	75.79	26.47	
燃气生产和供应业		**2.82**	**1.88**	**1.79**	
水的生产和供应业	**22.13**	**5.65**	**9.84**	**3.10**	
自来水生产和供应	1.59	7.28	11.36	3.96	
污水处理及其再生利用	359.82	-14.14	-16.68	-1.95	

4-27 大中型工业主要财务指标(一)

(2015年)

单位:万元

项目	企业单位数(个)	工业总产值	工业销售产值	出口交货值	年末资产总计	从业人员年平均人数(人)
总计	**424**	**18740212**	**17461078**	**6034572**	**24750458**	**276104**
按轻重工业分						
轻工业	187	7330550	6592177	3407586	9949381	128444
重工业	237	11409663	10868901	2626986	14801077	147660
按大中型分						
大型企业	41	6747282	6381265	2365968	10679130	90510
中型企业	383	11992931	11079813	3668605	14071327	185594
按工业行业分						
农副食品加工业	**4**	**90771**	**81573**	**36852**	**95081**	**2076**
水产品加工	4	90771	81573	36852	95081	2076
食品制造业	**7**	**81813**	**65809**	**55001**	**82419**	**3516**
罐头食品制造	7	81813	65809	55001	82419	3516
酒、饮料和精制茶制造业	**3**	**113979**	**107873**		**89403**	**1308**
酒的制造	2	77858	76016		70322	976
饮料制造	1	36122	31856		19081	332
纺织业	**9**	**326734**	**301818**	**148161**	**267329**	**3942**
棉纺织及印染精加工	1	107938	89950	8720	103897	462
化纤织造及印染精加工	2	46979	47666	5233	46682	799
非家用纺织制成品制造	6	171817	164203	134208	116750	2681
皮革、毛皮、羽毛及其制品和制鞋业	**32**	**425520**	**400426**	**279587**	**245807**	**15375**
制鞋业	32	425520	400426	279587	245807	15375
木材加工和木、竹、藤、棕、草制品业	**1**	**12020**	**10973**	**5316**	**12470**	**305**
竹、藤、棕、草等制品制造	1	12020	10973	5316	12470	305
家具制造业	**20**	**286077**	**277392**	**160302**	**294026**	**8731**
木质家具制造	8	75968	76888	48535	97420	2775
金属家具制造	10	178134	168529	98414	173596	5210
塑料家具制造	1	15156	15156	13353	12750	300
其他家具制造	1	16819	16819		10261	446
造纸和纸制品业	**4**	**59420**	**57512**	**12806**	**94259**	**1724**
造纸	1	9082	8652	456	12640	426
纸制品制造	3	50338	48860	12350	81619	1298
文教、工美、体育和娱乐用品制造业	**16**	**182305**	**174634**	**144337**	**133344**	**6529**
工艺美术品制造	16	182305	174634	144337	133344	6529
化学原料和化学制品制造业	**7**	**496159**	**473645**	**286008**	**1163851**	**4084**
基础化学原料制造	2	158222	158028	96973	518210	1637

4－27 续表1

单位:万元

项　　目	企业单位数（个）	工业总产值	工业销售产值	出口交货值	年末资产总计	从业人员年平均人数（人）
农药制造	1	62390	59119	19196	39421	682
涂料油墨颜料及类似产品制造	1	134213	133399	106083	382654	804
专用化学产品制造	3	141334	123098	63755	223566	961
医药制造业	**31**	**2626199**	**2188781**	**1008226**	**4520035**	**28672**
化学药品原料药制造	26	2278485	1900075	935389	4100888	24594
化学药品制剂制造	1	127003	125336	7725	176360	1829
中成药生产	1	83157	43285		96457	520
生物药品制造	3	137555	120085	65113	146331	1729
橡胶和塑料制品业	**39**	**1433118**	**1338823**	**374445**	**1676104**	**22721**
橡胶制品业	7	239230	235060	41924	300518	4628
塑料制品业	32	1193888	1103764	332521	1375586	18093
非金属矿物制品业	**1**	**31772**	**28943**	**21865**	**31613**	**396**
玻璃制品制造	1	31772	28943	21865	31613	396
黑色金属冶炼和压延加工业	**1**	**77930**	**62118**		**38705**	**350**
钢压延加工	1	77930	62118		38705	350
有色金属冶炼和压延加工业	**2**	**567535**	**539991**	**98455**	**257099**	**1403**
有色金属铸造	1	18056	18052		12632	278
有色金属压延加工	1	549478	521940	98455	244466	1125
金属制品业	**16**	**668235**	**605097**	**316984**	**771448**	**10375**
金属工具制造	1	11671	10968	6252	8108	362
建筑、安全用金属制品制造	10	213972	198069	95051	163648	4147
金属表面处理及热处理加工	1	6470	6470		5377	382
金属制日用品制造	3	418583	375091	213488	568269	4884
其他金属制品制造	1	17539	14500	2193	26047	600
通用设备制造业	**61**	**1927543**	**1839376**	**970989**	**2880019**	**39371**
锅炉及原动设备制造	1	3928	4195		12722	350
金属加工机械制造	3	90520	86956	34882	120592	2571
物料搬运设备制造	2	152855	152239	55021	239577	2350
泵、阀门、压缩机及类似机械制造	38	1180008	1125362	729080	1615514	22743
轴承、齿轮和传动部件制造	8	271387	254480	41388	574987	6120
烘炉、风机、衡器、包装等设备制造	8	204501	195422	106490	281232	4719
文化、办公用机械制造	1	24344	20723	4129	35396	518
专用设备制造业	**25**	**855538**	**833626**	**285923**	**997403**	**16187**
化工、木材、非金属加工专用设备制造	11	254226	251191	35386	408511	5155
纺织、服装和皮革加工专用设备制造	7	435220	423614	164865	457255	7119

4－27 续表2

单位:万元

项目	企业单位数（个）	工业总产值	工业销售产值	出口交货值	年末资产总计	从业人员年平均人数（人）
农、林、牧、渔专用机械制造	5	137388	133986	85509	104662	2729
医疗仪器设备及器械制造	2	28704	24835	163	26976	1184
汽车制造业	**45**	**1756930**	**1667658**	**409951**	**2365690**	**27611**
汽车整车制造	4	450738	428406	20992	730122	2958
汽车零部件及配件制造	41	1306192	1239252	388960	1635567	24653
铁路船舶航空航天和其他运输设备制造业	**20**	**925544**	**851703**	**171366**	**1123177**	**17048**
铁路运输设备制造	2	61644	59423	793	148492	722
船舶及相关装置制造	4	186294	136594		146643	1992
摩托车制造	12	596431	576416	170382	780098	13162
自行车制造	2	81175	79271	191	47944	1172
电气机械和器材制造业	**32**	**1290339**	**1205647**	**468214**	**1843367**	**21877**
电机制造	15	675701	623510	208523	875178	10339
输配电及控制设备制造	7	236776	222604	29469	257710	3635
家用电力器具制造	6	287269	273787	172319	611342	5766
非电力家用器具制造	2	53336	49380	36130	65815	1268
照明器具制造	2	37257	36366	21772	33323	869
计算机、通信和其他电子设备制造业	**6**	**487027**	**464237**	**184537**	**997827**	**4521**
计算机制造	1	9944	9724	9428	9004	540
通信设备制造	1	25854	23805	4005	23253	348
视听设备制造	1	343524	336186	159787	263485	1833
电子器件制造	1	27539	22850	6039	353701	797
电子元件制造	1	66046	60713	3416	331515	645
其他电子设备制造	1	14121	10960	1863	16868	358
仪器仪表制造业	**17**	**456763**	**436471**	**156366**	**628654**	**10064**
通用仪器仪表制造	11	291991	281157	118084	247874	5421
专用仪器仪表制造	1	19217	15749	120	13111	483
光学仪器及眼镜制造	5	145555	139565	38162	367670	4160
其他制造业	**10**	**685480**	**617241**	**438881**	**875375**	**14787**
日用杂品制造	9	667672	602034	423674	861492	14287
其他未列明制造业	1	17808	15208	15208	13883	500
废弃资源综合利用业	**4**	**503648**	**457677**		**347774**	**5653**
金属废料和碎屑加工处理	4	503648	457677		347774	5653
电力、热力生产和供应业	**11**	**2371814**	**2372035**		**2918180**	**7478**
电力生产	3	967383	967383		2306179	2499
电力供应	8	1404432	1404652		612001	4979

4-28 大中型工业主要财务指标(二)

(2015年)

单位:万元

项目	流动资产合计	存货	固定资产合计	固定资产原价	固定资产净值	年末负债合计
总计	**12058403**	**2743929**	**6857123**	**10421299**	**6231588**	**11792007**
按轻重工业分						
轻工业	5426413	1271530	1981794	3031286	1755568	4893035
重工业	6631990	1472400	4875328	7390013	4476019	6898973
按大中型分						
大型企业	5299721	1072404	1980256	3291997	1761000	4338781
中型企业	6758682	1671525	4876867	7129302	4470587	7453226
按工业行业分						
农副食品加工业	**52958**	**20122**	**31634**	**36905**	**24504**	**63719**
水产品加工	52958	20122	31634	36905	24504	63719
食品制造业	**57233**	**38409**	**17753**	**26408**	**15590**	**61681**
罐头食品制造	57233	38409	17753	26408	15590	61681
酒、饮料和精制茶制造业	**36425**	**19901**	**48743**	**95504**	**45904**	**43409**
酒的制造	22783	15966	45995	90628	43156	31952
饮料制造	13643	3935	2748	4876	2748	11457
纺织业	**162338**	**53238**	**69668**	**100294**	**65396**	**159147**
棉纺织及印染精加工	62786	21495	28563	39196	28563	56731
化纤织造及印染精加工	29486	8192	12568	15537	8484	34647
非家用纺织制成品制造	70066	23551	28537	45562	28349	67769
皮革、毛皮、羽毛及其制品和制鞋业	**179013**	**34467**	**30724**	**56949**	**28858**	**163811**
制鞋业	179013	34467	30724	56949	28858	163811
木材加工和木、竹、藤、棕、草制品业	**9041**	**5121**	**3430**	**4510**	**3430**	**3152**
竹、藤、棕、草等制品制造	9041	5121	3430	4510	3430	3152
家具制造业	**175174**	**72100**	**75274**	**112173**	**73374**	**208724**
木质家具制造	51426	22436	30506	42915	29033	72295
金属家具制造	113738	44532	35634	58863	35210	116180
塑料家具制造	1825	252	7580	8245	7580	9499
其他家具制造	8186	4880	1554	2151	1552	10751
造纸和纸制品业	**44812**	**6314**	**15183**	**33260**	**15183**	**39767**
造纸	7841	1921	3670	5342	3670	7905
纸制品制造	36971	4393	11513	27918	11513	31862
文教、工美、体育和娱乐用品制造业	**78972**	**24367**	**41316**	**55273**	**32754**	**84560**
工艺美术品制造	78972	24367	41316	55273	32754	84560
化学原料和化学制品制造业	**664893**	**69465**	**236705**	**236377**	**169419**	**434117**
基础化学原料制造	281794	21983	48565	76090	48565	170147

4－28 续表1

单位:万元

项目	流动资产合计	存货	固定资产合计	固定资产原价	固定资产净值	年末负债合计
农药制造	24460	4581	14961	14059	4497	16267
涂料油墨颜料及类似产品制造	291383	27882	51333	66045	43753	172971
专用化学产品制造	67256	15020	121846	80183	72604	74733
医药制造业	**1989032**	**535326**	**1034263**	**1607383**	**946660**	**1877630**
化学药品原料药制造	1718466	490273	942893	1465146	867359	1623479
化学药品制剂制造	115160	9650	33026	70111	33026	120576
中成药生产	58235	4814	32485	29018	20417	44651
生物药品制造	97171	30589	25858	43109	25858	88923
橡胶和塑料制品业	**934448**	**185841**	**389786**	**549484**	**352046**	**763459**
橡胶制品业	204565	47426	73396	102870	70334	148644
塑料制品业	729883	138415	316390	446614	281712	614815
非金属矿物制品业	**21460**	**6206**	**7802**	**12410**	**7802**	**20580**
玻璃制品制造	21460	6206	7802	12410	7802	20580
黑色金属冶炼和压延加工业	**25755**	**12726**	**11598**	**16928**	**11598**	**32033**
钢压延加工	25755	12726	11598	16928	11598	32033
有色金属冶炼和压延加工业	**98465**	**47155**	**54974**	**85547**	**54926**	**162714**
有色金属铸造	6742	1841	3610	5933	3562	9837
有色金属压延加工	91723	45315	51364	79614	51364	152877
金属制品业	**453352**	**90447**	**98517**	**150836**	**87003**	**402413**
金属工具制造	3506	864	4500	6442	4500	5658
建筑、安全用金属制品制造	106692	33940	47831	53194	37957	119594
金属表面处理及热处理加工	938	114	3543	5196	3543	2399
金属制日用品制造	325643	52107	35014	71145	33373	257868
其他金属制品制造	16573	3422	7630	14859	7630	16893
通用设备制造业	**1407874**	**403873**	**589083**	**870024**	**493044**	**1228420**
锅炉及原动设备制造	7503	2116	1214	4359	1214	4127
金属加工机械制造	72464	34995	34726	58981	29838	83402
物料搬运设备制造	125257	26297	53011	93162	53011	149658
泵、阀门、压缩机及类似机械制造	693620	195492	232486	402152	228909	628341
轴承、齿轮和传动部件制造	350998	97415	193398	206566	114698	207388
烘炉、风机、衡器、包装等设备制造	128904	39770	70264	94578	61390	130927
文化、办公用机械制造	29127	7789	3984	10227	3984	24577
专用设备制造业	**596626**	**186177**	**237266**	**393053**	**205193**	**587764**
化工、木材、非金属加工专用设备制造	253014	69198	84048	173196	78958	268409
纺织、服装和皮革加工专用设备制造	270598	97652	115351	160354	91654	242212

4－28 续表2

单位:万元

项目	流动资产合计	存货	固定资产合计	固定资产原价	固定资产净值	年末负债合计
农、林、牧、渔专用机械制造	54670	16617	30842	44239	27556	58839
医疗仪器设备及器械制造	18344	2710	7025	15265	7025	18304
汽车制造业	**1266482**	**192318**	**398138**	**635685**	**369112**	**1344805**
汽车整车制造	383588	28664	74145	137233	73993	383294
汽车零部件及配件制造	882894	163653	323993	498452	295119	961511
铁路船舶航空航天和其他运输设备制造业	**651383**	**146689**	**207704**	**281845**	**142712**	**500387**
铁路运输设备制造	69716	9959	15946	16929	8808	21950
船舶及相关装置制造	92654	36200	43502	72248	43502	55974
摩托车制造	461399	90898	140453	181208	82600	387022
自行车制造	27614	9632	7803	11461	7803	35441
电气机械和器材制造业	**1233830**	**186195**	**295136**	**444997**	**264595**	**1109927**
电机制造	540707	100323	164485	236160	146715	437933
输配电及控制设备制造	179802	29855	50761	83920	46242	167961
家用电力器具制造	449143	43818	60884	89559	52633	455808
非电力家用器具制造	40003	10091	15810	27707	15810	29971
照明器具制造	24175	2107	3195	7651	3195	18254
计算机、通信和其他电子设备制造业	**442879**	**81622**	**114043**	**155784**	**104043**	**201776**
计算机制造	7667	3212	1328	1379	1328	4536
通信设备制造	17270	7775	1715	2831	1715	9739
视听设备制造	218007	45874	15825	21406	15825	125821
电子器件制造	37168	8738	14558	18359	4558	38063
电子元件制造	156686	12741	76456	104449	76456	13937
其他电子设备制造	6081	3283	4162	7359	4162	9679
仪器仪表制造业	**388254**	**84219**	**105041**	**175240**	**100769**	**227902**
通用仪器仪表制造	189358	51199	41239	66880	36966	133607
专用仪器仪表制造	6906	137	4024	7732	4024	5283
光学仪器及眼镜制造	191990	32883	59779	100628	59779	89012
其他制造业	**523800**	**95521**	**178196**	**236828**	**143656**	**416572**
日用杂品制造	515241	91013	173510	231387	140243	404096
其他未列明制造业	8559	4509	4686	5441	3412	12476
废弃资源综合利用业	**188987**	**105709**	**92286**	**89930**	**75486**	**244205**
金属废料和碎屑加工处理	188987	105709	92286	89930	75486	244205
电力、热力生产和供应业	**374920**	**40404**	**2472864**	**3957671**	**2398532**	**1409335**
电力生产	327081	36366	1927950	3048437	1906532	1155747
电力供应	47838	4038	544914	909235	492000	253589

4-29 大中型工业主要财务指标(三)

(2015年)

单位:万元

项目	流动负债	非流动负债	年末所有者权益合计	实收资本	主营业务收入	主营业务成本
总计	**9985297**	**1181017**	**12958449**	**4967289**	**16968560**	**13643949**
按轻重工业分						
轻工业	4387039	480364	5056345	1755290	6373183	4914423
重工业	5598258	700653	7902104	3212000	10595376	8729526
按大中型分						
大型企业	3620421	675845	6340349	2186599	6225112	4931611
中型企业	6364876	505172	6618099	2780690	10743448	8712338
按工业行业分						
农副食品加工业	**63376**		**31361**	**25113**	**78454**	**71568**
水产品加工	63376		31361	25113	78454	71568
食品制造业	**61668**	**14**	**20737**	**11342**	**63995**	**54953**
罐头食品制造	61668	14	20737	11342	63995	54953
酒、饮料和精制茶制造业	**38367**	**5042**	**45994**	**31950**	**105605**	**84780**
酒的制造	26909	5042	38370	29670	76016	59041
饮料制造	11457		7624	2280	29589	25740
纺织业	**156428**	**2720**	**108182**	**39726**	**268855**	**229235**
棉纺织及印染精加工	56731		47166	8965	86247	80965
化纤织造及印染精加工	34647		12034	11873	47666	40013
非家用纺织制成品制造	65049	2720	48982	18888	134942	108257
皮革、毛皮、羽毛及其制品和制鞋业	**161536**	**1428**	**81996**	**50459**	**399315**	**353480**
制鞋业	161536	1428	81996	50459	399315	353480
木材加工和木、竹、藤、棕、草制品业	**3152**		**9318**	**1000**	**10973**	**8010**
竹、藤、棕、草等制品制造	3152		9318	1000	10973	8010
家具制造业	**208530**	**194**	**85301**	**34980**	**268006**	**226577**
木质家具制造	72101	194	25125	10835	77391	61470
金属家具制造	116180		57415	20437	163044	140962
塑料家具制造	9499		3251	3188	15156	12975
其他家具制造	10751		-490	520	12415	11169
造纸和纸制品业	**39210**	**557**	**54491**	**29194**	**53282**	**41760**
造纸	7348	557	4734	4094	8651	7139
纸制品制造	31862		49757	25100	44631	34621
文教、工美、体育和娱乐用品制造业	**84541**	**19**	**48785**	**16259**	**174518**	**142936**
工艺美术品制造	84541	19	48785	16259	174518	142936
化学原料和化学制品制造业	**351362**	**80386**	**729734**	**427139**	**453691**	**292513**
基础化学原料制造	99357	70491	348063	329003	155317	115311

4－29 续表1

单位:万元

项　目	流动负债	非流动负债	年末所有者权益合计	实收资本	主营业务收入	主营业务成本
农药制造	15327	940	23154	6000	53752	41035
涂料油墨颜料及类似产品制造	172932	38	209683	34088	119596	50751
专用化学产品制造	63746	8918	148834	58047	125027	85416
医药制造业	**1530333**	**324177**	**2642405**	**819501**	**2124227**	**1432100**
化学药品原料药制造	1291960	308400	2477408	760353	1839634	1236716
化学药品制剂制造	111472	9104	55784	8180	124690	95388
中成药生产	39267	5384	51806	36000	43219	6484
生物药品制造	87634	1289	57407	14969	116685	93512
橡胶和塑料制品业	**711821**	**18430**	**912644**	**313116**	**1313036**	**1010044**
橡胶制品业	143341	5303	151874	37995	230339	173109
塑料制品业	568480	13127	760770	275122	1082697	836935
非金属矿物制品业	**20580**		**11033**	**7235**	**28932**	**25478**
玻璃制品制造	20580		11033	7235	28932	25478
黑色金属冶炼和压延加工业	**19033**	**13000**	**6673**	**5398**	**62079**	**58573**
钢压延加工	19033	13000	6673	5398	62079	58573
有色金属冶炼和压延加工业	**149795**	**12919**	**94385**	**32210**	**524917**	**514269**
有色金属铸造	9837		2795	1208	18052	16108
有色金属压延加工	**139958**	**12919**	**91590**	**31002**	**506865**	**498161**
金属制品业	**367372**	**34787**	**369036**	**143116**	**569498**	**444984**
金属工具制造	5658		2450	501	10508	9701
建筑、安全用金属制品制造	118952	643	44053	40647	188234	164621
金属表面处理及热处理加工	2399		2978	1300	6445	4991
金属制日用品制造	223470	34144	310400	94988	350326	253932
其他金属制品制造	16893		9154	5680	13985	11738
通用设备制造业	**1143762**	**84018**	**1651599**	**499217**	**1777828**	**1426466**
锅炉及原动设备制造	4127		8595	5500	4345	3368
金属加工机械制造	82771		37190	18768	87612	73343
物料搬运设备制造	149658		89919	30800	152450	138999
泵、阀门、压缩机及类似机械制造	560580	67753	987172	299808	1081200	855958
轴承、齿轮和传动部件制造	192824	14564	367599	58431	240838	180547
烘炉、风机、衡器、包装等设备制造	129226	1701	150305	80692	190660	155939
文化、办公用机械制造	24577		10819	5218	20723	18312
专用设备制造业	**564685**	**21279**	**409639**	**158905**	**816397**	**661773**
化工、木材、非金属加工专用设备制造	257668	10742	140101	59170	245069	190668
纺织、服装和皮革加工专用设备制造	229937	10475	215043	78620	414462	345189

4-29 续表2

单位:万元

项　　目	流动负债	非流动负债	年末所有者权益合计	实收资本	主营业务收入	主营业务成本
农、林、牧、渔专用机械制造	58776	63	45823	18058	131017	105777
医疗仪器设备及器械制造	18304		8672	3058	25849	20138
汽车制造业	**1021098**	**318578**	**1020885**	**261597**	**1581708**	**1287855**
汽车整车制造	261014	118632	346829	53347	363778	326553
汽车零部件及配件制造	760085	199945	674056	208250	1217929	961302
铁路船舶航空航天和其他运输设备制造业	**464654**	**35733**	**622790**	**189942**	**740845**	**631641**
铁路运输设备制造	19292	2658	126542	43169	57977	34709
船舶及相关装置制造	55974		90669	40569	135515	122906
摩托车制造	353947	33075	393075	103324	504067	436353
自行车制造	35441		12503	2880	43286	37673
电气机械和器材制造业	**1017002**	**82845**	**733441**	**244308**	**1296307**	**1045123**
电机制造	405508	22346	437245	110578	608932	485956
输配电及控制设备制造	166557	1404	89749	48769	207840	170915
家用电力器具制造	397683	58125	155534	72935	398774	324308
非电力家用器具制造	29000	971	35845	7350	47823	35333
照明器具制造	18254		15069	4677	32938	28611
计算机、通信和其他电子设备制造业	**193595**	**4098**	**796051**	**138494**	**453904**	**397747**
计算机制造	454		4468	5000	9724	9118
通信设备制造	9739		13515	5000	17878	10148
视听设备制造	125821		137664	20010	336156	308590
电子器件制造	34198	3865	315638	32474	22850	20879
电子元件制造	13704	233	317578	70992	56416	40786
其他电子设备制造	9679		7189	5018	10879	8225
仪器仪表制造业	**206270**	**21632**	**400752**	**98859**	**432843**	**337584**
通用仪器仪表制造	127725	5881	114267	40540	276224	218960
专用仪器仪表制造	5273	10	7827	1288	15754	12090
光学仪器及眼镜制造	73272	15740	278658	57031	140865	106533
其他制造业	**414005**	**2567**	**458803**	**274505**	**550374**	**445332**
日用杂品制造	401529	2567	457396	273505	535166	432128
其他未列明制造业	12476		1407	1000	15208	13204
废弃资源综合利用业	**233150**	**11055**	**103569**	**77518**	**457780**	**443296**
金属废料和碎屑加工处理	233150	11055	103569	77518	457780	443296
电力、热力生产和供应业	**759974**	**105540**	**1508845**	**1036207**	**2361194**	**1975876**
电力生产	564361	57564	1150433	1023013	965690	630124
电力供应	195613	47976	358412	13194	1395505	1345752

4－30 大中型工业主要财务指标(四)

(2015年)

单位:万元

项目	销售费用	财务费用	#利息支出	主营业务税金及附加	利润总额	利税总额	本年应交增值税
总计	**563482**	**202323**	**297083**	**107831**	**1447975**	**2262276**	**704497**
按轻重工业分							
轻工业	293735	67074	128147	49250	593617	922214	277796
重工业	269747	135249	168936	58580	854358	1340063	426701
按大中型分							
大型企业	268591	38380	77102	38886	619439	905991	246101
中型企业	294892	163944	219981	68945	828536	1356285	458396
按工业行业分							
农副食品加工业	**793**	**1695**	**1814**	**152**	**2013**	**3731**	**1566**
水产品加工	793	1695	1814	152	2013	3731	1566
食品制造业	**2638**	**878**	**1560**	**535**	**869**	**4481**	**3077**
罐头食品制造	2638	878	1560	535	869	4481	3077
酒、饮料和精制茶制造业	**1039**	**842**	**737**	**9286**	**7936**	**22472**	**5251**
酒的制造	124	211		9149	6819	20078	4110
饮料制造	915	630	737	137	1117	2394	1141
纺织业	**9327**	**4654**	**5948**	**1274**	**14912**	**25113**	**8927**
棉纺织及印染精加工	1498	3395	3682	191	1229	3488	2068
化纤织造及印染精加工	620	1135	1023	179	4131	5918	1608
非家用纺织制成品制造	7209	124	1243	905	9552	15707	5251
皮革、毛皮、羽毛及其制品和制鞋业	**10913**	**1805**	**4633**	**1911**	**14512**	**29616**	**13193**
制鞋业	10913	1805	4633	1911	14512	29616	13193
木材加工和木、竹、藤、棕、草制品业	**527**	**181**	**184**	**69**	**1758**	**2397**	**571**
竹、藤、棕、草等制品制造	527	181	184	69	1758	2397	571
家具制造业	**12056**	**3125**	**7314**	**1882**	**7371**	**16294**	**7037**
木质家具制造	4178	1006	1651	814	2931	6012	2263
金属家具制造	6910	1672	5207	999	3954	9333	4379
塑料家具制造	967	－6		15	264	351	72
其他家具制造	1	452	456	54	221	598	323
造纸和纸制品业	**2445**	**1032**	**1364**	**446**	**4247**	**6531**	**1838**
造纸	281	184	262	48	466	517	3
纸制品制造	2164	848	1101	398	3782	6014	1835
文教、工美、体育和娱乐用品制造业	**6853**	**2836**	**3249**	**1275**	**7483**	**18384**	**9626**
工艺美术品制造	6853	2836	3249	1275	7483	18384	9626
化学原料和化学制品制造业	**11069**	**6845**	**10545**	**2874**	**131601**	**156276**	**21801**
基础化学原料制造	1453	1480	3091	1106	49232	59307	8969

4－30续表1

单位:万元

项目	销售费用	财务费用	#利息支出	主营业务税金及附加	利润总额	利税总额	本年应交增值税
农药制造	2945	－314	282	222	4762	7118	2134
涂料油墨颜料及类似产品制造	1945	6534	6903	1210	54710	65179	9259
专用化学产品制造	4727	－854	269	335	22897	24672	1439
医药制造业	**110671**	**31658**	**55578**	**14793**	**268693**	**404771**	**121229**
化学药品原料药制造	90819	22425	44830	12730	241103	359238	105349
化学药品制剂制造	5461	6611	6747	919	8052	15882	6911
中成药生产	13036	931	1205	608	13207	18873	5058
生物药品制造	1355	1691	2796	536	6331	10779	3911
橡胶和塑料制品业	**53393**	**15357**	**20439**	**7259**	**154758**	**218667**	**56635**
橡胶制品业	10329	4844	4357	1426	26248	39784	12111
塑料制品业	43064	10513	16082	5834	128511	178883	44524
非金属矿物制品业	**361**	**989**	**1159**	**51**	**1528**	**2089**	**510**
玻璃制品制造	361	989	1159	51	1528	2089	510
黑色金属冶炼和压延加工业	**408**	**669**	**717**	**224**	**821**	**1593**	**548**
钢压延加工	408	669	717	224	821	1593	548
有色金属冶炼和压延加工业	**3593**	**－1918**	**2753**	**603**	**15596**	**31464**	**15266**
有色金属铸造	26	668	711	38	549	802	216
有色金属压延加工	3567	－2587	2042	565	15047	30662	15050
金属制品业	**49087**	**2901**	**5485**	**3619**	**33260**	**54084**	**17204**
金属工具制造	113	4	0	100	495	1012	416
建筑、安全用金属制品制造	5644	2702	3581	994	2901	9924	6029
金属表面处理及热处理加工	93	110	102	75	828	1528	625
金属制日用品制造	43019	－435	1145	2357	28562	40430	9511
其他金属制品制造	217	520	657	93	473	1191	624
通用设备制造业	**61715**	**17717**	**32858**	**9682**	**131349**	**213609**	**72379**
锅炉及原动设备制造	275	－4	19	31	－681	－391	259
金属加工机械制造	2226	3020	3785	482	1669	4708	2557
物料搬运设备制造	3577	2392	2885	246	3300	9084	5539
泵、阀门、压缩机及类似机械制造	38911	5009	15824	6302	90879	142140	44759
轴承、齿轮和传动部件制造	8283	5056	5801	1413	27182	39377	10782
烘炉、风机、衡器、包装等设备制造	8064	2038	3666	1086	8804	18203	8314
文化、办公用机械制造	381	206	877	124	196	489	169
专用设备制造业	**38629**	**7946**	**13104**	**4188**	**37058**	**72621**	**31375**
化工、木材、非金属加工专用设备制造	9207	7280	7487	1767	14583	28680	12330
纺织、服装和皮革加工专用设备制造	20162	222	3803	1870	12621	30007	15516

4－30 续表2

单位:万元

项　　目	销售费用	财务费用	#利息支出	主营业务税金及附加	利润总额	利税总额	本年应交增值税
农、林、牧、渔专用机械制造	8246	－411	974	272	8742	11148	2133
医疗仪器设备及器械制造	1014	855	840	280	1112	2786	1395
汽车制造业	**57648**	**15606**	**21641**	**14533**	**134808**	**207717**	**58374**
汽车整车制造	4640	2486	2232	7730	46710	63151	8710
汽车零部件及配件制造	53008	13120	19410	6803	88098	144566	49663
铁路船舶航空航天和其他运输设备制造业	**15551**	**9083**	**12363**	**5868**	**44917**	**81616**	**30832**
铁路运输设备制造	2794	－183	353	445	15004	19513	4063
船舶及相关装置制造	1164	919	1288	539	6770	14778	7469
摩托车制造	9765	7127	9421	4752	22826	45639	18062
自行车制造	1828	1220	1302	132	317	1686	1238
电气机械和器材制造业	**52859**	**7653**	**23424**	**6304**	**107776**	**160390**	**44820**
电机制造	14369	5583	9063	3645	60770	90415	26000
输配电及控制设备制造	12712	3838	4573	1211	－4209	5819	8816
家用电力器具制造	21955	－2566	7749	824	44100	51330	4916
非电力家用器具制造	3111	257	863	366	5483	9349	3500
照明器具制造	712	541	1177	258	1632	3477	1587
计算机、通信和其他电子设备制造业	**9374**	**4031**	**5720**	**1123**	**13409**	**16737**	**2198**
计算机制造	144	－18	4		－507	－507	
通信设备制造	1465	153	156	75	4178	4704	451
视听设备制造	4850	876	2477	784	14728	16218	707
电子器件制造	547	907	1434	140	－5620	－5016	464
电子元件制造	1665	1897	1410	19	380	409	10
其他电子设备制造	703	217	239	106	250	929	566
仪器仪表制造业	**21754**	**2627**	**5037**	**2634**	**36505**	**55656**	**16502**
通用仪器仪表制造	13603	699	2602	1543	23172	36276	11546
专用仪器仪表制造	1085	520	515	133	667	1514	714
光学仪器及眼镜制造	7066	1408	1919	958	12666	17867	4243
其他制造业	**28633**	**－851**	**5075**	**4212**	**61984**	**104576**	**38381**
日用杂品制造	28039	－804	4879	4138	61741	103674	37795
其他未列明制造业	594	－47	196	74	244	903	585
废弃资源综合利用业	**1834**	**16428**	**5642**	**382**	**－20090**	**－16692**	**3017**
金属废料和碎屑加工处理	1834	16428	5642	382	－20090	－16692	3017
电力、热力生产和供应业	**314**	**48536**	**48743**	**12653**	**232902**	**368082**	**122344**
电力生产		39134	39311	6723	217555	294196	69843
电力供应	314	9402	9432	5930	15347	73887	52502

4－31 大中型工业主要经济效益指标(一)

(2015年)

项　　目	企业亏损面(%)	资产负债率(%)	流动比率	存货周转次数(次)	产品销售率(%)
总　计	**8.02**	**47.64**	**1.21**	**4.97**	**93.17**
按轻重工业分					
轻工业	5.88	49.18	1.24	3.87	89.93
重工业	9.70	46.61	1.18	5.93	95.26
按大中型分					
大型企业	4.88	40.63	1.46	4.60	94.58
中型企业	8.36	52.97	1.06	5.21	92.39
按工业行业分					
农副食品加工业	25.00	67.02	0.84	3.56	89.87
食品制造业	42.86	74.84	0.93	1.43	80.44
酒、饮料和精制茶制造业		48.55	0.95	4.26	94.64
纺织业	11.11	59.53	1.04	4.31	92.37
皮革、毛皮、羽毛及其制品和制鞋业	3.13	66.64	1.11	10.26	94.10
木材加工和木、竹、藤、棕、草制品业		25.27	2.87	1.56	91.28
家具制造业		70.99	0.84	3.14	96.96
造纸和纸制品业		42.19	1.14	6.61	96.79
文教、工美、体育和娱乐用品制造业	6.25	63.41	0.93	5.87	95.79
化学原料和化学制品制造业		37.30	1.89	4.21	95.46
医药制造业		41.54	1.30	2.68	83.34
橡胶和塑料制品业		45.55	1.31	5.44	93.42
非金属矿物制品业		65.10	1.04	4.11	91.10
黑色金属冶炼和压延加工业		82.76	1.35	4.60	79.71
有色金属冶炼和压延加工业		63.29	0.66	10.91	95.15
金属制品业	18.75	52.16	1.23	4.92	90.55
通用设备制造业	8.20	42.65	1.23	3.53	95.43
专用设备制造业	16.00	58.93	1.06	3.55	97.44
汽车制造业	6.67	56.85	1.24	6.70	94.92
铁路船舶航空航天和其他运输设备制造业	10.00	44.55	1.40	4.31	92.02
电气机械和器材制造业	6.25	60.21	1.21	5.61	93.44
计算机、通信和其他电子设备制造业	33.33	20.22	2.29	4.87	95.32
仪器仪表制造业		36.25	1.88	4.01	95.56
其他制造业	20.00	47.59	1.27	4.66	90.05
废弃资源综合利用业	75.00	70.22	0.81	4.19	90.87
电力、热力生产和供应业	9.09	48.30	0.49	48.90	100.00

4－32　大中型工业主要经济效益指标(二)

(2015年)

项　　目	企业亏损率(%)	成本费用利润率(%)	百元销售收入实现利税(元)	百元固定资产原值实现利税(元)	出口交货值占工业销售产值(%)
总　计	**4.68**	**9.24**	**13.33**	**21.71**	**34.56**
按轻重工业分					
轻工业	0.72	10.14	14.47	30.42	51.69
重工业	7.25	8.70	12.65	18.13	24.17
按大中型分					
大型企业	4.63	10.76	14.55	27.52	37.08
中型企业	4.72	8.36	12.62	19.02	33.11
按工业行业分					
农副食品加工业	6.19	2.62	4.76	10.11	45.18
食品制造业	52.7	1.38	7.00	16.97	83.58
酒、饮料和精制茶制造业		8.73	21.28	23.53	
纺织业	1.08	5.76	9.34	25.04	49.09
皮革、毛皮、羽毛及其制品和制鞋业	1.87	3.78	7.42	52.00	69.82
木材加工和木、竹、藤、棕、草制品业		18.81	21.85	53.16	48.45
家具制造业		2.83	6.08	14.53	57.79
造纸和纸制品业		8.51	12.26	19.64	22.27
文教、工美、体育和娱乐用品制造业	0.16	4.50	10.53	33.26	82.65
化学原料和化学制品制造业		35.64	34.45	66.11	60.38
医药制造业		14.32	19.06	25.18	46.06
橡胶和塑料制品业		13.10	16.65	39.80	27.97
非金属矿物制品业		5.58	7.22	16.84	75.54
黑色金属冶炼和压延加工业		1.34	2.57	9.41	
有色金属冶炼和压延加工业		2.99	5.99	36.78	18.23
金属制品业	9.13	6.16	9.50	35.86	52.39
通用设备制造业	1.18	7.93	12.02	24.55	52.79
专用设备制造业	26.40	4.78	8.90	18.48	34.30
汽车制造业	1.24	8.99	13.13	32.68	24.58
铁路船舶航空航天和其他运输设备制造业	5.43	6.37	11.02	28.96	20.12
电气机械和器材制造业	9.34	9.01	12.37	36.04	38.84
计算机、通信和其他电子设备制造业	31.36	3.11	3.69	10.74	39.75
仪器仪表制造业		9.09	12.86	31.76	35.83
其他制造业	0.23	12.06	19.00	44.16	71.10
废弃资源综合利用业	555.04	－4.28	－3.65	－18.56	
电力、热力生产和供应业	2.18	11.19	15.59	9.30	

4－33 规模以上非国有工业主要财务指标(一)

(2015年)

单位:万元

项目	企业单位数(个)	工业总产值	工业销售产值	出口交货值	年末资产总计	从业人员年平均人数(人)
总计	**3621**	**34895359**	**32357178**	**10229234**	**38265303**	**590786**
按轻重工业分						
轻工业	1396	13095133	11933600	5156059	13678211	246078
重工业	2225	21800226	20423579	5073175	24587092	344708
按大中小微型分						
大型企业	37	5845670	5491571	2149426	8584589	75549
中型企业	368	9700274	8789009	3668605	11179422	177410
小型企业	3114	18822861	17567713	4291444	17852618	330271
微型企业	102	526554	508886	119759	648674	7556
按工业行业分						
有色金属矿采选业	**1**	**4692**	**2225**		**2467**	**78**
贵金属矿采选	1	4692	2225		2467	78
非金属矿采选业	**2**	**4270**	**4270**		**23736**	**19**
土砂石开采	2	4270	4270		23736	19
农副食品加工业	**68**	**518424**	**484748**	**69821**	**367971**	**8094**
饲料加工	1	10328	9553	7493	8554	210
植物油加工	1	13064	12919		27105	144
屠宰及肉类加工	1	51349	51349		7833	247
水产品加工	63	435609	403477	58607	314111	7226
蔬菜、水果和坚果加工	1	4758	4337	3721	6425	95
其他农副食品加工	1	3316	3114		3943	172
食品制造业	**20**	**199503**	**174775**	**89915**	**192330**	**4877**
焙烤食品制造	1	4071	4098		3052	74
糖果、巧克力及蜜饯制造	2	4771	4242		8219	161
罐头食品制造	11	107113	87800	67377	102263	4064
其他食品制造	6	83549	78635	22538	78797	578
酒、饮料和精制茶制造业	**6**	**132865**	**126429**	**143**	**156420**	**1521**
酒的制造	2	82043	80189		110895	871
饮料制造	3	47131	42550	143	39130	605
精制茶加工	1	3691	3691		6394	45

4-33 续表 1

单位:万元

项　　目	企业单位数(个)	工业总产值	工业销售产值	出口交货值	年末资产总计	从业人员年平均人数(人)
纺织业	**86**	**795583**	**741710**	**246325**	**687226**	**13455**
棉纺织及印染精加工	15	207688	181980	11832	186220	1856
毛纺织及染整精加工	3	26796	25015	5062	31351	643
化纤织造及印染精加工	15	118916	117028	7422	97113	1696
针织或钩针编织物及其制品制造	6	41924	40569	35	51070	610
家用纺织制成品制造	6	33525	33422	6579	24526	590
非家用纺织制成品制造	41	366734	343697	215394	296946	8060
纺织服装、服饰业	**21**	**67449**	**64314**	**32427**	**54295**	**2132**
机织服装制造	13	43591	41568	24666	30270	1230
针织或钩针编织服装制造	5	13581	13123	1505	19215	557
服饰制造	3	10277	9624	6256	4810	345
皮革、毛皮、羽毛及其制品和制鞋业	**216**	**1051218**	**997034**	**623009**	**591106**	**35247**
皮革鞣制加工	3	9386	8133		19907	132
皮革制品制造	7	25803	25438	24156	20280	803
制鞋业	206	1016029	963464	598853	550919	34312
木材加工和木、竹、藤、棕、草制品业	**15**	**92505**	**87246**	**18558**	**77907**	**1889**
人造板制造	4	34634	32959	6743	38002	482
木制品制造	6	28988	27904	6499	13544	735
竹、藤、棕、草等制品制造	5	28883	26383	5316	26361	672
家具制造业	**97**	**634846**	**601236**	**338588**	**560657**	**18632**
木质家具制造	52	238027	222185	111919	253279	8534
竹、藤家具制造	4	17277	17231	10195	12021	547
金属家具制造	27	257805	244001	142792	215616	7223
塑料家具制造	8	85227	82603	68150	55287	1307
其他家具制造	6	36510	35216	5531	24454	1021
造纸和纸制品业	**55**	**426376**	**398676**	**20728**	**445323**	**6690**
造纸	10	118173	103869	816	109748	1441
纸制品制造	45	308204	294806	19913	335575	5249
印刷和记录媒介复制业	**41**	**187294**	**181115**	**36050**	**189409**	**4385**
印刷	41	187294	181115	36050	189409	4385

4－33 续表2

单位:万元

项　　目	企业单位数(个)	工业总产值	工业销售产值	出口交货值	年末资产总计	从业人员年平均人数(人)
文教、工美、体育和娱乐用品制造业	**141**	**666901**	**636627**	**452059**	**444732**	**21985**
文教办公用品制造	2	6302	6075	4435	4726	199
工艺美术品制造	125	611346	582494	417860	410786	20324
体育用品制造	3	7913	7497	1898	7193	254
玩具制造	10	35545	34955	27704	15882	1085
游艺器材及娱乐用品制造	1	5796	5606	163	6144	123
石油加工、炼焦和核燃料加工业	**1**	**2004**	**2000**		**2462**	**18**
精炼石油产品制造	1	2004	2000		2462	18
化学原料和化学制品制造业	**72**	**1330842**	**1235970**	**370585**	**2042259**	**10671**
基础化学原料制造	13	285648	272502	120279	628365	2939
农药制造	3	83760	75753	20302	47984	784
涂料油墨颜料及类似产品制造	21	285192	280299	114178	623735	2510
合成材料制造	13	294396	267083	6302	286879	1401
专用化学产品制造	16	349108	308946	104972	419208	2410
炸药、火工及焰火产品制造	1	3526	3580		6282	88
日用化学产品制造	5	29214	27807	4552	29806	539
医药制造业	**73**	**2812416**	**2285397**	**1002182**	**3732751**	**28046**
化学药品原料药制造	54	2276968	1834279	907477	3062263	22252
化学药品制剂制造	2	135365	132848	7725	199185	1936
中药饮片加工	2	4743	4315		3517	53
中成药生产	4	157858	101801		242597	1020
兽用药品制造	1	5800	5350	911	7311	63
生物药品制造	10	231682	206804	86069	217878	2722
化学纤维制造业	**3**	**51751**	**46863**	**4047**	**65072**	**378**
合成纤维制造	3	51751	46863	4047	65072	378
橡胶和塑料制品业	**455**	**4010026**	**3674024**	**908228**	**3924001**	**64858**
橡胶制品业	88	721908	680872	137438	801113	12919
塑料制品业	367	3288118	2993152	770791	3122888	51939
非金属矿物制品业	**86**	**631637**	**617703**	**51108**	**648372**	**7843**
水泥、石灰和石膏制造	6	46680	43191		46717	333

4－33 续表3

单位:万元

项 目	企业单位数（个）	工业总产值	工业销售产值	出口交货值	年末资产总计	从业人员年平均人数（人）
石膏、水泥制品及类似制品制造	49	406298	405283	826	385535	4181
砖瓦、石材等建筑材料制造	12	51725	49033	1656	68864	770
玻璃制造	4	20287	19618	2099	20877	526
玻璃制品制造	6	61891	58691	38892	65219	923
玻璃纤维和玻璃纤维增强塑料制品制造	1	8675	8160		12760	222
陶瓷制品制造	7	33602	31254	7635	46384	871
石墨及其他非金属矿物制品制造	1	2480	2474		2016	17
黑色金属冶炼和压延加工业	**53**	**513683**	**477056**	**4505**	**360336**	**5133**
炼铁	2	9834	9554		7213	147
黑色金属铸造	28	125517	114114	2843	104134	2681
钢压延加工	23	378333	353389	1662	248989	2305
有色金属冶炼和压延加工业	**85**	**1404377**	**1345521**	**99291**	**868022**	**6094**
常用有色金属冶炼	5	80362	79808		21197	235
贵金属冶炼	2	11838	11687		12287	119
有色金属合金制造	5	32792	32321	836	31812	516
有色金属铸造	4	34632	33515		29584	624
有色金属压延加工	69	1244754	1188190	98455	773141	4600
金属制品业	**194**	**1563173**	**1443862**	**499193**	**1522996**	**27427**
结构性金属制品制造	4	31633	30156	6038	26544	338
金属工具制造	20	75775	70846	6335	61189	1866
集装箱及金属包装容器制造	7	21297	20017	708	30383	571
金属丝绳及其制品制造	10	61726	60985	2896	30527	600
建筑、安全用金属制品制造	76	559525	520718	214079	398584	10472
金属表面处理及热处理加工	26	113071	105296	796	98470	3530
搪瓷制品制造	3	8623	8187	2225	11419	196
金属制日用品制造	21	480219	433841	241796	615142	6599
其他金属制品制造	27	211305	193818	24321	250739	3255
通用设备制造业	**593**	**4585370**	**4335587**	**2058436**	**5202301**	**95658**
锅炉及原动设备制造	6	25968	24071	7465	41159	818
金属加工机械制造	39	230435	218595	82208	288331	6343

4－33 续表4

单位:万元

项　　目	企业单位数(个)	工业总产值	工业销售产值	出口交货值	年末资产总计	从业人员年平均人数(人)
物料搬运设备制造	12	203809	196632	58498	311751	3506
泵、阀门、压缩机及类似机械制造	400	3043194	2874386	1640927	3015224	60586
轴承、齿轮和传动部件制造	65	529141	496767	82785	879098	11991
烘炉、风机、衡器、包装等设备制造	43	384791	367429	146604	465520	9013
文化、办公用机械制造	3	33496	29614	5755	43339	728
通用零部件制造	24	130215	124325	33373	155202	2558
其他通用设备制造业	1	4321	3768	822	2679	115
专用设备制造业	**213**	**1825418**	**1732622**	**531543**	**2129839**	**36348**
采矿、冶金、建筑专用设备制造	13	69863	64199	5743	57573	1480
化工、木材、非金属加工专用设备制造	88	653250	623696	145853	896621	13042
食品、饮料、烟草及饲料生产专用设备制造	6	14618	13529	918	18367	407
印刷制药日化及日用品生产专用设备制造	2	5282	5227		7428	183
纺织、服装和皮革加工专用设备制造	44	616429	593609	200295	691086	11607
农、林、牧、渔专用机械制造	37	341909	324169	175350	314034	6237
医疗仪器设备及器械制造	10	70099	59571	905	71186	2223
环保社会公共服务及其他专用设备制造	13	53968	48621	2478	73543	1169
汽车制造业	**327**	**3320968**	**3126800**	**657054**	**4250673**	**61019**
汽车整车制造	6	488918	466578	20992	944026	3146
汽车零部件及配件制造	321	2832050	2660222	636062	3306647	57873
铁路船舶航空航天和其他运输设备制造业	**155**	**1608904**	**1491539**	**164524**	**1826987**	**23504**
铁路运输设备制造	5	108979	103831	907	232739	1335
船舶及相关装置制造	32	461451	405872	9161	613862	4294
航空、航天器及设备制造	3	13782	13312		19021	249
摩托车制造	81	684839	644584	142624	714223	13212
自行车制造	32	329855	314382	11833	241493	4233
非公路休闲车及零配件制造	2	10000	9557		5649	181
电气机械和器材制造业	**339**	**3202774**	**3023674**	**976612**	**3850969**	**51336**
电机制造	105	1145328	1065839	339270	1347774	20156
输配电及控制设备制造	58	556640	523414	99128	720626	8602
电线、电缆、光缆及电工器材制造	51	527866	513161	4862	504905	3385

4－33 续表5

单位:万元

项　　目	企业单位数（个）	工业总产值	工业销售产值	出口交货值	年末资产总计	从业人员年平均人数（人）
电池制造	1	30088	28545	11025	33552	290
家用电力器具制造	26	376522	359845	198263	696864	8128
非电力家用器具制造	8	80504	75108	53560	82788	1954
照明器具制造	83	463576	436061	270039	428880	8192
其他电气机械及器材制造	7	22251	21702	465	35581	629
计算机、通信和其他电子设备制造业	**38**	**635312**	**601591**	**220595**	**1173353**	**7990**
计算机制造	2	14980	14754	13850	11771	688
通信设备制造	2	35310	32848	13048	25138	525
广播电视设备制造	2	8984	7520	562	16308	139
视听设备制造	1	343524	336186	159787	263485	1833
电子器件制造	4	49978	42797	6744	380727	1294
电子元件制造	20	142676	133180	17088	424503	2612
其他电子设备制造	7	39862	34306	9516	51422	899
仪器仪表制造业	**79**	**841586**	**783056**	**276321**	**1070925**	**18608**
通用仪器仪表制造	50	588732	548711	223438	614215	11495
专用仪器仪表制造	4	37047	29420	6102	25650	822
光学仪器及眼镜制造	23	210473	199878	45274	427586	6144
其他仪器仪表制造业	2	5334	5048	1507	3474	147
其他制造业	**30**	**788239**	**715794**	**476469**	**936428**	**17262**
日用杂品制造	29	770431	700587	461261	922545	16762
其他未列明制造业	1	17808	15208	15208	13883	500
废弃资源综合利用业	**40**	**886058**	**820714**		**619391**	**8548**
金属废料和碎屑加工处理	34	863235	803570		575466	8134
非金属废料和碎屑加工处理	6	22823	17144		43925	414
金属制品、机械和设备修理业	**1**	**2780**	**2780**	**920**	**5887**	**37**
铁路、船舶、航空航天等运输设备修理	1	2780	2780	920	5887	37
电力、热力生产和供应业	**9**	**57829**	**56082**		**192005**	**644**
电力生产	5	29524	27907		154855	323
热力生产和供应	4	28305	28175		37150	321
燃气生产和供应业	**5**	**35713**	**35713**		**45620**	**341**
水的生产和供应业	**1**	**2572**	**2427**		**1079**	**19**
自来水生产和供应	1	2572	2427		1079	19

4－34 规模以上非国有工业主要财务指标(二)

(2015年)

单位:万元

项目	流动资产合计	存货	固定资产合计	固定资产原价	固定资产净值	年末负债合计
总计	**22315919**	**4978866**	**8126475**	**12341812**	**7410865**	**21843224**
按轻重工业分						
轻工业	8209937	1890974	2995428	4582788	2736286	7938991
重工业	14105982	3087892	5131047	7759024	4674579	13904233
按大中小微型分						
大型企业	4668208	915764	1391999	2016500	1229773	3559810
中型企业	6297820	1620448	2561107	3783800	2229248	5997212
小型企业	10980372	2381040	4108339	6445861	3891412	11850926
微型企业	369520	61615	65030	95652	60432	435277
按工业行业分						
有色金属矿采选业	**953**	**266**	**234**	**713**	**234**	**302**
贵金属矿采选	953	266	234	713	234	302
非金属矿采选业	**4667**	**1516**	**643**	**693**	**597**	**22169**
土砂石开采	4667	1516	643	693	597	22169
农副食品加工业	**203059**	**65577**	**112203**	**142305**	**102529**	**221017**
饲料加工	5681	1153	1333	2409	988	6857
植物油加工	7060	2853	9382	11092	9382	12087
屠宰及肉类加工	3120	19	2528	2528	1827	4307
水产品加工	182950	59157	93968	120561	86287	190201
蔬菜、水果和坚果加工	3404	2098	2272	2786	2272	4889
其他农副食品加工	844	298	2719	2928	1774	2677
食品制造业	**122023**	**64306**	**42131**	**64827**	**38474**	**122721**
焙烤食品制造	1339	412	1713	2695	1713	1344
糖果、巧克力及蜜饯制造	2958	1382	3870	5501	3870	4978
罐头食品制造	71085	44497	23429	36964	21266	72010
其他食品制造	46641	18015	13118	19666	11624	44390
酒、饮料和精制茶制造业	**56775**	**30996**	**84972**	**139072**	**80720**	**93648**
酒的制造	28261	22551	75352	124643	72568	67676
饮料制造	23866	8419	8092	12424	6624	24796
精制茶加工	4649	26	1529	2005	1529	1177

4－34 续表 1

单位:万元

项　　目	流动资产合计	存货	固定资产合计	固定资产原价	固定资产净值	年末负债合计
纺 织 业	**434412**	**99834**	**147129**	**237233**	**138344**	**436235**
棉纺织及印染精加工	117892	30711	45520	68275	44472	109388
毛纺织及染整精加工	17020	3101	9233	17593	8085	23847
化纤织造及印染精加工	68706	17357	21475	35021	17391	65073
针织或钩针编织物及其制品制造	23264	4384	6756	12666	6756	28482
家用纺织制成品制造	16100	3779	3216	5081	3216	16650
非家用纺织制成品制造	191431	40501	60929	98597	58424	192796
纺织服装、服饰业	**34423**	**7773**	**17103**	**27363**	**16258**	**35610**
机织服装制造	23492	4652	5313	8663	5230	17426
针织或钩针编织服装制造	7810	2234	10531	15794	9770	14143
服饰制造	3121	887	1259	2906	1259	4041
皮革、毛皮、羽毛及其制品和制鞋业	**425043**	**81625**	**96678**	**164320**	**92312**	**432749**
皮革鞣制加工	10192	6949	9188	12836	7337	20949
皮革制品制造	13921	2769	4430	8968	4430	14072
制鞋业	400931	71907	83061	142516	80546	397729
木材加工和木、竹、藤、棕、草制品业	**55116**	**13479**	**13871**	**22602**	**13848**	**51103**
人造板制造	28429	4430	2627	7457	2627	24846
木制品制造	8849	2049	3220	4917	3197	10996
竹、藤、棕、草等制品制造	17838	7000	8024	10229	8024	15261
家具制造业	**330133**	**126997**	**149374**	**227797**	**144740**	**396888**
木质家具制造	135103	55852	73250	110668	69098	190258
竹、藤家具制造	10120	1943	659	1244	615	10187
金属家具制造	146255	53614	43051	69289	42618	149631
塑料家具制造	20879	8304	27696	39751	27694	24739
其他家具制造	17776	7284	4719	6845	4717	22073
造纸和纸制品业	**253319**	**33604**	**114500**	**174918**	**108442**	**283976**
造纸	47345	6965	42943	56409	40676	78861
纸制品制造	205974	26639	71557	118509	67766	205115
印刷和记录媒介复制业	**121967**	**18268**	**50003**	**95443**	**49689**	**129549**
印刷	121967	18268	50003	95443	49689	129549

4－34 续表2

单位:万元

项目	流动资产合计	存货	固定资产合计	固定资产原价	固定资产净值	年末负债合计
文教、工美、体育和娱乐用品制造业	**274357**	**64231**	**119438**	**179402**	**105115**	**299015**
文教办公用品制造	2674	208	1707	2998	1603	3629
工艺美术品制造	254936	59886	110910	165306	97268	275731
体育用品制造	3935	2049	1619	2766	1619	5095
玩具制造	10083	1428	5086	8126	4508	9631
游艺器材及娱乐用品制造	2730	660	116	205	116	4930
石油加工、炼焦和核燃料加工业	**2278**	**442**	**96**	**308**	**96**	**1537**
精炼石油产品制造	2278	442	96	308	96	1537
化学原料和化学制品制造业	**1200286**	**167096**	**378030**	**467707**	**306956**	**956372**
基础化学原料制造	344289	32875	78177	130506	78177	226286
农药制造	27554	5237	17624	16551	5520	19978
涂料油墨颜料及类似产品制造	452138	57977	81928	111715	73933	299615
合成材料制造	148269	38124	39810	56452	39810	237344
专用化学产品制造	205267	27840	153166	137569	102192	159517
炸药、火工及焰火产品制造	1475	383	3156	4820	3156	3559
日用化学产品制造	21295	4661	4169	10094	4169	10072
医药制造业	**1931048**	**537438**	**925689**	**1349365**	**812348**	**1684186**
化学药品原料药制造	1495207	464244	803433	1151211	703625	1347710
化学药品制剂制造	117887	10619	34143	72610	34133	140596
中药饮片加工	2751	495	365	375	238	2938
中成药生产	170052	24144	45363	52825	33294	60761
兽用药品制造	6438	578	823	2304	823	1078
生物药品制造	138714	37357	41563	70039	40235	131104
化学纤维制造业	**41556**	**10553**	**19244**	**27632**	**19244**	**46738**
合成纤维制造	41556	10553	19244	27632	19244	46738
橡胶和塑料制品业	**2286787**	**478122**	**944947**	**1436668**	**870432**	**2218912**
橡胶制品业	527909	104504	186276	285060	179514	434567
塑料制品业	1758878	373618	758671	1151608	690918	1784344
非金属矿物制品业	**424290**	**106426**	**157821**	**274383**	**149372**	**454987**
水泥、石灰和石膏制造	28439	2842	13329	22845	12437	29377

4－34 续表3

单位:万元

项目	流动资产合计	存货	固定资产合计	固定资产原价	固定资产净值	年末负债合计
石膏、水泥制品及类似制品制造	270736	69667	84581	154234	78506	282020
砖瓦、石材等建筑材料制造	32445	6279	25922	39435	25922	44425
玻璃制造	12752	3812	6694	12487	6276	17094
玻璃制品制造	43799	10641	13732	25163	13049	33327
玻璃纤维和玻璃纤维增强塑料制品制造	6559	1558	4430	5921	4430	11915
陶瓷制品制造	27786	11448	9000	13906	8620	35595
石墨及其他非金属矿物制品制造	1773	180	134	392	134	1236
黑色金属冶炼和压延加工业	**227916**	**49722**	**88111**	**133199**	**85872**	**268146**
炼铁	2883	315	678	1577	678	4520
黑色金属铸造	63162	11197	29507	45834	27328	76046
钢压延加工	161871	38211	57926	85788	57866	187580
有色金属冶炼和压延加工业	**504673**	**114428**	**132225**	**210637**	**127150**	**589159**
常用有色金属冶炼	14619	5194	4786	6606	4394	15241
贵金属冶炼	10643	3649	1008	1591	1008	7728
有色金属合金制造	20167	5102	10455	14333	10283	30165
有色金属铸造	15783	3951	10037	21376	9989	24779
有色金属压延加工	443461	96531	105939	166731	101476	511246
金属制品业	**942589**	**204368**	**282588**	**450009**	**263294**	**897529**
结构性金属制品制造	17896	4736	5526	5856	4302	16195
金属工具制造	33257	9161	22470	34230	22346	47189
集装箱及金属包装容器制造	24370	3625	4453	10003	4452	19781
金属丝绳及其制品制造	21725	5191	7319	13088	7008	24631
建筑、安全用金属制品制造	270868	86334	92528	126812	82423	248079
金属表面处理及热处理加工	49033	7181	42722	63706	38219	71121
搪瓷制品制造	5910	2019	4288	4724	3519	8361
金属制日用品制造	356373	59855	47375	88683	45182	292366
其他金属制品制造	163158	26268	55907	102909	55842	169806
通用设备制造业	**2895160**	**773387**	**1171405**	**1769849**	**1040705**	**2792144**
锅炉及原动设备制造	24752	4528	11780	19149	11780	26499
金属加工机械制造	188693	62144	73316	121814	67994	202313

4－34 续表4

单位:万元

项目	流动资产合计	存货	固定资产合计	固定资产原价	固定资产净值	年末负债合计
物料搬运设备制造	162020	33725	73282	121751	73106	189571
泵、阀门、压缩机及类似机械制造	1640065	450100	540894	891855	509531	1557489
轴承、齿轮和传动部件制造	515287	129721	301237	362083	218071	430127
烘炉、风机、衡器、包装等设备制造	240210	69763	112328	169441	102480	256695
文化、办公用机械制造	33685	8610	5213	12738	5213	29360
通用零部件制造	88766	14437	52484	69546	51657	98453
其他通用设备制造业	1683	359	874	1473	874	1638
专用设备制造业	**1293268**	**329984**	**519696**	**842790**	**465702**	**1323758**
采矿、冶金、建筑专用设备制造	40452	11264	14583	23058	13216	30659
化工、木材、非金属加工专用设备制造	523209	119453	223034	412420	211021	581233
食品、饮料、烟草及饲料生产专用设备制造	7580	2716	5121	9552	5118	10143
印刷制药日化及日用品生产专用设备制造	5550	1205	1762	3223	1762	4074
纺织、服装和皮革加工专用设备制造	440806	133809	160338	233780	136237	418999
农、林、牧、渔专用机械制造	191432	45771	68687	98785	62717	190853
医疗仪器设备及器械制造	46345	8535	17131	30878	14770	48043
环保社会公共服务及其他专用设备制造	37894	7231	29041	31095	20862	39755
汽车制造业	**2312674**	**355383**	**797323**	**1282401**	**756640**	**2635436**
汽车整车制造	505685	29309	78024	141783	77871	576149
汽车零部件及配件制造	1806989	326074	719299	1140618	678769	2059288
铁路船舶航空航天和其他运输设备制造业	**1225030**	**309676**	**338904**	**538736**	**317627**	**1173690**
铁路运输设备制造	132204	15681	31812	41927	24674	47806
船舶及相关装置制造	443950	167547	117723	184970	111651	403535
航空、航天器及设备制造	12484	679	2204	4592	2204	13035
摩托车制造	479076	87900	149229	254151	142328	514299
自行车制造	153116	36725	36487	51240	35320	190630
非公路休闲车及零配件制造	4199	1144	1450	1857	1450	4385
电气机械和器材制造业	**2578073**	**427535**	**657150**	**1002281**	**612424**	**2441187**
电机制造	853959	162814	273508	395136	251111	748927
输配电及控制设备制造	498082	84708	128282	199711	119231	473096
电线、电缆、光缆及电工器材制造	371383	48054	49454	79822	46951	296545

4－34 续表 5

单位:万元

项　　目	流动资产合计	存货	固定资产合计	固定资产原价	固定资产净值	年末负债合计
电池制造	15039	6978	5282	9828	5282	22255
家用电力器具制造	501710	56075	83753	122792	74755	508488
非电力家用器具制造	52997	13456	19615	33491	19566	41937
照明器具制造	263930	50095	87596	148635	85869	328035
其他电气机械及器材制造	20974	5355	9659	12867	9659	21905
计算机、通信和其他电子设备制造业	**555449**	**104071**	**157350**	**223036**	**146911**	**322160**
计算机制造	10224	3557	1538	1881	1538	6166
通信设备制造	18606	8367	2253	3954	2253	10205
广播电视设备制造	9001	3968	3747	4366	3564	13537
视听设备制造	218007	45874	15825	21406	15825	125821
电子器件制造	54625	12192	20455	26245	10455	48970
电子元件制造	219193	22938	98648	143243	98491	83038
其他电子设备制造	25793	7176	14884	21942	14784	34422
仪器仪表制造业	**632444**	**146354**	**178161**	**310687**	**172623**	**469693**
通用仪器仪表制造	383762	103623	94756	169588	90313	325413
专用仪器仪表制造	15028	2919	6126	13870	5739	12549
光学仪器及眼镜制造	231337	39065	76503	125876	75795	129204
其他仪器仪表制造业	2317	747	776	1353	776	2529
其他制造业	**562649**	**107579**	**190147**	**254469**	**154105**	**465128**
日用杂品制造	554090	103070	185461	249028	150693	452652
其他未列明制造业	8559	4509	4686	5441	3412	12476
废弃资源综合利用业	**341635**	**144689**	**142846**	**152137**	**122492**	**448026**
金属废料和碎屑加工处理	327845	143449	122532	120782	102178	416678
非金属废料和碎屑加工处理	13790	1240	20314	31355	20314	31348
金属制品、机械和设备修理业	**1599**	**183**	**4288**	**6220**	**4288**	**2891**
铁路、船舶、航空航天等运输设备修理	1599	183	4288	6220	4288	2891
电力、热力生产和供应业	**25709**	**664**	**72527**	**101370**	**71993**	**100617**
电力生产	15239	332	50168	60733	50168	82229
热力生产和供应	10470	332	22359	40636	21825	18388
燃气生产和供应业	**14075**	**2300**	**19242**	**30116**	**18882**	**24800**
水的生产和供应业	**485**		**409**	**1126**	**409**	**1146**
自来水生产和供应	485		409	1126	409	1146

4-35 规模以上非国有工业主要财务指标(三)

(2015年)

单位:万元

项目	流动负债	非流动负债	年末所有者权益合计	实收资本	主营业务收入	主营业务成本
总计	**20066205**	**1320778**	**16368579**	**7209272**	**31571076**	**26367063**
按轻重工业分						
轻工业	7494602	317311	5723960	2606923	11721422	9574538
重工业	12571602	1003467	10644619	4602349	19849654	16792525
按大中小微型分						
大型企业	3087264	430031	5024779	1866384	5385147	4333140
中型企业	5583259	374596	5182208	1893536	8473399	6797033
小型企业	11152830	512047	6001398	3346671	17242641	14810185
微型企业	242851	4104	160194	102680	469889	426705
按工业行业分						
有色金属矿采选业	**302**		**2165**	**800**	**2225**	**1009**
贵金属矿采选	302		2165	800	2225	1009
非金属矿采选业	**20694**	**1475**	**1566**	**1100**	**4270**	**3927**
土砂石开采	20694	1475	1566	1100	4270	3927
农副食品加工业	**189390**	**20535**	**146954**	**84341**	**481326**	**432373**
饲料加工	6857		1697	1697	9553	8584
植物油加工	6305	5782	15018	4500	12919	7601
屠宰及肉类加工	4307		3526	2000	51383	49517
水产品加工	165010	14098	123910	73140	400021	360605
蔬菜、水果和坚果加工	4466	424	1536	1500	4337	3662
其他农副食品加工	2446	231	1266	1505	3114	2405
食品制造业	**122322**	**380**	**69609**	**27938**	**168345**	**139074**
焙烤食品制造	1344		1708	508	4105	3306
糖果、巧克力及蜜饯制造	4978		3241	1003	3725	3188
罐头食品制造	71611	380	30253	15629	85443	72360
其他食品制造	44390		34407	10798	75072	60220
酒、饮料和精制茶制造业	**88832**	**4420**	**62772**	**50786**	**124132**	**96511**
酒的制造	63300	4375	43220	38818	80189	60007
饮料制造	24355	45	14335	6808	40284	33392
精制茶加工	1177		5217	5160	3660	3112

4－35 续表 1

单位:万元

项　　目	流动负债	非流动负债	年末所有者权益合计	实收资本	主营业务收入	主营业务成本
纺 织 业	**394114**	**5603**	**240471**	**118351**	**698605**	**605407**
棉纺织及印染精加工	108977	410	76832	24968	173575	159811
毛纺织及染整精加工	22803	1043	7504	5814	24731	21006
化纤织造及印染精加工	65068		32041	19962	117017	103156
针织或钩针编织物及其制品制造	28482		22588	14560	40464	32998
家用纺织制成品制造	9721		2454	1290	33132	28790
非家用纺织制成品制造	159064	4150	99053	51758	309687	259646
纺织服装、服饰业	**35610**		**18684**	**14063**	**63696**	**55887**
机织服装制造	17426		12844	8547	40951	36133
针织或钩针编织服装制造	14143		5072	4788	13133	11444
服饰制造	4041		769	728	9612	8310
皮革、毛皮、羽毛及其制品和制鞋业	**424996**	**3538**	**158356**	**90504**	**992679**	**873076**
皮革鞣制加工	20949		－1042	5719	8133	6245
皮革制品制造	13962	110	6208	2935	25418	22057
制鞋业	390086	3428	153189	81850	959129	844774
木材加工和木、竹、藤、棕、草制品业	**50708**	**121**	**26804**	**12422**	**82895**	**73094**
人造板制造	24451	121	13156	8581	29133	26771
木制品制造	10996		2548	2231	27435	24677
竹、藤、棕、草等制品制造	15261		11100	1610	26328	21646
家具制造业	**394869**	**633**	**163768**	**85358**	**577656**	**486088**
木质家具制造	189107	633	63020	39335	218542	178646
竹、藤家具制造	9340		1834	616	14404	12348
金属家具制造	149611		65984	27737	235743	205703
塑料家具制造	24739		30548	14700	78756	62994
其他家具制造	22073		2381	2970	30211	26397
造纸和纸制品业	**271114**	**12408**	**161346**	**81729**	**381042**	**331460**
造纸	74684	4178	30887	21568	101108	87504
纸制品制造	196430	8230	130460	60161	279934	243955
印刷和记录媒介复制业	**121053**	**4974**	**59860**	**33188**	**179995**	**158229**
印刷	121053	4974	59860	33188	179995	158229

4－35 续表2

单位:万元

项　　目	流　动 负　债	非流动 负　债	年末所 有者权 益合计	实　收 资　本	主　营 业　务 收　入	主　营 业　务 成　本
文教、工美、体育和娱乐用品制造业	**289588**	**1417**	**145693**	**71024**	**624516**	**514822**
文教办公用品制造	3629		1098	1508	6075	5255
工艺美术品制造	266307	1414	135031	64950	570460	468766
体育用品制造	5092	3	2099	1464	7476	6185
玩具制造	9631		6251	2602	34900	30069
游艺器材及娱乐用品制造	4930		1215	500	5606	4547
石油加工、炼焦和核燃料加工业	**1537**		**926**	**1000**	**2000**	**1769**
精炼石油产品制造	1537		926	1000	2000	1769
化学原料和化学制品制造业	**812054**	**129642**	**1084093**	**551509**	**1227223**	**923241**
基础化学原料制造	149956	70653	400285	340698	267035	203247
农药制造	17547	1131	28006	8400	67586	51800
涂料油墨颜料及类似产品制造	294626	4479	324120	69538	310232	198424
合成材料制造	198128	38197	49534	39027	245801	220486
专用化学产品制造	138219	15128	259692	89109	303764	228617
炸药、火工及焰火产品制造	3505	54	2723	1000	3394	1857
日用化学产品制造	10072		19734	3736	29411	18811
医药制造业	**1528254**	**126425**	**2046508**	**848885**	**2218058**	**1580223**
化学药品原料药制造	1212211	106166	1712497	767795	1775760	1279004
化学药品制剂制造	131492	9104	58589	13180	130079	98055
中药饮片加工	2938		579	640	4289	4018
中成药生产	53414	7347	181836	39506	103828	37283
兽用药品制造	1078		6233	100	5350	3831
生物药品制造	127121	3809	86775	27664	198752	158033
化学纤维制造业	**46738**		**18333**	**3616**	**47121**	**43459**
合成纤维制造	46738		18333	3616	47121	43459
橡胶和塑料制品业	**2103471**	**39557**	**1703672**	**743866**	**3612653**	**2993364**
橡胶制品业	418890	14496	366546	143864	675966	552356
塑料制品业	1684581	25061	1337126	600002	2936687	2441008
非金属矿物制品业	**444750**	**3901**	**193384**	**151704**	**604097**	**511121**
水泥、石灰和石膏制造	28857	520	17340	11986	47189	40686

4－35 续表3

单位：万元

项　　目	流动 非流动	非流动 负债	年末所有者权益合计	实收资本	主营业务收入	主营业务成本
石膏、水泥制品及类似制品制造	275511	172	103516	85078	389519	334681
砖瓦、石材等建筑材料制造	43073	1351	24439	19081	47402	37906
玻璃制造	17088	5	3783	4560	19611	17500
玻璃制品制造	33319	8	31892	17633	58624	46861
玻璃纤维和玻璃纤维增强塑料制品制造	11864	52	845	2000	8160	5911
陶瓷制品制造	33802	1793	10790	11208	31119	25530
石墨及其他非金属矿物制品制造	1236		780	158	2474	2046
黑色金属冶炼和压延加工业	**216522**	**16392**	**90118**	**52958**	**474355**	**441824**
炼铁	4520		2692	400	9388	8841
黑色金属铸造	74957	1078	28087	17049	111808	98004
钢压延加工	137044	15314	59339	35509	353159	334979
有色金属冶炼和压延加工业	**563086**	**20215**	**278579**	**115958**	**1316074**	**1275095**
常用有色金属冶炼	15241		5956	5628	77036	74588
贵金属冶炼	7728		4559	5800	15986	14893
有色金属合金制造	30165		1647	5231	32322	29788
有色金属铸造	24339	440	4805	3414	32894	29629
有色金属压延加工	485612	19774	261613	95885	1157837	1126197
金属制品业	**840939**	**42501**	**606212**	**314051**	**1387923**	**1164234**
结构性金属制品制造	15692		10349	10620	31053	27337
金属工具制造	47134		13999	7586	68523	59044
集装箱及金属包装容器制造	19612	170	10602	3766	19507	16639
金属丝绳及其制品制造	23322	1308	5897	5582	60968	57279
建筑、安全用金属制品制造	234488	1387	131251	114137	502182	443809
金属表面处理及热处理加工	66237	4884	27348	12706	103640	88885
搪瓷制品制造	8361		3058	1200	8186	6780
金属制日用品制造	257968	34144	322776	101320	409572	306292
其他金属制品制造	168126	608	80932	57134	184294	158170
通用设备制造业	**2636876**	**114833**	**2410156**	**894227**	**4241508**	**3544347**
锅炉及原动设备制造	26499		14661	11621	24082	20649
金属加工机械制造	191451	408	86018	51627	216161	181635

4－35 续表4

单位:万元

项　　目	流动负债	非流动负债	年末所有者权益合计	实收资本	主营业务收入	主营业务成本
物料搬运设备制造	188434	1137	122180	46628	194856	172659
泵、阀门、压缩机及类似机械制造	1448077	80149	1457734	526486	2807732	2353240
轴承、齿轮和传动部件制造	410645	18832	448970	106010	480842	382761
烘炉、风机、衡器、包装等设备制造	248615	8080	208824	120245	365439	305530
文化、办公用机械制造	29176	184	13979	6344	29562	25366
通用零部件制造	92346	6040	56749	25017	119514	99993
其他通用设备制造业	1634	4	1041	249	3320	2516
专用设备制造业	**1273606**	**37161**	**806080**	**370528**	**1702263**	**1386784**
采矿、冶金、建筑专用设备制造	30658	1	26914	10149	64202	51944
化工、木材、非金属加工专用设备制造	566052	12896	315388	152035	606692	480016
食品、饮料、烟草及饲料生产专用设备制造	6326	355	8225	2778	13677	10381
印刷制药日化及日用品生产专用设备制造	4074		3354	1298	5227	4092
纺织、服装和皮革加工专用设备制造	392826	19181	272087	110511	582106	488553
农、林、牧、渔专用机械制造	187608	3245	123181	54059	321130	269205
医疗仪器设备及器械制造	47396	646	23143	11982	61483	45566
环保社会公共服务及其他专用设备制造	38667	836	33788	27717	47746	37028
汽车制造业	**2127241**	**491291**	**1614236**	**556343**	**2988952**	**2455991**
汽车整车制造	401475	171026	367877	108347	373919	333601
汽车零部件及配件制造	1725766	320265	1246359	447997	2615033	2122390
铁路船舶航空航天和其他运输设备制造业	**1095142**	**21207**	**648837**	**342612**	**1360520**	**1163504**
铁路运输设备制造	44425	3381	184933	54587	102358	51401
船舶及相关装置制造	350377	5380	208520	133990	343938	312681
航空、航天器及设备制造	10389	2646	5985	4480	13297	11201
摩托车制造	495236	9499	197271	109179	608586	528334
自行车制造	190329	300	50864	39676	282656	251430
非公路休闲车及零配件制造	4385		1265	700	9685	8458
电气机械和器材制造业	**2286762**	**105129**	**1402556**	**736189**	**3081087**	**2601691**
电机制造	688309	30967	598847	200411	1046180	859929
输配电及控制设备制造	457738	12745	244482	152332	503199	417682
电线、电缆、光缆及电工器材制造	282842	11	204182	163404	500057	451213

4－35 续表 5

单位:万元

项目	流动负债	非流动负债	年末所有者权益合计	实收资本	主营业务收入	主营业务成本
电池制造	21918	337	11297	9072	19490	15895
家用电力器具制造	449058	58214	188376	97011	483600	396039
非电力家用器具制造	40650	1288	40850	10889	73084	57427
照明器具制造	324342	1568	100845	94434	433858	386131
其他电气机械及器材制造	21905		13676	8637	21619	17376
计算机、通信和其他电子设备制造业	**302132**	**8275**	**849586**	**167438**	**587610**	**510659**
计算机制造	2084		5605	6006	14754	13412
通信设备制造	10205		14933	5788	26921	18425
广播电视设备制造	12924	614	2771	620	7677	6754
视听设备制造	125821		137664	20010	336156	308590
电子器件制造	45104	3865	331757	39229	41578	35278
电子元件制造	81242	1796	341465	84526	127623	100973
其他电子设备制造	24753	2000	15392	11260	32900	27227
仪器仪表制造业	**426854**	**27467**	**599455**	**197228**	**772326**	**614560**
通用仪器仪表制造	299096	11622	287027	126095	537010	429649
专用仪器仪表制造	12538	10	13101	6188	29446	23384
光学仪器及眼镜制造	112691	15835	298382	64645	200862	157245
其他仪器仪表制造业	2529		945	300	5009	4283
其他制造业	**462540**	**2579**	**471300**	**285763**	**646651**	**530685**
日用杂品制造	450064	2579	469893	284763	631444	517481
其他未列明制造业	12476		1407	1000	15208	13204
废弃资源综合利用业	**427641**	**15714**	**171364**	**145719**	**821582**	**785603**
金属废料和碎屑加工处理	403290	8717	158787	132171	801188	770168
非金属废料和碎屑加工处理	24351	6997	12577	13548	20394	15434
金属制品、机械和设备修理业	**2891**		**2995**	**3000**	**2717**	**2052**
铁路、船舶、航空航天等运输设备修理	2891		2995	3000	2717	2052
电力、热力生产和供应业	**39869**	**60748**	**91388**	**46400**	**61691**	**40465**
电力生产	24637	57592	72626	43400	29484	14729
热力生产和供应	15232	3156	18762	3000	32208	25735
燃气生产和供应业	**22562**	**2239**	**20820**	**8589**	**30710**	**22984**
水的生产和供应业	**1146**		**－67**	**87**	**2572**	**2452**
自来水生产和供应	1146		－67	87	2572	2452

4－36 规模以上非国有工业主要财务指标(四)

(2015年)

单位:万元

项目	销售费用	财务费用	#利息支出	主营业务税金及附加	利润总额	利税总额	本年应交增值税
总计	**959645**	**440096**	**570013**	**185595**	**1812035**	**3077044**	**1073272**
按轻重工业分							
轻工业	414310	146051	218210	78969	790562	1308779	436984
重工业	545334	294045	351803	106626	1021472	1768265	636288
按大中小微型分							
大型企业	213430	23619	57266	31410	549205	793896	211793
中型企业	290894	113599	168673	55358	619454	1014121	339012
小型企业	449862	294213	332985	96417	636705	1248569	512301
微型企业	5458	8665	11090	2410	6671	20458	10167
按工业行业分							
有色金属矿采选业	**19**	**0.1**	**0.1**	**78**	**744**	**1129**	**307**
贵金属矿采选	19	0.1	0.1	78	744	1129	307
非金属矿采选业		**99**	**99**	**14**	**103**	**239**	**122**
土砂石开采		99	99	14	103	239	122
农副食品加工业	**6295**	**8543**	**8539**	**1204**	**19892**	**27254**	**6147**
饲料加工	269	176	361	13	157	407	237
植物油加工	945	386	382	65	1891	2440	484
屠宰及肉类加工	789	146	193		239	239	
水产品加工	4002	7536	7310	1023	17619	23762	5109
蔬菜、水果和坚果加工	237	152	139	42	112	224	70
其他农副食品加工	54	147	156	61	－126	182	247
食品制造业	**5815**	**2730**	**3474**	**1034**	**6917**	**14067**	**6116**
焙烤食品制造	32	169	179	21	339	530	170
糖果、巧克力及蜜饯制造	38	254	257	87	－73	214	199
罐头食品制造	3641	971	1893	736	2218	6870	3916
其他食品制造	2104	1336	1145	190	4432	6454	1831
酒、饮料和精制茶制造业	**2454**	**2563**	**2427**	**10510**	**7321**	**24557**	**6710**
酒的制造	808	1076	885	10181	5826	20661	4654
饮料制造	1646	1389	1445	312	1467	3713	1919
精制茶加工		98	97	17	29	184	137

4－36 续表1

单位:万元

项　　目	销售费用	财务费用	#利息支出	主营业务税金及附加	利润总额	利税总额	本年应交增值税
纺织业	**17864**	**12009**	**14376**	**3892**	**27196**	**51373**	**20236**
棉纺织及印染精加工	2549	4980	5466	586	3055	7703	4062
毛纺织及染整精加工	337	1322	1425	242	371	1897	1284
化纤织造及印染精加工	1756	1601	1658	519	6146	9623	2959
针织或钩针编织物及其制品制造	700	773	876	199	3246	4278	833
家用纺织制成品制造	588	635	596	143	1486	2352	723
非家用纺织制成品制造	11935	2699	4353	2203	12893	25520	10375
纺织服装、服饰业	**1043**	**832**	**1095**	**324**	**1349**	**4281**	**2608**
机织服装制造	586	351	561	200	995	2888	1692
针织或钩针编织服装制造	127	376	388	73	110	699	516
服饰制造	331	105	146	51	245	695	399
皮革、毛皮、羽毛及其制品和制鞋业	**23266**	**6531**	**9929**	**4822**	**41770**	**79275**	**32684**
皮革鞣制加工	99	538	550	20	－515	－233	262
皮革制品制造	912	411	616	186	367	1656	1103
制鞋业	22255	5582	8764	4616	41918	77853	31319
木材加工和木、竹、藤、棕、草制品业	**2013**	**999**	**1627**	**454**	**2657**	**5761**	**2646**
人造板制造	716	47	668	162	83	924	675
木制品制造	562	499	522	149	466	1563	949
竹、藤、棕、草等制品制造	734	452	437	144	2109	3274	1022
家具制造业	**26259**	**7010**	**12560**	**4161**	**13939**	**36033**	**17929**
木质家具制造	10609	3683	4869	2230	4426	14675	8016
竹、藤家具制造	405	458	478	83	311	1009	615
金属家具制造	9572	2247	6055	1334	4468	12807	7005
塑料家具制造	5284	－57	340	400	3854	5753	1498
其他家具制造	388	679	819	115	880	1789	795
造纸和纸制品业	**8093**	**6430**	**7948**	**1761**	**16369**	**28498**	**10367**
造纸	1541	2461	2508	353	4204	6757	2201
纸制品制造	6553	3969	5440	1408	12166	21740	8167
印刷和记录媒介复制业	**3626**	**2575**	**3283**	**1079**	**5905**	**13046**	**6061**
印刷	3626	2575	3283	1079	5905	13046	6061

4－36 续表2

单位:万元

项　　目	销售费用	财务费用	#利息支出	主营业务税金及附加	利润总额	利税总额	本年应交增值税
文教、工美、体育和娱乐用品制造业	**28025**	**7936**	**9446**	**5068**	**21111**	**54201**	**27950**
文教办公用品制造	349	－58	59	25	－9	198	182
工艺美术品制造	25873	7893	9158	4736	19791	50022	25424
体育用品制造	214	111	127	42	171	466	253
玩具制造	1244	－32	76	219	938	3034	1877
游艺器材及娱乐用品制造	346	21	27	46	220	480	215
石油加工、炼焦和核燃料加工业	**60**	**73**	**73**	**30**	**13**	**72**	**29**
精炼石油产品制造	60	73	73	30	13	72	29
化学原料和化学制品制造业	**41087**	**21567**	**29242**	**7082**	**186069**	**238569**	**45336**
基础化学原料制造	4488	3060	5187	1712	59271	74636	13653
农药制造	3407	－253	342	266	6086	8602	2250
涂料油墨颜料及类似产品制造	10253	9820	11165	2720	71507	91098	16790
合成材料制造	5650	8637	9721	737	5874	10302	3691
专用化学产品制造	12057	100	2545	1247	40299	48671	7125
炸药、火工及焰火产品制造	322	116	117	33	443	803	327
日用化学产品制造	4910	87	166	369	2588	4457	1500
医药制造业	**73050**	**27469**	**48654**	**13971**	**279786**	**410294**	**116483**
化学药品原料药制造	42087	16551	35959	10723	225718	327948	91452
化学药品制剂制造	6420	6620	6757	957	8245	16500	7297
中药饮片加工	35	66	68	6	－89	－73	11
中成药生产	16808	1323	1606	1124	34756	45614	9735
兽用药品制造	31	－124	38	33	1278	1580	270
生物药品制造	7669	3034	4226	1127	9879	18724	7718
化学纤维制造业	**301**	**858**	**818**	**165**	**1623**	**2262**	**474**
合成纤维制造	301	858	818	165	1623	2262	474
橡胶和塑料制品业	**117356**	**57265**	**65971**	**20213**	**236228**	**382140**	**124676**
橡胶制品业	20482	13725	14105	3926	46032	75794	25765
塑料制品业	96874	43540	51866	16287	190196	306345	98912
非金属矿物制品业	**20050**	**11551**	**13791**	**3336**	**28992**	**51298**	**18888**
水泥、石灰和石膏制造	656	1432	1476	307	2776	4746	1663

4-36 续表3

单位:万元

项目	销售费用	财务费用	#利息支出	主营业务税金及附加	利润总额	利税总额	本年应交增值税
石膏、水泥制品及类似制品制造	12108	6371	7871	2041	15596	30524	12805
砖瓦、石材等建筑材料制造	3965	1181	1185	272	2933	4718	1514
玻璃制造	508	607	616	147	-229	359	440
玻璃制品制造	1234	974	1666	244	6595	7821	983
玻璃纤维和玻璃纤维增强塑料制品制造	448	297	287	105	73	583	405
陶瓷制品制造	1049	675	675	211	1035	2249	1002
石墨及其他非金属矿物制品制造	84	14	14	9	213	298	75
黑色金属冶炼和压延加工业	**2425**	**7105**	**7444**	**1185**	**10889**	**18487**	**6414**
炼铁	7	1	1	27	271	512	214
黑色金属铸造	1093	3039	3152	611	3289	7534	3634
钢压延加工	1325	4065	4292	547	7329	10441	2566
有色金属冶炼和压延加工业	**7991**	**11998**	**17943**	**2150**	**10849**	**36581**	**23383**
常用有色金属冶炼	387	338	370	76	213	574	284
贵金属冶炼	24	349	450	36	111	247	101
有色金属合金制造	440	1251	1289	98	-1871	-1321	453
有色金属铸造	123	1650	1747	97	-66	686	655
有色金属压延加工	7017	8409	14088	1843	12462	36395	21891
金属制品业	**64230**	**17071**	**21809**	**8031**	**54726**	**105296**	**42375**
结构性金属制品制造	461	634	645	127	1327	1995	541
金属工具制造	1053	1291	1293	396	3205	5637	2036
集装箱及金属包装容器制造	347	430	442	124	758	1556	674
金属丝绳及其制品制造	472	971	1085	127	510	1292	655
建筑、安全用金属制品制造	12263	5175	7387	2809	10079	28468	15580
金属表面处理及热处理加工	1344	1348	1353	626	4218	9460	4616
搪瓷制品制造	445	298	301	90	255	668	323
金属制日用品制造	44373	344	2058	2676	30621	45012	11551
其他金属制品制造	3471	6581	7246	1057	3753	11209	6399
通用设备制造业	**120212**	**51598**	**73716**	**24594**	**220714**	**392954**	**146157**
锅炉及原动设备制造	840	552	754	162	-1025	19	882
金属加工机械制造	4928	4641	5827	1458	6492	16409	7468

4－36 续表4

单位:万元

项　　目	销售费用	财务费用	#利息支出	主营业务税金及附加	利润总额	利税总额	本年应交增值税
物料搬运设备制造	5611	3124	3721	607	5469	14012	7937
泵、阀门、压缩机及类似机械制造	80439	24684	40401	16291	150575	259555	92277
轴承、齿轮和传动部件制造	12750	10424	11649	3118	38516	60192	18552
烘炉、风机、衡器、包装等设备制造	12249	4900	7297	2180	13665	29384	13471
文化、办公用机械制造	543	264	950	182	882	1374	310
通用零部件制造	2613	2962	3070	581	6026	11780	5163
其他通用设备制造业	240	48	48	16	115	229	98
专用设备制造业	**66322**	**25456**	**32620**	**10674**	**79265**	**157721**	**67625**
采矿、冶金、建筑专用设备制造	2215	641	703	436	4413	7753	2898
化工、木材、非金属加工专用设备制造	19765	14844	15245	5089	35724	71910	31001
食品、饮料、烟草及饲料生产专用设备制造	255	204	222	127	969	1926	791
印刷制药日化及日用品生产专用设备制造	88	75	82	42	365	686	279
纺织、服装和皮革加工专用设备制造	25017	4276	8436	2914	16284	39151	19954
农、林、牧、渔专用机械制造	13446	1982	4220	1169	16667	25371	7532
医疗仪器设备及器械制造	3385	2064	2163	568	3761	7545	3216
环保社会公共服务及其他专用设备制造	2151	1370	1549	329	1081	3379	1955
汽车制造业	**108923**	**42276**	**50503**	**23465**	**185257**	**316894**	**107992**
汽车整车制造	6641	3302	3058	7844	41673	58449	8933
汽车零部件及配件制造	102282	38973	47445	15622	143584	258445	99060
铁路船舶航空航天和其他运输设备制造业	**33601**	**22415**	**26155**	**7508**	**62750**	**121208**	**50394**
铁路运输设备制造	7244	740	1454	951	27936	37558	8672
船舶及相关装置制造	2447	3708	3754	1564	10397	25520	13014
航空、航天器及设备制造	279	58	61	93	550	1273	630
摩托车制造	14786	14924	16536	3850	16689	42392	21842
自行车制造	8703	3053	4327	1013	6670	13583	5901
非公路休闲车及零配件制造	143	－69	23	38	509	881	335
电气机械和器材制造业	**91269**	**41094**	**64102**	**14903**	**156742**	**270045**	**96582**
电机制造	23135	12988	18136	6006	77282	124347	40991
输配电及控制设备制造	20776	11546	12670	2901	362	22003	18719
电线、电缆、光缆及电工器材制造	7320	10066	11981	1456	15829	27067	9782

4-36 续表5

单位:万元

项目	销售费用	财务费用	#利息支出	主营业务税金及附加	利润总额	利税总额	本年应交增值税
电池制造	478	605	564	142	477	1000	381
家用电力器具制造	25086	-1556	9041	1364	48034	58729	7811
非电力家用器具制造	3736	660	1263	501	5909	10748	4338
照明器具制造	9918	6124	9769	2381	8794	25346	13964
其他电气机械及器材制造	819	662	679	153	56	806	597
计算机、通信和其他电子设备制造业	**12124**	**6971**	**8946**	**1933**	**18575**	**26944**	**6429**
计算机制造	260	-65	4	23	-305	-282	
通信设备制造	1561	138	175	109	4638	5677	931
广播电视设备制造	381	526	511	88	-598	-353	158
视听设备制造	4850	876	2477	784	14728	16218	707
电子器件制造	924	1019	1580	346	-3683	-1556	1781
电子元件制造	3029	3428	3096	410	3040	5930	2480
其他电子设备制造	1118	1050	1103	175	755	1310	373
仪器仪表制造业	**29552**	**10324**	**13673**	**5152**	**56315**	**89478**	**27939**
通用仪器仪表制造	20034	7124	9885	3469	37838	61535	20157
专用仪器仪表制造	1475	623	654	210	1837	3303	1257
光学仪器及眼镜制造	7797	2536	3097	1447	16470	24371	6455
其他仪器仪表制造业	246	43	37	27	171	268	70
其他制造业	**31374**	**-126**	**6212**	**4779**	**63144**	**109287**	**41351**
日用杂品制造	30780	-80	6016	4705	62901	108384	40765
其他未列明制造业	594	-47	196	74	244	903	585
废弃资源综合利用业	**12865**	**21456**	**9118**	**1309**	**-25451**	**-17661**	**6396**
金属废料和碎屑加工处理	12656	20545	8206	1193	-26219	-19358	5588
非金属废料和碎屑加工处理	210	911	912	116	768	1697	808
金属制品、机械和设备修理业	**20**	**168**	**184**	**26**	**87**	**332**	**215**
铁路、船舶、航空航天等运输设备修理	20	168	184	26	87	332	215
电力、热力生产和供应业		**4691**	**3742**	**458**	**13874**	**17841**	**3508**
电力生产		4219	3133	300	10498	13145	2347
热力生产和供应		472	609	158	3376	4695	1161
燃气生产和供应业	**2031**	**548**	**495**	**223**	**6415**	**7384**	**745**
水的生产和供应业	**29**	**13**		**6**	**-100**	**-94**	
自来水生产和供应	29	13		6	-100	-94	

4－37 规模以上非国有工业主要经济效益指标(一)

(2015年)

项目	企业亏损面(%)	资产负债率(%)	流动比率	存货周转次数(次)	产品销售率(%)
总计	**11.38**	**57.08**	**1.11**	**5.30**	**92.73**
按轻重工业分					
轻工业	10.67	58.04	1.10	5.06	91.13
重工业	11.82	56.55	1.12	5.44	93.69
按工业行业分					
有色金属矿采选业		12.25	3.16	3.80	47.43
非金属矿采选业	50.00	93.40	0.23	2.59	100.00
农副食品加工业	11.76	60.06	1.07	6.59	93.50
食品制造业	25.00	63.81	1.00	2.16	87.61
酒、饮料和精制茶制造业	16.67	59.87	0.64	3.11	95.16
纺织业	13.95	63.48	1.10	6.06	93.23
纺织服装、服饰业	14.29	65.59	0.97	7.19	95.35
皮革、毛皮、羽毛及其制品和制鞋业	3.24	73.21	1.00	10.70	94.85
木材加工和木、竹、藤、棕、草制品业	20.00	65.59	1.09	5.42	94.31
家具制造业	23.71	70.79	0.84	3.83	94.71
造纸和纸制品业	10.91	63.77	0.93	9.86	93.50
印刷和记录媒介复制业	4.88	68.40	1.01	8.66	96.70
文教、工美、体育和娱乐用品制造业	10.64	67.23	0.95	8.02	95.46
石油加工、炼焦和核燃料加工业		62.41	1.48	4.00	99.79
化学原料和化学制品制造业	5.56	46.83	1.48	5.53	92.87
医药制造业	15.07	45.12	1.26	2.94	81.26
化学纤维制造业		71.83	0.89	4.12	90.55
橡胶和塑料制品业	9.89	56.55	1.09	6.26	91.62
非金属矿物制品业	17.44	70.17	0.95	4.80	97.79
黑色金属冶炼和压延加工业	15.09	74.42	1.05	8.89	92.87
有色金属冶炼和压延加工业	31.76	67.87	0.90	11.14	95.81
金属制品业	11.34	58.93	1.12	5.70	92.37
通用设备制造业	7.08	53.67	1.10	4.58	94.55
专用设备制造业	7.04	62.15	1.02	4.20	94.92
汽车制造业	6.73	62.00	1.09	6.91	94.15
铁路船舶航空航天和其他运输设备制造业	15.48	64.24	1.12	3.76	92.71
电气机械和器材制造业	12.98	63.39	1.13	6.09	94.41
计算机、通信和其他电子设备制造业	21.05	27.46	1.84	4.91	94.69
仪器仪表制造业	7.59	43.86	1.48	4.20	93.05
其他制造业	20.00	49.67	1.22	4.93	90.81
废弃资源综合利用业	62.50	72.33	0.80	5.43	92.63
金属制品、机械和设备修理业		49.11	0.55	11.22	100.00
电力、热力生产和供应业	11.11	52.40	0.64	60.93	96.98
燃气生产和供应业		54.36	0.62	9.99	100.00
水的生产和供应业	100.00	106.21	0.42		94.34

4－38 规模以上非国有工业主要经济效益指标(二)

(2015 年)

项　　目	企　业亏损率(%)	成本费用利润率(%)	百元销售收入实现利税(元)	百元固定资产原值实现利税(元)	出口交货值占工业销售产值(%)
总　　计	**8.40**	**6.05**	**9.75**	**24.93**	**31.61**
按轻重工业分					
轻工业	3.68	7.20	11.17	28.56	43.21
重工业	11.74	5.39	8.91	22.79	24.84
按工业行业分					
有色金属矿采选业		53.05	50.74	158.37	
非金属矿采选业	29.80	2.49	5.60	34.51	
农副食品加工业	6.56	4.32	5.66	19.15	14.40
食品制造业	15.24	4.28	8.36	21.70	51.45
酒、饮料和精制茶制造业	8.50	6.74	19.78	17.66	0.11
纺织业	8.99	4.04	7.35	21.65	33.21
纺织服装、服饰业	15.39	2.17	6.72	15.65	50.42
皮革、毛皮、羽毛及其制品和制鞋业	3.40	4.40	7.99	48.24	62.49
木材加工和木、竹、藤、棕、草制品业	6.67	3.31	6.95	25.49	21.27
家具制造业	17.81	2.48	6.24	15.82	56.32
造纸和纸制品业	8.79	4.46	7.48	16.29	5.20
印刷和记录媒介复制业	0.68	3.40	7.25	13.67	19.9
文教、工美、体育和娱乐用品制造业	5.95	3.53	8.68	30.21	71.01
石油加工、炼焦和核燃料加工业		0.68	3.61	23.46	
化学原料和化学制品制造业	1.65	16.98	19.44	51.01	29.98
医药制造业	2.45	14.34	18.5	30.41	43.85
化学纤维制造业		3.54	4.80	8.19	8.63
橡胶和塑料制品业	3.00	6.95	10.58	26.60	24.72
非金属矿物制品业	9.79	5.04	8.49	18.70	8.27
黑色金属冶炼和压延加工业	22.33	2.34	3.90	13.88	0.94
有色金属冶炼和压延加工业	53.70	0.82	2.78	17.37	7.38
金属制品业	11.20	4.10	7.59	23.40	34.57
通用设备制造业	3.72	5.48	9.26	22.20	47.48
专用设备制造业	17.42	4.89	9.27	18.71	30.68
汽车制造业	5.65	6.50	10.60	24.71	21.01
铁路船舶航空航天和其他运输设备制造业	10.84	4.83	8.91	22.50	11.03
电气机械和器材制造业	12.82	5.35	8.76	26.94	32.30
计算机、通信和其他电子设备制造业	27.65	3.32	4.59	12.08	36.67
仪器仪表制造业	3.01	7.77	11.59	28.80	35.29
其他制造业	0.98	10.38	16.90	42.95	66.57
废弃资源综合利用业	487.31	－3.04	－2.15	－11.61	
金属制品、机械和设备修理业		3.48	12.22	5.34	33.07
电力、热力生产和供应业	2.34	28.16	28.92	17.60	
燃气生产和供应业		22.98	24.04	24.52	
水的生产和供应业		－3.75	－3.65	－8.34	

主 要 统 计 指 标 解 释

工业 我国的工业,包括:

1. 自然资源的开采,如采矿、晒盐、森林采伐等(但不包括禽兽捕猎和水产捕捞);

2. 对农副产品的加工、再加工,如:粮油加工、食品加工、轧花、缫丝、纺织、制革等;

3. 对采掘品的加工、再加工,如:冶金加工、石油加工、化学加工、机械加工、木材加工等,以及电力、煤气及水的生产和供应等;

4. 对生产资料的修理、翻新,如:机器设备的修理、交通运输工具(包括小汽车)的修理等。

轻工业 指提供生活消费品和制作手工工具的工业。按其所使用的原料不同,可分为:

1. 以农产品为原料的轻工业,指直接或间接以农产品为基本原料的轻工业。主要包括食品饮料制造、烟草加工、纺织、缝纫、毛皮制作、造纸以及印刷等工业。

2. 以非农产品为原料的轻工业,指以工业品为原料的轻工业。主要包括文教用品、工艺美术用品制造、化学药品制造、合成纤维制造、日用金属制品、工具制造、医疗器械制造、文化和办公用机械制造等工业。

重工业 指提供生产资料的工业,是为国民经济各部门提供物质技术基础的工业。按其生产的产品用途,可以分为:

1. 采掘(伐)工业,指对自然资源的开采、非金属矿开采和木材采伐等工业。

2. 原料工业,指提供国民经济各部门使用的原料、动力和燃料的工业。包括金属冶炼及加工、炼焦及焦炭、化学、化工原料、水泥、人造板、电力、石油加工等。

3. 制造工业,指对原材料进行加工制造的工业。包括装备国民经济各部门和机械设备制造工业、金属结构、水泥制品等工业,以及为农业提供的生产资料和化肥、农药等工业。

根据上述划分原则,修理业中修理作业对象是重工业的划分为重工业,否则划为轻工业。

轻重工业总产值的划分按“工厂法”计算,即一个工业企业在正常情况下生产的主要产品的性质属于轻工业,则该企业的全部总产值作为轻工业总产值;一个工业企业生产的主要产品的性质属于重工业,则该企业的全部总产值作为重工业总产值。

工业总产值 指以货币表现的工业企业在报告期内生产的工业产品总量。包括成品价值、工业性作业价值和自制半成品、在制品期末期初差额价值。工业总产值采用“工厂法”计算,即:一个工业企业为核算整体,其内部自产自用的产品、半成品不允许重复计算产值,但各工业企业之间允许存在着重复计算。它是反映一定时间内工业生产总规模和总水平的重要指标,是计算工业生产发展速度和其他经济指标的基本指标,是计算工业主要比例、结构关系的重要依据。

统计上大中小微型企业划分 是根据工业和信息化部、国家统计局、国家发展改革委、财政部《关于印发中小企业划型标准规定的通知》要求,国家统计局结合统计工作的实际情况,制定了《统计上大中小微型企业划分办法》。办法对工业(制造业,电力、热力、燃气及水生产和供应业)等15个行业门类以及社会工作行业大类的各种组织形式的法人企业或单位,依据从业人员、营业收入、资产总额等指标或替代指标,将企业划分为大型、中型、小型、微型等四种类型。个体工商户参照本办法进行划分。

企业划分由政府综合统计部门根据统计年报每年确定一次,定报统计原则上不进行调整。

工业划分大型、中型、小型、微型等四种类型标准是:大型:从业人员大于(等于)1000人且营业收入大于(等于)4亿元,中型:从业人员大于(等于)300人小于1000人且营业收入大于(等于)2000万元小于4亿元,小型:从业人员大于(等于)20人小于300人且营业收入大于(等于)300万元小于2000万元,微型:从业人员小于20人或营业收入小于300万元。

其他行业划型标准详见国家统计局《关于印发统计上大中小微型企业划分办法的通知》(国统字〔2011〕75号)。

5

固定资产投资和建筑业

Investment in Fixed Assets and Construction

5-1 主要年份固定资产投资

单位:万元

年　份	固定资产投资总额	#建筑安装工程	#设备工器具购置	#工业性投资	#住宅投资	房屋建筑施工面积(万平方米)	#住宅面积	房屋建筑竣工面积(万平方米)	#住宅面积
1978	11445	3051	1030		655	22.7	1.3	13.3	0.8
1980	29443	4783	704		880	56.6	1.7	27.5	0.8
1985	88708	51926	22425		39158	198.0	87.4	118.2	52.2
1986	86792	43514	12975		37696	181.9	78.8	98.5	42.8
1987	126606	57294	36028		58604	198.1	91.7	100.8	46.7
1988	156973	95999	40873		66944	208.0	88.7	136.6	58.2
1989	144696	104312	23348		67919	179.1	116.6	131.4	85.5
1990	144816	123999	17944		69404	584.8	494.0	529.5	469.8
1991	181125	146663	29637		88136	610.2	506.3	550.2	489.1
1992	254339	189328	56233		106869	666.1	539.7	635.5	505.2
1993	493979	353498	112489		193398	908.7	600.5	727.5	578.9
1994	777823	516232	203632		289434	1084.0	781.5	812.9	648.7
1995	1243560	860881	228039		479081	1470.6	1043.5	1155.2	890.1
1996	1210136	843453	290689		391096	1340.1	836.5	1053.7	739.0
1997	1085782	740058	230332		321137	1125.8	744.6	853.1	645.8
1998	1251596	842666	266145		385357	1005.7	572.2	698.5	469.5
1999	1513842	1014241	337732		351952	1222.9	750.6	883.8	597.9
2000	1797340	1125880	403737		421673	1391.6	814.7	977.5	622.3
2001	2221123	1298037	540078		490516	1600.7	922.4	1001.5	644.9
2002	2743742	1717415	510791		579255	1669.2	977.8	845.6	530.9
2003	3710971	1993837	775450	1865200	660448	2210.6	1061.7	1025.0	576.7
2004	4610152	2644982	1224614	2480708	887132	3050.4	1189.1	1475.8	541.3
2005	4506515	2211104	1105801	2433001	924272	2733.6	1028.0	926.7	310.3
2006	5405680	2735059	1116659	3185471	824986	3011.4	1070.2	810.3	157.4
2007	6243547	2943924	1746791	4047263	766013	3205.5	1100.8	788.9	235.5
2008	6547565	3413340	1597396	3880391	944981	3299.4	1084.8	941.5	218.9
2009	7297767	3780515	1787850	3985862	1243206	3388.3	1301.5	842.9	177.1
2010	8380672	4376587	1730419	4217694	1548043	4179.4	1608.7	992.6	230.7
2011	10078106	5783429	1772687	4225747	2535164	4717.8	1954.4	1035.3	305.7
2012	12425575	7333646	2129036	4984720	2879879	5769.2	2071.7	1110.9	277.7
2013	15078661	9378073	2274369	6001972	3244423	6127.4	2024.2	1233.0	277.4
2014	17659343	10305686	3062026	7200129	3371799	6548.1	2111.9	1194.9	260.1
2015	19960258	13045702	3875915	8164860	2820833	7066.8	2250.7	1372.0	341.3

注：2004年及以前固定资产统计范围为全社会统计口径，2005年起为计划总投资500万元及以上项目（单位）投资和全部房地产开发企业投资，下同。

5-2 市区固定资产投资

（1990-2015年）

单位:万元

年份	市区	椒江区	黄岩区	路桥区
1990	51503	23367	28136	
1991	66045	35114	30931	
1992	106363	40820	65543	
1993	202901	68165	88154	46582
1994	320921	132714	115381	72826
1995	474858	212421	146488	115949
1996	559698	283683	128820	147195
1997	479387	224520	146205	108662
1998	484542	203703	132167	148672
1999	595443	298051	128881	168511
2000	672946	338550	153720	180676
2001	921925	472034	228505	221386
2002	1226586	537090	314181	375315
2003	1539595	665439	367659	506497
2004	1987261	948041	440483	598737
2005	1901390	869907	354538	676945
2006	2076254	919935	400488	755811
2007	2237360	899738	488586	849036
2008	2356171	883901	537886	934384
2009	2554443	984229	585823	984391
2010	2650487	1286012	603655	760820
2011	3269198	1629559	721256	918383
2012	4239132	2093110	895807	1250215
2013	5323748	2652320	1101417	1570011
2014	6015251	2794765	1318026	1902460
2015	6257563	2892333	1561861	1803369

5-3 各县市固定资产投资

（1990-2015年）

单位:万元

年份	玉环县	三门县	天台县	仙居县	温岭市	临海市
1990	10848	6747	18140	5580	29059	22939
1991	15469	8151	12572	8366	47672	22850
1992	24540	9592	19388	12883	43493	38080
1993	40133	19622	34323	23808	113969	59223
1994	71218	26849	36364	37129	190387	94955
1995	142569	28267	64300	56590	297225	179751
1996	125953	29688	50431	40486	255426	148454
1997	97706	29174	38254	31167	258867	151227
1998	128486	34915	55370	38284	283185	226814
1999	169840	43721	81417	54801	302301	266319
2000	201474	53252	129449	74635	362265	303319
2001	233712	71390	130236	91784	405741	366335
2002	297989	101498	160046	113108	504223	340292
2003	471989	156993	234006	159980	749591	398817
2004	521822	213481	299254	183847	813098	591389
2005	643923	231719	304093	161384	629751	634255
2006	840543	339785	328869	214638	864211	741380
2007	972752	567262	259677	250977	1074708	880811
2008	523346	736483	322894	242251	1304522	1061898
2009	414722	1062719	349736	265777	1434085	1216285
2010	600866	1283718	365333	384916	1680988	1414364
2011	719629	1304908	615595	677742	1935988	1555046
2012	914223	1326271	888285	964641	2359129	1733894
2013	1120000	1386594	1090714	1183587	2861789	2112229
2014	1351492	1658844	1307380	1415868	3396117	2514391
2015	1635487	2001133	1712668	1826470	3661243	2865694

5-4 分注册类型和分行业固定资产投资

（2010－2015年）

单位：万元

指　　标	2010年	2011年	2012年	2013年	2014年	2015年
总　　计	**8380672**	**10078106**	**12425575**	**15078661**	**17659343**	**19960258**
按注册登记类型分						
内　资	8091099	9868429	12155902	14775755	17232825	19544420
国　有	2417191	2745954	3282212	3554370	4294543	5390998
集　体	277816	328301	390973	553540	748509	1276118
股份合作	66577	39454	71488	74796	67554	53388
联　营	3150	4560	5900	9330	45740	43513
集体联营	1400		1100			
国有与集体联营	1750	4060		7330	43560	41413
其他联营		500		2000		
有限责任公司	3143955	3931826	4486288	5144054	6754426	6750663
国有独资公司	115856	173877	136320	248898	189299	458728
其他有限责任公司	3028099	3757949	4349968	4895156	6565127	6291935
股份有限公司	289206	261565	442109	713216	843215	624592
私　营	1664809	2419978	3186089	4505373	4089934	4884322
其　他	228395	136791	290843	221076	388904	520826
港澳台商投资	117631	118772	134378	159152	174662	159038
外商投资	138451	72450	104979	125773	241017	241575
个体经营	33491	18455	30316	17981	10839	15225
按控股情况分						
国有及国有控股投资	2718032	3076759	3653755	4026401	4780458	6261480
非国有控股投资	5662640	7001347	8771820	11052260	12878885	13698778
其中：民间投资	5443533	6811505	8649593	10888027	12667930	13514920
按三次产业分						
第一产业	12304	128457	101617	113256	120610	116967
第二产业	4373594	4280569	5034625	6108333	7318795	8217272
第三产业	3994774	5669080	7289333	8857072	10219938	11626019

5－4续表1

单位:万元

指　　标	2010年	2011年	2012年	2013年	2014年	2015年
按国民经济行业分组						
一、农林牧渔业	12304	128457	101617	113256	120610	116967
二、采矿业	2523	10055	9225	5278	6560	19033
三、制造业	3245277	3225482	4058844	5093966	5819749	6129478
农副食品加工业	22600	30900	43512	44228	112060	126219
食品制造业	8746	16025	25417	16384	10142	10560
酒、饮料和精制茶制造业	7195	19617	40782	22076	8764	20764
纺织业	93123	100375	76623	93567	85457	66170
纺织服装、服饰业	9704	13218	37987	20034	22176	27248
皮革、毛皮、羽毛及其制品和制鞋业	92876	56604	61452	91629	98488	137020
木材加工和木、竹、藤、棕、草制品业	17200	10389	26933	8712	29064	41344
家具制造业	30165	31882	46099	79229	73636	95645
造纸和纸制品业	72642	40893	66304	84133	84526	109348
印刷和记录媒介复制业	30263	16106	22334	29632	27080	29100
文教、工美、体育和娱乐用品制造业	105161	78805	110438	128374	188625	362789
石油加工、炼焦及核燃料加工业	4000	1500	2600	8133		1225
化学原料及化学制品制造业	79754	77400	127083	142715	202036	237966
医药制造业	200922	231607	285560	351156	481553	659588
化学纤维制造业	3938	8436	9442	3827	20814	102797
橡胶和塑料制品业	361095	396896	485399	633421	795070	740458
非金属矿物制品业	95153	87176	110869	126750	120390	187448
黑色金属冶炼及压延加工业	24354	19551	36725	26867	47010	32690
有色金属冶炼及压延加工业	28130	39386	27713	50215	65475	74324
金属制品业	140699	182107	222399	238850	235011	277277
通用设备制造业	406928	441189	474456	717413	781595	756223
专用设备制造业	236714	188738	271837	428075	442102	443280
汽车制造业	479161	336857	440525	610297	705328	697018
铁路、船舶、航空航天和其他运输设备制造业	239564	202402	246118	293472	248948	177159
电气机械和器材制造业	278294	356869	373905	437087	461407	413501
计算机、通信和其他电子设备制造业	40299	48554	122756	129667	119787	108996
仪器仪表制造业	76475	83380	91885	104188	139164	95147
其他制造业	32444	74641	56200	50144	26917	48727
废弃资源综合利用业	27678	33979	112024	120181	187124	41707
金属制品、机械和设备修理业			3467	3510		

5－4 续表2

单位:万元

指　　标	2010年	2011年	2012年	2013年	2014年	2015年
四、电力、热力、燃气及水生产和供应业	969894	990210	916651	902728	1373820	2016349
其中：电力、热力的生产和供应	897874	890373	787046	761058	1115829	1590473
水的生产和供应业	67682	96085	119797	120612	232640	398776
五、建 筑 业	155900	54822	49905	105090	118666	52412
六、批发和零售业	92666	127626	225333	261767	273790	256706
其中：批发业	59403	67065	88095	125540	106509	76956
七、交通运输、仓储和邮政业	527791	656684	902889	931626	1155969	2025229
其中：铁路运输业	9968	9840	2330	2228		
道路运输业	476226	565802	737873	697221	877501	1771026
水上运输业	41589	54322	122966	146754	196049	208285
仓 储 业	8	13052	17188	43603	52958	24288
八、住宿和餐饮业	63035	146315	226305	219400	220748	204598
住宿业	45475	102961	149495	186640	204960	189866
餐饮业	17560	43354	76810	32760	15788	14732
九、信息传输、软件业和信息技术服务业		4567	2929	3545	43916	66075
十、金 融 业	7937	18345	47862	52924	60865	46323
十一、房地产业	2246588	3395455	3959078	4939341	5357630	5023073
十二、租赁和商务服务业	124955	70526	176910	220005	344977	529099
十三、科学研究、技术服务业	20015	11235	26722	21878	21716	54694
其中：专业技术服务业	14877	1595	9088	5824	8941	5689
科技推广和应用服务业	5138	9640	8394	13067	12775	49005
十四、水利、环境和公共设施管理业	600089	660259	894554	1205735	1479803	1576743
水利管理业	125498	141681	164395	266268	237864	351768
生态保护和环境治理业	14960	43518	21161	85433	153734	171472
公共设施管理业	459631	475060	708998	854034	1088205	1053503
十五、居民服务、修理业和其他服务业		580	36174	30260	19511	8958
十六、教 育	52999	61194	85324	87586	154405	193877
十七、卫生和社会工作	37510	57003	102760	72168	125316	110595
其中：卫 生	37205	51682	95005	61962	96933	92493

5－4续表3

单位:万元

指　　标	2010年	2011年	2012年	2013年	2014年	2015年
十八、文化、体育和娱乐业	32865	38825	61801	117454	116248	149654
广播、电视、电影和影视录音制作业	2100	4846	4496	10487	14893	25511
文化艺术业	22577	15433	30478	63169	77383	82277
体　育	178	7887	15336	25299	14190	9312
娱乐业	8010	10659	11491	18499	9782	32554
十九、公共管理、社会保障和社会组织	188324	420466	540692	694654	845044	1380395
在总计中:基础设施投资	**2212833**	**2450202**	**2946627**	**3296647**	**4402075**	**6063683**
水利、环境和公共设施管理	600089	660259	894554	1204645	1479803	1576743
电力、燃气及水生产供应业	969894	990210	916651	902728	1373820	2016349
交通运输、仓储和邮政业	527791	656684	902889	938281	1155969	2025229
电信和其他信息传输服务业		2007	1894	2490	34679	41892
教育设施	52999	61194	85324	87586	154405	193877
广播、电视、电影和音像业	2100	4846	4496	10487	14893	25511
文化艺术业	22577	15433	30478	63169	77383	82277
体育设施	178	7887	15336	25299	14190	9312
卫生设施	37205	51682	95005	61962	96933	92493
在总计中:农村投资	**2868867**	**3267219**	**4489698**	**5544387**	**7272867**	
在总计中:工业投资	**4217694**	**4225747**	**4984720**	**6001972**	**7200129**	**8164860**
本年资金来源合计	**11350514**	**13752953**	**16740249**	**21005391**	**23852957**	**24266141**
上年末结余资金	1189689	2137165	2667291	2557938	2862653	2567422
本年资金来源小计	10160825	11615788	14072958	18447453	20990304	21698719
国家预算内资金	315953	377045	441336	513371	422356	688626
国内贷款	1655748	1543379	1704205	2358125	2245268	1835704
债　券		14018	142714	21999	20504	14191
利用外资	3928	14712	93	14413	9466	7145
其中:外商直接投资	2190	4811		13200	7401	7145
自筹资金	5764863	6853680	8712365	11840031	14591185	14819834
其中:企、事业单位自筹	3783792	3743612	3539288	4233158	4157032	3522837
其他资金来源	2420333	2812954	3072245	3699514	3701525	4333219

5-5 房地产开发投资(一)

(1990-2015年)

单位:万元

年份	房地产开发投资额	按构成分				按用途分			
		建筑工程	安装工程	设备工器具购置	其他费用	住宅	办公楼	商业用房	其他
1990	8194	6710	275	24	1185	7150	281	305	458
1991	10189	8430	353	20	1386	8448	350	345	1046
1992	15553	13883	303	116	1251	14202	51	301	999
1993	28711	23716	217	25	4753	26894	76	565	1176
1994	82515	62926	552	166	18871	75499	988	1419	4609
1995	159558	122500	2916	380	33762	127092	11651	15511	5304
1996	121127	92518	6324	70	22215	85634	15481	14727	5285
1997	104333	73766	3447	1826	25294	71713	7920	19661	5039
1998	117780	84340	2701	127	30612	85617	7906	20758	3499
1999	132302	89549	5510	789	36454	110507	4733	11342	5720
2000	240974	130421	3331	1437	105785	168037	9747	28495	34695
2001	320213	177790	2215	10	140198	202389	22195	35997	59632
2002	467686	266652	3239	830	196965	341552	21108	63200	41826
2003	564954	352618	8735	3161	200440	424154	25944	84714	30142
2004	872958	481399	15770	6744	369045	663979	28550	107465	72964
2005	1161255	623378	8219	10858	518800	861037	25225	142498	132495
2006	1014720	683178	7936	6502	317104	747737	29087	115110	122786
2007	957290	587516	38787	11473	319514	704099	38954	101569	112668
2008	1262494	720615	33797	13709	494373	916313	35852	127714	182615
2009	1522741	853863	43029	17847	608002	1141388	21398	186986	172969
2010	1960774	1006068	89339	7196	858171	1426309	33732	232572	268161
2011	3191643	1515055	101869	14941	1559778	2413168	80266	327401	370808
2012	3573761	1802660	174419	27746	1568936	2645443	65919	415194	447205
2013	4535381	2552868	286010	33465	1663038	3188965	141114	455742	749560
2014	4960473	2656655	245475	25821	2032522	3328394	138189	633626	860264
2015	4386861	2535144	275097	51466	1525154	2727785	166293	783328	709455

5-6 房地产开发投资(二)

(1990-2015年)

单位:万元

年份	本年资金来源情况						新增固定资产	竣工房屋价值
	合计	国家预算内	国内贷款	利用外资	自筹资金	其他资金		
1990							7272	7889
1991	11082	30	2190		2449	6413	6470	10209
1992	22943		7028		3111	12804	11310	8857
1993	36563	325	4860		9843	21535	13609	16227
1994	93134		15127	1972	22574	53461	36228	36012
1995	161024		28593	2474	30885	99072	101864	106643
1996	144789	990	33293	3000	29933	77573	108977	89927
1997	139262	1290	36866	2288	30133	68685	102019	82388
1998	154570	4340	38504	3248	23264	85214	80912	73028
1999	206298	940	50835	1942	41025	111556	129283	76465
2000	382577	267	120185	954	74591	186580	141600	120678
2001	473031		132419	602	102743	237267	156477	144599
2002	725117		200653		117922	406542	185457	160782
2003	1023823		295050		155163	573610	303535	262133
2004	1295343		254892	26959	226655	786837	250858	233921
2005	1538953		331226	22386	386168	799173	569856	504322
2006	1578898		308258	100	307844	962696	343951	258215
2007	1777193		278898	2729	406546	1089020	533574	475246
2008	1824484		258255		548569	1017660	666306	604153
2009	2838076		376276	5770	584235	1871795	364144	334377
2010	3503328		516728		945118	2041482	860992	512974
2011	4483613		341327	300	1902184	2239802	1051826	805925
2012	4819965		595161		1551372	2673432	886531	516976
2013	6709128		1227633		2267615	3213880	1598647	1226297
2014	8588750		852236		2351256	2797763	1380069	1086854
2015	7905130		664705		1642792	3507188	2286251	1325805

5－7 房地产开发投资(三)

(1990－2015 年)

单位:万平方米

年份	施工面积	#住宅	竣工面积	#住宅	商品房销售面积	#住宅	商品房待售面积	商品房销售额(万元)	#住宅
1990	39.25	35.79	21.87	20.17					
1991	76.68	69.85	29.22	27.99	14.9	14.69		5522	4231
1992	56.18	52.03	22.3	19.67	22.71	22.35		9241	6948
1993	89.17	72.06	32.41	29.34	21.27	20.87		11656	8763
1994	187.18	169.96	56.1	53.55	47.1	46.45		36848	36051
1995	289.59	246.6	135.8	126.42	53.38	50.05	15.6	81544	66163
1996	227.15	168.47	105.24	90.12	65.97	59.88	25.04	79251	65456
1997	201.87	141.53	92.32	73.75	72.37	63.58	31.4	103124	76673
1998	192.65	147.61	82.95	63.6	53.25	48.78	23.71	73521	63292
1999	244.51	206.26	94.93	77.89	68.74	62.11	21.43	106200	85235
2000	312.24	256.48	129.03	108.54	110.05	87.29	16.33	182013	126406
2001	405.47	305.35	124.14	97.35	137.98	116.54	10.55	237291	173452
2002	600.13	464.99	135.26	110.13	119.12	100.46	3.76	231988	176534
2003	721.41	559.51	201.32	164.32	168.49	144.06	4.44	446640	349028
2004	920.36	712.3	199.17	162.31	175.67	148.92	3.53	455713	346156
2005	1159.08	879.84	304.14	226.41	184.29	159.91	28.31	769814	638832
2006	1238.32	951.84	188.92	142.09	259.72	231.23	24.19	1227395	1042565
2007	1286.12	952.59	231.88	189.86	281.33	241.65	36.77	1435164	1201307
2008	1364.52	979.98	296.18	218.1	227.91	197.37	35.06	1226328	1046742
2009	1454.63	1071.97	171.42	130.15	422.36	378.9	34.84	2715370	2461015
2010	1801.61	1292.62	190.6	138.74	462.89	390.57	38.84	3304746	2830011
2011	2323.08	1685.01	301.55	226.45	327	278.58	47.99	2852331	2542727
2012	2438.97	1752.54	209.6	142.01	319.72	275.96	46.3	3053129	2765035
2013	2712.55	1897.03	333.78	246.95	351.75	301.16	79.62	3398341	2995371
2014	3026.32	2006.11	329.06	224.75	344.55	272.53	124.52	3070081	2636502
2015	3299.43	2114.83	359.18	250.92	442.03	352.07	181.27	3969866	3424699

5－8 固定资产投资新增生产能力或效益

（2010－2015 年）

能力（效益）名称	2010 年	2011 年	2012 年	2013 年	2014 年	2015 年
铜冶炼（吨/年）	9500					
铝加工（吨/年）			5000	3900		
水力发电（万千瓦）			6.2	3.5	0.6	
火力发电（万千瓦）	0.3	0.4		0.7		
其他发电（万千瓦）	1.2	1.2			7.5	
输电线路长度（11 万伏及以上）（公里）	411	170	108	126	246	
水泥（万吨/年）			38		336	
化学农药原药（吨/年）						
塑料树脂及共聚物（吨/年）		15004	804		100000	
合成橡胶（吨/年）					2500	
轿车制造（辆/年）		7000			5000	
其他汽车制造（辆/年）		30000				
摩托车制造（辆/年）			30000			
新建公路（公里）	26	205	35	25	38	18.95
其中：高速公路（公里）		165				
一级公路（公里）	4	15	16		7	10.87
二级公路（公里）	6	22	13	25	18	
改建公路（公里）	234	66	108	667	183	174.35
其中：高速公路（公里）						
一级公路（公里）	23	17	72	24	26	21.5
二级公路（公里）	91	49	37	643	156	149.2
新建独立公路桥梁（延长米）			3655			7773
新建独立公路桥梁（座）	5		1			1
新建独立公路隧道（延长米）			800	2440	1424	
新建独立公路隧道（处）			1	3	2	
新（扩）建公路客、货运站（个）	3	2	4	1	1	1
新（扩）建公路客、货运站（平方米）	45565	8215	108987	5110	34180	37000
新（扩）建港口码头（万吨）				124.5		300
新（扩）建港口码头（标准集装箱）				149000		100
新（扩）建港口码头（个）				6		1
城市自来水供水能力（万吨/日）		18.5	5	3		4.3
城市污水处理能力（万吨/日）		20.9	3.3	10.8	4	13.64

5-9 建筑业企业生产情况(一)

(2015年)

单位:万元

指标	企业数(个)	建筑业总产值	#建筑工程	#安装工程	#在外省市完成	竣工产值
总计	**448**	**22266641**	**21270695**	**680836**	**12441494**	**15694469**
其中:国有控股企业	17	160586	148824	11762	33570	121547
一、按登记注册类型分						
内资	447	22265816	21269871	680836	12441272	15693944
国有企业	4	104553	104553		33570	67879
集体企业	7	967909	866076	99956	780419	1055363
股份合作企业	2	34861	34861		1253	21409
有限责任公司	111	4802152	4541884	219044	2451977	3378942
国有独资公司	5	14063	10863	3200		13038
其他有限责任公司	106	4788089	4531020	215844	2451977	3365905
股份有限公司	8	2576834	2423586	8852	1258802	1821132
私营企业	315	13779507	13298911	352984	7915252	9349220
私营合伙企业	1	21567	21567		4000	8125
私营有限责任公司	306	13029507	12551538	350437	7634892	9071328
私营股份有限公司	6	724585	724505		276360	266581
港、澳、台商投资企业	1	825	825		221	524
港、澳、台商独资经营企业	1	825	825		221	524
二、按建筑业行业分						
房屋建筑业	184	16209996	15668747	423963	9987264	12690443
土木工程建筑业	173	5413093	5188348	50003	2254643	2677376
建筑安装业	34	253074	40883	204077	42763	168045
建筑装饰和其他建筑业	57	390478	372717	2794	156824	158605

注:本表统计范围为有工作量的总承包和专业承包的建筑业企业,下同。

5－10 建筑业企业生产情况(二)

(2015年)

单位:万平方米

指　　标	房屋建筑施工面积	#本年新开工面积	#投标承包面积	房屋建筑竣工面积	#厂房和仓库	#住宅
总　　计	**17725.5**	**6393.13**	**14065.95**	**7032.81**	**1171.17**	**4262.24**
其中:国有控股企业	22.98	11.28	22.98	12.5		
一、按登记注册类型分						
内　资	17725.5	6393.13	14065.95	7032.81	1171.17	4262.24
国有企业	22.98	11.28	22.98	12.5		
集体企业	935.1	451.69	435.21	542.54	3.78	532.57
股份合作企业	21.62	9.26	18.57	10.32		
有限责任公司	3875.95	1280.13	3058.13	1426.44	226.6	913.1
其他有限责任公司	3875.95	1280.13	3058.13	1426.44	226.6	913.1
股份有限公司	1389.41	626.96	1387.29	584.85	44.32	404.66
私营企业	11480.45	4013.82	9143.77	4456.17	896.47	2411.91
私营合伙企业	25.1	19.68	25.1	7.29	4.82	
私营有限责任公司	11330.15	3973.15	9099.59	4426.09	890.62	2401.01
私营股份有限公司	125.21	20.99	19.09	22.79	1.02	10.91
二、按建筑业行业分						
房屋建筑业	17124.76	6104.93	13710.02	6808.13	1119.95	4189.51
土木工程建筑业	576.05	281.19	342.69	217.51	44.77	72.73
建筑安装业	23.37	6.8	12.44	6.68	6.45	
建筑装饰和其他建筑业	1.33	0.22	0.79	0.49		

5-11 建筑业企业财务状况(一)

(2015年)

单位:万元

指 标	流动资产合计	#存货	固定资产合计	#本年折旧	资产合计	负债合计
总 计	**6386081**	**1879506**	**846392**	**73693**	**7910828**	**4149339**
其中:国有控股企业	200952	13465	11343	585	218536	178923
一、按登记注册类型分						
内 资	6383229	1879413	846309	73684	7907893	4147350
国有企业	24833	6886	7384	322	33442	16736
集体企业	193065	86950	16500	4087	211905	117458
股份合作企业	8825	5165	2951	130	14554	10032
有限责任公司	1945276	480612	224079	20573	2359097	1549214
国有独资公司	81306	2460	956	27	82266	73791
其他有限责任公司	1863970	478152	223123	20546	2276831	1475423
股份有限公司	1178041	411086	53889	5344	1331517	842063
私营企业	3033189	888714	541506	43227	3957378	1611847
私营合伙企业	856		613	25	1469	648
私营有限责任公司	2910688	873380	511157	42103	3762178	1487964
私营股份有限公司	119603	15269	28889	1082	190725	122339
港、澳、台商投资企业	2852	94	83	9	2935	1990
港、澳、台商独资经营企业	2852	94	83	9	2935	1990
二、按建筑业行业分						
房屋建筑业	4068577	1420197	466458	36610	4920610	2736448
土木工程建筑业	1984189	361920	339427	32420	2592811	1223402
建筑安装业	187784	49473	15010	1315	212444	130371
建筑装饰和其他建筑业	145530	47917	25497	3349	184962	59119

5－12 建筑业企业财务状况(二)

(2015年)

单位:万元

指标	所有者权益合计	#实收资本	营业收入	营业成本	营业税金及附加	营业利润
总计	**3761489**	**1728819**	**15595759**	**14147008**	**537591**	**521052**
其中:国有控股企业	39613	19413	180173	157952	7840	6942
一、按登记注册类型分						
内资	3760543	1728087	15595123	14146515	537543	521011
国有企业	16706	6703	116033	104363	5595	3244
集体企业	94447	29927	542338	494692	20030	14160
股份合作企业	4522	3508	11153	10066	335	235
有限责任公司	809883	467022	3901914	3513612	128493	134496
国有独资公司	8476	4361	14034	12069	428	909
其他有限责任公司	801408	462661	3887880	3501543	128065	133587
股份有限公司	489454	165031	1446619	1308672	53346	58297
私营企业	2345531	1055897	9577066	8715110	329745	310579
私营合伙企业	821	700	21459	19742	873	514
私营有限责任公司	2274214	1004491	9329811	8489452	320209	306220
私营股份有限公司	68387	49198	223246	203857	8639	3858
港、澳、台商投资企业	945	733	636	493	48	41
港、澳、台商独资经营企业	945	733	636	493	48	41
二、按建筑业行业分						
房屋建筑业	2184163	870704	11021092	10100800	379744	330050
土木工程建筑业	1369409	746949	3964598	3529296	138267	153791
建筑安装业	82073	43337	271679	224589	7963	16098
建筑装饰和其他建筑业	125844	67829	338390	292324	11617	21112

5-13 建筑业企业财务状况(三)

(2015年)

单位:万元

指标	管理费用	#税金	财务费用	#利息支出	利润总额	应交所得税	应付职工薪酬
总计	**243980**	**10749**	**110930**	**101808**	**522983**	**148768**	**3330447**
其中:国有控股企业	6075	72	162	202	6894	1835	24276
一、按登记注册类型分							
内资	243948	10736	110927	101808	522949	148758	3330091
国有企业	2723	43	10	30	3216	835	16787
集体企业	11554	207	1409	1527	14174	4785	174084
股份合作企业	432	48	32	33	275	141	3649
有限责任公司	68522	3330	49250	43784	135306	37690	763651
国有独资公司	658	7	-30	19	891	233	1924
其他有限责任公司	67864	3323	49280	43765	134415	37457	761727
股份有限公司	14847	991	7990	9351	59973	13923	286401
私营企业	145869	6117	52236	47083	310006	91385	2085519
私营合伙企业	249	8	11	3	514	429	2690
私营有限责任公司	140555	6018	51649	46813	305831	89955	2046575
私营股份有限公司	4897	90	572	262	3672	987	35825
港、澳、台商投资企业	33	13	3	1	34	10	357
港、澳、台商独资经营企业	33	13	3	1	34	10	357
二、按建筑业行业分							
房屋建筑业	137005	6743	55561	53543	332470	94308	2587880
土木工程建筑业	78353	3368	53010	45973	153254	42981	646505
建筑安装业	19069	301	694	684	16158	4248	38412
建筑装饰和其他建筑业	9553	337	1664	1609	21101	7232	57651

主 要 统 计 指 标 解 释

固定资产投资额 指以货币表示的工作量指标,包括实际完成的建筑安装工程价值,设备、工具、器具的购置费,以及实际发生的其他费用。没用到工程实体的建筑材料、工程预付款和没有进行安装的需要安装的设备等,都不能计算投资完成额。

建筑工程(建筑工作量) 指各种房屋、建筑物的建造工程,又称建筑工作量。包括①各种房屋如厂房、仓库、办公室、住宅、商店、学校、医院、俱乐部、食堂、招待所等工程;房屋的土建工程;列入房屋工程预算内的暖气、卫生、通风、照明、煤气等设备的价值及装设油饰工程;列入建筑工程预算内的各种管道(如蒸汽、压缩空气、石油、给排水等管道)、电力、电讯电缆、导线的敷设工程。②设备基础、支柱、操作平台、梯子、烟囱、凉水塔、水池、灰塔等建筑工程;炼焦炉、裂解炉、蒸汽炉等各种窑炉的砌筑工程及金属结构工程。③为施工而进行的建筑场地的布置、工程地质勘探,原有建筑物和障碍物的拆除,平整土地、施工临时用水、电、汽、道路工程,以及完工后建筑场地的清理、环境绿化美化工作等。④矿井的开凿,井巷掘进延伸,露天矿的剥离,石油、天然气钻井工程和铁路、公路、港口、桥梁等工程。⑤水利工程,如水库、堤坝、灌溉以及河道整治等工程。⑥防空、地下建筑等特殊工程及其他建筑工程。

安装工程(安装工作量) 指各种设备、装置的安装工程,又称安装工作量。包括:①生产、动力、起重、运输、传动和医疗、实验等各种需要安装设备的装配和安装,与设备相连的工作台、梯子、栏杆等装设工程,附属于被安装设备的管线敷设工程,被安装设备的绝缘、防腐、保温、油漆等工作。②为测定安装工程质量,对单个设备、系统设备进行单机试运、系统联动无负荷试运工作(投料试运工作不包括在内)。在安装工程中,不包括被安装设备本身价值。

设备、工具、器具购置 是指建设单位或企、事业单位购置或自制的,达到固定资产标准的设备、工具、器具的价值。新建单位及扩建单位的新建车间,按照设计或计划要求购置或自制的全部设备、工具、器具,不论是否达到固定资产标准均计入"设备、工具、器具购置"中。①设备:指各种生产设备、传导设备、动力设备、运输设备等。②工具、器具:是指具有独立用途的各种生产用具、工作工具和仪器。

其他费用 是指在固定资产建造和购置过程中发生的,除建筑安装工程和设备、工器具购置费以外的各种应分摊计入固定资产的费用。

民间投资 从投资主体为标准划分,政府或代表政府的国有企、事业单位投资建造和购置固定资产,均为政府投资,非国有、合资企业投资建造和购置固定资产则为民间投资。从2002年年报开始,国家投资统计制度中新增加了"国有及国有控股"指标,根据现有的统计资料,一般认为投资总额中扣除国有及国有控股投资部分即为非国有投资。因此,在做民间投资分析时,可以从非国有经济投资中再扣除外商及港澳台商投资部分即为民间投资,但要注意在扣除时,不要再次扣除国有控股部分的外商及港澳台商投资,否则会引起重复扣除。

基础设施投资 目前关于基础设施的界定,国际、国内尚没有统一的标准。我们通常在进行基础设施投资分析时,采用的基础设施投资范围包括:水利、环境和公共设施管理业;电力、燃气及水的生产供应业;交通运输、仓储和邮政业;电信和其他信息传输服务业;教育设施;广播、电视、电影和音像业;文化艺术业;体育设施;卫生设施。

房地产开发投资 是指报告期内完成的全部用于房屋建设工程、土地开发工程投资额以及公益性建筑和土地购置费等投资额。包括各种经济类型的房地产开发公司、商品房建设公司及其他房地产开发单位统一开发的包括统代建、拆迁还建的住宅、厂房、仓库、饭店、宾馆、度假村、写字楼、办公楼等房屋建筑物和配套的服务设施、土地开发工程,如道路、给水、排水、供电、供热、通讯、平整场地等基础设施工程的投资。不包括单纯的土地交易活动。

农村投资 是指发生在农村区域范围内的非农户固定资产投资项目完成的投资额。不包括县及县以上各级政府及主管部门直接领导、管理的建设项目和企事业单位的投资。

新增固定资产 指通过投资活动所形成的新的固定资产价值。包括已经建成投入生产或交付使用的工程价值和达到固定资产标准的设备、工具、器具的价值及有关应摊入的费用。

房屋建筑施工面积 指报告期内房屋建筑按照设计要求已全部完工,达到住人和使用条件,经验收鉴定合格或达到竣工验收标准，可正式移交使用的各栋房屋建筑面积的总和。

房屋建筑面积的统计范围是从房屋外墙线算起的各层平面面积的总和，包括房屋结构（如柱、墙）占用的面积和地下室面积。多层建筑按各自然层面积总和计算，包括房屋内的楼隔层，突出墙面的眺望间、门斗、有柱雨罩的面积，不包括突出墙面结构的构件、艺术装饰等所占的面积，如台阶等。凹阳台、挑阳台按其水平投影面积一半计算建筑面积。

房屋建筑竣工面积 指在报告期内，按照设计所规定的工程内容全部完成，达到了设计规定的交工条件，经有关部门检查验收鉴定合格的房屋建筑面积。

商品房销售面积 指报告期内出售商品房屋的合同总面积（即双方签署的正式买卖合同中所确定的建筑面积）。由现房销售面积和期房销售面积两部分组成。

待售面积 指报告期末已竣工的可供销售或出租的商品房屋建筑面积中，尚未销售或出租的商品房屋建筑面积，包括以前年度竣工和本期竣工的房屋面积，但不包括报告期已竣工的拆迁还建、统建代建、公共配套建筑、房地产公司自用及周转房等不可销售或出租的房屋面积。按照商品房待售时间的长短可以划分为待售一年以下、待售一到到三年（含一年）和待售三年以上（含三年）。

商品房销售额 指报告期内出售商品房屋的合同总价款（即双方签署的正式买卖合同中所确定的合同总价）。该指标与商品房销售面积同口径，由现房销售额和期房销售额两部分组成。

建筑业统计单位 指从事房屋、构筑物建造和设备安装活动的法人企业。建筑业法人企业应同时具备的条件是：①依法成立，有自己的名称、组织机构和场所，能够承担民事责任；②独立拥有和使用资产，承担负债，有权与其他单位签订合同；③独立核算盈亏，能够编制资产负债表。建筑业企业同时也是建筑业统计报表的基本填报单位。建筑业包括施工总承包、专业承包和劳务分包。建筑业法人单位和产业活动单位按注册所地原则进行统计。

建筑业总产值 建筑业总产值是以货币表现的建筑业企业在一定时期内生产的建筑业产品和服务的总和。建筑业总产值包括建筑工程产值、安装工程产值和其他产值三部分内容。建筑业总产值包括：

1. 建筑工程产值：指列入建筑工程预算内的各种工程价值。

2. 设备安装工程产值：指设备安装工程价值。

3. 其他产值：建筑业总产值中除建筑工程、安装工程以外的产值。包括房屋构筑物修理产值、非标准设备制造产值、总包企业向分包企业收取的管理费以及不能明确划分的施工活动所完成的产值。

房屋构筑物修理产值：指房屋和构筑物的修理所完成的产值，但不包括被修理房屋、构筑物本身价值和生产设备的修理价值。

非标准设备制造产值：指加工制造没有定型的非标准生产设备的加工费和原材料价值（如化工厂、炼油厂用的各种罐、槽，矿井生产统一使用的各种漏斗、三角槽、阀门等）以及附属加工厂为本企业承建工程制作的非标准设备的价值。

竣工产值 一般是以单位工程为对象，当该工程按照设计所规定的工程内容全部完成，达到了设计规定的交工条件，经有关部门检查验收鉴定合格的单位工程价值，即为竣工产值。竣工产值包括范围是：对跨年度施工的单位工程，其竣工产值应当包括该工程从开始到竣工的全部自行完成价值；对有些大型单位工程，如大型厂房、高级宾馆、各种管道、公路、铁路等，能够分跨、分层、分段施工并按合同规定，能够分开交付使用的，可以分开计算竣工产值。

6

交通运输邮电通信和电力

Transportation,Posts,Telecommunications and Electricity Consumption

6－1 主要年份客运量和货运量

年份	客运量（万人）					货运量（万吨）			港口货物吞吐量（万吨）
	合计	铁路	公路	水运	民用航空	合计	#公路	#水运	
1952	86		39	47		39		39	
1957	280		211	69		217	111	106	
1962	515		330	185		143	40	103	
1965	659		539	120		202	79	123	
1970	797		605	192		265	106	159	
1975	1155		708	447		301	117	184	
1978	1920		1502	418		382	136	246	
1980	2693		2166	527		431	122	309	
1985	6018		5610	408		1143	697	446	
1990	7934		7652	280	2	2113	1281	832	
1994	9127		8924	196	7	4022	3005	1017	
1995	9338		9123	207	8	4396	3168	1228	
1996	9736		9520	204	12	4121	3023	1098	
1997	9981		9800	170	11	4084	3018	1066	
1998	10051		9894	147	10	4074	2942	1132	
1999	9986		9831	145	10	4587	3260	1327	1134
2000	10049		9899	138	12	4688	3347	1341	1271
2001	10187		10110	62	15	5452	3587	1865	1398
2002	11294		11234	53	7	5971	3868	2103	1613
2003	11921		11851	63	7	7380	4650	2730	2150
2004	10646		10553	83	10	8655	5168	3487	2722
2005	10892		10807	73	12	8629	4330	4299	2819
2006	12143		12021	108	14	10318	4816	5502	3027
2007	14320		14162	140	18	12006	5707	6299	3507
2008	28470		28291	158	21	16143	10025	6118	3898
2009	29201	40	28941	193	27	15830	10021	5809	4294
2010	30137	272	29623	210	32	18155	10500	7655	4706
2011	30577	350	29973	223	31	19685	11220	8462	5099
2012	30874	426	30210	217	21	21245	11744	9493	5358
2013	15204	547	14423	203	31	19464	9040	10424	5628
2014	13869	695	12931	209	33	20222	9628	10565	6049
2015	13166	836	12064	208	58	21215	9990	11200	6239

注：从2008年开始公路运输统计口径作了调整；2013年全国开展了交通运输业经济统计专项调查，公路运输相关指标统计口径作了调整，公路客运量、货运量、客运周转量、货运周转量不包括公交车和出租车的数据，下同。

6－2　主要年份客运周转量和货运周转量

年　份	客运周转量（万人公里）				货运周转量（万吨公里）			
	合　计	铁　路	公　路	水　运	合　计	铁　路	公　路	水　运
1952	2429		1404	1025	2866		55	2811
1957	8904		7308	1596	8162		651	7511
1962	14722		10337	4385	12075		485	11590
1965	14280		12188	2092	17778		1253	16525
1970	18505		15439	3066	23941		1700	22241
1975	23800		18625	5175	25409		1859	23550
1978	43841		32032	11809	52630		3401	49229
1980	62337		46205	16132	58734		3879	54855
1985	164001		150726	13275	190588		44649	145939
1990	248166		236650	11516	277473		68381	209092
1994	339888		330580	9308	592027		201379	390648
1995	376539		367190	9349	662074		260199	401875
1996	435206		428349	6857	800486		366380	434106
1997	490569		485100	5469	799378		368430	430948
1998	562752		558186	4566	903920		376450	527470
1999	599956		595898	4058	1136367		355856	780511
2000	609219		605222	3997	1265144		367388	897756
2001	573927		570954	2973	1547704		370050	1177654
2002	530396		527998	2398	2107028		372897	1734131
2003	552254		550315	1939	2861369		378638	2482731
2004	486854		485418	1436	3607218		343161	3264057
2005	497676		496490	1186	4391979		321865	4070114
2006	568713		567631	1082	5738826		391389	5347437
2007	697739		696613	1126	6778528		454670	6323858
2008	856179		855012	1167	7642498		1274580	6367918
2009	897620	10498	885604	1518	8045858		1314321	6731537
2010	977082	68930	905849	2303	11106446		1419832	9686614
2011	1038253	119485	916120	2647	12382359	640	1566498	10815222
2012	1062380	134317	925562	2501	13252138	1680	1688270	11562188
2013	747599	187251	558711	1637	14196836	5650	1486510	12704676
2014	773225	235190	536282	1753	14663554	6027	1577113	13080414
2015	772643	267193	503713	1737	15710683	5313	1661631	14043739

6-3 公路基本情况

(2015年)

单位:公里

指　　标	通车总里程	国道公路	省道公路	县道公路	乡道公路	专用公路	村道公路
合　计	**12480**	**268**	**734**	**2750**	**2029**	**64**	**6636**
按技术等级分							
高速公路	298	128	170				
一　级	608	94	170	336	3	6	
二　级	1241	42	359	672	102	2	64
三　级	566	4	24	298	157	1	82
四　级	6246		10	1444	1764	45	2982
准四级	3339						3339
等　外	183				3	11	169
按路面类型分							
有铺装	11971	268	734	2684	2004	45	6237
水泥混凝土	9849	18	136	1628	1884	31	6150
沥青混凝土	2123	249	597	1055	120	14	87
简易铺装	98			66	19		12
未铺装	411				6	18	387
桥　梁							
座	5793						
米	304709						
隧　道							
道	300						
延米	214747						

6-4 按管理性质分公路里程

(1986-2015年)

单位:公里

年份	通车总里程	国道	省道	县道	乡道	专用公路	村道
1986	2160	155	616	792	502	95	
1987	2104	155	615	815	511	7	
1988	2197	155	618	862	554	7	
1989	2230	151	608	973	494	7	
1990	2256	150	588	995	516	7	
1991	2302	149	588	1005	560		
1992	2315	149	590	1015	561		
1993	2381	148	595	1045	593		
1994	2438	148	599	1060	632		
1995	2470	158	599	1064	649		
1996	2521	158	598	1087	678		
1997	2589	169	596	1118	707		
1998	3618	176	602	1154	1686		
1999	3650	176	592	1198	1685		
2000	3766	234	592	1230	1710		
2001	3994	232	591	1481	1575	115	
2002	4018	232	591	1503	1576	117	
2003	4060	232	591	1534	1586	117	
2004	4125	232	585	1613	1576	119	
2005	4128	232	585	1617	1576	119	
2006	9087	232	649	1655	1604	98	4849
2007	10200	232	652	1691	1606	98	5921
2008	10593	274	653	2352	2045	65	5204
2009	10988	274	696	2386	2042	66	5523
2010	11267	273	695	2391	2042	66	5800
2011	11528	273	720	2403	2042	66	6024
2012	11688	273	729	2422	2070	66	6129
2013	11910	273	728	2491	2080	66	6272
2014	12283	267	730	2701	2022	64	6500
2015	12480	268	734	2750	2029	64	6636

注：从2006年开始通车公路里程及相关指标包括村道,下同。

6-5 运输线路长度

(1986-2015年)

单位:公里

年份	铁路营业里程	公路通车里程	等级公路合计	#高速公路	#一级	#二级	#三级	#四级	内河航道里程	民用航空航线(条)
1986		2160	1206			32	26	1148	1091	
1987		2104	1239			32	36	1171	1096	2
1988		2197	1347			33	43	1271	1074	2
1989		2230	1386			31	43	1312	1074	2
1990		2256	1384			93	110	1181	1074	4
1991		2302	1446			93	110	1243	986	4
1992		2315	1493			120	132	1241	986	3
1993		2381	1611			210	153	1248	986	5
1994		2438	1693			256	182	1255	986	8
1995		2470	1791			272	188	1331	986	7
1996		2521	1854		22	299	299	1234	986	10
1997		2589	1927		21	329	331	1246	986	10
1998		3618	3029		60	364	477	2128	986	7
1999		3650	3065		60	373	488	2144	986	7
2000		3766	3180	90	60	374	486	2170	986	12
2001		3994	3530	128	124	975	511	1792	986	8
2002		4018	3561	128	140	965	512	1816	986	4
2003		4060	3611	128	141	981	515	1846	993	4
2004		4125	3686	128	177	1030	516	1835	993	4
2005		4128	3688	128	182	1031	512	1835	993	4
2006		9087	8522	188	209	1115	536	3999	993	4
2007		10200	9691	188	236	1169	544	4203	993	5
2008		10593	10175	230	237	1203	565	5053	993	9
2009	94	10988	10671	274	255	1223	568	5301	993	9
2010	94	11267	11005	274	299	1196	556	5507	993	9
2011	94	11528	11287	298	307	1196	565	5577	984	9
2012	94	11688	11453	298	325	1209	565	5731	1007	8
2013	94	11910	11681	298	410	1194	563	5898	1007	11
2014	94	12283	12055	298	555	1233	563	6090	1007	12
2015	94	12480	12297	298	608	1241	566	6246	1007	9

6-6 公路运输工具拥有量

（1999-2015年）

单位:辆

年份	汽车	#营业性汽车	载客汽车	载货汽车	其他汽车	摩托车	挂车
1999	35538		12328	22805	405	170224	76
2000	52390		18485	33386	519	267219	99
2001	70357		26569	43135	653	323187	135
2002	98863	20750	41259	56757	847	391797	172
2003	136432	23522	63937	71352	1143	477445	204
2004	170650	27400	83831	83536	3283	528609	466
2005	211745	24453	114664	93795	3286	576227	324
2006	260615	25996	157742	99091	3782	622064	667
2007	315913	24959	206790	105016	4107	656827	924
2008	368029	24502	254013	109517	4499	646246	1223
2009	457161	25046	330605	123306	3250	664074	1893
2010	565917	27284	423241	139133	3543	677287	2720
2011	678938	32750	520767	154518	3653	632821	3302
2012	793273	33789	623700	165915	3658	586604	3603
2013	922061	33153	738660	179521	3880	575657	4100
2014	1039522	31792	862643	173361	3518	592177	4243
2015	1160758	27530	996106	161221	3431	561369	4429

6-7 水路运输工具拥有量

（1996-2015年）

年份	机动船拥有量（艘）			净载重量（吨位）	载客量（客位）
	合计	货船	客船		
1996	3996	3868	128	239092	12397
1997	3596	3434	123	230381	6471
1998	3327	3279	48	267942	3060
1999	2849	2808	40	345076	2812
2000	2354	2338	16	399659	1671
2001	2389	2375	14	512720	1531
2002	2481	2466	15	652575	1545
2003	2281	2263	18	780320	2224
2004	2127	2113	14	960802	1737
2005	2078	2064	14	1365200	1784
2006	2109	2095	14	1703568	1742
2007	2057	2042	15	1606295	1651
2008	1866	1854	12	1429165	1572
2009	1201	1189	12	2267030	1610
2010	938	926	12	2494626	1227
2011	829	817	12	2739021	1377
2012	772	759	13	3160552	1457
2013	619	606	13	3597236	1457
2014	595	581	14	3932078	1617
2015	564	550	14	3811131	1617

6－8　按货物形态和包装分港口货物吞吐量

（2015 年）

单位：吨

指　　标	合　计	#外　贸	出　港	#外　贸	进　港	#外　贸
港口货物吞吐量	**62368244**	**7093544**	**9816199**	**120416**	**52552045**	**6973128**
1、液体散货	1939793		57998		1881795	
其中：成品油	1882076		47551		1834525	
液化气、天然气及制品						
2、干散货	42808508	4891961	3623606		39184902	4891961
其中：煤炭及制品	13696125	4891961	74629		13621496	4891961
散水泥	2280918				2280918	
散　粮						
3、件杂货	4220676	1497362	6167		4214509	1497362
其中：木　材	9260				9260	
粮　食	2275				2275	
化　肥	28023				28023	
水　泥	2403622		1960		2401662	
4、集装箱（TEU）	155515	58956	74354	28871	81161	30085
重　量（吨）	1619027	704221	288408	120416	1330619	583805
其中：货　重	1283036	580249	126513	59358	1156523	520891
5、滚装船汽车吞吐量（辆）	589012		292001		297011	
滚装船汽车吞吐量（标辆）	589012		292001		297011	
重　量（吨）	11780240		5840020		59402200	

6－9　按货类分港口货物吞吐量

（2015年）

单位:吨

指　　标	合　计	#外　贸	出　港	#外　贸	进　港	#外　贸
港口货物吞吐量	**62368244**	**7093544**	**9816199**	**120416**	**52552045**	**6973128**
1、煤炭及制品	13696125	4891961	74629		13621496	4891961
2、石油、天然气及制品	1882076		47551		1834525	
成品油	1882076		47551		1834525	
液化气、天然气						
3、钢铁	3247056		136517		3110539	
其中：钢　材	3050577		13930		3036647	
生　铁	19353		17443		1910	
4、矿建材料	23544016		3411507		20132509	
其中:砂	19412536		708084		18704452	
5、水　泥	4684540		1960		4682580	
6、木　材	9260				9260	
7、非金属矿石	168974				168974	
8、化肥及农药	28023				28023	
9、盐	15443				15443	
10、粮　食	2275				2275	
11、机械、设备、电器	1489485	1482202	370		1489115	1482202
12、化工原料及制品	113956		10447		103509	
13、轻工、医药产品	16970		600		16370	
14、农、林、牧、渔业产品	15160	15160			15160	15160
15、其　他	13454885	704221	6132618	120416	7322267	583805
其中：集装箱重量	1619027	704221	288408	120416	1330619	583805
滚装船汽车吞吐量	11780240		5840020		5940220	

6-10 主要年份邮电业务量

年　份	邮电业务总量（万元）	邮电业务收入（万元）	函　件（万件）	订销报刊累计份数（万份）	固定电话用户数（万户）	移动电话用户数（万户）	互联网宽带接入用户数（户）	移动互联网用户数（户）
1949	20		64	18				
1952	47		150	364				
1957	133		493	707				
1962	278		608	700				
1965	299		585	1623				
1970	354		610	2694				
1975	458		686	3133				
1978	611		775	3635	0.67			
1980	792		1106	4707	0.76			
1985	1514		1987	7332	1.28			
1990	5376		1989	7401	2.86			
1994	30034		2428	8937	12.76	0.61		
1995	51505		2376	10740	20.29	1.99		
1996	76928		2489	11750	26.99	4.27	2	
1997	105213		2172	10172	36.13	9.24	447	
1998	164086		2205	10201	53.29	16.19	3957	
1999	226838		2360	10889	77.10	41.20	7663	
2000	362332		2630	11339	100.81	78.35	62305	
2001	331815		3581	11826	117.09	127.33	182318	
2002	400261		3484	11766	143.66	157.78	278892	
2003	590142	354574	3446	12800	169.13	225.02	390310	
2004	836830	390559	2705	12187	198.32	283.06	393280	
2005	889277	426046	2227	12276	207.69	360.83	282427	
2006	1063520	475040	1583	12693	214.30	432.97	373162	
2007	1318754	561391	1444	12614	215.53	517.74	461203	
2008	1463341	646065	1373	13065	211.86	554.13	558170	
2009	1536168	625391	1592	13254	189.95	591.34	683016	
2010	1467071	663022	1516	12724	178.72	719.60	863564	
2011		691300	1774	12933	170.99	791.45	1126632	3567678
2012		763311	1803	14419	165.07	782.99	1265399	4685981
2013		783041	1935	16407	152.04	744.77	1512076	5028731
2014		755726	1597	15922	140.55	758.62	1676744	5427455
2015		726790	1286	16324	120.44	739.78	1785103	6056687

注：2001 年起邮电业务总量为 2000 年不变价，下同；2004 年及以前互联网宽带接入用户数为国际互联网用户数。

6-11 邮电企业主要指标

(1978-2015年)

年份	邮电局(所)数(个)	邮路及农村投递线路长度(公里)	长途电话电路总数(路)	长途自动交换机(路端)	电话交换机装机总容量(万门)	固定电话主线普及率(户/百人)	移动电话普及率(户/百人)
1978	294		122		1.25	0.15	
1980	302	14529	156		1.49	0.16	
1985	339	15451	316		3.38	0.26	
1986	348	16224	332		3.82	0.28	
1987	350	16072	403		4.17	0.33	
1988	349	15788	433		4.70	0.40	
1989	348	16306	472		5.39	0.46	
1990	345	15835	991	1168	6.10	0.55	
1991	342	16063	1507	1458	6.61	0.66	
1992	336	15616	1858	1598	8.12	0.88	
1993	321	16052	5076	5670	14.22	1.39	0.01
1994	294	16112	3145	16950	26.39	2.42	0.12
1995	293	16263	3163	16920	42.42	3.83	0.38
1996	280	16552	6422	32924	54.18	5.06	0.80
1997	284	16476	7593	15450	68.41	6.74	1.72
1998	368	16485	11221	10260	80.18	9.88	3.00
1999	433	16264	15626	19305	82.32	14.20	7.59
2000	408	16211	21912	25476	159.30	18.44	14.33
2001	365	16433	10864	25476	172.50	21.35	23.21
2002	343	16715	10502	27000	206.26	26.10	28.66
2003	232	15779	11522	27000	232.43	30.61	40.72
2004	327	18645	14700	27000	263.38	35.67	50.92
2005	417	20038	18600	27000	300.67	37.10	64.45
2006	437	20989	22170	27000	300.74	37.95	76.68
2007	475	21587	20169	27000	300.10	37.85	90.93
2008	456	24444	21033	48670	282.73	36.91	96.53
2009	468	24372	25740	48670	262.56	32.84	102.22
2010	465	24315	30450	48670	261.60	30.65	123.40
2011	447	24937	30523	48670	258.44	29.14	134.88
2012	457	24690	30450	48670	240.18	27.90	132.50
2013	472	26232	30330	48670	204.94	25.59	125.37
2014	456	18564			172.00	23.54	127.05
2015	425	16653			171.59	20.16	123.81

注：2003年起邮电局、所总数不包括代办点，下同；2014年起长途电话电路总数和长途自动交换机指标已经取消。

6-12 全社会用电量(一)

(1986-2015年)

单位:万千瓦时

年份	全社会用电量(包括厂用电量及线损)	农林牧渔水利业	工业用电	轻工业	重工业	建筑业
1986	68185	6771	47606	23295	24311	346
1987	81333	6388	55928	26218	29710	473
1988	97744	7037	65001	31807	33194	664
1989	101163	5700	65199	32284	32915	675
1990	114048	5679	69416	35376	34040	776
1991	138918	6359	85071	44299	40772	863
1992	160412	6734	101102	56365	44737	1296
1993	194360	6768	123414	68936	54478	1678
1994	224103	7876	140052	80616	59436	2103
1995	253892	8161	155598	87155	68443	3038
1996	270237	8048	165274	90346	74928	3477
1997	290184	7393	178064	97804	80260	4960
1998	318937	7261	195749	109284	86465	5732
1999	377370	7130	241075	136822	104253	5995
2000	460236	8795	309357	174070	135287	6397
2001	525430	9104	358175	198073	160102	7167
2002	647020	9444	452978	247101	205878	8157
2003	779903	9986	552753	296718	256034	9746
2004	848560	8488	618333	336047	282286	11720
2005	1048465	10346	744117	306493	437625	15354
2006	1240624	11841	870314	379305	491009	22439
2007	1438263	11939	1031548	391116	640432	22180
2008	1566240	12296	1111781	391240	720540	21438
2009	1718830	13185	1214514	418490	796023	24205
2010	1962057	12937	1391383	479452	911931	30082
2011	2219849	12924	1570324	530430	1039895	33710
2012	2273310	13487	1566705	539937	1026768	35761
2013	2479714	15862	1692994	574739	1118255	46231
2014	2544168	15726	1731691	584676	1147015	50460
2015	2527487	15634	1677933	595433	1082500	51046

6－13 全社会用电量(二)

(1986－2015年)

单位:万千瓦时

年份	交通运输仓储邮政业	商业住宿和餐饮业	其他事业	城乡居民生活用电	乡村	城市
1986	236	839	2264	10123	6955	3168
1987	275	1104	2798	14368	9519	4849
1988	336	1357	3557	19793	13133	6660
1989	357	1418	3961	23854	15623	8231
1990	419	1675	4309	31774	20812	10962
1991	570	2050	5212	38794	24925	13869
1992	621	2015	5897	42746	27256	15490
1993	792	2448	7123	52137	33011	19126
1994	1008	2961	8410	61693	38905	22788
1995	1283	3476	9447	72889	45249	27640
1996	1747	4883	10965	75844	46172	29672
1997	1919	5422	12457	79969	47386	32583
1998	2260	6753	14770	86414	49907	36507
1999	2562	8689	18014	93905	53254	40650
2000	3328	10993	21000	100365	55896	44470
2001	4283	16426	23287	106988	60513	46475
2002	5135	20333	25686	125287	71591	53696
2003	6605	24063	32205	144544	81424	63120
2004	6517	28488	33012	142002	75818	66184
2005	6895	32660	59243	179849	101689	78160
2006	8522	40554	69979	216975	127247	89728
2007	9660	45522	79839	237575	141979	95596
2008	9492	49541	87478	274214	158919	115295
2009	10352	59848	94167	302559	177569	124990
2010	16645	68668	102487	339856	204750	135106
2011	19681	81565	114534	387110	235962	151148
2012	18570	91379	126222	421186	253065	168122
2013	20425	100071	138626	465505	280428	185077
2014	23988	109302	147256	465746	281880	183865
2015	25243	114348	135725	481992	293354	188639

6-14 分产业和行业全社会用电量

（2015 年）

类　　别	用户数（个）	用户用电装接容量（千瓦）	本年用电量（万千瓦时）
总　　计	**2640954**	**28663599**	**2527487**
按产业分			
第一产业	17254	267833	15640
第二产业	145284	10518282	1728979
第三产业	2478416	17877484	782868
按用途分			
一、农、林、牧、渔业	**17254**	**267833**	**15640**
农　业	6832	107151	5094
林　业	150	2695	144
畜牧业	1083	15838	1085
渔　业	655	25379	2021
农、林、牧、渔服务业	8534	116770	7297
其中：排　灌	6775	83976	3825
二、工　业	**137566**	**8970481**	**1677933**
采矿业	747	90001	7676
制造业	134509	8184206	1519348
食品、饮料和烟草制造业	9762	312720	41688
纺织业	7007	196071	36145
服装鞋帽、皮革羽绒及其制品业	7044	278543	42513
木材加工及制品和家具制品业	7362	172442	20189
造纸及纸制品业	1936	106495	27720
印刷业和记录媒介的复制	1386	64453	9579
文体用品制造业	307	27701	4461
石油加工、炼焦及核燃料加工业	41	1912	114
化学原料及化学制品制造业	678	146005	33813
医药制造业	455	360857	101237
化学纤维制造业	82	9161	1937
橡胶和塑料制品业	22436	1732436	352402
非金属矿物制品业	3068	261627	46518

6－14续表

类　　别	用户数（个）	用户用电装接容量（千瓦）	本年用电量（万千瓦时）
有色金属冶炼及压延加工业	1656	194174	31605
金属制品业	12700	798788	149388
通用及专用设备制造业	36537	1966320	362312
交通运输、电气、电子设备制造业	9226	1122871	198811
工艺品及其他制造业	11904	368090	50676
废弃资源和废旧材料回收加工业	922	63540	8241
电力、燃气及水的生产和供应业	2310	696274	150909
电力、热力的生产和供应业	650	569064	128946
燃气生产和供应业	113	15616	1506
水的生产和供应业	1547	111594	20457
在工业用电量中：轻工业	62163	3167014	595433
重工业	75403	5803467	1082500
三、建筑业	**7718**	**1547801**	**51046**
四、交通运输、仓储和邮政业	**1971**	**339827**	**25243**
五、信息传输、计算机服务和软件业	**10947**	**162083**	**25560**
六、商业、住宿和餐饮业	**45924**	**1322131**	**114348**
批发和零售业	40332	959258	76543
住宿和餐饮业	5592	362873	37805
七、金融、房地产、商务及居民服务业	**20450**	**829470**	**42362**
八、公共事业及管理组织	**33501**	**1318296**	**93363**
科学研究、技术服务和地质勘查业	142	27814	1370
水利、环境和公共设施管理业	15914	332961	21021
教育、文化、体育和娱乐业	4009	360528	25151
卫生、社会保障和社会福利业	1447	144931	15584
公共管理和社会组织、国际组织	11989	452062	30237
九、城乡居民生活用电	**2365623**	**13905677**	**481992**
城镇居民	715487	4882163	188639
乡村居民	1650136	9023514	293354

主 要 统 计 指 标 解 释

货（客）运量 指运输业实际运送的货物（旅客）数量。货运按吨计算，客运按人计算。货物不论运输距离长短，货物类别，均按实际重量统计；旅客不论行程远近或票价多少，均按一人一次作为客运量统计。半价票、小孩票也按一人统计。货（客）运量反映运输业为国民经济和人民生产服务的数量指标，也是制定和检查运输生产计划，研究运输发展规模和速度的重要指标。

货物（旅客）周转量 指运输业实际运送的货物（旅客）数量与相应运输距离乘积之总和，通常以吨公里和人公里为计算单位。计算货物周转量通常按发出站与到达站之间的最短距离，也就是计费距离计算。它反映运输业生产总成果的重要指标，也是编制和检查运输生产计划、计算运输效率、劳动生产率以及核算运输单位成本的主要基础资料。

铁路营业里程 又称营业长度，指办理客货运输业务的铁路正线总长度。凡是全线或部分建成双线及以上的线路，以第一线的实际长度计算；复线、站线、段管线、岔线和特殊用途线以及不计算运费的联络线都不计算营业里程。铁路营业里程是反映铁路运输业基础设施发展水平的重要指标，也是计算客货周转量、运输密度和机车车辆运用效率等指标的基础资料。

公路里程 也称"公路通车里程"，是指实际达到公路工程技术标准等级的公路长度。它包括大中城市的郊区公路以及通过小城镇街道的公路里程，也包括桥梁、渡口的长度，但不包括城市的街道以及厂矿、林区和农业生产用道的里程。两条或多条公路共同走向的同一条路段，只计算一次，不得重复计算里程长度，公路里程是反映公路建设发展规模重要指标，也是计算运输网密度等指标的基础资料。

内河航道里程 也称"内河通航里程"，是反映内河水运网规模、水平和发展情况的主要指标；是指在一定时期内，能通航运输船舶及排筏的天然河流、湖泊水库、运河及通航渠道的长度。包括全年季节性通航累计三个月以上的航道，但不包括仅供零散流放竹、木排的河道。

港口货物吞吐量 指由水运进出港口港区范围、并经过装卸的货物数量。吞吐量可以分进口、出口，又可以分为国内贸易和对外贸易。货物吞吐量的货种分类及其主要流向流量，反映了港口在国内外物资交换和对外贸易运输中的地位和作用。

载货汽车拥有量 是指以辆为单位计算的，在报告期末，全社会拥有的载货汽车总辆数。按公路监理部门和公安部门的机动车管理单位所掌握的领有车辆牌照资料加以整理计算。

订销报刊累计份数 是以万份为计算单位，报告期订阅和零售国内外报刊各出版期的总份数。在计算时，订阅的报刊按出版期计算，零售的按实销份数计算。凡正常性或临时加发的零售份数，报告期出版的或报告期前出版的份数都统计在内，但不包括变价出售的报刊。订销报刊的累计份数应按进口交换量计算。

全社会用电量 国民经济各行业及城乡居民消费的电量。它包括电力企业售电量与自备电厂自发自用电量及其售给附近用户电量之和。它是考察电力消费去向、作为电力分配依据的重要指标。

7

原材料和能源

Crude Materials and Energy

7-1 全社会单位生产总值能耗

（2005-2015年）

年　　份	能源消费总量（万吨标准　煤）	单位GDP能　　耗（吨标准煤/万元）	单位GDP能　　耗降低率（%）	能源消费弹性系数（%）	电力消费总量（亿千瓦时）	单位GDP电　　耗（千瓦时/万元）	单位GDP电　　耗降低率（%）	电力消费弹性系数（%）
2005	790.75	0.632			104.85	837		1.70
2006	880.45	0.615	2.65	0.78	124.07	866	-3.46	1.27
2007	967.47	0.590	4.05	0.68	143.83	877	-1.27	1.10
2008	1005.25	0.560	5.18	0.41	156.62	872	0.60	0.92
2009	1029.39	0.531	5.12	0.28	171.88	886	-1.65	1.15
2010	1105.30	0.505	4.85	0.57	196.21	897	-0.88	1.08
2011	1173.04	0.443	2.79	0.63	221.98	847	-4.73	1.46
2012	1167.40	0.416	6.14	0.12	227.33	810	4.70	0.32
2013	1183.00	0.388	1.80	0.76	247.97	814	-1.05	1.14
2014	1214.08	0.371	4.50	0.35	254.42	777	4.57	0.35
2015	1240.06	0.356	4.10	0.33	252.75	725	6.72	-0.10

注:2011-2015年GDP按2010年不变价格计算。2013年、2014年能源消费总量随GDP调整而调整。

7-2 规模以上工业能源购进、消费及库存

（2015年）

能　源　名　称		购进量	消　费合　计	工业生产消　　费	非工业生产消费	期　末库　存
能源合计	吨标准煤		**9973061**	**9868714**	**104346**	
原　煤	吨	10748325	10766567	10739727	26839	673904
煤制品	吨	13058	11949	11771	179	1346
焦　炭	吨	7470	7351	7351		747
天然气(气态)	万立方米	4412	4415	4410	6	1
液化天然气(液态)	吨	12328	12261	12199	61	287
汽　油	吨	21381	21413	9468	11945	149
煤　油	吨	1929	1923	1897	26	44
柴　油	吨	46167	46174	36630	9544	3915
燃料油	吨	4635	4597	4566	31	119
液化石油气	吨	4126	4156	4124	32	69
其它石油制品	吨	2879	2904	2903	2	164
热　力	百万千焦	6383152	6684579	6598532	86047	
电　力	万千瓦时	967025	1116193	1075627	40565	
城市垃圾用于燃料	吨	400	1187964	1187964		
生物质废料用于燃料	吨	7672	7913	7913		268
其他燃料	吨标准煤	2165	2370	2370		

7－3 规模以上工业按行业分主要能源消费量(一)

(2015 年)

单位:吨

行业名称	原煤	煤制品	焦炭	天然气(万立方米)	液化天然气	汽油	煤油
合　　计	**10766567**	**11949**	**7351**	**4415**	**12261**	**21413**	**1923**
有色金属矿采选业							
非金属矿采选业						14	
农副食品加工业	3457	410				117	
食品制造业	6196			5	5	123	
酒、饮料和精制茶制造业	4073			101		60	
纺织业	41655			104		416	
纺织服装、服饰	111					77	
皮革、毛皮、羽毛及其制品和制鞋业	1403					681	75
木材加工和木、竹、藤、棕、草制品业	62			27	2	101	
家具制造业	739			123	1	294	7
造纸和纸制品业	100505	3463		1		197	
印刷和记录媒介复制业	3424				7	241	
文教、工美、体育和娱乐用品制造业	2289			25		958	15
石油加工、炼焦和核燃料加工业						6	
化学原料和化学制品制造业	58380			91		574	
医药制造业	174285			397		901	16
化学纤维制造							
橡胶和塑料制品业	90619	7721		165	673	2937	18
非金属矿物制品业	15904			221		291	
黑色金属冶炼和压延加工业	9024		5180	84		239	21
有色金属冶炼和压延加工业	19302		116	233	1141	173	93
金属制品业	27193		98	1566	2021	828	541
通用设备制造业	7933		191	242	1048	2336	861
专用设备制造业	2372	356	1231	117	2	2114	26
汽车制造业	7287		20	398	5314	2203	165
铁路、船舶、航空航天和其他运输设备制造业	2510			275	1503	1532	26
电气机械和器材制造业	2261		495	199	123	1897	34
计算机、通信和其他电子设备制造业					421	199	1
仪器仪表制造业			19	25		497	21
其他制造业	4770			15		56	
废弃资源综合利用业						88	2
金属制品、机械和设备修理业						13	
电力、热力生产和供应业	10180815			4		947	
燃气生产和供应业						79	
水的生产和供应						225	

7－4　规模以上工业按行业分主要能源消费量(二)

(2015年)

单位:吨

行业名称	柴油	燃料油	液化石油气	其他石油制品	热力(百万千焦)	电力(万千瓦时)
合　　计	**46174**	**4597**	**4156**	**2904**	**6684579**	**1116193**
有色金属矿采选业	28					601
非金属矿采选业	76					287
农副食品加工业	355		2		50082	11128
食品制造业	137				320347	3330
酒、饮料和精制茶制造业	102				221547	3266
纺织业	598		31	2		20158
纺织服装、服饰	60					547
皮革、毛皮、羽毛及其制品和制鞋业	620	8	35			17703
木材加工和木、竹、藤、棕、草制品业	86		23			3662
家具制造业	262			10		9397
造纸和纸制品业	551				371546	23099
印刷和记录媒介复制业	278					3581
文教、工美、体育和娱乐用品制造业	499		13			6676
石油加工、炼焦和核燃料加工业	10					7
化学原料和化学制品制造业	1511	62	76		899450	33294
医药制造业	2338	150			4510588	98751
化学纤维制造						1596
橡胶和塑料制品业	2352	204	67	221	51913	147700
非金属矿物制品业	12490	120	280		197686	26892
黑色金属冶炼和压延加工业	615	228	29			23785
有色金属冶炼和压延加工业	1044	404	9	10		28739
金属制品业	2110	1446	766	283	61419	55170
通用设备制造业	4601	1041	845	784		84930
专用设备制造业	2118	98	1	961		36996
汽车制造业	2336	88	44	238		69649
铁路、船舶、航空航天和其他运输设备制造业	3721	30	9	280		24838
电气机械和器材制造业	3361	198	363	80		42624
计算机、通信和其他电子设备制造业	350	521		13		12302
仪器仪表制造业	311		121	17		16467
其他制造业	142					9279
废弃资源综合利用业	1342		1441			4643
金属制品、机械和设备修理业	165			6		179
电力、热力生产和供应业	1537					282341
燃气生产和供应业	61					88
水的生产和供应	9					12490

7-5 规模以上工业按行业分能源消费情况

（2015年）

单位：吨标准煤

行业名称	单位数（个）	综合能耗		万元产值综合能耗		节能量
		绝对额	比上年增长（%）	绝对额	比上年降低（%）	
合计	**3742**	**6328583**	**-5.48**	**0.159**	**1.17**	**74911**
有色金属矿采选业	1	779	29.01	0.163	-28.17	-171
非金属矿采选业	3	463	-48.16	0.042	54.81	561
农副食品加工业	66	20031	-5.87	0.038	11.54	2614
食品制造业	21	19246	15.95	0.094	-5.11	-936
酒、饮料和精制茶制造业	8	15569	-16.08	0.109	2.70	431
纺织业	84	57817	6.70	0.073	-6.68	-3618
纺织服装、服饰	20	871	-27.33	0.015	22.85	258
皮革、毛皮、羽毛及其制品和制鞋业	242	23991	-8.70	0.021	0.22	52
木材加工和木、竹、藤、棕、草制品业	15	5010	0.72	0.054	8.53	467
家具制造业	99	13661	-9.97	0.022	-7.06	-900
造纸和纸制品业	56	88882	4.81	0.208	-4.26	-3631
印刷和记录媒介复制业	35	6982	-3.98	0.043	-1.07	-74
文教、工美、体育和娱乐用品制造业	127	11071	13.42	0.017	-4.35	-462
石油加工、炼焦和核燃料加工业	2	23	-36.31	0.011	-77.30	-10
化学原料和化学制品制造业	78	115410	-1.50	0.084	-1.69	-1914
医药制造业	74	324258	6.54	0.100	4.66	15858
化学纤维制造	3	1902	-18.56	0.036	9.85	208
橡胶和塑料制品业	473	258814	-0.08	0.064	0.44	1156
非金属矿物制品业	75	68629	1.05	0.106	-8.24	-5224
黑色金属冶炼和压延加工业	68	42610	-10.72	0.080	-1.80	-755
有色金属冶炼和压延加工业	82	57006	-0.62	0.042	-5.97	-3214
金属制品业	204	120764	0.33	0.080	-13.68	-14530
通用设备制造业	612	128681	0.13	0.028	-7.60	-9087
专用设备制造业	207	56471	-5.26	0.031	-4.54	-2455
汽车制造业	326	110561	0.96	0.034	-8.10	-8281
铁路、船舶、航空航天和其他运输设备制造业	169	43590	-4.59	0.021	-1.89	-809
电气机械和器材制造业	341	62525	-9.09	0.019	-2.06	-1263
计算机、通信和其他电子设备制造业	39	16888	11.34	0.027	3.71	651
仪器仪表制造业	80	20609	1.90	0.025	-9.43	-1777
其他制造业	27	14466	5.19	0.019	-0.16	-23
废弃资源综合利用业	58	9841	-0.12	0.010	-20.51	-1675
金属制品、机械和设备修理业	1	456	21.96	0.164	2.49	12
电力、热力生产和供应业	27	4595258	-7.57	1.221	4.75	228971
燃气生产和供应业	6	196	39.83	0.005	-53.90	-68
水的生产和供应	13	15254	4.29	0.106	0.54	83

7－6 规模以上工业主要能源消费量(一)

(1999－2015年)

单位:吨

年　份	原　煤	煤制品	焦　炭	汽　油	煤　油
1999	4106147	82	8316	9148	2926
2000	4665482	180	11642	11126	3946
2001	4787214	116	20011	13388	5731
2002	4747322	238	17291	17346	7123
2003	5414989	316	25424	20048	7188
2004	5868900	1238	33611	27533	17612
2005	5873411	149	36615	32360	11661
2006	5726068	637	42483	41334	12363
2007	9963353	1829	45799	48012	11149
2008	13518900	1169	40008	43092	9252
2009	13409540	909	26507	40899	7139
2010	13922044		26360	42102	7051
2011	15110170	19840	17550	24602	4367
2012	12884375	12429	12847	20775	2618
2013	13294169	15434	12020	20646	1701
2014	11451570	10025	8671	19664	1472
2015	10766567	11949	7351	21413	1923

7-7 规模以上工业主要能源消费量(二)

(1999-2015年)

单位:吨

年份	柴油	燃料油	液化石油气	热力(百万千焦)	电力(万千瓦时)
1999	32822	280	588	659930	184951
2000	29953	1132	968	1766294	236146
2001	34289	2140	1811	2171882	270509
2002	43914	3128	3536	2881165	298967
2003	78053	4898	4683	3470891	447453
2004	169985	9364	11036	3894369	460304
2005	135280	35860	6351	4909302	585211
2006	141321	20129	8837	5053894	681262
2007	169879	20395	9347	5904636	821157
2008	147176	19341	8358	6024796	925013
2009	108967	16628	7303	5950744	963462
2010	124310	14216	7450	6226344	1101773
2011	80976	10104	6622	5802316	1004928
2012	52553	6329	5321	5894498	1006422
2013	48547	5277	4464	5542756	1088458
2014	46202	4813	4599	5735865	1114778
2015	46174	4597	4156	6684579	1116193

7－8 规模以上工业按行业分取水量

(2015年)

单位:万立方米

行业名称	取水总量	地表水	地下水	自来水	海水	其他水	外供水
合计	**78807.00**	**64301.02**	**291.84**	**12780.97**	**1371.86**	**11.86**	**66614.21**
有色金属矿采选业	6.48		6.48				
非金属矿采选业	3.10	2.60		0.50			
农副食品加工业	335.73	95.23	32.06	207.23			
食品制造业	263.86	2.02	22.25	239.60			
酒、饮料和精制茶制造业	179.28	26.23		153.05			
纺织业	368.74	76.96	9.60	281.58			
纺织服装、服饰	9.72	0.15	0.12	9.44			
皮革、毛皮、羽毛及其制品和制鞋业	216.58	31.34	1.16	184.03			
木材加工和木、竹、藤、棕、草制品业	11.16		0.08	11.08			
家具制造业	103.07	12.57	6.93	83.58			
造纸和纸制品业	264.23	165.52	14.27	83.55			
印刷和记录媒介复制业	33.52	0.63		32.89			
文教、工美、体育和娱乐用品制造业	85.88	2.29	11.46	72.13			
石油加工、炼焦和核燃料加工业	0.19			0.19			
化学原料和化学制品制造业	479.62	88.46	12.68	344.26		1.06	
医药制造业	1591.35	169.92	16.54	1394.89		9.10	
化学纤维制造	3.73	0.14		3.59			
橡胶和塑料制品业	843.44	67.16	66.01	702.45			
非金属矿物制品业	274.43	96.01	4.23	173.02			
黑色金属冶炼和压延加工业	70.75	13.14	2.37	55.25			
有色金属冶炼和压延加工业	84.40	4.82	0.47	78.99			
金属制品业	350.64	55.33	3.70	291.38		0.01	
通用设备制造业	447.98	9.08	13.96	424.06		0.00	
专用设备制造业	221.08	4.69	1.60	212.82	0.04	0.00	
汽车制造业	353.97	3.05	5.84	344.58		0.45	
铁路、船舶、航空航天和其他运输设备制造业	237.39	4.19	10.20	222.79		0.01	
电气机械和器材制造业	337.74	3.66	6.69	327.10		0.07	
计算机、通信和其他电子设备制造业	75.66	0.26	0.52	74.16		0.73	
仪器仪表制造业	173.65	0.97	1.59	170.66		0.42	
其他制造业	242.39	13.06	40.79	188.54			
废弃资源综合利用业	68.29	2.06	0.05	66.18			
金属制品、机械和设备修理业	2.61			2.61			
电力、热力生产和供应业	2426.31	820.65	0.20	233.63	1371.83		35.27
燃气生产和供应业	2.37			2.37			
水的生产和供应	68637.65	62528.84		6108.81			66578.95

主 要 统 计 指 标 解 释

能源购进量 指能源使用单位在报告期内外购的、用于本企业消费的各种一次能源和二次能源。购进量的统计原则是:谁购进,谁统计。

能源消费量 是指能源使用单位在报告期内实际消费的一次能源或二次能源的数量。包括终端消费和中间消费。能源消费数量分别用实物量和价值量表示。能源消费量统计的原则是:

(1)谁消费、谁统计;

(2)何时投入使用,何时计算消费量;

(3)消费量只能计算一次。

工业企业的能源消费量包括工业企业在生产过程中作为燃料、动力、原料、辅助材料使用的能源以及工艺用能、非生产用能。作为能源加工转换企业,还要包括能源加工转换的投入量。具体包括:

(1)用于本企业产品生产、工业性作业和其他生产性活动的能源;

(2)用于技术更新改造措施、新技术研究和新产品试制以及科学试验等方面的能源;

(3)用于经营维修、建筑及设备大修理、机电设备和交通运输工具等方面的能源;

(4)用于劳动保护的能源;

(5)其他非生产消费的能源。

综合能源消费量 是指报告期内工业企业在工业生产活动中实际消费的各种能源的总和。

万元工业总产值综合能耗 是指综合能源消费量与工业总产值之比,它反应单位工业总产值所耗的能源量。

标准煤 各种能源折算成以煤当量为统一标准的计量单位。

能源消费弹性系数 是反映能源消费增长速度与国民经济增长速度之间比例关系的指标。计算公式:

$$能源消费弹性系数 = \frac{能源消费量年平均增长速度}{国民经济年平均增长速度}$$

电力消费弹性系数 是反映电力消费增长速度与国民经济增长速度之间比例关系的指标。计算公式:

$$电力消费弹性系数 = \frac{电力消费量年平均增长速度}{国民经济年平均增长速度}$$

国民经济年平均增长速度,可根据不同的目的或需要,用国民生产总值,国内生产总值等指标来计算,本资料是采用生产总值指标计算的。

取水总量 指工业企业从各种水源提取的,并用于工业生产活动的水量总和。包括地表水、地下水、自来水、由管道供应的未经达标处理的水、经城市污水处理厂处理后回用的中水、海水,以及企业从市场购得的其他水或水的产品(如纯净水、矿泉水、蒸汽、热水、地热水等)。

8

批发零售贸易业和住宿餐饮业

Wholesale and Retail Sale Trade and Accommodation and Restaurants

8－1 主要年份社会消费品零售总额

单位:万元

年份	社会消费品零售总额	批发和零售业	住宿和餐饮业	其他
1949	3257	3178	61	18
1952	5196	5066	100	30
1957	13064	12636	353	75
1962	18197	17188	892	117
1965	19656	19011	536	109
1970	24796	23298	721	777
1975	31157	29890	860	407
1978	49157	47252	1204	701
1980	76294	72577	1731	1986
1985	169672	155903	4911	8858
1990	371549	338638	13646	19265
1994	1004440	896540	70359	37541
1995	1431932	1303393	105055	23484
1996	1679697	1504939	112149	62609
1997	1765479	1562593	128040	74846
1998	1818458	1605022	128517	84919
1999	2009855	1750219	153424	106212
2000	2180811	1928811	174445	77555
2001	2458302	2153581	221176	83545
2002	2839044	2437704	310493	90847
2003	3264367	2757343	396443	110581
2004	3788700	3203478	479122	106100
2005	4412511	3702714	590178	119619
2006	5146870	4331501	689924	125445
2007	6016532	5076909	809356	130268
2008	7184344	6365848	798191	20305
2009	8178784	7293463	857701	27620
2010	9604506	8582807	1021699	
2011	11323711	10078162	1245549	
2012	13043014	11586735	1456279	
2013	14492679	12902552	1590127	
2014	16463225	14678283	1784942	
2015	18266783	16317522	1949261	

注：从2010年开始社会消费品零售总额统计范围不包括非批发零售和住宿餐饮业单位，2013年开始统计范围不包括市外法人在我市的产业活动单位，下同。按照统计新口径，2013年全市社会消费品零售总额增幅为12.8%。

8－2　市区主要年份社会消费品零售总额

单位:万元

年　份	市　区	椒江区	黄岩区	路桥区
1949	1076	374	702	
1952	1805	624	1181	
1957	4309	1522	2787	
1962	7016	2633	4383	
1965	7252	2810	4442	
1970	8202	2920	5282	
1975	9250	3453	5797	
1978	17280	6439	10841	
1980	25401	7748	17653	
1985	70360	27755	42605	
1990	142578	59519	83059	
1994	386377	146619	104408	135350
1995	553034	223732	111089	218213
1996	663850	245383	150304	268164
1997	703877	224198	176307	303372
1998	726139	225090	188648	312400
1999	808145	239840	223925	344379
2000	887364	266039	237137	384188
2001	1028501	319272	275079	434150
2002	1200228	375093	313040	512094
2003	1381562	431911	350605	599046
2004	1592391	497000	399900	695491
2005	1869294	588109	468078	813107
2006	2193664	681730	553696	958238
2007	2573539	796143	642574	1134822
2008	3071525	946678	756962	1367884
2009	3466197	1103547	901447	1461203
2010	4104622	1290855	1062868	1750899
2011	4818346	1508310	1245585	2064452
2012	5474591	1743853	1408423	2322315
2013	5862532	1911661	1536699	2414172
2014	6644874	2159419	1755503	2729952
2015	7386063	2354822	1963675	3067566

8-3 各县市主要年份社会消费品零售总额

单位:万元

年　份	玉环县	三门县	天台县	仙居县	温岭市	临海市
1949	157	226	376	116	569	737
1952	394	252	524	181	1146	894
1957	1209	615	1132	635	2786	2378
1962	1432	767	1308	940	3455	3279
1965	1524	948	1478	1038	3876	3540
1970	1795	1338	2001	1776	5249	4435
1975	2345	2097	2979	2055	6673	5758
1978	4508	3525	3731	2679	10583	6851
1980	7977	5359	5790	4401	15173	12193
1985	16456	10331	10571	8348	31718	21887
1990	28249	20298	33129	15637	74716	56942
1994	79306	40805	66980	37969	251317	141685
1995	124342	59402	83421	57532	371144	183057
1996	119885	59020	101511	68760	477408	189263
1997	127677	60178	105683	69266	517735	181061
1998	133218	57449	111444	74776	551521	163911
1999	144955	66516	118778	79902	587884	203676
2000	170963	75880	125285	86181	604442	230696
2001	193876	84497	141571	97410	642717	269731
2002	230107	101627	163583	114621	711693	317185
2003	271759	125379	186643	133469	796888	368667
2004	317509	151200	216200	156400	922800	432200
2005	369147	172396	243753	182602	1073924	501395
2006	425807	200757	281620	212075	1249273	583674
2007	494012	235352	327617	246518	1457003	682491
2008	593376	281905	393193	293847	1736376	814122
2009	641673	325938	435291	346606	2025050	938029
2010	756617	375712	496479	409210	2355278	1106588
2011	904169	449656	584424	478806	2802448	1285862
2012	1060805	527306	682002	555664	3266826	1475823
2013	1248461	617992	745795	612587	3779022	1626290
2014	1419498	705021	850878	698901	4305372	1838683
2015	1541381	796498	980053	804952	4738870	2018966

8－4　限额以上批发和零售业企业销售情况

（2015 年）

单位：万元

名　　称	法人企业（个）	年　末从业人数（人）	销售额	年末零售营业面积（平方米）
总　　计	**964**	**43753**	**14813092**	**1985130**
一、批　发　业	**549**	**17174**	**9397355**	**306235**
其中：大中型	129	11722	5220158	129223
按登记注册类型分				
内资企业	545	17114	9372014	306115
国有企业	6	979	1154827	440
集体企业	1	224	14466	
股份合作企业	6	116	53362	1200
有限责任公司	181	7240	3016248	66672
股份有限公司	2	301	73626	12000
私营企业	348	8239	5056807	225603
其他企业	1	15	2679	200
港、澳、台商投资企业	1	47	10525	
外商投资企业	3	13	14817	120
按批发行业分				
农、林、牧产品批发	4	55	7935	385
食品、饮料及烟草制品批发	27	2079	1296884	7887
纺织、服装及家庭用品批发	94	3445	974607	30089
文化、体育用品及器材批发	20	611	309460	3379
医药及医疗器材批发	20	3392	725569	16183
矿产品、建材及化工产品批发	263	4773	4385026	127621
机械设备、五金产品及电子产品批发	98	2285	1190066	21330
贸易经纪与代理	8	177	169913	
其他批发业	15	357	337895	99361

8-4续表

单位:万元

名称	法人企业(个)	年末从业人数(人)	销售额	年末零售营业面积(平方米)
二、零售业	**415**	**26579**	**5415737**	**1678895**
其中:大中型	146	21018	4423030	1312050
按登记注册类型分				
内资企业	405	24662	5066650	1467663
国有企业	2	260	18479	4350
集体企业	2	21	5396	800
股份合作企业	7	119	15205	10730
有限责任公司	145	11365	2633253	799474
股份有限公司	2	313	235586	50711
私营企业	242	12515	2153909	601247
其他企业	5	69	4822	351
港、澳、台商投资企业	6	1565	207332	84593
外商投资企业	4	352	141755	126639
按零售行业分				
综合零售	34	7091	494448	532607
食品、饮料及烟草制品专门零售	19	850	65712	27231
纺织、服装及日用品专门零售	13	473	24333	5620
文化、体育用品及器材专门零售	11	741	69173	24121
医药及医疗器材专门零售	22	2302	330451	43201
汽车、摩托车、燃料及零配件专门零售业	214	11850	4059814	878738
家用电器及电子产品专门零售	54	2083	252314	72681
五金、家具及室内装饰材料专门零售	15	217	21206	6758
货摊、无店铺及其他零售业	33	972	98285	87938
按经营方式分				
独立门店	367	19671	4706693	1364550
连锁总店	8	4102	222332	173870
连锁门店	13	1831	361462	106509
其他	27	975	125250	33966
按零售业态分				
有店铺零售	394	26092	5384506	1648283
便利店	1	956	41894	17671
超市	12	486	43933	31740
大型超市	8	3535	235884	185947
百货店	14	2133	176758	297749
专业店	219	9461	1712211	422251
专卖店	138	9453	3149202	672925
购物中心	1	65	18035	20000
厂家直销中心	1	3	6587	
无店铺零售	21	487	31231	30612

8-5 限额以上住宿和餐饮业企业基本情况

(2015年)

单位:万元

名称	法人企业(个)	年末从业人数(人)	营业额	客房间数(间)	床位数(个)	餐位数(位)	年末餐饮营业面积(平方米)
总计	**190**	**16559**	**281198**	**14138**	**22453**	**99398**	**441503**
一、住宿业	**77**	**9701**	**161608**	**12149**	**19259**	**46282**	**218497**
其中:大中型	23	6146	117141	5776	9074	23956	128666
按登记注册类型分							
内资企业	72	8369	128899	10534	16630	41104	191297
国有企业	1	56	937	94	169	920	2800
股份合作企业	2	88	882	170	278	1458	3247
联营企业	1	61	773	104	165	650	1000
有限责任公司	23	2879	45511	3700	5830	13211	61536
私营企业	45	5285	80796	6466	10188	24865	122714
港、澳、台商投资企业	4	1046	26878	1243	2033	3678	18200
外商投资企业	1	286	5832	372	596	1500	9000
按住宿行业分							
旅游饭店	66	9037	152178	10831	17193	44420	214569
一般旅馆	11	664	9430	1318	2066	1862	3928
按星级分							
五星	1	385	10259	410	565	2200	12000
四星	15	3368	52662	3298	5216	16347	77288
三星	21	1915	26304	2349	3845	12730	59704
二星	6	254	3495	798	1354	2016	4939
一星	1	5	333	68	98		
其他	33	3774	68557	5226	8181	12989	64566
二、餐饮业	**113**	**6858**	**119590**	**1989**	**3194**	**53116**	**223006**
其中:大中型	13	2056	47309	385	508	12915	41341
按登记注册类型分							
内资企业	113	6858	119590	1989	3194	53116	223006
集体企业	1	24	429			415	900
有限责任公司	14	1024	19935	304	509	5674	31575
私营企业	98	5810	99225	1685	2685	47027	190531
按餐饮行业分							
正餐服务	108	6434	112946	1989	3194	51349	215828
快餐服务	2	70	599			282	978
其他餐饮业	3	354	6045			1485	6200
按经营方式分							
独立门店	112	6730	117723	1989	3194	52681	221956
连锁门店	1	128	1866			435	1050

8－6 限额以上批发和零售业企业财务状况(一)

(2015 年)

单位:万元

名称	企业数(个)	流动资产合计	#存货	固定资产原价	累计折旧	#本年折旧
总计	**964**	**5792851**	**905094**	**812105**	**305609**	**48449**
一、批发业	**549**	**4324057**	**438960**	**372730**	**147009**	**19816**
其中:大中型	129	2532197	281716	260842	98725	12198
按登记注册类型分						
内资企业	545	4315025	438289	372680	146977	19807
国有企业	6	415049	31784	61627	34391	2522
集体企业	1	14856	6788	986	818	43
股份合作企业	6	34530	4634	2064	1500	81
有限责任公司	181	1070453	164131	147719	48831	6824
股份有限公司	2	31779	8856	8266	1584	239
私营企业	348	2747079	222043	151980	59825	10091
其他企业	1	1279	53	38	28	7
港、澳、台商投资企业	1	1653	347	29	25	3
外商投资企业	3	7379	324	21	8	6
按批发行业分						
农、林、牧产品批发	4	7569	2530	1590	594	57
食品、饮料及烟草制品批发	27	465754	59634	81240	41552	3547
纺织、服装及家庭用品批发	94	406013	41565	38306	15082	1746
文化、体育用品及器材批发	20	92662	31129	6972	4463	388
医药及医疗器材批发	20	279721	38749	24692	7476	1354
矿产品、建材及化工产品批发	263	1788626	179875	162951	58181	9655
机械设备、五金产品及电子产品批发	98	1059281	59918	31752	16428	2346
贸易经纪与代理	8	92176	15821	1472	337	95
其他批发业	15	132256	9739	23756	2896	628

8－6续表

单位:万元

名　　称	企业数(个)	流动资产合　计	#存货	固定资产原　价	累　计折　旧	#本年折旧
二、零　售　业	**415**	**1468794**	**466134**	**439374**	**158600**	**28634**
其中:大中型	146	1113354	350542	367822	130892	23841
按登记注册类型分						
内资企业	405	1377604	423891	363482	134913	24349
国有企业	2	2300	56	3629	1452	28
集体企业	2	214	172	305	191	31
股份合作企业	7	5419	1702	925	589	36
有限责任公司	145	710840	182068	197185	74014	12018
股份有限公司	2	16051	3782	12041	6742	915
私营企业	242	640992	235195	147395	51459	11184
其他企业	5	1789	917	2004	467	137
港、澳、台商投资企业	6	32216	4346	58798	20501	3095
外商投资企业	4	58974	37898	17094	3186	1190
按零售行业分						
综合零售	34	192049	60854	93780	31851	5801
食品、饮料及烟草制品专门零售	19	17734	5587	12776	3948	427
纺织、服装及日用品专门零售	13	18719	7326	1167	736	84
文化、体育用品及器材专门零售	11	55588	15461	26997	8452	1687
医药及医疗器材专门零售	22	140192	44008	5822	3429	619
汽车、摩托车、燃料及零配件专门零售	214	904216	274465	251672	95981	17509
家用电器及电子产品专门零售	54	92957	49866	10173	4481	892
五金、家具及室内装饰材料专门零售	15	9502	2746	2704	1213	197
货摊、无店铺及其他零售业	33	37838	5821	34283	8511	1418
按经营方式分						
独立门店	367	1257597	395744	356735	125953	23227
连锁总店	8	85071	23996	16614	7866	1230
连锁门店	13	90695	34466	36710	13862	2518
其他	27	35430	11929	29315	10919	1659
按零售业态分						
有店铺零售	394	1457913	462324	437188	157932	28344
便利店	1	7142	2294	1836	1063	226
超　市	12	14330	5938	1724	788	127
大型超市	8	88324	20011	46179	17430	3116
百货店	14	83219	33429	44251	12766	2341
专业店	219	541350	165155	152542	51769	9422
专卖店	138	714865	230433	190367	73874	13101
购物中心	1	6845	4278	290	242	12
厂家直销中心	1	1837	785			
无店铺零售	21	10881	3810	2186	669	290

8-7 限额以上批发和零售业企业财务状况(二)

(2015年)

单位:万元

名称	资产合计	负债合计	所有者权益	#实收资本	#国家资本	主营业务收入
总计	**7484706**	**5722128**	**1762578**	**961527**	**98338**	**13104170**
一、批发业	**5232318**	**3900982**	**1331336**	**534244**	**16733**	**8400426**
其中:大中型	3263286	2247829	1015458	260978	12487	4606461
按登记注册类型分						
内资企业	5223268	3893141	1330127	533576	16733	8376614
国有企业	465274	34637	430637	7257	1367	996004
集体企业	17284	15687	1597	800		20792
股份合作企业	35723	28368	7355	2461		47085
有限责任公司	1261968	1025612	236356	157643	13197	2706520
股份有限公司	49266	33194	16072	5760	2169	64571
私营企业	3392464	2754358	638107	359495		4538963
其他企业	1289	1285	4	160		2679
港、澳、台商投资企业	1658	1658				8996
外商投资企业	7392	6183	1209	668		14817
按批发行业分						
农、林、牧产品批发	13149	6105	7043	1948	238	7609
食品、饮料及烟草制品批发	535637	91371	444266	21665	3341	1121674
纺织、服装及家庭用品批发	460308	390555	69753	47798	2424	929096
文化、体育用品及器材批发	96818	78835	17983	13206		283970
医药及医疗器材批发	309988	259878	50110	33661	5429	628893
矿产品、建材及化工产品批发	2227779	1785731	442049	291077	2001	3859687
机械设备、五金产品及电子产品批发	1335327	1070262	265065	95526	300	1090028
贸易经纪与代理	94806	88162	6644	6108	3000	169418
其他批发业	158507	130083	28424	23255		310051

8-7 续表

单位:万元

名称	资产合计	负债合计	所有者权益	#实收资本	#国家资本	主营业务收入
二、零售业	**2252388**	**1821146**	**431242**	**427283**	**81605**	**4703744**
其中:大中型	1803596	1480965	322631	325663	78226	3831312
按登记注册类型分						
内资企业	1895747	1575223	320524	334660	81605	4386075
国有企业	5168	3609	1559	440	440	18272
集体企业	344	171	172	29		4611
股份合作企业	7235	6195	1040	995		13017
有限责任公司	967305	768526	198779	168102	81066	2249798
股份有限公司	71974	44535	27439	6184		197101
私营企业	840063	751265	88798	157734	100	1898550
其他企业	3660	923	2737	1177		4726
港、澳、台商投资企业	206983	140479	66505	53373		184613
外商投资企业	149658	105444	44214	39249		133056
按零售行业分						
综合零售	481435	385328	96108	108208	90	443306
食品、饮料及烟草制品专门零售	30548	16788	13760	3764	701	63144
纺织、服装及日用品专门零售	19179	14074	5105	2708	50	21907
文化、体育用品及器材专门零售	107652	60903	46749	13390	6500	62909
医药及医疗器材专门零售	144323	121145	23178	7111	275	283506
汽车、摩托车、燃料及零配件专门零售	1249266	1064679	184588	247835	73990	3505152
家用电器及电子产品专门零售	105057	85996	19061	19346		213001
五金、家具及室内装饰材料专门零售	11124	10267	857	1455		19008
货摊、无店铺及其他零售业	103804	61967	41837	23466		91813
按经营方式分						
独立门店	1797203	1495286	301918	355377	74925	4082510
连锁总店	206443	168403	38040	30218		199755
连锁门店	188588	115371	73217	23148	6680	309805
其他	60153	42086	18067	18540		111674
按零售业态分						
有店铺零售	2237389	1813563	423826	420904	81605	4675220
便利店	9026	2029	6997	500		40850
超　市	15956	15429	528	2727		36098
大型超市	135757	127378	8379	20459		210620
百货店	321676	240961	80716	84902	90	159505
专业店	777389	589131	188258	106881	10210	1504860
专卖店	968856	830991	137865	205334	71305	2702242
购物中心	6892	5862	1031	52		15415
厂家直销中心	1837	1784	53	50		5630
无店铺零售	14999	7583	7416	6378		28524

8-8 限额以上批发和零售业企业财务状况(三)

(2015年)

单位:万元

名称	主营业务成本	主营业务税金	其他业务利润	销售费用	管理费用	#税金
总计	**12112257**	**119531**	**90498**	**420266**	**263838**	**11524**
一、批发业	**7744110**	**109362**	**67146**	**240023**	**141759**	**5995**
其中:大中型	4065609	105478	63065	179816	97194	4283
按登记注册类型分						
内资企业	7722298	109338	67146	238439	141592	5978
国有企业	722431	97548	2434	13940	31105	1756
集体企业	18365	168	139	712	1997	22
股份合作企业	44939	80		769	719	8
有限责任公司	2507883	5938	41183	125539	41833	1619
股份有限公司	58425	238	559	3109	1508	65
私营企业	4367349	5367	22831	94370	64413	2508
其他企业	2907				17	
港、澳、台商投资企业	7363	18		1407	91	17
外商投资企业	14449	6		177	76	
按批发行业分						
农、林、牧产品批发	7216	46	132	104	523	65
食品、饮料及烟草制品批发	840595	97943	2307	18619	36377	1865
纺织、服装及家庭用品批发	872457	1119	4026	34648	15949	265
文化、体育用品及器材批发	271282	211	71	9016	3365	69
医药及医疗器材批发	508715	2216	35595	82996	17117	518
矿产品、建材及化工产品批发	3729174	5431	21998	65977	44390	2320
机械设备、五金产品及电子产品批发	1048378	1935	1915	22895	19361	768
贸易经纪与代理	164824	48	1102	3466	1591	37
其他批发业	301470	413		2301	3086	87

8-8 续表

单位:万元

名　　称	主营业务成本	主营业务税金	其他业务利润	销售费用	管理费用	#税金
二、零　售　业	**4368147**	**10169**	**23352**	**180242**	**122079**	**5529**
其中:大中型	3566571	8157	20688	152155	94033	4687
按登记注册类型分						
内资企业	4088782	8417	20034	166023	102241	4132
国有企业	17440	10	441	499	871	15
集体企业	4106	11		286	110	1
股份合作企业	11864	31	50	709	229	76
有限责任公司	2087064	4422	8755	88562	47601	1951
股份有限公司	183641	267	230	11196	295	151
私营企业	1780947	3677	10556	64659	52812	1939
其他企业	3720		3	113	323	
港、澳、台商投资企业	161885	1023	3310	8848	13334	997
外商投资企业	117480	729	8	5371	6504	400
按零售行业分						
综合零售	376544	2700	9097	54410	25780	1710
食品、饮料及烟草制品专门零售	56077	78	448	3235	3276	58
纺织、服装及日用品专门零售	16902	154	651	2087	1102	28
文化、体育用品及器材专门零售	49869	157	991	4359	4827	273
医药及医疗器材专门零售	260115	746	680	8407	5742	284
汽车、摩托车、燃料及零配件专门零售	3322709	5212	7648	90586	67831	2872
家用电器及电子产品专门零售	197326	544	3084	10392	7448	167
五金、家具及室内装饰材料专门零售	17956	51	166	382	753	4
货摊、无店铺及其他零售业	70649	529	586	6385	5321	133
按经营方式分						
独立门店	3824103	8341	20133	123881	103685	4029
连锁总店	168209	874	1822	30499	5298	151
连锁门店	279895	521	1193	20364	6002	391
其他	95940	433	204	5499	7094	958
按零售业态分						
有店铺零售	4344880	10022	23169	177780	120463	5481
便利店	31115	135		8698	1166	15
超　市	33549	49	36	3456	1080	30
大型超市	179806	923	-23	23487	10738	972
百货店	135625	1597	9088	18886	12876	696
专业店	1377223	3384	7639	55675	41667	1756
专卖店	2567582	3893	6416	67141	52547	2013
购物中心	14394	34	14	438	362	
厂家直销中心	5586	7			28	
无店铺零售	23267	147	183	2463	1616	48

8－9 限额以上批发和零售业企业财务状况(四)

(2015 年)

单位:万元

名　　称	财务费用	#利息支出	营业利润	利润总额	应付职工薪酬	应交增值税
总　　计	**77131**	**137130**	**221737**	**246413**	**252608**	**146795**
一、批　发　业	**34778**	**98795**	**204680**	**220811**	**118745**	**98745**
其中:大中型	30994	68628	204462	213604	90708	83751
按登记注册类型分						
内资企业	34580	98795	204741	220846	118497	98547
国有企业	－13779	100	147178	147189	21274	46513
集体企业	49	68	－382	737	2645	197
股份合作企业	241	200	368	385	626	274
有限责任公司	2920	12757	17646	24004	49014	30902
股份有限公司	511	699	1333	1281	2048	1374
私营企业	44638	84973	38844	47138	42829	19287
其他企业			－245	112	61	
港、澳、台商投资企业			116	116	190	199
外商投资企业	198		－177	－151	58	
按批发行业分						
农、林、牧产品批发	46	106	－194	255	312	8
食品、饮料及烟草制品批发	－11502	1354	143417	147507	27163	47288
纺织、服装及家庭用品批发	977	4844	7344	10181	19056	4093
文化、体育用品及器材批发	－203	445	413	1112	3313	428
医药及医疗器材批发	2431	2287	15282	15520	23957	17661
矿产品、建材及化工产品批发	30781	57798	36428	40368	26518	23466
机械设备、五金产品及电子产品批发	9521	30571	2177	4267	15506	4474
贸易经纪与代理	－113	200	－634	684	1263	
其他批发业	2840	1190	448	917	1657	1328

8－9续表

单位:万元

名　　称	财务费用	#利息支出	营业利润	利润总额	应付职工薪酬	应交增值税
二、零　售　业	**42353**	**38335**	**17057**	**25602**	**133863**	**48049**
其中:大中型	36070	33730	7735	17267	108098	38732
按登记注册类型分						
内资企业	38902	32068	12813	15857	122550	43067
国有企业	137	136	-244	76	1030	46
集体企业			99	99	79	60
股份合作企业	274	58	-10	-19	496	212
有限责任公司	12442	11194	30296	32098	61948	27244
股份有限公司	2072	1341	-141	-71	3367	2272
私营企业	23951	19338	-17741	-16924	55366	13234
其他企业	27	1	554	599	263	
港、澳、台商投资企业	8	3100	4709	4230	7773	2705
外商投资企业	3443	3167	-465	5514	3540	2277
按零售行业分						
综合零售	6023	8262	-6115	-2976	26914	6909
食品、饮料及烟草制品专门零售	322	316	1049	1419	3726	200
纺织、服装及日用品专门零售	198	192	1932	891	2366	406
文化、体育用品及器材专门零售	146	580	4852	4972	5981	404
医药及医疗器材专门零售	2234	2330	7079	6589	8766	4256
汽车、摩托车、燃料及零配件专门零售	29815	23884	1592	8669	72017	31438
家用电器及电子产品专门零售	1105	964	-674	-723	8311	2047
五金、家具及室内装饰材料专门零售	36	39	-154	-163	784	161
货摊、无店铺及其他零售业	2474	1768	7496	6923	4999	2229
按经营方式分						
独立门店	40483	31736	11077	20242	104078	40702
连锁总店	-580	4491	2442	2542	14629	3235
连锁门店	1407	1851	3152	3446	11195	2958
其　他	1042	258	387	-630	3961	1155
按零售业态分						
有店铺零售	41510	38229	16839	26527	131880	47914
便利店	44		1965	2096	3380	109
超　市	72	33	-1807	-1629	1718	591
大型超市	1575	1425	-173	1586	13262	3743
百货店	4335	6804	-6082	-5012	8622	2507
专业店	13550	12794	21662	27403	48449	16458
专卖店	21876	17084	1123	1928	56079	24431
购物中心	59	88	142	145	354	123
厂家直销中心			9	9	16	-47
无店铺零售	843	107	218	-925	1983	136

8－10　限额以上住宿和餐饮业企业财务状况(一)

(2015年)

单位:万元

名　　称	企业数(个)	流动资产合计	#存货	固定资产原价	累计折旧	#本年折旧
总　　计	**190**	**306025**	**8710**	**479649**	**184066**	**25725**
一、住　宿　业	**77**	**257265**	**5226**	**433456**	**170413**	**22339**
其中:大中型	23	178603	3557	325471	119837	18141
按登记注册类型分						
内资企业	72	214834	4019	284387	114109	13389
国有企业	1	279	75	296	105	32
股份合作企业	2	2971	61	4317	1885	99
联营企业	1	703	37	2091	1436	59
有限责任公司	23	99242	1712	156304	55161	7459
私营企业	45	111639	2133	121379	55522	5741
港、澳、台商投资企业	4	32056	1102	126046	43064	7863
外商投资企业	1	10375	105	23023	13240	1087
按住宿行业分						
旅游饭店	66	254002	5024	422634	165685	21521
一般旅馆	11	3263	202	10822	4727	817
二、餐　饮　业	**113**	**48760**	**3484**	**46193**	**13653**	**3387**
其中:大中型	13	26269	1513	15454	5117	1198
按登记注册类型分						
内资企业	113	48760	3484	46193	13653	3387
集体企业	1	23	1	143	142	1
有限责任公司	14	19840	433	8795	1649	627
私营企业	98	28897	3050	37255	11862	2759
按餐饮行业分						
正餐服务	108	37552	3388	45800	13509	3324
快餐服务	2	32	4	9	1	
其他餐饮业	3	11176	92	384	144	63

8－11　限额以上住宿和餐饮业企业财务状况(二)

(2015年)

单位:万元

名　　称	资产合计	负债合计	所有者权益	#实收资本	#国家资本	主营业务收入
总　　计	**860030**	**712196**	**147834**	**228493**	**1992**	**277885**
一、住　宿　业	**736411**	**627842**	**108569**	**188184**	**1962**	**159254**
其中:大中型	571256	465626	105630	132555	195	115597
按登记注册类型分						
内资企业	588770	504891	83879	134235	1962	126694
国有企业	658	478	179	135	135	937
股份合作企业	5459	2747	2712	2408		882
联营企业	1435	524	911	504	132	773
有限责任公司	257994	243538	14456	61369	1695	44237
私营企业	323225	257604	65621	69819		79866
港、澳、台商投资企业	120759	95324	25435	36830		26728
外商投资企业	26882	27627	－744	17118		5832
按住宿行业分						
旅游饭店	724742	616511	108231	184558	1962	149833
一般旅馆	11669	11332	338	3626		9421
二、餐　饮　业	**123619**	**84354**	**39265**	**40309**	**30**	**118631**
其中:大中型	58958	46374	12584	17033		46814
按登记注册类型分						
内资企业	123619	84354	39265	40309	30	118631
集体企业	25	138	－113	37		429
有限责任公司	31401	23895	7506	3480	30	19694
私营企业	92193	60321	31872	36792		98508
按餐饮行业分						
正餐服务	111842	73457	38386	40134	30	112001
快餐服务	40	9	31	25		599
其他餐饮业	11737	10888	849	150		6031

8－12　限额以上住宿和餐饮业企业财务状况(三)

(2015年)

单位:万元

名　　称	主营业务成　本	主营业务税　金	其他业务利　润	销　售费　用	管　理费　用	#税金
总　　计	**121969**	**15566**	**7560**	**83802**	**57798**	**1869**
一、住　宿　业	**54114**	**9383**	**5886**	**56764**	**43217**	**1659**
其中:大中型	38050	7054	3927	41342	30915	1064
按登记注册类型分						
内资企业	44382	7091	4366	46648	34743	1057
国有企业	442	53		210	119	
股份合作企业	455	49	415	259	225	1
联营企业	167	51		404	154	
有限责任公司	14616	2548	968	20475	10953	344
私营企业	28702	4391	2983	25300	23293	711
港、澳、台商投资企业	6348	1966	1491	9252	7729	410
外商投资企业	3383	327	29	864	744	193
按住宿行业分						
旅游饭店	50596	8923	5819	54191	40512	1590
一般旅馆	3518	460	67	2573	2705	69
二、餐　饮　业	**67855**	**6183**	**1674**	**27038**	**14582**	**210**
其中:大中型	24085	2127	1167	13966	5209	53
按登记注册类型分						
内资企业	67855	6183	1674	27038	14582	210
集体企业	253	24		125	58	1
有限责任公司	10944	930	112	6126	1384	1
私营企业	56659	5229	1562	20787	13140	208
按餐饮行业分						
正餐服务	64346	6024	1674	25334	13698	202
快餐服务	425	21		83	27	2
其他餐饮业	3085	138		1621	857	6

8－13 限额以上住宿和餐饮业企业财务状况(四)

(2015年)

单位:万元

名称	财务费用	#利息支出	营业利润	利润总额	应交所得税	应付职工薪酬
总计	**17242**	**16160**	**－17101**	**－15178**	**2061**	**63866**
一、住宿业	**14973**	**15177**	**－17591**	**－16784**	**651**	**39881**
其中:大中型	12586	13166	－13052	－12536	395	27537
按登记注册类型分						
内资企业	10117	8950	－16200	－15714	561	33010
国有企业	49	47	42	42	24	159
股份合作企业	3		－109	－97	20	304
联营企业	1		－4	－6	－2	319
有限责任公司	2044	1719	－6354	－6271	130	12482
私营企业	8021	7184	－9775	－9382	389	19747
港、澳、台商投资企业	2920	4286	3	318	90	5680
外商投资企业	1936	1941	－1393	－1388		1191
按住宿行业分						
旅游饭店	14661	14963	－17565	－16773	597	37469
一般旅馆	312	214	－26	－11	54	2412
二、餐饮业	**2269**	**983**	**490**	**1606**	**1411**	**23985**
其中:大中型	1510	879	－282	808	485	7828
按登记注册类型分						
内资企业	2269	983	490	1606	1411	23985
集体企业	3	3	－30	－8	4	113
有限责任公司	487	469	50	23	179	3833
私营企业	1779	512	471	1591	1227	20039
按餐饮行业分						
正餐服务	2114	817	314	1355	1410	22440
快餐服务			44	44		148
其他餐饮业	155	167	132	208		1397

8-14 各类商品市场基本情况

（1990-2015年）

年份	市场数（个）	#消费品市场	#生产资料市场	市场成交额（亿元）
1990	837			28.70
1991	822			32.80
1992	810			46.80
1993	851			71.70
1994	854			181.60
1995	859	740	119	352.10
1996	858	729	129	420.40
1997	843	687	156	396.50
1998	841	684	157	396.20
1999	811	687	124	439.80
2000	585	477	108	474.90
2001	569	464	105	541.50
2002	585	481	104	542.90
2003	538	440	98	577.40
2004	544	443	99	634.96
2005	530	435	95	671.76
2006	523	430	93	727.50
2007	538	444	94	798.79
2008	537	446	91	844.48
2009	571	478	93	905.77
2010	488	404	83	1019.87
2011	497	410	86	1136.65
2012	509	426	82	1295.21
2013	528	443	84	1435.20
2014	533	446	86	1512.84
2015	537	449	84	1615.00

主 要 统 计 指 标 解 释

社会消费品零售总额 指批发和零售业、餐饮业、新闻出版业、邮政业和其他服务业等，售予城乡居民用于生活消费的商品和社会集团用于公共消费的商品之总量。社会消费品零售总额包括：

一、批发和零售业企业(单位)：

1. 售予城乡居民的各种生活消费品；

2. 售予入境旅游的外国人、华侨、港澳台同胞的各类商品；

3. 售予行政事业单位、社会团体、军队和武警等机构的商品，以及以零售方式售予各类企业的商品。具体包括：用于非生产和社会交往的办公用品，如通讯设备、计算器具和设备、电讯网络设备、文印设备、音像视听器材和设备、纸张、本册、文具及装订文印材料、家具、日用电器、针纺织品、清洁卫生用品、文体用品、奖品、纪念品、礼品等；供内部人员乘坐的交通工具和燃料；用于办公设施修缮的各类配件、材料、工具等；用于取暖和防暑降温的设备、燃料、材料及食品等；专用于教学的用品和设备；非营利医疗机构的中、西药品、中药材和医疗设备器材；非专用的劳动保护用品；不对外营业的内部食堂用的餐具、炊具、设备、清洁卫生工具和食品、燃料等；军队、武警用于其人员生活的衣着品和个人用品；其他各类非生产性设备和用品。

二、餐饮业出售的主食、菜肴、烟酒饮料和其他商品。

三、新闻出版业、邮政业售予城乡居民、企事业单位、军队和武警等机构的书报杂志、音像制品、邮品等。

四、其他服务业出售的食品、烟酒饮料、服装鞋帽、日常生活用品、医药保健用品、艺术品、工艺美术品、玩具、殡葬用品以及其他消费品。

销售额 指对本企业以外的单位和个人出售(包括对国(境)外直接出口)的商品(包括售给本单位消费用的商品)。本指标由对生产经营单位批发额、对批发零售贸易业批发额、出口额和对居民和社会集团商品零售额项目组成。这个指标反映批发零售贸易企业在国内市场上销售商品以及出口商品的总量。

批发 指除零售以外的一切商品销售活动，包括对生产经营单位批发、对批发零售贸易业批发和出口。

连锁企业(或称连锁店、连锁公司) 指在核心企业或总店的领导下，由分散的、经营同类商品或服务的企业或活动单位，采取共同方针，实行集中采购和分散销售的有机结合，通过规范化经营，实现规模效益的经济联合组织形式。一般连锁店应由若干个分店组成。其经营特征：(1)经营同类商品；(2)使用统一商号；(3)统一采购配送，采购与销售相分离(部分商品可根据物流合理和保质保鲜原则，由供应商直接送货到门店，其余均由总部统一配送)。连锁门店包括下列两种形式：

1、直营连锁：指正规连锁。连锁门店均由总部独资或控股开设，在总部的直接领导下统一经营。

2、加盟连锁：指特许连锁。各连锁门店(被特许人)通过合同形式，取得使用总部(特许人)商标、商号、经营技术和销售总部开发的商品的特许权，各加盟连锁门店为独立法人，在总部指导下统一经营。

限额以上批发企业 指年主营业务收入在2000万元及以上的批发企业。

限额以上零售企业 指年主营业务收入在500万元及以上的零售企业。

限额以上住宿企业 指年主营业务收入在200万元及以上的住宿企业。

限额以上餐饮企业 指年主营业务收入在200万元及以上的餐饮企业。

营业额 指住宿和餐饮业法人企业、产业活动单位在经营活动中因提供服务或销售商品等取得的收入，包括：客房收入、餐费收入、商品销售收入和其他收入。

客房数 指住宿和餐饮业连锁门店提供住宿服务的房间数，该指标按年内正常情况下实有数统计。

床位数 指住宿和餐饮业连锁门店供应旅客使用的床位数，不包括临时加床和内部工作人员使用的床位。该指标按年内正常情况下实有数统计。

餐位数 指住宿和餐饮业连锁门店为顾客提供就餐服务时，正常可同时容纳就餐人员的餐位数量，不包括临时加的餐位。该指标按年内正常情况下实有数统计。

年末餐饮营业面积 指住宿和餐饮业连锁门店对外提供就餐服务的门店建筑面积和从事食品加工、烹饪、调制的厨房面积，不包括办公用房和仓库等面积。该指标按年末实有面积统计。

市场成交额 指经乡镇及以上政府主管部门批准，有固定交易场所，进行经常性常年交易、并设有专职管理人员的现货商品交易市场所有摊位商品交易额之和。

9

对外经济贸易和旅游

Foreign Economy and Trade, Tourism

9-1 外贸出口和进口总额

（1990-2015年）

单位：万美元

年份	进出口总额	出口额	外贸企业	三资企业	生产企业	进口额	外贸企业	三资企业	生产企业
1990	1028	1020				8			
1991	3823	3793	3280	513		30	30		
1992	6127	6127	4767	1360					
1993	14732	14177	7564	5673	940	555	547		8
1994	24496	20314	10925	5999	3390	4182	3466	618	98
1995	32591	27778	15344	5880	6554	4813	2839	1766	208
1996	40111	32857	14618	8367	9872	7254	5954	1175	125
1997	46636	35757	14778	10764	10215	10879	9145	1507	227
1998	47337	37969	13785	11963	12221	9368	3037	4839	1492
1999	65932	49001	13157	18728	17116	16931	7609	6061	3261
2000	114436	86877	26168	27824	32885	27559	11413	9781	6365
2001	154277	117860	34356	38611	44893	36417	17799	11511	7107
2002	219125	180240	50000	54234	76006	38885	13215	14578	11092
2003	328806	265072	61566	74823	128683	63734	23414	19794	20527
2004	478862	379895	81865	103464	194566	98967	39787	30522	28658
2005	635301	519553	102866	145028	271659	115748	36617	40127	39004
2006	843174	703475	129048	203560	370867	139699	29112	53227	57360
2007	1109292	936472	165165	241736	529571	172820	41379	66754	64687
2008	1381114	1176443	177425	267234	731785	204671	58842	76910	68919
2009	1203152	1006683	163521	194230	648932	196469	60007	65900	70562
2010	1700137	1396259	222856	250367	923037	303878	72232	118537	113109
2011	2050352	1703492	260251	270695	1172546	346860	75784	144077	126999
2012	2062194	1723882	249216	253316	1221350	338312	77876	127690	132746
2013	2187783	1872069	317703	246506	1307860	315714	60376	104922	150416
2014	2207924	1935131	288280	235657	1411194	272793	67815	74463	130514
2015	2116577	1882887	284189	207592	1391106	233690	74405	48827	110457

注：从1999年开始外贸进出口总额使用海关数据，下同。

9－2 市区外贸进出口总额

（1994－2015 年）

单位:万美元

年 份	市 区	椒江区	黄岩区	路桥区
1994	19237	5360		
1995	23880	6829		1389
1996	21197	7160		2211
1997	28247	8504	8959	1919
1998	26032	7360	9392	3454
1999	36609	11392	12544	2847
2000	64900	16936	15792	8606
2001	89475	21210	18985	16170
2002	119773	41150	26796	25477
2003	167141	58566	33435	38298
2004	240127	77922	47954	62426
2005	320224	88099	74365	91445
2006	401949	128764	83257	130490
2007	512334	168648	100432	172434
2008	635350	144851	142103	238820
2009	561927	147928	119877	184505
2010	787554	211139	154229	281062
2011	948350	253431	190352	346583
2012	934491	257432	196573	329031
2013	982645	269903	215912	338781
2014	968173	270706	212143	339216
2015	888127	233047	211009	290578

9-3 各县市外贸进出口总额

(1994-2015年)

单位:万美元

年份	玉环县	三门县	天台县	仙居县	温岭市	临海市
1994		31		403	913	3912
1995		116		1060	2977	4558
1996	2008	359		2427	7449	6671
1997	2230	427		3226	6987	5519
1998	3819	598		3296	6525	7067
1999	5455	823		4834	8200	10011
2000	9644	1448		6150	16253	16041
2001	12310	1580	2562	7842	22526	17982
2002	19311	2862	4699	9951	40565	21964
2003	33877	5135	7076	12184	63076	40317
2004	60706	8052	13229	16750	77594	62404
2005	94449	13192	18511	16757	102914	69254
2006	150233	20199	25445	19253	139575	86520
2007	208475	29127	34374	25314	187436	112232
2008	267379	37313	45133	30274	223813	141852
2009	206053	34266	35759	32126	191761	141260
2010	295945	51152	47767	40570	281324	195826
2011	346627	66586	60884	51073	339599	237234
2012	337325	68715	60653	57428	355682	247900
2013	356291	69423	60839	63476	398550	256559
2014	365326	72811	67378	70371	399584	264282
2015	351352	68811	70721	73386	382427	281752

9-4 市区外贸出口总额

(1994-2015年)

单位:万美元

年 份	市 区	椒江区	黄岩区	路桥区
1994	10780	4639		
1995	12593	5601		1389
1996	8121	5677		2211
1997	2665	6700	7488	1919
1998	3134	6088	8571	3454
1999	3628	8632	10293	2587
2000	13435	14615	13248	5217
2001	61197	18513	16416	9252
2002	91223	36993	23252	16293
2003	121000	50749	29328	25376
2004	162515	60690	40484	37933
2005	222720	61460	65979	55671
2006	284051	84084	74182	79852
2007	368009	116834	90500	110186
2008	469614	109870	132570	159853
2009	398931	106705	109293	108726
2010	543002	155048	139145	148179
2011	662545	195259	174854	180442
2012	656580	197145	183631	171062
2013	731468	213054	204125	193553
2014	746168	214012	200604	214138
2015	701205	198975	199668	181320

9-5 各县市外贸出口总额

(1994-2015年)

单位:万美元

年份	玉环县	三门县	天台县	仙居县	温岭市	临海市
1994		28		403	913	3551
1995		106	137	1060	2977	3915
1996	1993	359	130	2390	7393	4583
1997	2229	384	200	3191	6832	4149
1998	3009	502	314	3258	5353	4286
1999	4573	731	400	4723	7675	5759
2000	8314	1224	788	6071	14817	9148
2001	10735	1376	2385	7735	21145	13287
2002	17632	2631	4437	9888	35838	18591
2003	31918	4772	6688	12004	57299	31391
2004	57490	7306	12226	16556	74860	48942
2005	88581	12203	17053	16491	100123	62382
2006	144368	18471	23967	18886	134695	79037
2007	197270	27360	33192	25032	181513	104096
2008	255098	34341	42944	29974	212539	131933
2009	195770	31920	34220	31818	181556	132468
2010	273858	48487	44082	40188	266525	180117
2011	324727	64328	56338	49693	327396	218467
2012	319070	65995	56321	56041	341184	228690
2013	336746	66258	57375	60558	383859	235805
2014	354340	68749	64903	67674	384576	248724
2015	340906	66242	65965	71052	372092	265425

9-6 按洲(区域和经济组织)分外贸进出口总额

(2005-2015年)

单位:万美元

年份	进出口总额	按各大洲分						按区域(经济)组织分		
		欧洲	亚洲	拉丁美洲	北美洲	非洲	大洋州	#欧盟	#中东	#东盟
2005	635301	197298	239100	119625	41706	28426	9147	173965	75464	28023
2006	843174	272135	307691	147398	59535	44082	12333	237981	83155	36952
2007	1109292	396510	381193	169810	84490	59917	17372	337321	103062	48014
2008	1381114	517015	451199	209899	107048	73797	22146	433543	129876	62590
2009	1203152	395326	427330	188891	92032	73952	25621	346125	114416	68199
2010	1700137	582358	570472	268010	139021	96646	43629	497039	138564	91022
2011	2050352	701078	688694	315861	170396	124263	50052	584683	164544	136651
2012	2062194	640132	706560	343255	179403	143080	49761	515419	154443	120403
2013	2187783	664537	716224	385637	195708	173922	49955	525454	158852	140717
2014	2207924	680163	730967	402443	181026	164651	48671	559390	162166	146127
2015	2116577	629906	680293	439541	171403	145927	49496	541259	150595	148802

9－7　主要国家(地区)外贸进出口总额

(2010－2015年)

单位:万美元

国别(地区)	2010年	2011年	2012年	2013年	2014年	2015年
香　港	25259	27125	34951	15955	17395	17553
台　湾	21452	22500	24111	27694	27882	22431
印　度	47273	65958	70846	73467	83084	78989
以色列	8331	10687	12313	13322	14525	10819
日　本	143843	152866	182047	175913	167267	133876
沙特阿拉伯	21967	25190	29076	26925	29277	26374
韩　国	55465	59943	52864	53550	50658	52525
土耳其	18250	25625	25156	30826	31664	28199
阿联酋	46109	54831	52027	55514	52874	50743
印度尼西亚	20157	27519	31850	32613	36083	26938
菲律宾	6515	9925	9509	11848	12677	14261
新加坡	16116	28533	10983	14397	11977	22189
泰　国	20560	32010	31106	32415	31511	33536
越　南	11099	14115	14083	18057	24673	24008
埃　及	13679	11633	14422	17886	22050	22718
尼日利亚	11504	19581	23548	27072	26469	19998
波　兰	19465	25069	24521	26635	29767	28143
罗马尼亚	4538	5156	5149	5786	5633	5733
比利时	24990	26741	24161	22600	24678	22104
丹　麦	7643	9527	9402	8572	9079	8150
英　国	60266	72211	65799	75164	82047	80841
德　国	94908	115103	100693	104123	115859	104780
法　国	45154	51661	50064	50882	50725	52858
意大利	59607	68587	55984	54328	57314	58178
荷　兰	70305	77746	62357	55151	55881	55984
希　腊	11928	11398	6620	7888	8267	7441
西班牙	37049	43875	37270	36769	38213	43093
瑞　典	7685	10071	9746	10262	11506	10412
阿根廷	11918	15868	11936	13712	11453	14243
巴　西	28074	37912	38984	47144	45235	32397
智　利	17782	18351	20651	24070	22933	20486
墨西哥	26232	32335	35789	41591	47854	54379
委内瑞拉	14379	20763	25531	21441	4979	3119
加拿大	33589	41653	43841	49994	47010	52159
美　国	234420	274206	299413	335630	355429	387379
澳大利亚	34967	40284	44734	44079	42822	43510

9－8 按洲(区域和经济组织)分外贸出口总额

(2005－2015年)

单位:万美元

年 份	出口总额	按各大洲分						按区域(经济)组织分		
		欧 洲	亚 洲	拉丁美洲	北美洲	非 洲	大洋州	#欧盟	#中东	#东盟
2005	519553	176386	161068	106160	40234	27852	7854	154285	74770	24902
2006	703475	244526	216028	129774	58492	43618	11037	212588	82337	32568
2007	936472	358518	267125	153334	81637	59771	16087	302849	102374	43871
2008	1176443	467600	323434	187411	104640	73057	20302	388202	127570	56472
2009	1006683	358613	294754	171415	85761	72627	23513	311386	111331	62238
2010	1396259	506443	391566	233073	131391	94047	39740	424608	131404	82386
2011	1703492	604254	497449	273918	162912	119873	45086	492141	155683	116635
2012	1723882	564616	499579	305633	169756	140479	43818	442880	147015	105694
2013	1872069	596457	518377	356738	188901	168064	43533	459711	150831	125188
2014	1935131	624525	548406	381511	173381	162140	45168	505368	154988	130464
2015	1882887	589397	536263	400542	166745	143261	46679	502591	145617	131371

9-9 主要国家(地区)外贸出口总额

(2010-2015年)

单位:万美元

国别(地区)	2010年	2011年	2012年	2013年	2014年	2015年
香 港	23710	24214	32217	13045	15389	16098
台 湾	12529	14815	16734	18366	18604	15555
印 度	45542	62801	66669	70177	79044	75775
以色列	7980	10096	11895	13059	14272	10620
日 本	26767	36339	45865	45559	46434	44309
沙特阿拉伯	18751	22005	24310	24547	24659	23914
韩 国	27341	32870	28919	31312	32814	35680
土耳其	17815	25450	23985	27873	30823	27800
阿联酋	45594	54135	51113	53385	51649	49429
印度尼西亚	19296	26561	31529	31865	35727	26554
菲律宾	6236	8868	8672	10854	12174	14131
新加坡	13565	23640	7740	9260	7261	13647
泰 国	18165	24693	26255	29335	28721	30612
越 南	10718	13438	12573	15304	20894	21625
埃 及	13612	11628	14422	17859	21797	22672
尼日利亚	11473	19561	23267	26356	26402	19636
波 兰	18498	23744	23975	26483	29512	27761
罗马尼亚	4157	4742	4609	5559	5515	5604
比利时	21073	22052	19202	18355	20746	19464
丹 麦	6803	8043	8587	8055	8715	7888
英 国	48043	54442	54556	63483	73835	74754
德 国	81233	99953	88202	92652	102103	95909
法 国	43307	48584	47006	47565	47843	50474
意大利	52736	58902	49570	47377	52143	54475
荷 兰	48934	53309	40944	38904	45174	49433
希 腊	11143	10383	5959	7244	7699	7126
西班牙	32301	37551	32585	32811	35374	40990
瑞 典	5805	7580	7999	9026	10485	9859
阿根廷	11883	15852	11863	13711	11453	14231
巴 西	27383	36878	37796	46421	44435	31800
智 利	12337	15021	16774	19161	17185	17801
墨西哥	25205	31304	34869	40555	47321	53794
委内瑞拉	14375	20762	25531	21440	4979	3119
加拿大	31524	39430	40650	47954	45774	49789
美 国	201547	234486	264982	308771	335734	350749
澳大利亚	31526	35802	39491	38319	39745	41192

9－10 按洲(区域和经济组织)分外贸进口总额

(2005－2015年)

单位:万美元

年份	进口总额	按各大洲分						按区域(经济)组织分		
		欧洲	亚洲	拉丁美洲	北美洲	非洲	大洋洲	#欧盟	#中东	#东盟
2005	115748	20912	78032	13465	1472	574	1293	19680	694	3121
2006	139699	27609	91663	17624	1043	464	1296	25393	818	4384
2007	172820	37992	114068	16476	2853	146	1285	34472	688	4143
2008	204671	49415	127765	22488	2408	740	1844	45341	2306	6118
2009	196469	36713	132576	17476	6271	1325	2108	34739	3085	5961
2010	303878	75915	178906	34937	7630	2599	3889	72431	7160	8636
2011	346860	96824	191245	41943	7484	4390	4966	92542	8861	20016
2012	338312	75516	206981	37622	9647	2601	5943	72539	7428	14709
2013	315714	68080	197847	28899	8607	5858	6422	65743	8021	15529
2014	272793	55638	182561	20932	7645	2511	3503	54022	7178	15663
2015	233690	40509	144030	38999	4658	2666	2817	38668	4978	17431

9-11 主要国家(地区)外贸进口总额

(2010-2015年)

单位:万美元

国别(地区)	2010年	2011年	2012年	2013年	2014年	2015年
香港	1549	2912	2734	2910	2007	1455
台湾	8923	7686	7377	9328	9278	6876
印度	1731	3157	4177	3290	4040	3214
以色列	351	591	418	263	253	199
日本	117077	116527	136182	130354	120834	89567
沙特阿拉伯	3216	3185	4766	2378	4618	2460
韩国	28124	27074	23945	22238	17844	16845
土耳其	434	175	1171	2953	841	398
阿联酋	516	696	914	2129	1225	1314
印度尼西亚	861	958	321	748	356	384
菲律宾	279	1057	837	994	504	130
新加坡	2551	4893	3243	5137	4716	8543
泰国	2395	7317	4851	3080	2790	2924
越南	381	678	1510	2753	3779	2383
埃及	67	6		27	253	46
尼日利亚	31	20	281	715	67	362
波兰	967	1325	546	152	255	383
罗马尼亚	381	414	540	227	118	129
比利时	3917	4689	4959	4245	3932	2641
丹麦	840	1485	815	517	364	262
英国	12223	17769	11243	11682	8212	6087
德国	13675	15150	12491	11471	13756	8871
法国	1847	3077	3058	3317	2882	2384
意大利	6870	9685	6414	6951	5171	3704
荷兰	21371	24437	21413	16247	10707	6551
希腊	785	1015	661	644	568	316
西班牙	4747	6324	4685	3959	2839	2103
瑞典	1880	2491	1747	1236	1021	553
阿根廷	35	15	73	1		12
巴西	690	1034	1188	723	800	597
智利	5445	3329	3877	4908	5748	2685
墨西哥	1027	1031	920	1035	533	584
委内瑞拉	5	1				
加拿大	2065	2223	3191	2040	1236	2370
美国	32873	39720	34431	26859	19695	36629
澳大利亚	3440	4482	5243	5761	3077	2318

9-12 分贸易方式出口情况

(1999-2015年)

单位:万美元

年份	一般贸易	加工贸易	来料加工装配贸易	进料加工装配贸易
1999	38634	10121	327	9794
2000	72969	13750	294	13456
2001	101241	16483	525	15957
2002	158279	21704	1077	20627
2003	232230	32255	1694	30562
2004	340957	37879	3203	34676
2005	465033	52253	5694	46559
2006	639293	62435	3317	59118
2007	862233	71488	879	70610
2008	1071447	104228	1015	103214
2009	897253	109001	1460	107541
2010	1251568	144160	849	143311
2011	1538338	164770	1161	163609
2012	1567849	154923	5426	149497
2013	1691517	150074	2021	148053
2014	1783324	136661	3074	133587
2015	1740296	141950	3033	138916

9-13 分贸易方式进口情况

（1999-2015年）

单位:万美元

年　份	一般贸易	加工贸易	来料加工装配贸易	进料加工装配贸易
1999	13940	2582	179	2403
2000	22785	3721	224	3497
2001	31660	3902	310	3592
2002	31500	6386	518	5868
2003	53209	9092	793	8299
2004	85759	11570	1801	9769
2005	96174	15998	2039	13959
2006	116411	21025	896	20128
2007	146618	22760	717	22043
2008	165676	36711	579	36132
2009	166668	28595	401	28194
2010	260365	41677	248	41429
2011	305218	38801	460	38341
2012	297179	38467	2640	35828
2013	274594	38536	1620	36917
2014	232228	37482	2636	34846
2015	181533	48868	1678	47190

9－14 外贸主要商品出口情况

（1990－2015年）

单位:万美元

年份	水产品	纺织服装	工艺品	罐头	服装机械	节日灯	鞋类	阀门及龙头	医化产品	汽摩及零件
1990	241	175	350		45	24	8		77	57
1991	761	723	734	118	133	310	84			
1992	467	2232	775	183	162	467	104			
1993	1260	4802	3475	221	769	934	192	125	1018	81
1994	2500	5296	3952	465	997	1247	324	243	2078	168
1995	4695	4963	4812	1620	1243	2604	792	251	2394	186
1996	5215	3978	5825	1458	1875	3221	1682	672	3058	1542
1997	5299	3211	7709	2127	1317	3612	1299	1146	3433	1004
1998	3919	2376	10002	1863	1866	5943	887	1337	4988	1228
1999	3084	2407	13771	2484	2971	5680	1340	2155	7322	2006
2000	1911	3089	4363	3244	5403	8336	3160	4363	10354	9618
2001	3916	5047	6052	2860	6166	10093	7307	6729	14844	6052
2002	4041	6778	10388	3038	7195	15351	14855	10937	20564	7263
2003	4809	8580	10398	4092	10813	17273	27181	19908	29515	11466
2004	5790	8165	13549	3947	12860	20563	36315	30280	47494	31935
2005	6127	8737	16108	4097	16115	24575	45939	39988	51076	40554
2006	7710	12139	20244	4499	18878	22741	55766	67684	62478	59717
2007	7545	16487	19817	5294	21072	26654	67562	107788	78444	80877
2008	9168	9868	15778	5447	18794	28193	66748	128375	103760	110252
2009	7100	13283	14479	5269	14389	20523	66375	94698	102559	68674
2010	9547	10895	19004	6783	22968	35407	102670	139972	16665	90988
2011	10023	84219	21811	5420	33451	41358	127933	156925	162199	129126
2012	9599	75370	22162	8083	28112	40280	109931	161845	192092	135371
2013	4669	12003	23231	7239	37990	38076	129599	171820	200939	124835
2014	4520	80671	25038	7043	38004	50909	126287	186005	211566	115772
2015	52609	79591	26850	7020	28169	52609	153607	182529	214234	108384

注：从2000年开始外贸出口商品使用海关数据。

9－15　对外经济合作和境外投资企业情况

（1988－2015年）

单位：万美元

年　份	对外经济合作		境外投资企业				
	项目数（个）	营业额	当年投资境外企业（家）	中方投资额	境外企业直接出口	年末实有投资境外企业（家）	期末在外人数（人）
1988	304	28					
1989	671	91					
1990	428	99					
1991	240	85					
1992	119	53	2	58		2	767
1993	135	55	1	10	28	3	935
1994	92	42	1	5	57	4	655
1995	79	40	1	9	229	5	598
1996	76	36	6	79	409	11	609
1997	34	23	4	22	347	15	659
1998	40	34	6	51	528	19	690
1999	43	128	8	176	2405	22	416
2000	11	101	11	135	8838	27	243
2001	4	28	18	610	11724	31	344
2002	1	6262	25	548	15959	73	228
2003		6464	29	950	23053	97	252
2004		1320	39	1182	31578	136	428
2005		1800	48	1892	38680	184	444
2006		2600	55	5254	45869	245	808
2007	10	3784	38	5001	54489	277	466
2008	2	4002	39	6852		315	130
2009	1	5085	26	5119		342	146
2010	3	31175	29	7341		371	1912
2011	14	7403	38	6436		408	87
2012	16	3636	38	8216		446	65
2013	16	9521	33	6310		478	185
2014	16	7182	35	8668		513	
2015	15	8115	34	13693		547	216

9-16 利 用 外 资 情 况

（1985-2015年）

单位：万美元

年 份	项目数（企业数）（个）	总投资	合同外资	实际利用外 资
1985	1	55	16	
1986	2	67	26	
1987	2	33	29	
1988	5	206	87	9
1989	12	1451	304	15
1990	9	314	109	21
1991	16	1035	405	43
1992	95	5211	2201	548
1993	266	24561	8461	2596
1994	155	17371	5438	2589
1995	123	17241	7763	3700
1996	70	12318	5335	3510
1997	51	9129	3037	3697
1998	91	25491	9994	3849
1999	93	16842	9949	4347
2000	120	22040	10715	5083
2001	107	23773	13329	5568
2002	173	60977	27919	11800
2003	200	94406	40204	21588
2004	123	61354	27507	21684
2005	117	63180	39893	25107
2006	139	160026	79829	31138
2007	95	135601	81681	31150
2008	38	43468	27300	23890
2009	25	28613	14334	18806
2010	28	16765	11842	13206
2011	20	11786	6320	14301
2012	25	53829	78482	47520
2013	29	53757	26982	40001
2014	40	54108	34586	27705
2015	17	30338	18289	11635

注：实际利用外资从2004年开始使用商务部统计口径，合同外资从2006年开始使用商务部统计口径。

9-17 分国别和地区利用外资

（2014-2015年）

单位:万美元

行业	2014年			2015年		
	利用外资企业数（家）	合同外资	实际利用外资	利用外资企业数（家）	合同外资	实际利用外资
总计	**40**	**34586**	**27705**	**17**	**18289**	**11635**
亚洲	**25**	**23087**	**16968**	**12**	**14731**	**10137**
文莱					397	
香港	16	21667	15885	9	14316	9984
日本	1	493	506	1	10	107
马来西亚		17	17		-7	
沙特阿拉伯	1	270	263			
新加坡	1	104	46			
韩国	1	260	26	1	4	
泰国			8			
台湾省	5	276	159	1	11	46
非洲	**1**	**652**	**326**		**109**	
塞舌尔	1	652	326		109	
欧洲	**6**	**4054**	**2851**	**2**	**195**	**20**
英国	1	2500	1751	1	33	
德国	1	33				
法国	2	2		1	162	
爱尔兰		-150				
意大利	2	34				20
荷兰			1000			
匈牙利		1735				
波兰		-200				
奥地利		100	100			
南美洲	**1**	**3779**	**4861**		**1654**	**602**
开曼群岛		1360	3442			
英属维尔京群岛	1	2419	1419		1654	602
北美洲	**6**	**665**	**460**	**2**	**-685**	**102**
美国	6	665	460	1	-699	102
大洋洲	**1**	**484**	**434**	**1**	**2030**	
澳大利亚		414	434	1	2030	
萨摩亚	1	70				
其他	**2**	**1863**	**1804**		**255**	**774**
投资性公司投资	2	1863	1804		255	674

9－18　分行业利用外资

（2014－2015年）

单位:万美元

行业	2014年			2015年		
	利用外资企业数（家）	合同外资	实际利用外资	利用外资企业数（家）	合同外资	实际利用外资
总　　计	**40**	**34586**	**27705**	**17**	**18289**	**11635**
农、林、牧、渔业	**1**	**2470**				
农业	1	2470				
制造业	**24**	**15967**	**13421**	**9**	**9244**	**7461**
食品制造业	1	80	86			
纺织业			200		185	140
皮革、毛皮、羽毛(绒)及其制品业						5
文教体育用品制造业						47
化学原料及化学制品制造业		305	305		293	100
医药制造业			113	1	601	569
橡胶制品业	1	539	1145			
塑料制品业	2	2579	1920		1654	733
非金属矿物制品业	1	33				
金属制品业	3	3731	3096	2	3132	2485
通用设备制造业	3	1101	611	3	3219	3171
专用设备制造业	4	3942	3647	2	25	
交通运输设备制造业	2	147	17		－487	
电气机械及器材制造业	4	3920	2165		412	
通信设备、计算机及其他电子设备制造业	1	－464		1	10	11
仪器仪表及文化、办公用机械制造业	1	394	46			
工艺品及其他制造业		－345			200	100
电力、燃气及水的生产和供应业	**1**	**1004**	**924**	**1**	**2000**	**80**
电力、热力的生产和供应业	1	1004	924	1	2000	80
批发和零售业	**8**	**7948**	**4451**	**1**	**1585**	**594**
批发业	6	3562	2431			
零售业	2	4386	2020	1	1585	594
住宿和餐饮业	**1**	**8**			**1080**	**1088**
住宿业					1080	1080
餐饮业	1	8				8
房地产业		**1835**	**7076**			
房地产业		1835	7076			
租赁和商务服务业	**1**	**2**	**2**			
商务服务业	1	2	2			
科学研究、技术服务和地质勘查业	**3**	**3350**	**1830**	**5**	**2860**	**1400**
居民服务和其他服务业	**1**	**2000**				

9－19 国际国内旅游情况

(2000－2015 年)

单位:万人次

年份	旅游总人数	国内旅游人数	国际旅游入境人数	外国人数	港澳人数	台湾人数	旅游总收入(亿元)	国内旅游收入(亿元)	国际旅游(外汇)收入(万美元)
2000	509.92	507.65	2.27	1.14	0.36	0.77	38.62	37.87	903
2001	642.97	639.67	3.30	1.73	0.34	1.23	48.70	47.50	1418
2002	925.49	921.10	4.39	2.15	0.43	1.81	74.93	71.85	3720
2003	1068.64	1063.86	4.78	1.94	0.83	2.01	86.71	83.51	3855
2004	1243.90	1237.61	6.29	3.50	0.79	2.00	100.40	97.15	3923
2005	1615.03	1607.50	7.53	4.30	1.10	2.13	139.09	134.79	5304
2006	1812.69	1803.80	8.89	5.44	1.96	1.50	150.32	145.10	6448
2007	2182.97	2173.66	9.31	6.52	1.20	1.59	175.28	170.63	6200
2008	2605.23	2594.85	10.38	7.06	1.28	2.05	208.59	203.70	7046
2009	2895.87	2887.22	8.65	5.91	0.95	1.79	230.04	226.65	4964
2010	3295.95	3285.66	10.29	6.83	1.02	2.45	273.23	269.42	5629
2011	3977.70	3965.36	12.34	6.93	1.40	4.00	329.25	325.16	6334
2012	4492.92	4468.92	24.00	10.90	2.71	10.40	412.18	406.67	8726
2013	5176.43	5165.54	10.89	6.11	2.69	2.09	493.37	490.73	4265
2014	6094.38	6078.85	15.53	11.51	2.31	1.70	583.55	580.53	4909
2015	7436.03	7419.17	16.86	12.74	2.04	2.07	749.25	745.63	5876

9－20 接待外国旅游人数

(2015 年)

单位:人次

国别(地区)	人数	国别(地区)	人数
总计	**127380**	**大洋洲小计**	**1148**
亚洲小计	**70648**	其中:澳大利亚	865
其中:日本	5253	新西兰	69
韩国	53794	**欧洲小计**	**9581**
印度尼西亚	691	其中:英国	1022
新加坡	605	法国	934
泰国	576	德国	1775
马来西亚	753	意大利	923
菲律宾	412	瑞士	94
印度	2930	瑞典	180
美洲小计	**5481**	荷兰	569
其中:美国	3579	俄罗斯	1094
加拿大	663	西班牙	1095
非洲小计	**2095**	**其他小计**	**38427**

主 要 统 计 指 标 解 释

进出口总额 指实际进出我国国境的货物总金额。包括对外贸易实际进出口货物，来料加工装配进出口货物，国家间、联合国及国际组织无偿援助物资和赠送品，华侨、港澳台胞和外籍华人捐赠品，租赁期满归承租人所有的租赁货物，进料加工进出口货物，边境地方贸易及边境地区小额贸易进出口货物（边民互市贸易除外），中外合资企业、中外合作经营企业、外商独资经营企业进出口货物和公用物品，到、离岸价格在规定限额以上的进出口货样和广告品（无商业价值、无使用价值和免费提供出口的除外），从保税仓库提取在中国境内销售的进口货物，以及其他进出口货物。我国规定出口货物按离岸价格统计，进口货物按到岸价格统计。

利用外资 指各级政府、部门、企业、中国银行和其他单位通过对外借款、吸收客商直接投资和商品信贷及其他方式，从国外和港澳台地区筹措的资金。对外借款包括通过外国政府贷款、国际金融组织贷款、外国银行的买方信贷和现汇贷款及对外发行债券等方式，从国外和港澳台地区借用的资金。

外商直接投资 是指外国企业和经济组织或个人（包括华侨、港澳台胞以及我国在境外注册的企业）按我国有关政策、法规，在我国境内开办独资企业、与我国境内的企业或经济组织共同举办合资企业、合作经营企业、股份制企业或合作开发资源的投资以及客商从企业得到的收益的再投资。

外国旅游人数 指来我国观光游览、度假、探亲访友、就医疗养、购物、参加会议或从事经济、科技、文化、体育、宗教活动的外国人、港澳台同胞等入境人数。不包括外国在我国的常住机构，如领使馆、通讯社、企业办事处的工作人员；来我国常驻的外国专家、留学生以及在岸逗留不过夜人员。统计时，外国人、港澳台同胞每入境一次统计1人次。

国内旅游人数 指国内居民在中国（大陆）观光旅览、度假、探亲访友、就医疗养、购物、参加会议或从事经济、文化、体育、宗教活动的人数，其出游的目的不是通过所从事的活动谋取报酬。统计时，国内游客每按出游一次统计1人次。

国际旅游（外汇）收入 指入境旅游的外国人、港澳台同胞在中国（大陆）旅行、游览过程中用于交通、参观游览、住宿、餐饮、购物、娱乐等全部费用，对国家来说就是国际旅游（外汇）收入。

国内旅游收入 又称旅游总花费。指国内游客在国内旅行、游览过程中用于交通、参观游览、住宿、餐饮、购物、娱乐等全部花费。

10

财政金融保险

Public Finance, Banking and Insurance

10-1 主要年份财政收入与支出

单位:万元

年份	财政总收入	地方财政一般预算收入	#增值税	#营业税	#企业所得税	#个人所得税	地方财政一般预算支出
1949	480						200
1952	972						455
1957	3337						1333
1962	5186						2778
1965	5769						2242
1970	6635						3706
1975	6502						5908
1978	11897						9871
1980	13677						10539
1985	31377						20480
1990	65925						49925
1994	168869	86479	26512	14130	19487	7263	121969
1995	203050	104642	30869	21779	27759	8348	144858
1996	239739	120900	34773	29431	28419	12476	165445
1997	263381	134112	38469	33386	30582	14966	196390
1998	309568	162619	44488	42649	36767	18617	223500
1999	380039	197303	51709	50744	45112	23042	258937
2000	531793	261491	72941	55766	79621	29137	331947
2001	650425	388056	75314	74685	127995	47260	428608
2002	868285	431122	99245	104977	67392	36378	556353
2003	1086780	526964	118324	137692	73324	37603	688820
2004	1266669	626046	61696	162942	102201	38264	791520
2005	1474457	723324	157257	174958	107334	44788	880887
2006	1756878	861115	193493	213294	130776	53233	1040000
2007	2183788	1088551	233654	273535	175148	66079	1269285
2008	2480225	1260498	264386	300397	180448	82885	1538078
2009	2631616	1360227	283823	355692	160627	87158	1759524
2010	3106245	1648845	293775	432931	224035	115832	2227592
2011	3704657	2001150	325771	503206	289871	145347	2655309
2012	4089456	2204230	380110	574263	310909	136008	2879269
2013	4484660	2477341	441897	603749	334446	142687	3290300
2014	4852909	2652092	494463	607423	375250	162998	3714666
2015	5397827	2980170	551873	656380	382176	187590	4572105

注:2004 年外贸出口退税政策调整,当年全市财政总收入新口径 997540 万元,地方财政一般预算收入新口径 559726 万元,考虑历史年份资料可比性,本表中财政总收入和地方财政一般预算收入仍按老口径计算。

10－2　市区主要年份财政总收入

单位:万元

年　份	市　区	# 椒江区	# 黄岩区	# 路桥区
1978	4251		3943	
1980	4755		4536	
1985	13145	4057	8342	
1986	16577	5121	10543	
1987	17495	5766	11004	
1988	21474	6285	12853	
1989	24235	6776	15215	
1990	27001	8058	16714	
1991	32591	10562	18749	
1992	34652	12586	21347	
1993	55318	18327	35357	
1994	70347	24287	45688	
1995	83037	27794	30574	23410
1996	96367	32026	34121	26691
1997	112168	35714	39065	31475
1998	134217	41890	45882	36661
1999	157289	47437	52837	43459
2000	208039	64645	67479	61638
2001	272467	85241	83200	81319
2002	362205	109502	116320	102318
2003	465779	146011	145003	127678
2004	551899	177441	150536	154065
2005	638204	199738	172172	181630
2006	751477	236223	201549	222566
2007	923035	287488	247435	277733
2008	1048382	316242	272368	327095
2009	1122393	325118	284464	361155
2010	1349410	386899	326821	441433
2011	1627998	460759	386512	534966
2012	1763763	513458	418183	542848
2013	1945430	571320	475971	581901
2014	2061986	598475	520502	594698
2015	2282818	633653	580611	633997

注：2004 年,外贸出口退税政策调整,考虑历史年份资料可比性,本表中的财政总收入按老口径计算,下同。

10－3 各县市主要年份财政总收入

单位:万元

年　份	玉环县	三门县	天台县	仙居县	温岭市	临海市
1978	847	725	1112	867	1805	2290
1980	1000	727	1155	996	2308	2736
1985	2300	1591	2342	1970	5353	4676
1986	3056	2034	2807	2383	6548	5982
1987	3744	2281	3425	2777	7951	6903
1988	4842	2378	3908	3185	9991	7646
1989	5393	2692	4488	3648	11534	9136
1990	5712	2750	4940	3743	13124	8655
1991	6505	3693	5310	4116	13777	10027
1992	7883	3473	5788	4287	15156	12215
1993	12352	5131	8302	7618	21187	20069
1994	16740	6013	10515	9518	29221	26515
1995	20491	6910	12075	12180	36439	31918
1996	24108	7248	13521	13515	49666	35314
1997	27878	6703	14129	14898	51094	36511
1998	31836	8451	16607	16665	61306	40486
1999	38236	11587	20443	22479	85474	44531
2000	55685	16727	28481	29023	134805	59033
2001	75268	24058	33107	30869	139009	75647
2002	100157	31573	46005	42428	177911	108006
2003	122141	41062	56010	48889	222880	130019
2004	145644	43646	67148	46986	260234	151112
2005	180100	53318	77008	54972	294209	176646
2006	239762	65283	87518	66118	333938	212782
2007	308300	86168	100088	81199	418892	266106
2008	356478	107153	115380	92418	453898	306516
2009	370059	116279	124429	93432	475522	329502
2010	401427	136675	140142	106582	570123	401886
2011	466622	163436	170690	130233	665511	480167
2012	552054	179500	198451	146808	721978	526902
2013	600092	196980	214333	161768	785977	580080
2014	644759	213292	233522	188972	877077	633301
2015	722956	236843	258932	234602	983574	678102

10-4　市区地方财政一般预算收入

（1994-2015 年）

单位：万元

年　份	市　区	#椒江区	#黄岩区	#路桥区
1994	35834	13611	21851	
1995	42731	15353	15078	11478
1996	49805	17625	16843	12954
1997	57294	19437	18463	15076
1998	72242	24133	21552	18169
1999	85777	28575	24656	22023
2000	110603	38256	31889	29440
2001	171574	56224	47410	48688
2002	197148	63389	56618	51859
2003	245674	82592	69231	62841
2004	295117	98446	73551	77737
2005	337181	111041	83309	87855
2006	385038	125449	96266	104460
2007	472813	150971	118769	133120
2008	537741	164540	132707	155408
2009	590145	180667	142843	178598
2010	723612	226478	166018	225550
2011	899464	275213	197394	288078
2012	981790	301439	215851	291821
2013	1103883	329903	249939	321492
2014	1156668	326413	273714	328326
2015	1283947	350386	310189	358834

注：2004 年，外贸出口退税政策调整，考虑历史年份资料可比性，本表中的地方财政一般预算收入按老口径计算。

10－5 各县市地方财政一般预算收入

（1994－2015年）

单位:万元

年　份	玉环县	三门县	天台县	仙居县	温岭市	临海市
1994	8004	2939	4856	4613	16558	13675
1995	10039	3414	5801	5956	19688	17013
1996	11760	3719	6189	6712	23688	19027
1997	13308	3401	6275	7093	27144	19597
1998	16033	4459	7170	7668	34018	21029
1999	20006	6470	8802	10167	41458	24623
2000	27649	10051	13127	13252	56588	30221
2001	42738	15803	18053	18005	77538	44345
2002	45820	16733	20108	17680	80018	53615
2003	51290	21431	25841	20518	97357	64853
2004	62477	22221	32819	22150	117954	73308
2005	74959	27527	37511	25052	134798	86296
2006	103888	34156	42547	30822	158013	106651
2007	137582	45679	51610	40626	204069	136172
2008	158308	61111	60533	48023	233759	161023
2009	165568	66069	65442	49377	250238	173388
2010	182530	80734	78081	56698	305918	221272
2011	216856	96022	96610	68553	361688	261957
2012	251128	106818	110722	79028	388678	286066
2013	275990	118035	122958	92990	438479	325006
2014	298358	127657	132867	105588	478388	352566
2015	344987	144987	150268	134660	541213	380108

10－6 地方财政收入及分类（一）

（1994－2015 年）

单位：万元

年　份	一般预算收入合计	增值税	营业税	企业所得税	企业所得税退税	个人所得税	资源税	固定资产投资方向调节税
1994	86479	26512	14130	19487	－1503	7263	174	746
1995	104642	30869	21779	27759	－1425	8348	127	1015
1996	120900	34773	29431	28419	－1286	12476	165	1485
1997	134112	38469	33386	30582	－406	14966	134	1726
1998	162619	44488	42649	36767	－1015	18617	92	1481
1999	197303	51709	50744	45112	－2683	23042	103	1048
2000	261491	72941	55766	79621	－1303	29137	115	174
2001	388056	75314	74685	127995		47260	116	－83
2002	431122	99245	104977	67392		36378	126	－7
2003	526964	118324	137692	73324		37603	104	
2004	559726	61696	162942	102201		38264	147	
2005	723324	157257	174958	107334		44788	1068	
2006	861115	193493	213294	130776		53233	3021	
2007	1088551	233654	273535	175148		66079	3616	
2008	1260498	264386	300397	180448		82885	3835	
2009	1360227	283823	355692	160627		87158	3643	
2010	1648845	293775	432931	224035		115832	3440	
2011	2001150	325771	503206	289871		145347	3244	
2012	2204230	380110	574263	310909		136008	3596	
2013	2477341	441897	603749	334446		142687	3891	
2014	2652092	494463	607423	375250		162998	5392	
2015	2980170	551873	656380	382176		187590	8051	

注：1. 2002 年起税收收入分享政策调整，企业所得税和个人所得税原全部计入地方财政收入，2002 年调整为中央与地五方五分成，2003 年调整为中央与地方六四分成；

2. 本表中 2004 年地方财政一般预算收入按新口径计算。

10－7 地方财政收入及分类(二)

(1994－2015 年)

单位:万元

年份	城市维护建设税	房产税	印花税	城镇土地使用税	土地增值税	车船税	屠宰税	农牧业税	农业特产税
1994	6206	1300	317	310		388	222	3644	3259
1995	7624	1749	405	358	1	487	459	4692	3736
1996	8615	2303	520	264	53	518	530	6633	3122
1997	9992	2730	503	341	111	549	582	5454	3060
1998	11180	3690	701	411	185	618	675	6290	3018
1999	12923	4475	941	493	238	867	861	5067	3088
2000	16088	5230	1380	568	364	865	816	5153	3459
2001	23042	7391	1837	697	687	1147	826	5071	3054
2002	28231	10313	3075	873	1682	1452	185	5260	1734
2003	33817	13358	4603	1246	3805	1780	2	5675	
2004	39259	16937	6925	1665	4630	2382		8	
2005	48171	23685	8914	5122	10326	2206			
2006	57246	26871	11622	7018	13809	2764			
2007	72070	32401	14975	10763	23934	3418			
2008	83087	42637	18677	43442	30663	8952			
2009	87333	46689	18271	58842	42016	11285			
2010	104067	47562	25590	57364	55868	14941			
2011	133390	71139	27484	80487	78145	18114			
2012	144439	88276	28327	86141	97642	27477			
2013	157384	98990	32327	91507	119470	32468			
2014	161947	118367	40082	102976	144222	36914			
2015	174320	133407	46114	115244	107636	41720			

10－8　地方财政收入及分类(三)

(1994－2015年)

单位:万元

年　　份	耕地占用　税	契　税	专　项收　入	罚没和行政事业性收费收入	国有资本经营收入	国有资源(资产)有，偿使用收入	其　他收　入	政府性基金收入
1994	2585	805			－4061		4695	3517
1995	2703	926		1528	－12533		4035	4642
1996	2546	1949		1578	－17606		4412	5228
1997	3161	1915		2528	－21372		5601	5121
1998	2374	3004	5340	4629	－22580		5	12572
1999	3040	5062	6603	3908	－19358		20	15017
2000	4218	9172	8588	5858	－37213		494	17379
2001	6519	12351	11332	23138	－34591		268	32307
2002	16442	19952	15361	43183	－24833		101	87451
2003	21022	32045	15704	42425	－16755		1190	136992
2004	11271	41950	17648	66231	－15713	47	1236	174957
2005	8789	45804	24471	75473	－16634	54	1538	216982
2006	12095	48778	30800	75791	－21847	63	2288	268984
2007	12003	69976	38817	76555	－21372	2971	8	918572
2008	13857	70792	44947	87121	－20346	4149	569	1304414
2009	16421	94645	47278	73789	－33569	6167	117	1567329
2010	25612	153125	55462	82591	－55067	11563	154	3063426
2011	38067	142764	68842	97919	－41196	18532	24	3036436
2012	40576	120240	73174	110933	－23655	5634	140	2780556
2013	49525	189654	79221	103630	－28641	25135	1	3268178
2014	47254	158025	80532	128483	－26929	14691	2	1917587
2015	33805	144297	272474	125144	－25127	21586	3480	1392457

10-9 地方财政支出情况

(2010-2015年)

单位:万元

指　　标	2010年	2011年	2012年	2013年	2014年	2015年
地方一般预算支出合计	**2227592**	**2655309**	**2879269**	**3290300**	**3714666**	**4572105**
一般公共服务	381781	400495	420778	434685	432342	448465
国　防	4218	4015	4303	4813	4349	4952
公共安全	194623	210772	231268	245934	255423	287148
教　育	515679	623131	739748	776018	838763	986283
科学技术	57589	56423	78933	88293	98099	167047
文化体育与传媒	38206	40278	50194	53947	57955	82662
社会保障和就业	139781	217148	242616	284134	299655	413170
医疗卫生与计划生育	138565	167760	191990	236732	302110	351056
节能环保	50134	45761	41922	75006	86254	101208
城乡社区	83846	101850	102521	115388	164815	275500
农林水	260585	373425	392910	507938	524531	699888
交通运输	130805	165690	174722	210660	267768	407770
工业商业金融等	109854	129052	134195	132844	113133	171013
其他支出	121926	119509	73169	123908	269469	175943
政府性基金支出合计	**2355339**	**1901269**	**1569691**	**3204272**	**2103902**	**1593654**
一般公共服务		220	119			
教　育	35773	25732	43222	50135	72333	
文化教育与传媒	1572	992	1594	2690	3016	
社会保障和就业	16104	19994	18489	32938	32392	14515
城乡社区	2233243	1677370	1315320	2846285	1675321	1256112
农林水	52984	64554	54453	72418	78386	2936
交通运输	2531	1957	2981	8599	7704	3732
工业商业金融等	1557	1553	2343	2317	2118	1172
其他支出	11575	108897	131170	188890	232632	315187
社会保险基金支出合计	**294268**	**578124**	**810267**	**946946**	**1195510**	**1720132**
企业职工基本养老保险基金支出	194050	251227	360935	433248	579481	983878
城乡居民基本养老保险基金支出		48848	96518	97545	127096	152692
城镇职工基本医疗保险基金支出	74542	109582	107362	138152	166396	202484
居民基本医疗保险基金支出		131776	189808	216458	249662	290294
工伤保险基金支出	15434	22665	38897	39841	47027	49008
失业保险基金支出	6131	8789	7935	10862	12438	26179
生育保险基金支出	4111	5237	8812	10840	13410	15597

10-10 主要年份金融主要指标

单位:万元

年份	金融机构本外币存款年末余额	#金融机构人民币存款余额	#城乡居民储蓄存款年末余额	金融机构本外币贷款年末余额	#金融机构人民币贷款余额	#短期贷款	#中长期贷款
1952		560	143		193		
1957		1784	521		5388		
1962		3593	601		12898		
1965		5238	1110		11989		
1970		6927	1384		22740		
1975		11875	2546		26090		
1978		16368	4401		34604		
1980		32389	11209		53673		
1985		98546	40501		123613		
1990		312614	153584		307913		
1994		1061934	546404		838094	695657	96289
1995		1399917	727602		1052121	865819	123833
1996		1896944	1017397		1335406	1052894	179930
1997		2496502	1360738		1711067	1424932	208135
1998		3394537	1939241		2126197	1723669	301773
1999		4320709	2468949		2726762	2108507	478072
2000	5407241	5289565	2896237	3307634	3304269	2596518	556846
2001	6428949	6290422	3526960	4096823	4023234	2669865	1272296
2002	8284108	8117593	4362702	5794759	5716237	3642042	1733151
2003	10740254	10561850	5421684	8237648	8090895	4909163	2783124
2004	11823111	11640689	6010774	9454142	9328902	5693519	3373348
2005	13849843	13694418	7117604	10580440	10445507	6411816	3764513
2006	16659867	16499842	8582033	13132416	12946754	8271509	4473442
2007	19375543	19213038	9287212	16159896	15770372	10527055	5124007
2008	23717020	23533773	12044432	19262657	18930765	12392248	6068898
2009	29356051	29152567	14437498	25180611	24229188	15603817	8219377
2010	35884773	35627957	17250805	30558214	29405118	19324859	9845344
2011	39989019	39590586	20588359	34707628	33545934	22740162	10542262
2012	45091738	44573554	23719853	38931604	37839726	25873733	11258308
2013	52197210	51541069	26981269	44541067	43402430	29596023	13455469
2014	56710259	56090430	28924078	50393663	49122356	32077228	16170388
2015	63059372	61886513	31454786	55184387	54296010	33499572	18306354

10－11 金融机构年末人民币存款余额

（2014－2015年）

单位：万元

指　　标	2014年	2015年
各项存款合计	**56804438**	**61886513**
境内存款	56773895	61842164
住户存款	29814324	32323686
活期存款	12882765	13926084
定期及其他存款	16931560	18397602
非金融企业存款	15340525	14772755
活期存款	6113817	5611710
定期及其他存款	9226708	9161045
广义政府存款	9186168	10981102
财政性存款	1018198	466085
机关团体存款	8167970	10515017
非银行业金融机构存款	2432878	3764622
境外存款	30542	44349

10-12 金融机构年末人民币贷款余额

（2014-2015 年）

单位：万元

指　　标	2014 年	2015 年
各项贷款合计	**49126356**	**54296010**
境内贷款	49124920	54295215
住户贷款	25581903	28118314
短期贷款	16715429	17686180
消费贷款	3835542	4385616
经营贷款	12879887	13300565
中长期贷款	8866474	10432133
消费贷款	7217493	8540088
经营贷款	1648981	1892045
非金融企业及机关团体贷款	23539017	26169902
短期贷款	15361799	15813392
中长期贷款	7303914	7874221
票据融资	746675	2375160
各项垫款	126630	107129
非银行业金融机构贷款	4000	7000
境外贷款	1436	795

10－13 财产和人寿保险业务收支情况

（1989－2015 年）

单位：万元

地 区	保费收入			赔款、给付			
	合 计	财产险	人身险	合 计	财产险赔款支出	人身险赔款支出	人身险给付
1989	3917	2214	1703	6844	6307	537	
1990	4688	2727	1961	3483	2762	721	
1991	8452	4515	3937	3087	2445	642	
1992	15956	8234	7722	8186	6486	1700	
1993	21221	12611	8610	9370	5492	3878	
1994	21844	12987	8857	12187	11060	1127	
1995	28985	17973	11012	9609	8268	1341	
1996	34669	20489	14180	11173	9513	1660	
1997	44182	22755	21427	56522	43690	2723	10109
1998	57600	26061	31539	25928	12149	2935	10844
1999	74468	30348	44120	22303	14691	3418	4194
2000	92422	36150	56272	27915	15957	3564	8394
2001	128548	43389	85159	34789	20314	5580	8895
2002	173031	53802	119229	40151	27902	7021	5228
2003	194986	56614	138372	52557	33194	7426	11937
2004	240338	76198	164140	127470	101907	10043	15520
2005	274479	98715	175764	101523	82333	9459	9731
2006	311690	126931	184759	93238	66165	9366	17707
2007	374198	162896	211302	141927	89755	9839	42333
2008	515523	193432	322091	183381	117919	14959	50503
2009	575102	233688	341414	207852	125507	14679	67666
2010	729151	294241	434910	184306	139505	16462	28339
2011	758807	342052	416755	228258	173571	11150	43537
2012	843994	391421	452573	291713	227214	18615	45884
2013	962828	445690	517138	362328	269691	23022	69616
2014	1123907	517174	606733	383806	296430	25253	62122
2015	1274452	579060	695392	459763	321127	27451	111186

主 要 统 计 指 标 解 释

财政总收入 包括地方上划中央税收入和地方财政收入两部分。

一般预算收入 指按国家预算收入科目规定，属于地方负责组织征收的收入数，包括①各种税收收入类，指税务机关征管的“工商税收类”；海关征管的“关税类”；财政机关征管的“农业税类”、“国有企业所得税类”等。②企业收入类。③企业亏损补贴类。④其他收入等。

增值税 是以商品生产流通和劳务服务各个环节的增值额为征税对象的一种流转税。按现行财政体制，增值税属于中央与地方的共享税种，其中：中央分享75%，地方分享25%。

一般预算支出 指按国家预算支出科目规定，属于地方财政的各类预算支出，包括一般公共服务支出、公共安全支出、教育支出、科学技术支出、文化体育与传媒支出、社会保障和就业支出、医疗卫生支出、环境保护支出、城乡社区事务支出、农林水事务支出、交通运输支出、工业商业金融事务支出等。

金融机构存款 指企业、机关、团体和居民根据可以收回的原则，把货币存入各类金融机构保管，并取得一定利息的一种信用活动形式。根据存款对象的不同可划分为企业存款、财政存款、机关团体存款、居民储蓄存款等。

金融机构贷款 指各类金融机构根据必须归还的原则，按一定利率为企业、个人等提供资金的一种信用活动形式。根据贷款对象的不同分为工业贷款、建筑业贷款、商业贷款、农业贷款等。

城乡居民储蓄存款余额 包括城镇居民储蓄和农村居民个人储蓄两部分存款余额。不包括工矿企业、部队、机关团体等集体存款。

保费收入 指被保险人按其得到保险利益的保障程度（保险金额）的一定比率向保险人缴付的费用。

赔款 指保险人对财产保险的保险事故给予的经济补偿或对人身保险的保险事故给付的保险金。

11

物 价

Prices

11-1 主要年份物价总指数

（以上年为100）

年份	居民消费价格总指数		商品零售价格指数	
	全市	市区	全市	市区
1978	100.0	100.0	100.1	99.9
1980	108.8	108.8	108.0	109.5
1985	111.9	109.4	112.3	109.8
1986	107.0	107.7	106.7	107.4
1987	111.3	111.8	111.6	112.0
1988	123.5	124.8	124.4	125.2
1989	117.2	117.7	117.0	117.1
1990	102.4	100.9	101.8	100.4
1991	104.2	104.6	103.8	104.2
1992	111.5	111.4	111.2	111.5
1993	120.1	118.7	118.5	116.0
1994	125.7	125.3	125.5	124.2
1995	117.3	115.2	115.3	114.0
1996	108.2	108.8	105.7	105.2
1997	101.6	102.4	99.3	99.9
1998	99.2	99.6	97.5	98.0
1999	99.2	99.2	98.4	98.3
2000	101.1	100.8	100.4	99.1
2001	99.3	98.4	98.8	99.0
2002	99.6	99.0	99.8	99.3
2003	101.5	100.4	99.6	98.4
2004	105.0	104.3	102.1	100.5
2005	100.6	100.0	99.7	99.2
2006	100.7	100.2	100.0	99.4
2007	104.1	104.0	104.3	104.4
2008	104.9	104.2	106.2	105.6
2009	99.2	99.4	99.3	99.5
2010	104.6	104.6	104.7	104.3
2011	106.3	106.3	106.9	106.7
2012	102.3	102.0	102.4	102.1
2013	101.9	101.8	100.3	100.3
2014	102.4	102.3	101.5	101.4
2015	100.8	100.7	99.7	99.5

11－2 主要年份定基物价总指数

（以1978年为100）

年 份	居民消费价格总指数		商品零售价格指数	
	全 市	市 区	全 市	市 区
1978	100.0	100.0	100.0	100.0
1980	111.6	111.6	110.3	113.2
1985	138.0	134.9	133.8	137.3
1986	147.7	145.3	142.7	147.5
1987	164.3	162.4	159.3	165.2
1988	203.0	202.7	198.1	206.8
1989	237.9	238.6	231.8	242.2
1990	243.6	240.8	236.0	243.2
1991	253.8	251.8	245.0	253.4
1992	283.0	280.6	272.4	282.5
1993	339.9	333.0	322.8	327.7
1994	427.2	417.3	405.1	407.1
1995	501.1	480.7	467.1	464.0
1996	542.2	523.0	493.7	488.2
1997	550.9	535.6	490.2	487.7
1998	546.5	533.4	478.0	477.9
1999	542.1	529.1	470.3	469.8
2000	548.1	533.4	472.2	465.6
2001	544.3	524.8	466.5	460.9
2002	542.1	519.6	465.6	457.7
2003	550.2	521.7	463.7	450.4
2004	577.7	544.1	473.4	452.7
2005	581.2	544.1	472.0	449.1
2006	585.3	545.2	472.0	446.4
2007	609.3	567.0	492.3	466.0
2008	639.2	590.8	522.8	492.1
2009	634.1	587.3	519.1	489.6
2010	663.3	614.3	543.5	510.7
2011	705.1	653.0	581.0	544.9
2012	721.3	666.1	594.9	556.3
2013	734.9	678.1	596.8	558.1
2014	752.5	693.7	605.8	565.9
2015	758.5	698.6	604.0	563.1

11－3 全市居民消费价格分类指数(一)

(1994－2015年，以上年为100)

年　份	居民消费价格总指数	#服务项目价格指数	食品类	#粮　食	#肉禽及其制品	#水产品类	#鲜菜	#在外用膳食品
1994	125.7	136.5	133.3	165.6	152.2	124.3	139.4	125.7
1995	117.3	121.0	123.3	137.7	121.9	124.9	149.1	131.2
1996	108.2	118.0	106.2	101.5	104.1	122.0	98.6	104.9
1997	101.6	120.7	98.9	84.5	104.4	105.1	101.7	99.6
1998	99.2	109.2	97.5	101.3	86.7	100.8	102.6	96.6
1999	99.2	107.5	98.3	97.3	91.1	98.8	113.9	103.3
2000	101.1	115.1	100.2	85.5	99.6	101.9	120.7	100.2
2001	99.3	106.0	98.2	103.9	102.0	91.8	93.4	96.9
2002	99.6	100.5	101.7	94.5	98.2	101.0	126.3	100.1
2003	101.5	106.5	102.5	105.7	105.1	105.0	90.9	103.1
2004	105.0	105.8	113.4	132.8	117.9	108.0	108.6	109.4
2005	100.6	101.7	103.2	96.6	102.4	104.1	117.7	98.7
2006	100.7	102.7	101.5	102.9	95.5	99.8	98.1	101.4
2007	104.1	101.2	111.9	105.1	130.4	105.1	103.7	112.6
2008	104.9	102.0	111.9	105.1	119.0	108.2	108.2	109.7
2009	99.2	98.7	102.1	104.1	90.4	107.9	105.0	111.0
2010	104.6	103.8	109.0	113.7	103.1	116.2	123.4	103.5
2011	106.3	103.2	114.7	115.4	125.8	116.4	97.5	112.9
2012	102.3	100.5	105.7	103.1	99.1	111.2	117.4	109.0
2013	101.9	102.8	105.0	102.8	103.5	106.8	104.4	105.6
2014	102.4	102.8	103.8	103.3	99.0	105.2	98.7	104.9
2015	100.8	100.3	102.8	102.8	107.2	103.0	106.9	103.0

注：2000年及以前年份分类指数不含服务项目价格，下同。

11－4 全市居民消费价格分类指数(二)

(1994－2015年,以上年为100)

年份	烟酒及用品	衣着类	家庭设备用品及维修服务	医疗保健和个人用品	交通和通讯	娱乐教育文化用品及服务	居住
1994		126.7	110.1	96.5	101.1	113.1	112.5
1995		112.3	108.3	111.1	99.9	106.1	111.8
1996		105.7	102.5	119.7	96.5	109.5	124.6
1997		101.8	100.0	102.1	96.5	100.8	102.6
1998		99.3	97.9	102.1	95.9	97.2	99.6
1999		98.2	96.4	101.4	98.9	94.0	101.2
2000		99.4	97.8	100.8	90.7	92.1	105.5
2001	101.3	98.2	96.8	98.2	98.1	105.3	100.2
2002	100.3	98.2	97.0	97.0	96.1	98.7	99.8
2003	105.2	97.7	96.7	98.5	97.4	107.4	101.2
2004	103.2	98.6	100.2	90.3	98.8	106.2	105.0
2005	99.2	93.3	100.5	97.2	97.6	99.3	106.1
2006	100.1	95.4	102.5	101.2	99.2	98.9	105.0
2007	102.2	98.6	101.1	102.5	99.8	97.3	104.0
2008	101.5	94.8	104.4	106.6	99.0	99.8	105.1
2009	100.3	93.9	100.0	102.5	98.0	100.8	91.8
2010	100.7	96.1	99.8	106.7	100.4	101.9	108.3
2011	103.0	101.3	104.3	106.7	101.1	100.0	104.8
2012	102.0	104.0	102.4	101.7	98.3	99.2	101.0
2013	100.2	101.6	101.7	96.9	98.5	102.1	101.4
2014	99.5	100.9	104.4	102.5	100.3	102.6	101.9
2015	103.9	103.3	101.3	103.7	94.8	98.5	99.9

11－5　市区居民消费价格分类指数(一)

（1994－2015年，以上年为100）

年　份	居民消费价格总指数	# 服务项目价格指数	食品类	# 粮　食	# 肉禽及其制品	# 水产品类	# 鲜菜	# 在外用膳食品
1994	125.3	137.5	133.2	160.3	151.2	128.8	142.5	126.0
1995	115.2	122.0	119.4	139.6	119.1	107.9	151.4	130.1
1996	108.8	118.2	106.2	102.1	105.6	120.1	96.8	99.8
1997	102.4	118.7	99.9	83.9	106.3	108.9	104.6	94.9
1998	99.6	109.2	98.3	101.6	88.1	106.8	103.4	93.7
1999	99.2	106.8	97.9	98.5	89.6	99.0	103.4	105.4
2000	100.8	115.5	97.9	84.7	99.5	99.4	107.1	98.9
2001	98.4	107.1	95.4	102.5	101.4	90.2	88.8	93.7
2002	99.0	100.4	101.5	94.7	96.9	102.8	118.3	100.2
2003	100.4	104.3	102.7	104.0	103.9	103.8	101.3	102.2
2004	104.3	107.3	111.8	127.7	116.4	109.6	109.2	110.2
2005	100.0	102.1	102.9	97.4	103.0	101.8	115.1	99.6
2006	100.2	101.9	101.5	102.4	94.7	100.9	98.9	101.9
2007	104.0	100.9	112.4	103.7	131.6	107.9	102.7	115.3
2008	104.2	101.9	110.1	103.2	116.9	107.0	106.1	107.4
2009	99.4	99.1	103.3	103.3	91.1	109.7	108.9	114.0
2010	104.6	104.8	108.5	116.0	101.5	114.1	122.8	103.2
2011	106.3	103.1	115.4	115.2	124.7	119.8	96.9	115.1
2012	102.0	100.3	105.6	102.4	99.8	108.9	119.9	107.3
2013	101.8	103.4	105.0	104.1	103.9	110.3	106.3	103.5
2014	102.3	102.2	103.6	103.7	99.3	102.3	99.6	105.5
2015	100.7	100.7	102.2	102.9	106.1	101.2	106.2	102.6

注：2000年及以前年份分类指数不含服务项目价格，下同。

11－6　市区居民消费价格分类指数(二)

(1994－2015年,以上年为100)

年　份	烟酒及用　品	衣着类	家庭设备用品及维修服务	医疗保健和个人用品	交通和通　讯	娱乐教育文化用品及服务	居　住
1994		125.7	108.7	92.2	102.0	110.2	108.2
1995		112.9	106.8	109.3	101.5	104.6	109.3
1996		105.1	102.8	113.0	96.7	108.5	137.3
1997		103.6	99.6	103.8	94.7	99.9	104.1
1998		101.5	98.3	104.0	93.0	96.3	96.9
1999		98.9	96.3	102.6	99.4	94.3	100.7
2000		99.4	97.5	101.9	98.6	88.8	105.7
2001	100.8	98.3	97.2	98.2	96.6	106.5	100.9
2002	99.3	96.2	97.8	95.7	95.7	98.5	98.5
2003	103.7	95.6	96.0	95.3	96.8	103.9	101.7
2004	103.5	97.2	99.1	90.1	97.5	108.2	104.0
2005	98.6	89.3	99.3	99.2	96.6	99.7	105.5
2006	100.3	93.0	102.0	100.9	97.4	98.7	104.8
2007	101.8	97.6	100.7	102.2	99.0	97.6	103.2
2008	101.3	89.4	104.6	110.1	96.9	101.5	104.6
2009	99.9	91.8	100.3	101.9	98.4	102.7	90.4
2010	100.4	95.5	100.0	105.2	100.9	102.4	109.8
2011	103.5	100.6	104.6	107.4	100.4	100.4	104.4
2012	101.8	104.4	101.5	100.9	97.4	99.0	101.1
2013	100.9	102.1	103.0	95.8	99.7	103.5	100.6
2014	99.4	101.2	105.2	102.4	100.4	100.8	102.0
2015	104.3	104.3	101.4	103.7	94.2	98.1	100.7

11－7　全市商品零售价格分类指数(一)

(1994－2015年,以上年为100)

年　份	商品零售价格总指数	食品类	饮料、烟酒类	服装、鞋帽类	纺织品类	家用电器及音像器材类	文化办公用品类	日用品类	体育娱乐用品类
1994	125.5	137.4	109.9	133.2	127.1	107.4		111.8	
1995	115.3	127.6	102.9	114.9	117.6	97.8		111.4	
1996	105.7	106.0	104.0	105.1	108.3	97.4		106.4	
1997	99.3	98.8	97.7	101.8	101.6	96.4		100.2	
1998	97.5	98.1	97.3	100.2	98.0	92.3		97.6	
1999	98.4	98.9	95.1	98.3	98.6	91.0		98.1	
2000	100.4	100.7	101.7	99.2	99.2	92.3		96.8	
2001	98.8	99.7	102.4	97.4	101.0	88.3		98.3	
2002	99.8	101.2	101.0	97.9	99.2	95.3		99.3	
2003	99.6	102.6	104.9	97.6	100.0	92.1	92.1	98.5	97.1
2004	102.1	113.7	103.1	98.6	100.3	96.2	94.1	100.2	99.0
2005	99.7	103.0	99.2	93.2	99.5	98.6	98.0	100.6	99.6
2006	100.0	101.4	100.2	95.6	99.0	98.5	98.5	100.4	96.9
2007	104.3	112.3	102.3	98.3	100.0	98.2	97.6	100.2	96.9
2008	106.2	112.1	102.9	94.5	99.6	99.4	98.6	104.9	96.2
2009	106.2	112.1	102.9	94.5	99.6	99.4	98.6	104.9	96.2
2010	104.7	109.3	100.8	96.0	96.9	96.5	95.9	100.2	98.2
2011	106.9	115.2	103.5	101.0	101.3	98.5	97.8	104.3	98.5
2012	102.4	105.7	103.6	103.7	109.9	97.9	96.9	102.1	98.9
2013	100.3	105.2	100.3	101.3	102.4	99.1	96.4	100.6	99.7
2014	101.5	103.8	99.7	100.9	103.9	99.5	97.9	99.7	101.9
2015	99.7	102.8	103.0	103.4	98.9	98.2	98.7	99.5	100.1

11-8 全市商品零售价格分类指数(二)

(1994-2015年,以上年为100)

年份	交通、通信用品类	家具类	化妆品类	金银珠宝类	中、西药品及医疗保健用品类	书报、杂志及电子出版物类	燃料类	建筑材料及五金电料类
1994			105.7	110.4	91.7	154.9	111.1	114.3
1995			111.1	98.6	112.7	110.7	102.1	104.7
1996			104.6	101.1	119.2	136.8	102.0	101.9
1997			99.7	98.9	101.9	107.3	101.5	94.7
1998			97.2	93.0	101.7	111.2	91.7	96.0
1999			96.6	91.0	100.9	105.1	104.6	100.1
2000			94.6	99.6	100.9	103.4	130.0	99.4
2001			95.0	85.1	103.3	111.6	91.8	99.1
2002			99.1	98.7	100.6	99.5	96.4	98.9
2003	92.3	95.0	100.7	109.1	96.8	99.9	107.7	100.7
2004	90.7	98.0	98.8	110.3	82.4	100.6	112.2	104.6
2005	91.7	98.0	100.0	105.1	93.4	99.5	114.0	101.1
2006	93.4	97.8	100.0	114.2	98.5	99.2	112.2	104.0
2007	97.2	97.5	101.2	108.5	103.1	100.0	106.3	106.1
2008	97.7	95.8	104.0	117.3	109.9	100.8	116.9	108.4
2009	100.6	90.4	98.4	99.3	103.5	106.1	85.1	99.2
2010	98.9	98.3	98.5	118.5	110.4	101.2	118.5	104.8
2011	97.1	100.1	100.9	120.1	108.9	103.1	114.3	105.5
2012	94.6	102.6	103.2	102.3	101.6	100.5	104.0	101.8
2013	96.9	102.6	100.3	92.2	90.5	100.0	100.0	100.6
2014	100.1	101.2	99.4	91.4	104.7	99.9	99.3	100.0
2015	97.6	101.0	100.4	93.3	106.0	100.5	82.8	98.9

11-9 市区商品零售价格分类指数(一)

(1994-2015年,以上年为100)

年　份	商品零售价格总指数	食品类	饮料、烟酒类	服装、鞋帽类	纺织品类	家用电器及音像器材类	文化办公用品类	日用品类	体育娱乐用品类
1994	124.2	136.2	103.5	126.7	119.4	108.3		111.3	
1995	114.0	122.6	92.4	114.0	117.7	98.2		111.1	
1996	105.2	106.3	102.9	103.9	110.6	97.9		108.9	
1997	99.9	99.9	96.9	103.5	102.4	95.6		100.4	
1998	98.0	99.2	94.7	101.8	99.3	96.6		96.8	
1999	98.3	97.6	95.9	99.3	98.4	92.4		98.0	
2000	99.1	97.4	101.3	98.6	100.1	90.7		96.9	
2001	99.0	98.7	102.4	96.8	100.2	96.8		98.1	
2002	99.3	100.3	98.8	95.8	98.6	97.8		98.7	
2003	98.4	102.7	103.6	95.4	99.9	94.7	94.2	97.6	96.5
2004	100.5	111.9	103.2	97.2	100.1	94.7	96.7	98.9	99.7
2005	99.2	103.1	98.5	89.7	99.0	97.3	97.0	100.8	100.0
2006	99.4	101.6	100.5	93.0	98.5	98.5	98.7	100.7	95.9
2007	104.4	112.8	102.0	97.3	100.8	98.5	98.0	100.5	95.8
2008	105.6	110.0	103.0	89.0	99.3	99.3	99.4	104.5	93.1
2009	99.5	113.5	99.9	91.4	105.0	96.4	97.6	101.1	94.21
2010	104.3	108.8	100.4	95.6	96.8	97.1	94.3	99.8	97.2
2011	106.7	115.8	103.8	100.3	100.5	98.8	98.3	104.6	97.8
2012	102.1	105.6	103.9	104.5	112.0	97.3	95.7	102.9	98.4
2013	100.3	105.2	100.1	101.4	103.1	99.2	95.7	100.6	99.5
2014	101.4	103.7	99.7	101.2	105.9	99.3	97.0	99.3	101.2
2015	99.5	102.2	103.5	104.3	98.4	97.0	98.1	99.5	100.1

11-10 市区商品零售价格分类指数(二)

(1994-2015年,以上年为100)

年份	交通、通信用品类	家具类	化妆品类	金银珠宝类	中西药品及医疗保健用品类	书报、杂志及电子出版物类	燃料类	建筑材料及五金电料类
1994			105.5	110.0	95.0	154.3	100.2	113.4
1995			110.4	98.1	109.9	109.6	101.1	110.9
1996			103.4	100.0	111.5	137.0	98.3	101.5
1997			97.2	100.7	104.3	108.7	100.3	94.5
1998			93.1	93.0	103.3	108.3	91.6	89.5
1999			95.4	91.1	101.5	105.9	104.3	101.9
2000			93.6	100.8	101.9	103.1	131.2	100.0
2001			92.4	81.8	96.7	109.8	89.8	99.4
2002			97.9	99.2	96.0	99.5	93.7	100.9
2003	88.1	90.6	101.1	103.5	91.6	99.3	108.8	98.5
2004	86.4	96.3	97.5	113.3	81.9	100.4	109.8	102.6
2005	89.1	95.9	100.7	103.5	96.4	99.8	114.2	100.1
2006	91.7	96.9	99.8	112.3	97.2	99.2	112.3	104.1
2007	96.7	94.8	100.5	108.0	102.8	99.3	108.2	105.9
2008	97.1	90.2	100.7	111.8	117.2	101.8	117.9	108.8
2009	100.6	90.4	98.4	99.3	103.5	106.1	85.1	99.2
2010	99.2	96.8	97.8	115.5	109.1	101.3	119.7	105.4
2011	96.3	100.0	101.4	120.2	109.0	102.5	113.7	105.3
2012	92.8	103.3	103.7	102.6	100.4	100.6	103.5	102.7
2013	95.9	102.8	100.9	94.2	91.2	100.0	99.6	100.6
2014	100.4	101.8	98.7	92.3	104.9	100.0	98.8	99.4
2015	97.0	101.3	100.5	94.8	105.5	100.3	82.3	98.9

11－11 工业生产者价格指数

（2010－2015年，以上年为100）

项　　目	2010年	2011年	2012年	2013年	2014年	2015年
一、工业生产者出厂价格指数	**103.7**	**103.8**	**97.6**	**97.6**	**99.0**	**97.3**
其中：轻工业	102.5	103.2	98.4	98.4	100.2	99.1
重工业	105.0	104.1	97.1	97.2	98.4	96.4
其中：生产资料	104.6	104.0	97.2	97.2	98.5	96.3
生活资料	101.8	103.3	98.2	98.4	100.0	99.1
按工业行业大类分						
非金属矿采选业	106.2	108.8	110.4	99.8	98.5	92.9
农副食品加工业	103.1	107.3	102.6	102.5	102.3	99.3
食品制造业	105.6	111.1	97.3	94.0	97.9	98.7
饮料制造业	102.2	110.6	99.1	99.0	101.0	97.3
纺织业	102.9	108.3	100.2	97.6	98.5	98.7
纺织服装、鞋、帽制造业	102.3	107.0	104.5	96.0	96.8	99.4
皮革、毛皮、羽毛(绒)及其制品业	103.5	105.1	104.1	102.9	102.4	100.3
木材加工及木、竹、藤、棕、草制品业	103.6	105.6	101.2	98.9	99.9	99.4
家具制造业	101.7	103.2	100.4	95.5	99.6	100.0
造纸及纸制品业	104.7	104.8	97.8	96.1	99.9	99.2
印刷业和记录媒介的复制	101.6	101.5	101.2	102.0	102.1	97.9
文教体育用品制造业	100.7	103.4	100.1	99.8	101.2	98.9
石油加工、炼焦及核燃料加工业					101.1	93.9
化学原料及化学制品制造业	111.4	110.7	96.5	98.3	101.5	94.9
医药制造业	104.0	107.1	97.2	97.1	98.7	98.5
化学纤维制造业	117.8	114.9	92.1	96.9	93.0	86.5
橡胶制品业	103.3	110.7	98.2	97.0	98.1	99.0
塑料制品业	101.9	102.0	97.7	98.4	100.5	97.4
非金属矿物制品业	109.4	110.1	97.3	96.6	101.1	94.1
黑色金属冶炼及压延加工业	108.4	108.8	98.4	96.4	97.1	95.4
有色金属冶炼及压延加工业	114.0	108.7	95.3	92.6	94.9	93.8
金属制品业	106.4	103.6	97.5	95.8	98.6	96.7
通用设备制造业	102.9	103.7	98.1	95.8	98.6	97.0
专用设备制造业	99.3	106.7	101.2	102.7	99.4	95.9
交通运输设备制造业	101.8	97.5	99.5	99.1	99.5	98.2
电气机械及器材制造业	104.8	103.4	93.2	97.5	98.5	96.7
通信设备、计算机及其他电子设备制造业	95.0	100.6	97.6	101.2	97.9	93.1
仪器仪表及文化、办公用机械制造业	103.6	101.5	99.0	93.8	97.2	97.4
工艺品及其他制造业	101.6	102.3	95.7	96.4	99.7	99.8
废弃资源和废旧材料回收加工业	117.5	114.0	78.9	87.8	92.8	89.8
电力、热力的生产和供应业	101.0	101.3	102.5	100.7	99.7	98.9
燃气生产和供应业	135.6	113.4	102.9	98.8	102.5	87.2
水的生产和供应业	105.3	106.4	100.0	100.0	100.0	100.0
二、工业生产者购进价格指数	**110.2**	**108.4**	**97.5**	**97.1**	**98.0**	**95.1**
燃料、动力类	107.3	106.3	99.6	94.3	97.2	91.0
黑色金属材料类	108.7	109.1	95.6	95.9	95.6	92.4
有色金属材料及电线类	126.6	108.8	92.5	96.4	95.3	92.3
化工原料类	113.7	110.4	94.8	96.8	98.6	94.6
木材及纸浆类	105.9	104.8	99.7	98.9	100.8	99.4
建筑材料及非金属类	103.7	107.9	98.4	97.9	102.9	97.8
其它工业原材料及半成品类	108.0	105.1	99.0	97.3	97.3	97.5
农副产品类	106.7	113.6	101.7	101.3	100.0	98.8
纺织原料类	108.4	112.4	94.2	99.2	99.6	97.6

主 要 统 计 指 标 解 释

居民消费价格指数 居民消费价格是指城乡居民支付生活消费品和服务项目消费的价格，是社会产品和服务项目的最终价格。居民消费价格指数是度量一组具有代表性的消费商品及服务项目价格水平随着时间而变动的相对数，反映居民家庭购买的消费品及服务价格水平的变动情况。它是宏观经济分析和决策、价格总水平监测和调控以及国民经济核算的重要指标。调查内容包括食品类、烟酒及用品类、衣着类、家庭设备用品及维修服务类、医疗保健及个人用品类、交通和通信类、娱乐教育文化用品及服务类、居住等 8 大类的商品及服务项目。编制居民消费价格指数共设 262 个基本分类，每个分类设置 2－10 个代表规格品，代表规格品 600 种，采用加权算术平均公式计算指数。计算指数的价格来源于各采价点，权数根据住户调查中居民的实际消费构成每年调整。

商品零售价格指数 商品零售价格是商品在流通过程中最后一个环节的价格，指工业、商业、餐饮业和其它零售企业向城乡居民、机关团体出售生活消费品和办公用品的价格。商品零售价格指数是指反映一定时期内商品零售价格变动趋势和变动程度的相对数。调查内容包括即食品、饮料烟酒、服装鞋帽、纺织品、家用电器及音像器材、文化办公用品、日用品、体育娱乐用品、交通通信用品、家具、化妆品、金银珠宝、中西药品及医疗保健用品、书报杂志及电子出版物、燃料、建筑材料及五金电料等 16 大类，编制商品零售价格指数共设 229 个基本分类，必报商品 535 种，采用加权算术平均公式计算指数。计算指数的价格来源于各采价点（即商场、商店、农贸市场等），权数根据批发零售贸易统计中的相关资料和典型调查资料每年调整。

工业生产者出厂价格指数 工业生产者出厂价格是指工业产品第一次出售时的出厂价格，工业生产者出厂价格指数是以出厂代表产品的价格变动来反映全部出厂产品的价格变化趋势和变动幅度。编制工业生产者出厂价格指数共设 33 大类，选用 824 种规格品。

工业生产者购进价格指数 工业生产者购进价格是指企业作为中间投入的原材料、燃料、动力购进价格。工业生产者购进价格指数是以购进代表产品的价格变动来反映全部购进产品的价格变化趋势和变动幅度。编制工业生产者购进价格指数共设 9 大类，选用 583 种规格品。

12

人民生活

People's Livelihood

12-1 分经济类型在岗职工工资总额

(1978-2015年)

单位:万元

年份	在岗职工工资总额	国有经济单位	城镇集体经济单位	其他经济单位
1978	10991	6232	4759	
1980	15462	9426	6036	
1985	29816	17050	12721	45
1986	37300	21339	15958	3
1987	42260	23665	18593	2
1988	54200	30965	23216	19
1989	60462	33557	26754	151
1990	64706	36934	27465	307
1991	73106	41661	30286	1159
1992	84014	50992	32162	860
1993	116709	68783	44999	2927
1994	165673	102264	58427	4982
1995	206886	125891	72971	8024
1996	234605	143406	81132	10067
1997	270870	173888	84476	12506
1998	309077	192707	76523	39847
1999	348943	211797	77026	60120
2000	395935	235989	70476	89470
2001	476969	295154	56116	125699
2002	557525	343098	53332	161094
2003	666248	386838	56549	222861
2004	844901	514574	67055	263273
2005	1160823	695915	73360	391548
2006	1243008	714852	66110	462045
2007	1509686	810890	87703	611093
2008	1831658	894297	77426	859935
2009	2130097	987406	81600	1061091
2010	2551521	1088049	95756	1367716
2011	3341672	1144172	122738	2074762
2012	4143337	1245713	172753	2724872
2013	4650868	1281317	191035	3178517
2014	5181192	1341294	206894	3633004
2015	5105907	1443876	192683	3469348

注：本表统计范围为城镇集体以上各类单位;2003年以前为职工资料;2005年数据有不可比因素。

12－2 市区在岗职工工资总额

(1990－2015年)

单位:万元

年份	市区	椒江区	黄岩区	路桥区
1990	23370	9730	13640	
1991	26833	11322	15511	
1992	29362	13504	15858	
1993	43238	19373	23865	
1994	59188	24685	27337	7166
1995	73751	31117	32401	10233
1996	87295	34639	39422	13234
1997	101677	42993	43722	14962
1998	121383	56405	47015	17963
1999	137499	63098	54740	19661
2000	156553	74559	61051	20943
2001	191763	95549	71294	24920
2002	220261	111321	77539	31401
2003	272660	147702	87637	37321
2004	330371	177525	105629	47217
2005	448308	227797	145668	74843
2006	491496	250422	160075	80999
2007	638453	348269	181212	108972
2008	820302	409196	193587	217519
2009	917011	473982	211043	231986
2010	1140013	596051	264818	279144
2011	1465823	728749	406149	330925
2012	1890357	932317	536929	421111
2013	2051833	1006532	595982	449319
2014	2323832	1084105	658755	580972
2015	2343085	1166801	684245	492039

注:本表统计范围为城镇集体以上各类单位;2003年以前为职工资料;2005年数据有不可比因素。

12－3 各县市在岗职工工资总额

（1990－2015年）

单位：万元

年 份	玉环县	三门县	天台县	仙居县	温岭市	临海市
1990	4890	3805	5172	4378	10914	12177
1991	5256	4447	5808	4902	12321	13539
1992	6553	5467	6515	6175	14114	15827
1993	9469	7561	8868	7744	18367	21462
1994	13913	11606	12940	10848	29098	28080
1995	17129	13895	15745	14913	35258	36197
1996	18259	14243	17248	16689	43007	37862
1997	17861	18882	15971	20627	45951	49901
1998	20364	19966	16203	25732	48910	56519
1999	28532	15753	21346	22437	66256	57120
2000	32310	15937	22985	26004	78111	64035
2001	34322	20150	30900	31135	87964	80735
2002	41259	24562	38385	37278	107804	87976
2003	45904	25995	47831	47864	130506	95487
2004	54280	32196	66320	57202	170476	134056
2005	98016	67564	88510	71599	210786	176041
2006	106421	71135	91894	75540	224744	181777
2007	111760	79981	108631	85863	267185	217813
2008	149684	81888	125380	106787	282304	265314
2009	161383	93410	141827	144843	328152	343471
2010	198213	103041	164593	181450	392752	371459
2011	397554	124274	180169	203798	433749	536305
2012	441803	150883	211767	194335	530716	723476
2013	537742	109677	240984	216452	733149	761032
2014	532489	187789	276299	229903	782180	848700
2015	514834	172620	308953	250698	624084	891633

注：本表统计范围为城镇集体以上各类单位；2003年以前为职工资料；2005年数据有不可比因素。

12－4　分行业在岗职工工资总额

（2010－2015年）

单位：万元

行　　业	2010年	2011年	2012年	2013年	2014年	2015年
总　　计	**2551521**	**3341672**	**4143337**	**4650868**	**5181192**	**5105907**
按企业、事业、机关分						
企　业	1605301	2344587	3012012	3414432	3875133	3714163
事　业	679825	726510	793408	861437	876054	935531
机　关	261782	266150	317268	357193	382542	424229
民间非营利组织	3586	3308	9358	11895	8183	16823
其　它	1026	1118	11292	5913	39280	15162
按国民经济行业分						
农、林、牧、渔业	16076	17882	5262	4782	3487	2084
采矿业	410	566	658	482	486	383
制造业	589414	982022	1197460	1477584	1561082	1439641
电力、热力、燃气及水生产和供应业	86255	88805	95202	77696	83037	91378
建筑业	482861	752727	1079114	1154177	1478493	1381495
批发和零售业	56448	65608	98939	108285	117074	116981
交通运输、仓储和邮政业	30045	32480	81141	86508	86206	86687
住宿和餐饮业	71584	87510	20678	25360	25026	25833
信息传输、软件和信息技术服务业	16608	17780	38610	44369	39332	44144
金融业	214778	250953	278483	295311	319080	347191
房地产业	31356	36927	51126	46927	68024	65897
租赁和商务服务业	34294	32047	52929	61807	48687	48453
科学研究、技术服务业	32644	37166	62374	70833	81279	96553
水利、环境和公共设施管理业	20350	21275	27097	33566	35973	32705
居民服务、修理和其他服务业	4450	4565	4311	5642	5842	5299
教　育	369388	377698	415380	456163	461345	489410
卫生和社会工作	168115	201279	243350	268604	300422	320055
文化、体育和娱乐业	18179	22049	23631	23584	25103	25284
公共管理、社会保障和社会组织	308267	312334	367595	409189	441216	486437

注：本表统计范围为城镇集体以上各类单位。

12－5　分行业国有经济在岗职工工资总额

（2010－2015 年）

单位：万元

行　　业	2010 年	2011 年	2012 年	2013 年	2014 年	2015 年
总　　计	**1088049**	**1144172**	**1245713**	**1281317**	**1341294**	**1443876**
按企业、事业、机关分						
企　业	186548	194575	187209	118048	114624	110920
事　业	637706	683137	741065	803500	823897	899064
机　关	261782	266150	317268	357193	382542	424229
民间非营利组织	1778	69	76	78	524	759
其　它	236	243	95	2499	19706	8905
按国民经济行业分						
农、林、牧、渔业	15902	17754	5149	4708	3414	1854
制造业	5177	5785	5916	2346	1169	1209
电力、热力、燃气及水生产和供应业	78805	78492	82272	58515	60103	66449
建筑业	3647	1478	1881	2362	1836	1931
批发和零售业	31907	35384	18824	10416	11470	9170
交通运输、仓储和邮政业	7157	12161	36480	24786	24074	17946
住宿和餐饮业	19006	18527	1268	634	494	570
信息传输、软件和信息技术服务业	959	1349	8628	5589	6201	6083
金融业	38809	45047	29556	8673	3263	3489
房地产业	5000	4542	6116	5876	6097	4964
租赁和商务服务业	14039	9876	10309	10430	12212	14246
科学研究、技术服务业	28482	29857	34033	39060	39536	35763
水利、环境和公共设施管理业	15408	16785	19192	24065	22231	24721
居民服务、修理和其他服务业	2574	2290	2517	2849	2881	2886
教　育	351788	351312	381911	416353	418246	448120
卫生和社会工作	144874	181735	215516	236447	270467	300572
文化、体育和娱乐业	17572	20440	21066	21083	21616	21006
公共管理、社会保障和社会组织	306943	311359	365079	407125	435985	482899

12－6 分行业城镇集体经济在岗职工工资总额

（2010－2015年）

单位：万元

行　　业	2010年	2011年	2012年	2013年	2014年	2015年
总　　计	**95756**	**122738**	**172753**	**191035**	**206894**	**192683**
按企业、事业、机关分						
企　业	60134	94057	140525	157252	177850	189082
事　业	35500	28460	30006	33011	27982	2971
民间非营利组织	18	106	419	550	409	462
其　它	105	116	1803	222	652	168
按国民经济行业分						
农、林、牧、渔业	39	28	20	19	19	22
采矿业		265				
制造业	8179	3783	1871	1928	2495	1852
电力、热力、燃气及水生产和供应业	1304	751	626	661	741	864
建筑业	41213	78767	125458	141276	160333	172566
批发和零售业		71	467	806	1562	1176
交通运输、仓储和邮政业			101	134	45	33
住宿和餐饮业	844	300	76	82	85	92
信息传输、软件和信息技术服务业	79	274				
金融业	4780	5951	7147	8936	8310	9172
房地产业	211	182	792	143	142	95
租赁和商务服务业	3499	3871	5154	3478	3669	2245
科学研究、技术服务业	827	770	866	953	309	1003
水利、环境和公共设施管理业	3131	2099	3153	3156	4342	10
居民服务、修理和其他服务业	17	17	6	13	16	17
教　育	10359	9460	8970	10817	8449	1461
卫生和社会工作	20537	15508	17286	18413	16215	1791
文化、体育和娱乐业	15					122
公共管理、社会保障和社会组织	722	643	483	222	165	161

12－7　分行业其他经济在岗职工工资总额

（2010－2015 年）

单位:万元

行　　　业	2010 年	2011 年	2012 年	2013 年	2014 年	2015 年
总　　计	**1367716**	**2074762**	**2724872**	**3178517**	**3633004**	**3469348**
按企业、事业、机关分						
企　业	1358620	2055955	2684278	3139132	3582659	3414161
事　业	6620	14914	22337	24926	24174	33496
民间非营利组织	1791	3134	8863	11267	7249	15602
其　它	685	759	9395	3192	18921	6089
按国民经济行业分						
农、林、牧、渔业	134	100	93	56	54	207
采矿业	410	301	380	482	486	383
制造业	576058	972454	1189673	1473310	1557418	1436581
电力、热力、燃气及水生产和供应业	6146	9561	12304	18520	22193	24064
建筑业	438002	672481	951776	1010539	1316324	1206997
批发和零售业	24540	30153	79649	97063	104042	106635
交通运输、仓储和邮政业	22888	20318	44560	61588	62087	68708
住宿和餐饮业	51734	68684	19333	24644	24447	25172
信息传输、软件和信息技术服务业	15571	16158	29982	38780	33131	38061
金融业	171189	199955	241780	277702	307508	334530
房地产业	26144	32203	44218	40908	61785	60838
租赁和商务服务业	16757	18300	37466	47899	32806	31961
科学研究、技术服务业	3335	6539	27475	30820	41435	59787
水利、环境和公共设施管理业	1811	2391	4752	6346	9400	7974
居民服务、修理和其他服务业	1858	2258	1788	2780	2944	2397
教　育	7241	16927	24499	28994	34650	39829
卫生和社会工作	2704	4036	10548	13744	13740	17692
文化、体育和娱乐业	592	1610	2565	2501	3487	4156
公共管理、社会保障和社会组织	602	332	2033	1842	5067	3377

12－8　分经济类型在岗职工平均工资

（1978－2015年）

单位:元

年　　份	在岗职工平均工资	国　有经济单位	城镇集体经济单位	其　他经济单位
1978	498	562	454	
1980	639	711	564	
1985	1029	1116	946	958
1986	1237	1320	1161	695
1987	1275	1420	1268	1141
1988	1653	1767	1559	1299
1989	1856	1920	1783	1659
1990	1995	2122	1848	1853
1991	2193	2300	2055	2388
1992	2625	2750	2448	2600
1993	3511	3696	3253	3634
1994	5128	5554	4530	4979
1995	6320	6614	5811	7011
1996	7067	7347	6641	6898
1997	8097	8678	7129	7996
1998	9368	10009	7661	10623
1999	10783	11587	8739	11410
2000	12446	13631	9278	12960
2001	15611	18373	10429	13800
2002	18246	22008	13082	14793
2003	21000	26191	15142	16856
2004	24919	33620	18064	17683
2005	31077	45805	24149	20476
2006	31949	46542	24668	22143
2007	33366	50182	25572	23817
2008	34126	53921	29883	24928
2009	36822	59995	32942	27268
2010	40562	65978	37238	31197
2011	42199	71388	41375	34468
2012	47007	79338	43061	39820
2013	51102	85457	46482	44202
2014	53703	89531	45975	47184
2015	57215	95525	43702	49764

注:本表统计范围为城镇集体以上各类单位;2003年以前为职工资料;2005年数据有不可比因素。

12-9 市区在岗职工平均工资

（1990-2015年）

单位:元

年　份	市　区	椒江区	黄岩区	路桥区
1990	2063	2106	2033	
1991	2312	2361	2183	
1992	2774	3046	2538	
1993	3664	3880	3506	
1994	5139	5270	5196	4560
1995	6522	6934	6298	6110
1996	7472	7788	7516	6647
1997	8642	9460	8328	7591
1998	9912	11119	9173	8774
1999	11342	12686	10328	10637
2000	12929	15178	11533	11007
2001	15973	18154	13579	16707
2002	18599	21090	15359	20714
2003	21806	24709	17852	23078
2004	24861	26770	21394	27458
2005	31495	30658	29640	39606
2006	32840	32703	30019	40977
2007	33131	33829	30029	37053
2008	32672	34759	30801	30854
2009	35519	37840	32564	34061
2010	39107	41620	35726	37633
2011	40996	44105	37582	39278
2012	47059	50865	40613	48852
2013	51399	55287	45840	51571
2014	53657	58504	47168	53732
2015	58234	61556	49862	65100

注:本表统计范围为城镇集体以上各类单位;2003年以前为职工资料;2005年数据有不可比因素。

12-10 各县市在岗职工平均工资

(1990-2015年)

单位:元

年份	玉环县	三门县	天台县	仙居县	温岭市	临海市
1990	2019	1817	1893	1999	1978	1981
1991	2290	2007	2037	2148	2211	2178
1992	2772	2541	2357	2644	2520	2589
1993	3763	3328	3198	3276	3351	3554
1994	6055	4957	4740	4966	5246	4932
1995	7404	5925	5672	6386	6325	5949
1996	7602	6442	6383	6915	7276	6447
1997	8314	7225	6987	7549	8432	7649
1998	10010	8404	7966	8465	9845	8744
1999	11966	9423	9705	10034	11042	9939
2000	13693	11377	11355	11769	12828	11394
2001	16925	15925	14452	14550	16624	14199
2002	20082	19656	17286	16905	19337	16266
2003	20255	21518	19158	18630	22571	19487
2004	22519	26807	23314	21312	28976	23965
2005	37000	29209	30558	26265	32127	29472
2006	38282	30352	31252	27653	32135	29558
2007	40518	32936	32897	31087	34173	31537
2008	34750	33315	35935	34136	36335	35791
2009	36641	36514	37146	33062	41247	38532
2010	40251	38023	40028	37987	47583	41383
2011	38328	41852	40612	43395	50571	43315
2012	42482	45052	44078	43630	53621	48016
2013	47219	46101	47724	48361	53957	51740
2014	50478	56041	49873	50604	57207	54709
2015	53265	56556	52011	54302	61533	57200

注:本表统计范围为城镇集体以上各类单位;2003年以前为职工资料;2005年数据有不可比因素。

12－11　分行业在岗职工平均工资

（2010－2015年）

单位:元

行　　业	2010年	2011年	2012年	2013年	2014年	2015年
总　　计	**40562**	**42199**	**47007**	**51102**	**53703**	**57215**
按企业、事业、机关分						
企　业	33323	36168	40989	44746	47508	49919
事　业	63631	68214	76440	83262	86768	91950
机　关	66947	74033	83542	89238	93081	101668
民间非营利组织	33486	37549	44369	51225	55816	61152
其　它	35628	37510	41669	47758	70494	70585
按国民经济行业分						
农、林、牧、渔业	40099	43700	40914	44902	46371	38165
采矿业	21677	29942	32716	37969	53978	51797
制造业	27143	31278	36643	41280	44966	48406
电力、热力、燃气及水生产和供应业	86246	93351	106585	108879	114707	123701
建筑业	28347	31971	36657	39421	41206	40849
批发和零售业	37779	39709	44238	46518	51097	52663
交通运输、仓储和邮政业	49295	54052	55523	57607	60742	63192
住宿和餐饮业	20013	24063	29025	34537	37998	40682
信息传输、软件和信息技术服务业	76122	79822	88111	102279	97044	97040
金融业	95806	102964	98071	113098	120818	122500
房地产业	44070	49706	53857	58991	58545	65380
租赁和商务服务业	31634	32939	38329	44623	52447	53468
科学研究、技术服务业	56910	62181	73885	87773	100855	130742
水利、环境和公共设施管理业	36378	40432	44774	46789	47939	55526
居民服务、修理和其他服务业	33455	33372	44718	39485	42146	47869
教　育	68542	69689	74365	81507	83016	87437
卫生和社会工作	62265	72525	82166	89406	96227	100189
文化、体育和娱乐业	52768	59240	63833	65676	66411	71971
公共管理、社会保障和社会组织	65122	72231	81664	87249	91645	99948

注:本表统计范围为城镇集体以上各类单位。

12－12　分行业国有经济在岗职工平均工资

（2010－2015 年）

单位：元

行　　　　业	2010 年	2011 年	2012 年	2013 年	2014 年	2015 年
总　　计	**65978**	**71388**	**79338**	**85457**	**89531**	**95525**
按企业、事业、机关分						
企　业	67639	78578	81293	85122	91890	100144
事　业	65209	68654	77215	83948	87935	92247
机　关	66947	74033	83542	89238	93081	101668
民间非营利组织	44889	34350	35952	48438	68974	75129
其　它	62079	62282	73000	80087	79718	113438
按国民经济行业分						
农、林、牧、渔业	40505	44011	41521	45314	46512	37843
制造业	32603	34681	40859	40370	44098	55691
电力、热力、燃气及水生产和供应业	93216	100156	118122	129976	143376	151989
建筑业	30190	32492	34076	43109	33444	35175
批发和零售业	64844	64106	67252	67245	65694	68845
交通运输、仓储和邮政业	62612	69448	71445	79645	90437	86154
住宿和餐饮业	18055	22289	24917	33199	31660	32919
信息传输、软件和信息技术服务业	72005	71961	68643	76555	87208	87653
金融业	91964	118763	112765	105642	89139	100542
房地产业	55189	62305	72641	82524	65699	79296
租赁和商务服务业	35604	35873	45095	47605	53918	58627
科学研究、技术服务业	60599	69402	76858	90605	92136	106659
水利、环境和公共设施管理业	48944	43206	47354	50334	52742	58831
居民服务、修理和其他服务业	68090	68781	72336	75174	79151	84622
教　育	70121	70640	76266	83429	84987	89574
卫生和社会工作	64754	75287	85914	92917	99138	101923
文化、体育和娱乐业	54100	63047	70905	75893	78949	85634
公共管理、社会保障和社会组织	65171	72254	82173	87818	92493	100663

12－13　分行业城镇集体经济在岗职工平均工资

（2010－2015 年）

单位:元

行　　业	2010 年	2011 年	2012 年	2013 年	2014 年	2015 年
总　　计	**37238**	**41375**	**43061**	**46482**	**45975**	**43702**
按企业、事业、机关分						
企　业	33139	37937	40164	43272	43823	43435
事　业	47063	59180	63965	71903	66960	68454
民间非营利组织	59667	25829	32473	38201	30759	46170
其　它	45739	52545	58158	92375	62095	70042
按国民经济行业分						
农、林、牧、渔业	24500	27900	32833	37000	37600	44600
采矿业		30814	32291			
制造业	25127	32168	36397	36101	37352	44519
电力、热力、燃气及水生产和供应业	46092	46346	48930	46189	51424	59986
建筑业	32170	36236	38452	41094	41761	41284
批发和零售业	27776	62396	99319	106026	126976	87724
交通运输、仓储和邮政业		23667	30606	36270	63857	47429
住宿和餐饮业	18786	35141	31833	34167	35208	38250
金融业	111953	138713	161699	198573	178703	193093
房地产业	21763	32446	87989	35800	37395	45381
租赁和商务服务业	40352	39697	46853	54092	60638	60848
科学研究、技术服务业	58268	52733	59322	57764	49790	96452
水利、环境和公共设施管理业	18299	42584	56603	52162	41473	34667
居民服务、修理和其他服务业	13385	15091	9833	21833	32800	33800
教　育	62743	72265	63260	76768	73983	46378
卫生和社会工作	51665	55053	61604	71953	72193	81405
文化、体育和娱乐业	73000					48760
公共管理、社会保障和社会组织	60689	63049	54864		60926	70043

12－14 分行业其他经济在岗职工平均工资

（2010－2015年）

单位:元

行业	2010年	2011年	2012年	2013年	2014年	2015年
总计	**31197**	**34468**	**39820**	**44202**	**47184**	**49764**
按企业、事业、机关分						
企业	31160	34340	39660	44035	46978	49522
事业	44075	68038	71363	78979	78183	87093
民间非营利组织	26649	38213	45243	52113	57671	61186
其它	30176	32038	39357	35389	63176	45472
按国民经济行业分						
农、林、牧、渔业	20030	20875	23300	26429	41769	40627
采矿业	21677	29214	33035	37969	53978	51797
制造业	27133	31256	36624	41289	44981	48406
电力、热力、燃气及水生产和供应业	48621	63153	66906	74347	76449	83819
建筑业	28019	31535	36438	39190	41153	40798
批发和零售业	32924	35960	40806	44827	49443	51398
交通运输、仓储和邮政业	38616	42996	47029	51894	53881	59088
住宿和餐饮业	20154	24094	29332	34574	38163	40910
信息传输、软件和信息技术服务业	77508	85406	95941	107484	99136	98730
金融业	96330	99228	95441	111796	120219	121559
房地产业	42776	48469	51650	56793	57997	64501
租赁和商务服务业	27785	30496	35946	43477	51155	51032
科学研究、技术服务业	37301	42768	71032	85753	111805	152208
水利、环境和公共设施管理业	24644	27043	32953	35492	41928	47323
居民服务、修理和其他服务业	19790	22054	29305	26630	28948	31493
教育	34945	53633	56152	62325	66405	70744
卫生和社会工作	41472	50641	61110	67470	81206	79160
文化、体育和娱乐业	30364	33531	35093	30764	33464	40150
公共管理、社会保障和社会组织	50142	70638	40899	35765	51699	50102

12－15 各经济类型分行业全部在岗职工平均工资

（2015年）

单位:元

行业	在岗职工平均工资	国有经济单位	城镇集体经济单位	其他经济单位
总计	**57215**	**95525**	**43702**	**49764**
按企业、事业、机关分				
企业	49919	100144	43435	49522
事业	91950	92247	68454	87093
机关	101668	101668		
民间非营利组织	61152	75129	46170	61186
其它	70585	113438	70042	45472
按国民经济行业分				
农、林、牧、渔业	**38165**	**37843**	**44600**	**40627**
农业	33624	34227		24115
林业	56375	56375		
渔业	55600		44600	57800
采矿业	**51797**			**51797**
非金属矿采选业	51797			51797
制造业	**48406**	**55691**	**44519**	**48406**
农副食品加工业	38964		28037	39059
食品制造业	52522			52522
酒、饮料和精制茶制造业	53380			53380
纺织业	42923			42923
纺织服装、服饰业	31374			31374
皮革、毛皮、羽毛及其制品和制鞋业	35525			35525
木材加工及木、竹、藤、棕、草制品业	37250			37250
家具制造业	39971			39971
造纸和纸制品业	42895		37571	43045
印刷业和记录媒介复制业	40669		24571	40936
文教、美工、体育和娱乐用品制造业	39894		25714	39906
石油加工、炼焦和核燃料加工业	38778			38778

注:本表统计范围为城镇集体以上各类单位。

12－15 续表 1

单位:元

行　　　　业	在岗职工平均工资	国　有经济单位	城镇集体经济单位	其　他经济单位
化学原料和化学制品制造业	66100			66100
医药制造业	67291			67291
化学纤维制造业	29200			29200
橡胶和塑料制品业	44404			44404
非金属矿物制品业	49444		29389	50098
黑色金属冶炼和压延加工业	44625		28700	45150
有色金属冶炼和压延加工业	40542			40542
金属制品业	46297		50735	46253
通用设备制造业	48196			48196
专用设备制造业	47865			47865
汽车制造业	51462			51462
铁路、船舶、航空和其他运输设备制造业	37000	55691		36745
电气机械和器材制造业	47535		132364	47407
计算机、通讯和其他电子设备制造业	53748			53748
仪器仪表制造业	47969			47969
其他制造业	45361			45361
废弃资源综合利用业	43462			43462
金属制品、机械和设备修理业	34730			34730
电力、热力、燃气及水生产和供应业	**123701**	**151989**	**59986**	**83819**
电力、热力生产和供应业	140622	154920	34696	73958
燃气生产和供应业	62829	102181	65385	61459
水的生产和供应业	91859		61176	90772
建筑业	**40849**	**35175**	**41284**	**40798**
房屋建筑业	40454		41436	40289
土木工程建筑业	41294	34969	39477	41444
建筑安装业	72562			72562
建筑装饰和其他建筑业	46751	53833		46738

12－15 续表2

单位:元

行业	在岗职工平均工资	国有经济单位	城镇集体经济单位	其他经济单位
批发和零售业	**52663**	**68845**	**87724**	**51398**
批发业	57813	75999	97027	54768
零售业	48943	32882	37667	49243
交通运输、仓储和邮政业	**63192**	**86154**	**47429**	**59088**
道路运输业	60156	84084	47429	55826
水上运输业	77113	69465		77460
航空运输业	156992	156992		
装卸搬运和运输代理业	61229	69061		57919
仓储业	58602	87000		54661
邮政业	35547			35547
住宿和餐饮业	**40682**	**32919**	**38250**	**40910**
住宿业	42115	32919		42433
餐饮业	34463		38250	34385
信息传输、软件和信息技术服务业	**97040**	**87653**		**98730**
电信、广播电视和卫星传输服务业	101076	87223		103932
互联网和相关服务	89971			89971
软件和信息技术服务业	55481	104765		52911
金融业	**122500**	**100542**	**193093**	**121559**
货币金融服务业	124298	100542	193093	123237
保险业	112947			112947
房地产业	**65380**	**79296**	**45381**	**64501**
房地产开发经营	79447	67022		79542
物业管理	37650	31345		37818
房地产中介服务	60816			60816
租赁和商务服务业	**53468**	**58627**	**60848**	**51032**
租赁业	93056			93056
商务服务业	53389	58627	60848	50910
科学研究、技术服务业	**130742**	**106659**	**96452**	**152208**
研究与试验发展	228386	123452		249139

12－15 续表 3

单位:元

行　　业	在岗职工平均工资	国　有经济单位	城镇集体经济单位	其　他经济单位
专业技术服务业	89711	114912	106216	63137
科技推广和应用服务业	79254	79491	72367	
水利、环境和公共设施管理业	**55526**	**58831**	**34667**	**47323**
水利管理业	98509	98758	34667	
生态保护和环境治理业	72933	123941		67074
公共设施管理业	48247	49519		45421
居民服务、修理和其他服务业	**47869**	**84622**	**33800**	**31493**
居民服务业	76765	86335	33800	38289
机动车、电子产品和日用品修理业	35816			35816
其他服务业	25073	41385		24375
教　育	**87437**	**89574**	**46378**	**70744**
初等教育	84052	84504	78725	70311
中等教育	91308	92582		82969
高等教育	111630	113509		55198
卫生和社会工作	**100189**	**101923**	**81405**	**79160**
卫　生	100442	102073	93148	79417
社会工作	67911	77764	34432	53364
文化、体育和娱乐业	**71971**	**85634**	**48760**	**40150**
新闻和出版业	69964	93924		28834
广播、电视、电影和影视录音制作业	72397	78613	37850	42478
文化艺术业	83267	90738	92400	45160
体　育	80718	70563		82222
娱乐业	34764	73909		31374
公共管理、社会保障和社会组织	**99948**	**100663**	**70043**	**50102**
中国共产党机关	108558	108558		
国家机构	100170	100342		67987
人民政协、民主党派	122534	122534		
社会保障	88283	88283		
群众团体、社会团体和其他成员组织	93354	94588	70043	84978

12－16 主要年份城乡居民家庭人均收支情况

（1990－2015 年）

单位：元

指标名称	全市城镇常住居民		市区城镇常住居民		全市农村常住居民	
	人均可支配收入	人均消费支出	人均可支配收入	人均消费支出	人均可支配收入	人均消费支出
1990	1595	1476	1528	1236		
1991	1938	1862	1991	1688		
1992	2307	2293	2348	2157		
1993	3514	3096	3697	2943		
1994	4960	4111	5355	3915		
1995	6489	5636	7088	5397		
1996	6793	5826	7487	5647		
1997	7221	6869	8062	6312	3836	
1998	7761	7305	8684	7393	4169	
1999	8189	7370	9052	7306	4378	
2000	8728	7493	9465	7372	4668	
2001	10105	8543	10724	8612	5032	
2002	11639	9564	12782	9857	5400	
2003	13404	10532	14983	10795	5823	4548
2004	15870	11892	17176	12968	6528	4672
2005	17132	13380	18890	14330	7268	6010
2006	18749	14052	20582	15360	8006	6544
2007	20627	15726	22946	15565	9052	7749
2008	22396	16425	24943	15614	9975	8466
2009	24061	17732	26705	17364	10872	8864
2010	26802	19401	29484	19499	12286	9655
2011	30031	21430	33140	22502	14243	11332
2012	33467	22333	37058	24014	15828	12117
2013	36480	24031	40356	25983	17523	13643
2014	39763	26458	44082	28698	19362	15307
2015	43266	28892	47990	31448	21225	17102

注：2013 年起住户调查方法制度进行城乡一体化改革，2012 年及以前年份数据依据改革后新调查口径推算所得，下同。

12－17　居民家庭人均可支配收入和消费支出情况

（2014－2015年）

单位:元

指 标 名 称	全 体 居 民		城镇常住居民		农村常住居民	
	2014年	2015年	2014年	2015年	2014年	2015年
人均可支配收入	**30950**	**33788**	**39763**	**43266**	**19362**	**21225**
工资性收入	18652	20493	23149	25402	12739	13986
经营净收入	5997	6365	7365	7699	4198	4598
财产净收入	3281	3627	5033	5548	978	1081
转移净收入	3019	3302	4216	4617	1446	1560
人均消费支出	**21641**	**23822**	**26458**	**28892**	**15307**	**17102**
食品烟酒	6526	7085	7802	8457	4849	5266
食品	4356	4738	5043	5476	3453	3760
烟酒	692	756	726	790	647	711
衣着	1723	1888	2257	2463	1022	1127
居住	5133	5678	6393	6994	3475	3934
生活用品及服务	1272	1401	1628	1782	803	895
交通通信	3480	3850	4351	4690	2335	2737
交通	2689	2986	3464	3719	1670	2015
通信	791	864	887	971	665	722
教育文化娱乐	1790	2029	2084	2372	1403	1573
教育	1082	1189	1131	1232	1018	1131
文化娱乐	708	840	953	1140	386	442
医疗保健	1167	1289	1204	1323	1119	1244
其他用品及服务	550	602	739	811	301	326

12－18　居民家庭住房和耐用消费品情况

（2014－2015 年）

指 标 名 称		全 体 居 民		城镇常住居民		农村常住居民	
		2014 年	2015 年	2014 年	2015 年	2014 年	2015 年
平均每户家庭人口数	**（人）**	**2.96**	**3.00**	**2.95**	**2.99**	**2.98**	**3.02**
人均现住房建筑面积	**（平方米）**	**49.0**	**51.4**	**46.9**	**48.4**	**51.7**	**55.5**
每百户耐用消费品拥有量							
家用汽车	（辆）	39	41	49	51	26	29
摩托车	（辆）	29	26	28	24	31	28
助力车	（辆）	74	81	67	74	84	91
洗衣机	（台）	81	86	90	95	70	73
电冰箱（柜）	（台）	96	98	99	101	91	94
彩色电视机	（台）	173	179	190	196	151	156
空调	（台）	136	148	177	191	83	92
热水器	（台）	92	98	102	108	80	85
消毒碗柜	（台）	23	25	30	32	13	16
排油烟机	（台）	68	72	82	87	50	53
固定电话	（部）	49	46	53	51	44	39
移动电话	（部）	227	233	237	242	214	221
计算机	（台）	80	86	97	104	57	62
摄像机	（架）	5	5	7	7	2	2
照相机	（架）	31	30	44	43	13	12

12－19 市区居民家庭人均可支配收入和消费支出情况

(2014－2015 年)

单位:元

指标名称	全体居民		城镇常住居民		农村常住居民	
	2014 年	2015 年	2014 年	2015 年	2014 年	2015 年
人均可支配收入	**34903**	**38083**	**44082**	**47990**	**20544**	**22446**
工资性收入	20374	22481	24828	27352	13408	14793
经营净收入	6629	7105	7722	8239	4920	5316
财产净收入	4402	4864	6374	7039	1318	1430
转移净收入	3497	3633	5158	5361	898	907
人均消费支出	**23663**	**26062**	**28698**	**31448**	**15788**	**17560**
食品烟酒	7213	7877	8755	9515	4802	5292
食品	4773	5200	5587	6056	3501	3850
烟酒	736	806	841	915	573	634
衣着	2008	2219	2576	2829	1118	1257
居住	5492	5923	6527	7027	3872	4181
生活用品及服务	1369	1503	1746	1894	778	886
交通通信	3848	4343	4603	5135	2667	3094
交通	2886	3313	3396	3871	2089	2434
通信	961	1030	1206	1264	578	661
教育文化娱乐	1962	2213	2293	2597	1444	1607
教育	1130	1177	1253	1277	937	1019
文化娱乐	832	1036	1040	1320	506	588
医疗保健	986	1099	1159	1291	715	796
其他用品及服务	786	884	1039	1160	390	448

12-20 市区居民家庭住房和耐用消费品情况

（2014-2015年）

指 标 名 称		全 体 居 民		城镇常住居民		农村常住居民	
		2014年	2015年	2014年	2015年	2014年	2015年
平均每户家庭人口数	**（人）**	**3.08**	**3.13**	**2.99**	**3.03**	**3.21**	**3.29**
人均现住房建筑面积	**（平方米）**	**46.1**	**48.1**	**43.3**	**45.6**	**50.5**	**52.0**
每百户耐用消费品拥有量							
家用汽车	（辆）	54	57	63	64	41	45
摩托车	（辆）	24	22	22	20	28	25
助力车	（辆）	70	74	66	72	75	78
洗衣机	（台）	84	89	92	98	73	75
电冰箱（柜）	（台）	96	99	99	103	91	94
彩色电视机	（台）	191	193	207	205	166	174
空调	（台）	165	178	202	216	108	119
热水器	（台）	104	109	112	115	91	98
消毒碗柜	（台）	20	22	24	26	14	16
排油烟机	（台）	75	79	83	88	62	66
固定电话	（部）	52	53	57	60	44	43
移动电话	（部）	239	246	244	252	230	237
计算机	（台）	95	101	109	115	73	79
摄像机	（架）	8	7	10	9	3	4
照相机	（架）	37	36	53	47	14	18

12－21　各县市区城镇常住居民人均可支配收入

（2006－2015 年）

单位:元

年　份	全　市	市　区	椒江区	黄岩区	路桥区	玉环县	三门县	天台县	仙居县	温岭市	临海市
2006	18749	20582	19715	18398	25080	23987	13732	13988	12513	20634	16307
2007	20627	22946	22235	20090	26914	25717	15484	15626	14184	22533	18135
2008	22396	24943	24490	21908	29067	27309	17327	17638	15583	24348	19700
2009	24061	26705	26360	23870	30394	28414	18864	19051	17039	26206	21314
2010	26802	29484	29159	26270	32938	32884	21026	21258	19198	28569	24627
2011	30031	33140	33017	29441	36919	36663	23520	24000	21401	31593	27386
2012	33467	37058	37394	32842	40641	40608	26221	26677	23802	34763	30735
2013	36480	40356	40721	35963	44055	44019	28817	29292	26134	37995	33348
2014	39763	44082	44101	39404	48416	47761	31805	32257	28526	41225	36488
2015	43266	47990	47993	43048	52587	51586	34771	35276	31201	44743	39676

12－22　各县市区农村常住居民人均可支配收入

（1997－2015 年）

单位:元

年　份	全　市	市　区	椒江区	黄岩区	路桥区	玉环县	三门县	天台县	仙居县	温岭市	临海市
1997	3836		4239	3811	4068	3834	2773	3193	2651	5046	3161
1998	4169		4918	4270	4540	5180	3018	3355	2771	5385	3484
1999	4378		5254	4526	5072	5445	3285	3526	2931	5748	3967
2000	4668		5621	4894	5453	5924	3588	3786	3080	5999	4304
2001	5032		5966	5220	5765	6425	3951	4125	3242	6328	4665
2002	5400		6336	5680	6172	6885	4226	4358	3439	6662	4964
2003	5823		6723	6144	6669	7479	4627	4714	3719	7052	5311
2004	6528	7131	7530	6664	7549	8298	5163	5115	4025	7553	5943
2005	7268	7920	8166	7132	8469	8923	5801	5576	4810	8081	6482
2006	8006	8799	8841	7811	9406	9586	6654	6132	5354	8734	7580
2007	9052	9966	9958	9050	10842	10612	7574	6902	6211	10018	8839
2008	9975	10922	10876	9998	11827	11654	8594	7876	7010	11073	9883
2009	10872	11855	11768	10978	12790	12620	9413	8654	7750	12099	10851
2010	12286	13148	13136	12194	14098	14659	10597	9901	8916	13846	12271
2011	14243	15108	15009	14289	16176	17033	12287	11583	10421	16038	14158
2012	15828	16824	16757	15954	17906	18898	13695	12922	11626	17795	15736
2013	17523	18607	18533	17629	19840	20940	15201	14305	12929	19681	17404
2014	19362	20544	20527	19477	21825	22950	17040	15765	14398	21786	19180
2015	21225	22446	22386	21338	23823	25171	18788	17401	15930	23799	20973

12－23　各县市区城镇常住居民人均消费支出

(2007－2015年)

单位:元

年份	全市	市区	椒江区	黄岩区	路桥区	玉环县	三门县	天台县	仙居县	温岭市	临海市
2007	15726	15565	17474	15738	15272	21579	11349	12126	10075	17300	15319
2008	16425	15614	17754	15446	16600	22683	11961	12812	10181	18674	15998
2009	17732	17364	19799	17807	17464	23163	12404	13278	11729	19982	16980
2010	19401	19499	22443	19801	17689	23171	13316	15574	13281	21156	20319
2011	21430	22502	23565	22342	20549	26617	14629	17229	13945	23728	20686
2012	22333	24014	25082	24307	22027	27307	15633	17616	14552	25051	20989
2013	24031	25983	27239	26875	23815	29274	16774	19289	17175	27180	21727
2014	26458	28698	30099	29509	26449	32113	18904	21179	19116	29871	24161
2015	28892	31448	32718	32637	28988	34939	20511	23064	21066	32732	26529

12－24　各县市区农村常住居民人均消费支出

(2007－2015年)

单位:元

年份	全市	市区	椒江区	黄岩区	路桥区	玉环县	三门县	天台县	仙居县	温岭市	临海市
2007	7749	8519	9627	6490	9213	8977	5829	5600	5607	7759	8601
2008	8466	9261	10421	6503	10491	10425	6389	6006	6765	7984	9215
2009	8864	8918	9275	6922	10313	11204	6937	6288	7677	8617	10512
2010	9655	10031	11624	7581	10592	11788	7677	8214	8181	9693	9624
2011	11332	11836	13374	10149	12308	12198	9721	9625	9146	11206	12526
2012	12117	12584	13818	10817	13048	13487	10180	10406	9503	12786	12794
2013	13643	14160	15765	12130	14872	14783	11074	11384	10947	14526	14002
2014	15307	15788	17751	13537	16391	16512	12580	12591	12437	16327	15752
2015	17102	17560	20147	15067	17800	18223	13851	13787	13818	18194	17485

主要统计指标解释

工资总额 指各单位在一定时期内直接支付给本单位全部职工的劳动报酬总额。

工资总额的计算应以直接支付给职工的全部劳动报酬为依据。各单位支付给职工的劳动报酬以及其他根据有关规定支付的工资,不论是否计入成本,不论是否按国家规定列入计征奖金税项目的,不论是以货币形式支付的还是以实物形式支付的,均应列入工资总额的计算范围。

工资总额的组成是:

1. **计时工资** 指按计时工资标准和工作时间支付给职工的劳动报酬。

2. **计件工资** 指对已做工作按计件单价支付给职工的劳动报酬。其中:计件超额工资指计件工人超过定额后所得的工资。

3. **奖金** 指支付给职工的超额劳动报酬。包括生产奖、节约奖、劳动竞赛奖和其他奖金。

4. **津贴和补贴** 指为了补偿职工特殊或额外的劳动消耗,和因其他特殊原因支付给职工的津贴,以及为了保证职工工资水平不受物价影响支付给职工的物价补贴。

津贴包括补偿职工特殊或额外劳动消耗的津贴,保健性津贴,技术性津贴,年功性津贴及其他津贴。补贴目前仅指物价补贴。物价补贴包括粮价、副食品价格补贴、肉类等价格补贴、煤价补贴、房贴、水电贴等。

5. **加班加点工资** 指对在法定节假日和公休假日工作的职工以及在正常工作日以外延长工作时间进行工作的职工发给的劳动报酬。

6. **其他** 指其他根据国家规定支付的工资。如保留工资、附加工资、落实政策人员的补发工资、调整工资职工补发上年的工资。

可支配收入(城乡住户调查一体化改革后的新口径,下同) 指在住户在调查期内获得的、可用于最终消费支出和和及储蓄的总和,即可以用来自由支配的收入。可支配收入既包括现金,也包括实物收入。按照收入的来源,可支配收入包含四项,分别为:工资性收入、经营净收入、财产净收入和转移净收入。

工资性收入 指就业人员通过各种途径得到的全部劳动报酬和各种福利,包括受雇于单位或个人、从事各种自由职业、兼职和零星劳动得到的全部劳动报酬和福利。

经营净收入 指住户或成员从事生产经营活动所获得的净收入,是全部经营收入中扣除经营费用、生产性固定资产折旧和生产税之后得到的净收入。

财产性收入 指住户或成员将其所拥有的金融资产、住房等非金融资产和自然资源交由其他机构单位、住户或个人支配而获得的回报扣除相关的费用之后得到的净收入。包括利息净收入、红利收入、储蓄性保险收益、转让承包土地经营净收入、出租房屋净收入、出租其他资产净收入和自有住房折算净租金等。不包括转让资产所有权的溢价所得。

转移净收入 指扣除转移性支出后的转移性收入。计算公式:转移净收入 = 转移性收入 — 转移性支出

转移性收入 指国家、单位、社会团体对住户的各种经常性转移支付和住户之间的经常性收入转移。包括养老金或退休金、社会救济和补助、惠农补贴、政策性生活补贴、救灾款、经常性捐赠和赔偿以及报销医疗费等;住户之间的赡养收入、经常性捐赠和赔偿以及在外(含国外)工作的本住户非常住成员寄回带回的收入等。不包括住户之间的实物馈赠。

转移性支出 指调查户对国家、单位、住户或个人的经常性或义务性转移支付。包括缴纳的税款、各项社会保障支出、赡养支出、经常性捐赠和赔偿支出以及其他经常转移支出等。

消费支出 指调查户用于本家庭日常生活消费需要的全部支出,包括用于消费品的支出和用于服务性消费支出。根据用途不同,消费支出可划分为食品烟酒、衣着、居住、生活用品及服务、交通通信、教育文化娱乐、医疗保健、其他用品和服务八大类。根据来源不同,消费支出可划分为现金消费支出、实物消费支出(含自产自用、来自单位、来自政府和其他 社会组织)。

现住房总建筑面积 指调查户现住房的总建筑面积。现住房计算总建筑面积时以房屋产权证或租赁证为准,建筑面积也可按使用面积×1.333计算得出。应扣除住房中专门用于出租的建筑面积。但不包括仓库等作为生产用途房屋面积。

常住人口 指住户成员中,经常在家居住、或者调查期内居住时间超过一半的人员,以及本住户供养的学生。

13

城市建设和环境保护

City Construction and Enviroment Protection

13－1　城市和县城建设基本情况(一)

(2000－2015 年)

年　　份	建成区面积(平方公里)	城市维护建设资金支出(亿元)	全年供水总量(万吨)	#居民家庭用水量	用水普及率(%)	排水管道长度(公里)	铺设道路面积(万平方米)
2000	133.55	10.31	14184	4604	80.67	1040	1781
2001	152.84	14.76	16310	5834	92.84	1275	2079
2002	168.40	20.34	17860	6639	92.89	1485	2411
2003	190.67	28.06	19448	7427	92.41	1906	2800
2004	209.89	20.90	20116	8434	93.92	2081	3147
2005	219.85	16.78	22135	9484	95.00	2240	3387
2006	231.37	14.29	19519	7762	98.48	2169	3575
2007	235.96	16.81	21777	8366	99.04	2451	3843
2008	243.39	21.94	21077	8592	98.19	2758	4052
2009	247.05	25.14	22717	9725	99.12	2988	4295
2010	249.97	44.64	24205	10631	99.36	3205	4444
2011	251.89	38.98	24942	11504	100.00	3489	4777
2012	254.22	37.67	25520	11393	100.00	3626	4895
2013	256.13	47.98	26589	12351	100.00	3812	5090
2014	269.67	39.81	27721	13003	100.00	4139	5093
2015	285.60	44.35	29086	13699	100.00	4401	5170

13－2　城市和县城建设基本情况(二)

(2000－2015 年)

年　　份	公共汽车总数(辆)	绿化覆盖面积(公顷)	园林绿地面积(公顷)	公园绿地面积(公顷)	人均公园绿地面积(平方米)	公园个数(个)	公园面积(公顷)
2000	816	3247	2154	472	2.32	36	388
2001	691	3766	2672	537	2.38	39	402
2002	842	4324	3168	678	2.95	57	489
2003	853	5164	3810	909	3.85	75	628
2004	969	5876	4312	1071	4.45	84	714
2005	1110	6208	4639	1175	4.85	96	851
2006	1128	6700	4813	1194	5.36	97	872
2007	1207	7435	5569	1335	5.82	118	1068
2008	1518	9421	8403	1815	7.45	129	1411
2009	1358	9712	8738	2075	9.80	132	1632
2010	1477	10396	9502	2158	10.14	137	1806
2011	1506	10417	9767	2217	10.41	138	1838
2012	1613	10702	9604	2374	11.08	141	1925
2013	1962	11196	10392	2558	11.88	144	2071
2014	1840	12522	11470	2715	12.54	152	2187
2015	1955	12899	11796	2795	12.78	160	2279

注：13－1、13－2 表统计范围：市区 2005 年及以前为行政区域内镇和街道，2006 年开始仅包括各街道，临海、温岭两市为城市规划区，其他各县为县政府所在地建制镇或街道。公园绿地面积和人均公园绿地面积 2005 年及以前分别为公共绿地面积和人均公共绿地面积。

13-3 废水排放和处理情况

（1990-2015年）

年　份	工业废水排放量（万吨）	工业废水中有害物质含量(吨)						
		六价铬	砷	铅	挥发酚	氰化物	石油类	化学需氧量（万吨）
1990	5313	1.22	0.19	0.70	8.07	8.23	30.51	1.90
1991	3718	1.65	0.02	0.32	4.54	7.56	1.76	27.65
1992	3560	1.60	0.21	0.05	10.24	4.77	2.50	2.10
1993	3407	1.95		0.06	2.51	2.03	9.90	1.80
1994	2811	3.25	0.62	0.02	0.70	1.11	3.68	1.50
1995	2409	2.40	0.01	0.10	1.51	5.07	32.43	1.50
1996	1968	1.33	0.04	0.48	1.40	0.84	32.87	1.03
1997	3527	6.00	0.03	0.09	18.79	0.61	97.37	2.82
1998	4222	1.71	0.15	0.09	0.35	1.16	193.12	2.69
1999	4800	1.58	0.19	0.11	0.45	0.84	231.85	2.77
2000	4809	3.10	0.05	0.06	0.33	1.96	53.92	1.96
2001	4235	1.69	0.06	0.07	1.09	1.68	40.74	1.35
2002	4273	1.40	0.07	0.08	0.69	1.16	37.49	1.30
2003	4018	1.13	0.49	0.02	1.68	0.86	107.65	1.52
2004	4265	0.93	0.01	0.07	0.45	0.71	58.9	1.33
2005	4428	0.74	0.46	0.03	0.01	0.54	17.96	1.02
2006	4892	2.47	0.01	0.10	0.01	1.93	14.68	0.99
2007	5292	0.71	0.01	0.08	0.52	0.77	41.17	1.04
2008	5317	0.78	0.01	0.10		0.34	45.02	0.96
2009	5125	0.40	...	0.06		0.25	10.38	0.82
2010	5709	0.20	...	0.06		0.09	6.69	0.97
2011	6305	0.60	0.06	0.02	0.17	0.38	92.92	0.91
2012	6152	0.52	0.04	0.02	1.06	0.29	81.84	0.90
2013	6278	0.36	0.04	0.02	1.06	0.17	66.86	0.94
2014	6065	0.40	0.005	0	0.04	0.33	48.22	0.88
2015	6251	0.42	0.024	0.027	0.295	0.424	50.75	0.80

13-4 废气排放和处理情况

（1990-2015年）

年份	废气排放量（亿标立米）	二氧化硫排放量（吨）	烟粉尘排放量（吨）	氮氧化物排放量（吨）
1990	239.02	52710	39230	
1991	218.09	48833	25526	
1992	219.39	44619	27605	
1993	251.84	49694	23115	
1994	268.93	50746	21038	
1995	294.57	51297	23027	
1996	272.89	52491	15479	
1997	330.02	69114	18815	
1998	372.82	68830	21186	
1999	398.41	69277	20146	
2000	455.94	62344	18011	
2001	450.20	58040	10386	
2002	449.89	66396	9726	
2003	501.43	57488	9886	
2004	543.21	71716	10588	
2005	927.96	78831	8244	
2006	548.39	75494	8117	28099
2007	1214.77	65624	11019	38344
2008	1957.98	48380	8964	46712
2009	1279.56	30878	7313	51049
2010	1395.68	24552	6165	61704
2011	1700.82	48981	16619	48087
2012	1446.82	44209	13016	41566
2013	1507.23	43170	12297	39130
2014	1313.12	28083	13106	31461
2015	1318.99	31868	16263	26255

13－5 工业固体废物排放和处理情况

（1990－2015年）

单位:万吨

年　份	工业固体废物产生量	工业固体废物倾倒丢弃量	工业固体废物贮存量	工业固体废物综合利用量	工业固体废物综合利用率（%）	工业固体废物处理量
1990	87.89	3.21	73.64	10.8	12.3	
1991	86.00	0.13	77.00			
1992	90.40	0.05	76.35	83.90		
1993	85.81	0.07	14.01	8.19	9.5	
1994	91.26	0.05	12.59	9.07	9.9	
1995	103.69	0.16	13.89	52.73	50.9	
1996	111.16	0.15	96.44	84.45	75.9	
1997	107.30	0.21	14.11	96.02	89.4	
1998	103.31	0.12	12.70	83.67	81.0	
1999	101.36	0.07	11.37	86.74	85.6	
2000	100.81	0.07	8.20	90.34	89.6	1.14
2001	109.48	0.01	6.71	101.43	92.7	1.34
2002	104.09	0.05	2.34	99.92	96.0	1.78
2003	146.33	0.01	7.65	135.51	92.6	2.53
2004	167.57	0.03	6.00	158.46	94.6	3.09
2005	154.09	0.01	4.23	147.88	96.0	2.16
2006	171.78	0.03	0.07	163.97	95.5	7.90
2007	214.32	0.30	3.11	204.90	95.6	6.25
2008	313.18	0.02	5.02	305.43	97.5	2.72
2009	242.06	0.12	3.21	225.07	93.0	13.78
2010	245.85	0.09	1.05	239.97	97.6	4.84
2011	266.54	0.27	0.30	237.27	89.8	28.70
2012	242.85	0.30	3.04	228.80	94.2	10.72
2013	326.50		0.15	314.87	96.4	11.66
2014	363.43		0.83	251.09	95.3	11.92
2015	228.00		1.52	222.97	97.8	3.84

注:本表统计范围:2011年开始为一般工业固体废物,不包括危险废物。

13－6 工业污染治理情况

（1990－2015 年）

单位：万元

年份	工业污染治理投入合计	#治理废水	#治理废气	#治理固体废物	#治理噪声	#治理其他	当年安排治理项目（个）
1990	370	282	66				62
1991	517	387	128				26
1992	2087	1327	730				44
1993	2287	1250	1037				24
1994	1160	1140	8				15
1995	1975	475	1425				22
1996	2480	400	1560	520			6
1997	2342	1798	144	350		50	24
1998	2337	1978	213	111	1	35	57
1999	9447	5331	919	600	5	2592	182
2000	22299	20334	1010	40	321	595	290
2001	6918	5928	584	405			59
2002	10207	8455	1394	108	250		60
2003	22999	19224	765		10		71
2004	10652	6690	2187	9	10	1756	74
2005	25239	7262	16276	68		1634	127
2006	23516	8794	7546	157		1719	123
2007	21975	9881	11818	52		208	192
2008	16992	6178	10526			288	123
2009	8167	6188	1803	115		61	54
2010	5862	3489	2178	50		145	56
2011	17227	10760	4877	201	800	590	143
2012	6812	3779	1847	58	850	278	23
2013	94642	25576	46310	326	897	21533	165
2014	83622	8478	61465	182	30	13386	81
2015	90425	9611	66569	10793	120	3332	216

主 要 统 计 指 标 解 释

工业废水排放量 指经过企业所有排放口排到企业外的生产废水总量。包括外排的直接冷却水和矿区超标排放的有毒有害矿井地下水，但不包括外排的间接冷却水（清污不分流的应计算在内）。

废气排放总量 指燃料燃烧和生产工艺过程中排放的废气总量。以标准状态下每年亿标立方米表示。

粉尘排放量 指生产工艺过程中排放的固体微粒的重量。工业固体废物产生量指工矿企业、事业单位在生产（试验）过程中产生的固体废弃物总量。不包括矿山开采的剥离及掘进时产生的废石。（煤矸石除外）

工业固体废物综合利用量 指已用作农业肥料、造田、生产建筑材料，以及其他方式综合利用的工业固体废弃物。不包括填埋量和焚烧量。

工业固体废物处理量 指以填埋、焚烧方式处理的工业固体废弃物（包括用炉渣修路），不包括倒入江、河中的废渣。

14

教育科技和质量监督

Education, Science and Qualitical Supervision

14－1 教育事业基本情况

（2015年）

单位：人

项　　目	学校数（所）	招生数	在校学生数	毕业生数	教职工数	#专任教师
一、普通高等学校	**4**	**10430**	**33567**	**9101**	**2345**	**1633**
台州学院	1	3811	15356	3699	1277	856
台州职业技术学院	1	3838	10610	3318	641	470
台州科技职业学院	1	2085	6014	1856	292	218
浙江汽车职业技术学院	1	696	1587	228	135	89
二、成人高等教育		**9348**	**34768**	**7816**	**425**	**296**
其中：台州广播电视大学	1	5430	24078	5031	425	296
三、普通中等专业学校	**2**	**1562**	**3332**	**588**	**150**	**98**
四、成人中等专业学校	**2**	**661**	**1986**	**622**	**57**	**29**
五、技工学校	**6**	**2835**	**8504**	**3138**	**788**	**660**
六、普通中学	**253**	**96689**	**284963**	**90447**	**27175**	**23774**
高　　中	66	30275	89409	29635	9905	8374
初　　中	187	66414	195554	60812	17270	15400
七、职业高中	**27**	**21602**	**59957**	**18816**	**3819**	**3520**
八、小　　学	**329**	**78428**	**480907**	**71447**	**21635**	**20536**
九、幼儿园	**1329**	**78193**	**224345**	**81355**	**23240**	**11704**
十、特殊教育	**10**	**272**	**1793**	**261**	**282**	**250**

注：成人高等教育数据含普通高等学校成人教育；特殊教育学生含普通学校附设及随班就读人数。

14－2 主要年份高等学校基本情况

单位:人

年份	招生数	在校学生数	毕业生数	教职工数	#专任教师
1977	146	146		64	18
1978	267	413		173	79
1980	275	776	146	188	101
1985	333	921	280	300	145
1990	486	962	477	295	133
1991	499	988	459	312	139
1992	540	1124	401	337	141
1993	539	1403	403	339	147
1994	834	1794	533	386	167
1995	558	1692	378	390	169
1996	448	1606	389	396	179
1997	491	1443	638	395	180
1998	603	1674	457	399	183
1999	1360	2296	457	491	284
2000	2309	4125	478	649	381
2001	3375	6892	590	1007	619
2002	4803	10623	1703	1160	702
2003	5048	12784	2703	1324	840
2004	5818	15371	2859	1689	1083
2005	6957	18069	3867	1759	1145
2006	7709	21079	4559	1833	1235
2007	8627	24307	5414	2049	1370
2008	9486	27254	6362	2136	1447
2009	9738	29164	7580	2239	1520
2010	9469	29749	8530	2317	1579
2011	9657	30933	8222	2336	1595
2012	9602	31132	9144	2400	1616
2013	10099	32018	8876	2389	1593
2014	10100	32631	9008	2437	1645
2015	10430	33567	9101	2345	1633

14-3 主要年份普通中等专业学校基本情况

单位:人

年份	学校数(所)	招生数	在校学生数	毕业生数	教职工数	#专任教师
1949	4	413	1323	54	66	35
1952	7	1056	2242	238	215	113
1957	5	759	1809	466	216	113
1962	4	158	552	857	201	106
1965	2	610	756	40	116	61
1970	2				114	60
1975	5	704	1618	472	242	111
1978	5	1006	1893	519	362	179
1980	6	1223	2834	1277	556	245
1985	7	1211	3019	999	677	334
1990	7	1284	3739	1184	728	438
1994	8	3116	6775	1309	735	410
1995	8	3769	8983	1503	778	424
1996	8	4574	11515	1949	802	442
1997	7	2895	8918	2698	797	433
1998	7	2618	8574	2930	805	439
1999	8	2631	8194	2915	801	458
2000	6	2413	7848	2695	782	461
2001	6	2928	8508	2619	810	533
2002	6	4397	9891	2737	670	467
2003	5	3261	9831	1935	589	408
2004	3	1942	8076	3001	356	279
2005	1	1820	6063	3191	134	112
2006	1	1490	4989	2383	150	131
2007	1	1765	4716	1613	148	119
2008	1	1749	4253	1404	158	118
2009	1	1093	3201	1106	194	120
2010	1	2221	4384	856	229	155
2011	1	1376	4246	831	270	154
2012	1	700	3803	864	165	114
2013	2	781	2536	1428	128	86
2014	2	1151	2563	860	146	100
2015	2	1562	3332	588	150	98

14－4 主要年份成人教育基本情况

单位:人

年 份	成人高等教育				成人中等教育					
	招生数	在校生数	毕业生数	教职工数	学校数（所）	招生数	在校生数	毕业生数	教职工数	#专任教师
1979	136	136		11						
1980	97	168		20						
1985	2057	4152	755	83	6	1099	1740	864	295	103
1990	377	1962	451	113	7	31	2609	522	230	145
1991	328	1698	1165	112	7	232	1914	879	178	100
1992	499	988	735	114	7	493	1338	609	190	111
1993	383	1227	193	110	8	314	1145	511	217	113
1994	804	1546	272	114	8	1741	2777	843	253	147
1995	672	1543	360	124	8	1448	2745	992	274	169
1996	772	1803	295	136	8	1559	2809	1178	253	152
1997	657	2084	455	153	8	1358	3626	605	247	144
1998	1034	2519	848	166	8	1006	3109	816	241	149
1999	1085	2959	812	187	9	1578	3851	1058	332	175
2000	2020	4802	761	227	9	1235	3567	1337	361	207
2001	3217	5911	774	288	9	872	2639	1096	335	205
2002	7083	13150	1317	300	10	902	2558	813	365	230
2003	4748	15614	2003	323	11	1352	3655	1337	396	252
2004	6341	14973	5477	377	11	1160	3504	1179	297	200
2005	7829	16332	5080	401	11	1189	3378	1360	320	224
2006	7851	18898	4731	449	11	777	1957	1042	275	192
2007	7895	19359	7209	551	10	846	2086	615	296	208
2008	8293	21428	5955	460	10	971	2308	617	291	202
2009	9102	24256	5635	438	9	902	2479	607	254	184
2010	7828	22323	7140	442	7	900	2390	792	221	168
2011	12040	29697	7616	433	7	1167	2616	799	218	166
2012	9927	33509	6035	433	6	777	2247	677	158	106
2013	10048	36769	8528	430	4	770	2110	799	52	34
2014	15309	37570	10056	419	2	803	2118	678	36	30
2015	9348	34768	7816	425	2	661	1986	622	57	29

14－5 主要年份技工学校基本情况

单位:人

年　　份	学校数（所）	招生数	在校学生数	毕业生数	教职工数	#专任教师
1979	2	300	300		24	11
1980	2	50	350		29	16
1985	2	173	282		26	14
1990	3	259	617	169	98	50
1991	3	179	648	136	97	50
1992	3	383	737	194	115	55
1993	3	301	848	220	115	60
1994	3	226	935	182	119	63
1995	3	269	792	309	115	63
1996	5	651	1298	253	125	105
1997	5	1287	2194	197	188	147
1998	6	1748	3602	348	287	225
1999	7	2179	5009	625	283	243
2000	7	2704	5952	1091	316	254
2001	7	2485	6146	1519	471	400
2002	6	2638	5600	1776	444	329
2003	6	4320	7658	1934	583	360
2004	6	4210	10961	2260	576	411
2005	6	4883	12263	3193	665	417
2006	7	6075	13513	3055	748	583
2007	6	4931	10818	2374	790	566
2008	6	4980	11744	2573	894	637
2009	6	5359	12947	3760	872	609
2010	6	5847	12145	3721	957	752
2011	6	5105	13961	3460	1038	815
2012	6	3645	9520	2789	1040	820
2013	6	4253	13272	3704	977	889
2014	6	3428	10105	3594	980	565
2015	6	2835	8504	3138	788	660

14－6 特殊教育基本情况

（1982－2015年）

单位:人

年份	学校数（所）	招生数	在校学生数	毕业生数	教职工数	#专任教师
1982		12	12		1	1
1985	1		21		4	3
1990	4	58	178		31	27
1991	4	64	251		39	27
1992	4	81	304	17	56	40
1993	5	144	385	45	70	54
1994	5	73	336	25	87	60
1995	6	113	448	17	131	100
1996	7	108	484	31	141	110
1997	7	73	423	26	143	106
1998	7	78	530	78	122	89
1999	7	191	1715	299	129	95
2000	7	153	1624	336	134	102
2001	7	331	2289	172	131	102
2002	7	293	2048	337	128	103
2003	7	337	2230	339	131	103
2004	7	257	1884	251	136	107
2005	7	218	1824	166	139	109
2006	7	265	1815	212	144	117
2007	7	266	2056	223	150	126
2008	7	284	2070	226	154	136
2009	8	263	2045	236	173	146
2010	9	280	2141	242	186	170
2011	10	250	1910	163	221	193
2012	10	300	1898	151	234	208
2013	10	345	2032	166	256	222
2014	10	257	1903	279	264	235
2015	10	272	1793	261	282	250

注：从1999年开始学生数含普通学校附设及随班就读人数。

14-7 主要年份普通中学基本情况

单位:人

年份	学校数(所)	招生数	在校学生数	毕业生数	教职工数	#专任教师
1949	19	1900	7039	842	628	393
1952	20	5235	14234	1679	894	559
1957	47	7317	18875	4365	1265	791
1962	66	8981	20878	5201	1882	1177
1965	95	10522	26578	5458	1889	1225
1970	597	42406	74170	10193	3236	2476
1975	562	86364	155363	53738	7075	4977
1978	568	92508	225792	91819	11779	10250
1980	431	79063	207727	52095	11586	9464
1985	356	71813	200249	44786	11615	9285
1990	375	71848	200084	53325	11910	9751
1994	360	86696	222141	58196	13429	11250
1995	350	100049	250442	64311	14319	12178
1996	353	98397	280473	64104	15557	13369
1997	352	98522	292662	80778	16940	14712
1998	363	105937	296671	94032	18141	15633
1999	355	114696	311962	91774	19222	16592
2000	335	120734	334081	92374	20342	17663
2001	335	109934	339150	98191	21140	18217
2002	324	106058	331353	107320	21480	18533
2003	311	99440	315106	112144	21622	18572
2004	298	91450	297368	105832	21702	18757
2005	277	89160	283958	103575	21906	18994
2006	270	95207	280281	98117	22013	19257
2007	264	98786	287457	94126	22284	19452
2008	261	98489	293146	88767	22343	19732
2009	259	95980	289083	92922	22606	20003
2010	258	96088	286837	92150	22531	20157
2011	268	95928	283109	92747	23831	20246
2012	274	94847	281149	91534	24156	20436
2013	280	96743	282600	91695	24274	21266
2014	259	95570	282295	93665	25522	22296
2015	253	96689	284963	90447	27175	23774

14－8 主要年份职业高中基本情况

单位:人

年份	学校数（所）	招生数	在校学生数	毕业生数	教职工数	#专任教师
1979	12	595	1128	148		
1980	25	1156	2017	580		
1985	23	4601	7396	984	519	391
1990	36	5084	11386	3347	1057	800
1991	30	5781	11626	4696	1045	798
1992	31	5434	11874	3937	1131	853
1993	35	5785	12137	4497	1110	827
1994	41	7414	14628	3823	1258	890
1995	42	9760	18668	4682	1469	1066
1996	32	7289	17758	5730	1401	1066
1997	39	10949	22444	7223	1529	1201
1998	56	12662	26808	6172	1701	1294
1999	58	12302	28063	7593	2169	1633
2000	48	14431	31359	8622	2102	1690
2001	55	20516	40641	7467	2410	1933
2002	55	26013	53789	9463	2895	2351
2003	52	30211	65214	11699	3592	2977
2004	53	27275	69999	13952	3588	3026
2005	50	25284	67952	17789	4043	3415
2006	48	25052	65357	20743	3856	3295
2007	44	24591	61795	19086	3646	3084
2008	45	23877	59935	18362	3585	3091
2009	43	27453	64270	17507	3399	2925
2010	42	27252	67242	16616	3457	3024
2011	41	26710	69251	17254	3178	2848
2012	39	23242	67358	19883	3279	2961
2013	34	22133	64890	20448	3499	3151
2014	27	21087	59224	20354	3786	3471
2015	27	21602	59957	18816	3819	3520

14-9 主要年份小学基本情况

单位:人

年份	学校数(所)	招生数	在校学生数	毕业生数	教职工数	#专任教师	入学率(%)
1949	1970	48028	96738	4070	5073	4693	
1952	2751	42724	194412	7650	7227	6685	
1957	2546	59246	238276	22037	7364	6812	
1962	3251	67268	249793	26417	7140	5609	
1965	5677	123169	401476	22185	12283	10520	
1970	5014	112006	446081	59807	14722	13817	
1975	6305	148328	670227	78801	21752	20170	
1978	5420	144258	649623	102368	22342	21860	97.16
1980	4956	114734	640215	87440	22876	21723	96.53
1985	4205	81412	497033	102647	21301	19762	97.60
1990	3377	88868	460288	74263	18514	17010	99.17
1994	2446	94110	497515	80450	19306	17952	99.72
1995	2248	79668	486871	89144	19533	18123	99.55
1996	1991	69159	468435	86784	20201	18742	99.80
1997	1847	62084	446885	82228	20765	19315	99.67
1998	1622	55032	416557	84654	20378	18956	99.95
1999	1324	63379	387715	92573	20322	18876	99.91
2000	1134	74022	370452	92160	20309	18809	99.94
2001	977	63708	354473	78918	20363	18797	99.99
2002	914	63532	353256	67435	19905	18449	100.00
2003	843	60557	360886	57553	19903	18364	100.00
2004	794	61380	375140	53181	19911	18353	100.00
2005	749	61482	387461	54819	20197	18782	100.00
2006	729	65903	397107	64240	20611	19209	100.00
2007	678	71122	406204	69621	21097	19530	100.00
2008	600	72607	411801	70039	21445	19928	100.00
2009	575	72375	410767	67116	21684	20319	100.00
2010	561	82428	430476	65150	21924	20510	100.00
2011	560	88358	462265	66089	20852	20716	100.00
2012	502	85023	473217	68184	21135	21132	100.00
2013	356	82574	479447	70730	21685	20364	100.00
2014	343	79361	481586	70587	22821	21318	100.00
2015	329	78428	480907	71447	21635	20536	100.00

14－10 主要年份幼儿园基本情况

单位:人

年份	幼儿园数（所）	班数（个）	在园幼儿数	教职工数	#专任教师
1978	68	185	8539	240	233
1980	90	444	18613	519	507
1985	962	1918	59632	2290	2198
1990	401	2218	71938	2748	2580
1991	421	2278	79390	2744	2557
1992	284	2336	77969	2552	2416
1993	293	2319	90189	2824	2677
1994	719	2418	84818	2969	2712
1995	338	2456	83020	3069	2772
1996	403	2544	84601	3235	2855
1997	526	2497	79429	3532	3021
1998	726	2979	90637	3698	3253
1999	651	3037	94797	4225	3339
2000	445	3308	97897	4627	3804
2001	653	4692	128707	6245	3924
2002	588	5056	138302	6953	4432
2003	718	5453	151458	8015	5104
2004	838	5638	164752	9142	5671
2005	1319	5721	172201	9820	6111
2006	1356	6303	193585	11001	6816
2007	1251	6557	205811	12314	7637
2008	1278	6943	225949	13427	8520
2009	1297	7704	239897	15587	9808
2010	1291	8226	259760	18521	11075
2011	1372	8716	262004	18259	10519
2012	1434	8687	251947	20971	12089
2013	1331	7944	233031	21235	11467
2014	1314	8091	230259	22983	12298
2015	1329	8024	224345	23240	11704

14-11 主要年份每万人口中在校学生数的大中小学生构成

年份	各级学校在校学生占全市人口(%)	平均每万人口中(人)			大、中、小学生占学生总数(%)		
		大学生	中学生	小学生	大学生	中学生	小学生
1949	4.37		29.26	402.12		7.96	92.04
1952	8.38		65.45	772.27		7.81	92.19
1957	9.15		73.09	841.99		7.99	92.01
1962	8.84		69.86	814.35		7.90	92.10
1965	12.62		80.43	1181.37		6.37	93.63
1970	13.28		189.33	1138.69		14.26	85.74
1975	19.04		361.24	1542.31		18.98	81.02
1978	19.39	0.91	502.94	1434.96	0.05	25.94	74.01
1980	18.50	1.40	461.27	1386.92	0.08	24.94	74.99
1985	14.59	10.35	433.98	1014.19	0.71	29.75	69.54
1990	13.22	5.67	423.74	892.91	0.43	32.05	67.53
1994	14.21	6.35	469.79	945.29	0.45	33.05	66.50
1995	14.54	6.11	531.82	915.61	0.42	36.59	62.99
1996	14.74	6.40	588.86	878.90	0.43	39.95	59.62
1997	14.54	6.58	613.56	833.77	0.45	42.20	57.35
1998	14.09	7.77	627.91	772.10	0.55	44.65	54.80
1999	13.81	9.68	657.63	714.05	0.70	47.61	51.69
2000	13.94	16.33	700.32	677.71	1.17	50.23	48.60
2001	13.94	23.34	723.92	646.24	1.67	51.95	46.38
2002	14.17	43.19	732.46	641.75	3.05	51.68	45.27
2003	14.31	51.39	726.49	653.06	3.59	50.77	45.64
2004	14.31	54.75	703.47	676.83	3.82	49.02	47.16
2005	14.21	61.45	667.34	692.08	4.32	46.97	48.71
2006	14.22	70.80	648.34	703.26	4.98	45.58	49.44
2007	14.34	76.69	644.32	713.40	5.35	44.92	49.73
2008	14.49	84.80	646.95	717.35	5.85	44.64	49.50
2009	14.45	92.35	643.04	710.09	6.39	44.49	49.12
2010	14.67	89.30	639.64	738.20	6.09	43.60	50.32
2011	15.27	103.32	635.97	787.79	6.77	41.65	51.59
2012	15.26	109.38	616.09	800.77	7.17	40.37	52.47
2013	15.38	115.80	615.12	807.10	7.53	39.99	52.48
2014	15.29	117.58	604.57	806.54	7.69	39.55	52.76
2015	15.29	114.37	609.32	804.88	7.48	39.86	52.66

注：大学生包括普通教育、成人教育、本科、专科学生，中学生包括普通中专、成人中专、技工学校、普通中学、职业中学学生，本表仅包括台州市各类学校学生数，不包括在外地就读的台州籍学生数。

14－12　主要年份学校教师负担学生数

单位:人

年　　份	高等学校		中等学校		小　　学	
	教师数	平均每个教师负担学生	教师数	平均每个教师负担学生	教师数	平均每个教师负担学生
1949			428	19.54	4693	20.61
1952			672	24.52	6685	29.08
1957			904	22.88	6812	34.98
1962			1283	16.70	5609	44.53
1965			1286	21.26	10520	38.13
1970			2536	29.25	13817	32.28
1975			5088	30.85	20170	33.23
1978	79	5.23	10429	21.83	21860	29.72
1980	121	7.80	9725	21.89	21723	29.47
1985	228	22.25	10127	21.00	19762	25.15
1990	246	11.89	11184	19.53	17010	27.06
1994	281	11.89	12760	19.38	17952	27.71
1995	293	11.04	13900	20.26	18123	26.75
1996	315	10.82	15134	20.74	18742	24.99
1997	333	10.59	16647	19.75	19315	23.14
1998	349	12.01	17740	19.10	18956	21.97
1999	411	12.79	19101	18.69	18876	20.54
2000	523	17.07	20275	18.88	18809	19.70
2001	806	15.88	21288	18.65	18797	18.86
2002	891	26.68	21910	18.40	18449	19.15
2003	1042	27.25	22569	17.79	18364	19.65
2004	1329	22.83	22673	17.20	18353	20.44
2005	1397	24.62	23162	16.13	18782	20.63
2006	1502	26.62	23458	15.61	19209	20.67
2007	1652	26.43	23429	15.66	19530	20.80
2008	1737	28.03	23780	15.62	19928	20.66
2009	1795	28.76	23841	15.60	20319	20.22
2010	1645	31.65	24256	15.38	20510	20.99
2011	1880	32.25	24240	15.40	20716	22.31
2012	1901	34.00	24527	14.84	21132	22.39
2013	1877	36.65	25507	14.33	20364	23.54
2014	1934	36.30	26462	13.46	21318	22.59
2015	1929	35.43	28081	12.78	20536	23.42

注：高等学校包括成人教育，中等学校包括普通中专、成人中专、技工学校、普通中学、职业中学。

14－13 县级及以上政府部门属研究与开发机构变化情况

（1991－2015年）

单位:万元

年 份	机构数（个）	职工总数（人）	#科技活动人员	经费收入总额	#政府拨款	经费支出总额	#人员费用
1991	8	294	96	248	192	241	94
1992	8	316	83	375	265	294	114
1993	8	277	100	432	375	406	137
1994	8	257	91	574	350	519	163
1995	8	246	89	618	446	604	265
1996	8	230	77	611	470	572	298
1997	8	226	79	804	540	815	347
1998	9	231	84	1020	640	797	450
1999	9	223	71	1135	764	1066	522
2000	8	214	75	1361	868	1209	597
2001	7	198	65	1543	1110	1242	718
2002	7	192	66	1901	1157	1602	755
2003	7	194	68	2197	1501	1871	1036
2004	7	183	70	2170	1511	2051	699
2005	7	188	77	2589	1608	2288	783
2006	7	187	80	3474	2049	2887	1276
2007	7	237	95	4081	2124	3631	2102
2008	7	236	97	4122	2065	3436	1794
2009	7	232	144	4772	2514	4982	1676
2010	7	233	117	4680	2604	4221	1420
2011	7	233	134	5765	2868	4977	1711
2012	7	207	114	6437	2952	5711	3605
2013	7	223	188	6126	3725	5899	2456
2014	7	223	185	6502	4058	6047	2227
2015	7	253	214	7348	4048	7536	3400

注：科技活动人员统计范围：2008年及以前的数据为科学家和工程师的人员数。

14－14 科技成果和专利授权情况

（1990－2015 年）

单位:项

年份	科技进步奖励	国家级	部级	省级	市级	合同数	成交额（万元）	专利申请受理量	专利授权量合计	发明	实用新型	外观设计
1990	77	1	1	22	46	4	21	107	58	1	56	1
1991	27			23		368	285	137	99	3	86	10
1992	90			22	60	14	200	218	147	2	131	14
1993	31	1	1	22		481	2167	308	248		194	54
1994	102			19	72	1894	351	251	231	2	187	42
1995	28		1	20		462	1856	285	245		183	62
1996	92			30	52	8141	3864	339	305	1	161	143
1997	68			19	42	1716	1662	448	409	3	187	219
1998	69			19	40	1033	6598	519	483		201	282
1999	95	1		28	56	488	4615	823	791		415	376
2000	113	2		28	78	526	5651	829	772		407	365
2001	112			22	90	623	6948	1480	962	22	410	530
2002	109			27	82	733	13133	2197	1223	14	471	738
2003	77			27	50	932	23772	2345	1795	21	540	1234
2004	72			22	50	854	22696	2803	1698	31	537	1130
2005	68		2	16	50	1029	28153	4834	2136	38	705	1393
2006	80			27	53	446	38116	5626	3365	57	1059	2249
2007	78			19	59	649	37046	6276	4589	82	1723	2784
2008	72	3		15	54	228	88300	9043	4811	168	1805	2838
2009	84	3		16	65	240	43300	8806	8145	225	2292	5628
2010	121	2		18	101	208	22877	10436	10558	285	4348	5925
2011	80			17	63	197	41837	12471	9653	519	4293	4841
2012	79			23	56	118	27672	14111	12182	793	5987	5402
2013	77	1		18	58	192	76255	16956	12673	737	6345	5591
2014	74	3		14	60	1022	173706	20570	16134	791	8597	6746
2015	69	3		16	50	1198	143539	23144	19717	1386	10257	8074

14－15　规模以上工业企业研发活动基本情况

（2015 年）

单位:万元

项　　目	研发人员（人）	研发经费支出	企业内部日常研发经费支出	当年形成用于研发固定资产支　出	委托外单位开展研发活动经费支出
总　　计	**39505**	**734421**	**622167**	**65508**	**46746**
一、按企业规模分					
大　型	9960	236065	187446	26390	22230
中　型	13906	245113	204407	20177	20529
小　型	15469	250431	228304	18798	3329
微　型	170	2812	2010	143	659
二、按登记注册类型分					
内资企业	**35661**	**647328**	**555647**	**57191**	**34489**
国有企业	31	738	35	44	659
股份合作企业	312	5314	4980	335	
有限责任公司	12026	234330	195786	20859	17685
股份有限公司	8392	173829	142008	18414	13408
私营企业	14900	233116	212839	17540	2737
港、澳、台商投资企业	**1606**	**25506**	**21843**	**2130**	**1534**
外商投资企业	**2238**	**61587**	**44677**	**6187**	**10724**
三、按国民经济行业分					
农副食品加工业	102	1623	1247	375	
食品制造业	146	2582	2268	273	41
酒、饮料和精制茶制造业	70	760	684	76	
纺织业	639	8627	7521	874	231
纺织服装、服饰业	14	163	163		
皮革、毛皮、羽毛及其制品和制鞋业	520	7470	7171	299	

14－15 续表

项　　目	研发人员（人）	研发经费支出	企业内部日常研发经费支出	当年形成用于研发固定资产支出	委托外单位开展研发活动经费支出
木材加工和木、竹、藤、棕、草制品业	34	457	370	86	
家具制造业	384	5004	4764	149	91
造纸和纸制品业	237	2878	2527	306	45
印刷和记录媒介复制业	37	418	401	16	1
文教、工美、体育和娱乐用品制造业	282	4062	3720	269	74
化学原料和化学制品制造业	1217	33819	27024	4161	2633
医药制造业	5064	156400	108486	20797	27118
橡胶和塑料制品业	2579	50301	45251	4930	120
非金属矿物制品业	305	5227	4843	262	122
黑色金属冶炼和压延加工业	51	1036	841	195	
有色金属冶炼和压延加工业	502	12837	12524	313	
金属制品业	1870	25740	23829	1894	18
通用设备制造业	7818	107667	99133	7609	925
专用设备制造业	3355	51397	48205	2745	447
汽车制造业	5010	95780	75671	9291	10817
铁路、船舶、航空航天和其他运输设备制造业	1989	38605	33690	2888	2028
电气机械和器材制造业	4217	70056	64756	4738	561
计算机、通信和其他电子设备制造业	919	21666	20251	1415	
仪器仪表制造业	1506	22823	20660	1347	816
其他制造业	592	5726	5594	133	
电力、热力生产和供应业	42	1197	491	47	659
燃气生产和供应业	4	103	82	21	

14－16 规模以上工业企业研究与试验发展（R&D）活动基本情况

（2015 年）

项　　目	有R&D活动单位数（个）	R&D项目数（项）	R&D人员（人）	R&D人员折合全时当量（人年）	R&D经费内部支出（万元）	R&D经费外部支出（万元）	专利申请数（件）
总　　计	**1197**	**5454**	**32681**	**25878**	**550050**	**43832**	**3806**
一、按登记注册类型分							
内资企业	**1128**	**4965**	**29446**	**23118**	**489960**	**33278**	**3387**
国有企业	1	7	31	24	79	659	12
股份合作企业	26	47	228	168	4481		1
有限责任公司	409	1841	10337	8157	175957	17481	989
股份有限公司	62	849	7034	5722	127747	12989	776
私营企业	**630**	**2221**	**11816**	**9047**	**181696**	**2149**	**1609**
港、澳、台商投资企业	**33**	**235**	**1279**	**1092**	**18466**	**1430**	**122**
外商投资企业	**36**	**254**	**1956**	**1668**	**41625**	**9125**	**297**
二、按国民经济行业分							
农副食品加工业	2	6	28	21	813		2
食品制造业	8	30	130	86	1991	41	4
酒、饮料和精制茶制造业	3	9	68	37	749		20
纺织业	10	52	473	419	6787	222	28
皮革、毛皮、羽毛及其制品和制鞋业							117
木材加工和木、竹、藤、棕、草制品业	2	2	15	11	223		3
家具制造业	22	50	254	174	3405	17	78
造纸和纸制品业	2	4	17	15	401		7
印刷和记录媒介复制业	2	2	22	9	191	1	

14－16 续表

项　　目	有R&D活动单位数（个）	R&D项目数（项）	R&D人员（人）	R&D人员折合全时当量（人年）	R&D经费内部支出（万元）	R&D经费外部支出（万元）	专利申请数（件）
文教、工美、体育和娱乐用品制造业	17	36	230	192	2970	21	17
化学原料和化学制品制造业	36	246	1103	963	26850	2484	77
医药制造业	53	679	4742	4050	104173	26616	193
橡胶和塑料制品业	105	370	2175	1557	41405	103	396
非金属矿物制品业	13	72	251	165	4231	122	38
黑色金属冶炼和压延加工业	7	9	45	27	1004		12
有色金属冶炼和压延加工业	17	44	254	181	6974		8
金属制品业	55	204	1669	1059	23368	18	282
通用设备制造业	313	1150	6606	5347	89753	802	705
专用设备制造业	120	585	3088	2567	44428	445	488
汽车制造业	137	583	3983	3090	66459	9151	383
铁路船舶航空航天和其他运输设备制造业	62	321	1610	1262	29815	1826	119
电气机械和器材制造业	142	572	3645	2875	57090	540	345
计算机、通信和其他电子设备制造业	23	177	842	715	17557		121
仪器仪表制造业	42	234	1260	953	18351	765	258
其他制造业	3	10	140	80	986		93
电力、热力生产和供应业	1	7	31	24	79	659	12

14－17　标准计量质量监督基本情况(一)

(1990－2015年)

年　份	已建市(地)级社会公用计量标准			已开展强制检定计量器具		强制检定计量器具实际检定数(台件)	计量仪器检定(台件)
	类	项	种	项	种		
1990	4	17	29	17	29	18231	36688
1991	4	17	32	15	26	14679	42584
1992	4	17	32	17	26	29432	49265
1993	5	17	43	18	28	27075	48819
1994	5	20	49	16	26	30799	42383
1995	5	25	54	20	27	31752	48518
1996	5	28	58	20	27	36950	55043
1997	6	28	64	20	35	32988	50653
1998	9	32	76	26	40	39919	32058
1999	10	27	40	27	40	18655	53361
2000	10	55	265	36	65	26538	132693
2001	10	52	119	23	36	8685	55176
2002	5	56	143	23	33	35985	78550
2003	5	95	201	21	33	48863	135373
2004	9	98	289	22	38	23751	78087
2005	10	65	114	28	48	10681	113102
2006	10	71	196	22	32	14678	103518
2007	15	98	223	25	35	15678	123518
2008	15	81	199	23	45	29134	95422
2009	11	99	222	23	45	44748	84913
2010	11	99	222	23	45	45160	90432
2011	11	99	222	23	45	35782	108732
2012	11	100	223	24	46	43316	110539
2013	11	108	233	28	51	46846	157169
2014	11	145	334	24	39	26567	118939
2015	10	149	338	25	40	37573	128464

14－18 标准计量质量监督基本情况(二)

(1990－2015年)

年　　份	产品质量监督受检企业数(个)	受检产品品种数(种)	检验产品批次(批次)	检验产品合格批次(批次)	批次合格率(%)	现有工作用房(平方米)
1990	18	3	19	14	73.70	2739
1991	1292	14	1452	788	54.27	2946
1992	1135	11	1373	979	71.30	3300
1993	1330	13	1537	1133	73.72	3600
1994	2126	37	2185	1516	69.38	3600
1995	1428	14	1469	1033	70.32	4074
1996	2031	20	2118	1559	74.00	4100
1997	2866	46	3078	2403	76.00	4300
1998	3058	56	3134	2441	78.00	5900
1999	1966	55	2253	1592	70.66	7900
2000	1423	58	1534	1283	83.60	7930
2001	2100	28	2100	1697	80.83	10280
2002	4376	130	4376	3543	81.20	9280
2003	3634	240	3726	2727	75.00	18790
2004	3981	258	4158	3451	83.00	11800
2005	1956	167	1971	1691	85.79	28500
2006	2170	189	2319	2016	86.90	28500
2007	2497	196	2497	2197	87.99	28500
2008	1012	89	1012	816	80.63	28500
2009	1832	92	1832	1623	88.69	28500
2010	2093	149	2093	1907	91.11	28500
2011	1839	143	1839	1665	90.54	28500
2012	976	55	976	907	92.93	28500
2013	1070	82	1070	1027	95.98	28500
2014	1340	90	1341	1281	95.53	28500
2015	1190	113	1193	1125	94.30	28500

14－19 标准计量质量监督基本情况(三)

(1990－2015 年)

年　份	标准馆藏总量(件)	国　内标　准	国　外标　准	接待情报资料咨询读者人数(人次)	为情报资料咨询者提供标准(件)	为情报资料咨询者复印资料(页)
1990	28020	28000	20	105	300	1000
1991	32030	32000	30	125	350	1050
1992	33050	33000	50	140	380	2000
1993	42060	42000	60	156	410	2000
1994	47060	47000	60	178	410	2800
1995	51060	51000	60	182	520	2800
1996	53080	53000	80	190	550	2900
1997	57100	56100	1000	198	580	3000
1998	67100	66100	1000	498	680	5000
1999	87500	86500	1000	520	780	25000
2000	104800	103800	1000	624	936	50000
2001	105554	104554	1000	742	1054	139663
2002	105952	104952	1000	922	1254	146833
2003	107572	106572	1000	1090	1464	151833
2004	109372	108372	1000	998	1458	151962
2005	109372	109372		816	738	2632
2006	109372	109372		952	879	3483
2007	118406	118090	326	5744	12068	14086
2008	120500	120000	500	6500	15320	16280
2009	150000	130000	2000	10500	25000	18300
2010	142000	124000	18000	20000	28000	6000
2011	260000	180000	80000	140000	40000	30000
2012	580000	180000	400000	80000	20000	2000
2013	411900	185000	393400	85000	20000	2000
2014	649390	136987	512403	78000	20000	3000
2015	732665	165320	567345	83000	21000	3065

14－20　标准计量质量监督基本情况(四)

(1990－2015年)

年　份	企业产品标准备案数(个)	政府计量部门建立社会公用计量标准(项)	授权建立社会公用计量标准(项)	制造计量器具许可证工商户数(户)	修理计量器具许可证工商户数(户)	技术监督行政执法受理案件数(件)	技术监督行政法结案案件数(件)
1990	258						
1991	227					15	15
1992	446					90	85
1993	416	37		120	50	45	30
1994	501	94		89	60	195	182
1995	2315	95	5	167	56	417	384
1996	2680	123	5	182	87	591	495
1997	3409	123	2	127	69	976	935
1998	4285	122	3	91	71	1162	1096
1999	5511	94	3	89	60	1927	1830
2000	7489	92	7	112	49	2042	2021
2001	9021	125	7	76	7	2493	2487
2002	11327	249	13	29	21	2542	2534
2003	2931	201	13	147	9	2342	2342
2004	15584	289	43	175	1	1557	1551
2005	17007	320	76	28	2	1211	1185
2006	15677	325	30	35	1	580	518
2007	11136	332	31	35	1	3726	3720
2008	10735	339	2	26	1	2292	1978
2009	12019	199		23	1	3726	3720
2010	3875	200	3	21	1	1228	1099
2011	3151	211	3	24	1	957	956
2012	1285	219	3	23	1	556	539
2013	4276	259	3	27	1	501	495
2014	986	269	3	25	1	299	297
2015	1433	298	3	17	1	424	414

注:2015年起企业产品标准备案数统计口径改为企业产品标准自我声明公开数年

主要统计指标解释

普通高等学校 指按照国家规定的审批程序举办,通过全国统一招生考试,招收高级中等学校毕业生和具有同等学历者,实施高等教育,增减高等专门人才的学校。包括大学、专门学校、专科学校和短期职业大学。

成人高等学校 指按照国家规定的审批程序批准举办,招收高中毕业生或同等学历者,利用多种形式对成人实施高等教育,培养相当普通高等学校专科或本科毕业水平的专门人才的学校。包括广播电视大学、职工高等学校、农民高等学校、干部管理学校、教育学院、独立函授学院以及普通高等学校举办的函授、夜大等。

中等专业学校 指经国务院各部委或省人民政府批准举办,招收初中(或部分高中)毕业生或具有同等学历者,实施中等专业教育、培养中等专门人才的学校。具体又可分为中等技术学校和中等师范学校两大类。

技工学校 指招收初中(或部分高中)毕业生或同等学历者,实施专业技术教育、培养中级技术工人的学校。包括中央在地方单位办、各级劳动部门办、各级其他部门办和厂矿企业办。其在校学生数不包括培训的在职职工人数。

招生数 指新学年开始时,按照国家招生计划实际招收入学的新生数。不包括留级生和复读学生数。

在校学生数 指学年初开学以后,具有学籍的人武部在校学习的学生总数。

毕业生数 指上学年度内,具有学籍的学生学完教学计划的人全部课程,考试及格,获得毕业证书的学生数。不包括结业生和肄业生数。

教职工数 指在学校中工作的固定教职工人数。包括校本部、科研机构、校办工厂、农(林)场和附属机构的人员。不包括下列人员:离休、退休、退职人员;学校办的集体单位和学校附属机构中,属于集体单位的职工;代课教师和各种临时工。

专任教师 指主要从事教育工作的人员。包括临时(一年以内)调去帮助做其他工作的教学人员。不包括调离教学岗位,担任行政领导工作或其他工作的原教学人员;不包括兼任教师和代课教师。

小学学龄儿童入学率 指调查范围内已入学学习的学龄儿童占校内外学龄儿童总数(包括弱智儿童在内,但不包括盲聋哑儿童)的比重,计算公式是:

$$\text{小学学龄儿童入学率} = \frac{\text{已入学的小学学龄儿童数}}{\text{校内外小学学龄儿童总数}} 100\%$$

专利 是专利数的简称,是对发明人的发明创造经审查合格后,由专利局依据专利法授于发明人和设计人对该项发明创造享有的专有权。从类型来看,包括发明、实用新型和外观设计。

发明 指对产品、方法或者其改进所提出的新的技术方案。实用新型指对产品的形状、构造或者其结合所提出的适于实用的新的技术方案。

外观设计 指对产品的形状、图案、色彩或者其结合所作出的富有美感并适于工业上应用的新设计。

技术市场 指知识形态商品交换关系的总和,即买、卖中介各方就技术开发、技术转让、技术咨询和技术服务所结成的交换关系,包括科技成果从开发、应用、推广直至为社会服务的整个流通领域和流通环节。订立技术合同提供服务的中介机构,是我国技术市场的一个重要组成部分。

科技活动 是指在自然科学、农业科学、医药科学、工程与技术科学、人文与社会科学领域(简称科学技术领域)中与科技知识的产生、发展、传播和应用密切相关的有组织的活动。为核算科技投入的需要,科技活动可分为科学研究与试验发展(R&D)、科学研究与试验发展成果应用及相关的科技服务三类活动。

企业办科技机构 指企业自办(或与外单位合办),管理上同生产系统相对独立(或者单独核算)的专门科技活动机构,如企业办的技术中心、研究院所、开发中心、开发部、实验室、中试车间、试验基地等。

科技活动人员 是指企业内部直接参加科技项目以及项目的管理人员和直接服务的人员。不包括全年累计从事科技活动时间不足制度工作时间10%的人员。

R&D(研究与试验发展) 是指在科学技术领域,为增加知识总量、以及运用这些知识去创造新的应用进行的系统的创造性的活动,包括基础研究、应用研究、试验发展三类活动。

R&D 内部经费支出　是指调查单位在报告年度用于内部开展 R&D 活动(基础研究、应用研究和试验发展)的实际支出。包括用于 R&D 项目(课题)活动的直接支出,以及间接用于 R&D 活动的管理费、服务费、与 R&D 有关的基本建设支出以及外协加工费等。不包括生产性活动支出、归还贷款支出以及与外单位合作或委托外单位进行 R&D 活动而转拨给对方的经费支出。

R&D 经费外部支出　是指报告期委托外单位或与外单位合作进行科技活动而拨给对方的经费。包括对国内研究机构支出、对国内高等学校支出、对国内企业支出以及对境外机构支出合计。

已开展强制检定工作计量器具　指县级以上政府计量行政部门根据《中华人民共和国强制检定的工作计量器具明细目录》中规定的 55 项 111 种,具体开展项、种数。

产品质量监督检验企业数　指报告期内实际受检的企业数。

产品质量监督检验批次　在同一时期,对同一企业生产的同种规格的产品,按规定办法抽取样品,进行一次监督检验,为一个批次。

企业产品标准备案数　指企业已审批发布并办理了备案手续的企业产品标准数。

社会公用计量标准　指经过政府计量行政部门考核、作为统一本地区量值的依据,在社会上实施计量监督具有公证作用的计量标准。项数是指县级以上政府计量行政部门建立并考核发证的项目数。

授权建立的社会公用计量标准　指县以上政府计量行政部门授权其他部门或单位建立的社会公用计量标准器具考核发证的项目数。

制造计算器具许可证工商户数　指取得由县以上政府计量行政部门考核颁发制造计量器具许可证的企业单位数(包括个体工商户数)。

修理计量器具许可证工商户数　指取得县级政府计量行政部门考核颁发的修理计量器具许可证的企业单位数(包括个体工商户数)。

15

文化卫生体育和广播

Culture, Public Health, sports and Broadcast

15－1 文化艺术事业单位数

(1980－2015年)

单位:个

年份	电影放映单位	艺术表演团体	文化馆、站	#文化馆	公共图书馆
1980	412	12	205	8	7
1985	616	8	441	8	8
1990	577	8	430	8	8
1991	554	8	420	8	8
1992	542	8	202	8	8
1993	516	8	157	8	8
1994	516	8	210	8	8
1995	490	4	168	8	8
1996	493	4	168	8	8
1997	452	4	150	8	8
1998	453	6	181	9	8
1999	453	6	181	9	8
2000	370	6	180	9	8
2001	370	6	163	9	8
2002	380	7	139	9	8
2003	380	8	129	9	8
2004	380	8	131	9	8
2005	42	8	140	9	8
2006	41	7	143	10	9
2007	38	8	144	10	9
2008	26	8	143	10	10
2009	25	8	143	10	10
2010	25	8	143	10	10
2011	27	7	143	10	10
2012	31	6	143	10	10
2013	33	7	143	10	10
2014	47	7	129	10	10
2015	39	169	139	10	10

注：2005年起电影放映单位数使用基本单位调查数据(含法人单位和其他法人单位附属的产业活动单位)。

15－2 群众文化基本情况

(1996－2015年)

年份	举办展览场次(个)	组织文艺活动(人)	举办训练班班次(次)	培训人次(万人次)	藏书(万册)	经费总支出(万元)
1996	689	2059	610	2.00	21.50	833
1997	625	1959	617	2.10	19.80	788
1998	737	2047	795	1.50	18.20	914
1999	666	2213	870	1.30	24.20	989
2000	708	1889	622	1.23	29.91	1424
2001	501	1482	516	1.40	30.20	1340
2002	518	1954	752	1.47	34.94	3474
2003	503	1720	479	1.37	38.03	2955
2004	636	2385	715	1.95	58.75	3177
2005	617	1607	620	2.33	64.20	3548
2006	698	1859	774	2.63	89.60	6046
2007	550	1028	1686	4.05	77.35	2858
2008	694	1999	1344	9.64	83.77	5387
2009	671	2285	4379	9.38	88.61	5831
2010	620	2331	1214	8.30	97.98	6363
2011	596	2186	1245	9.77	105.00	6923
2012	583	2307	1500	14.12	112.00	9648
2013	597	2428	1497	14.20	119.69	11262
2014	823	2805	2536	23.04	262.26	12920
2015	1252	5682	2902	42.57	252.24	15767

注：本表统计范围为文化馆和文化站。

15－3 医疗机构诊疗次数和入院人数

(2015年)

类别	机构数(个)	诊疗人次数(万人次)	#门、急诊	入院人数(万人)	每百诊次入院人数(人)
总计	**3455**	**4739**	**4650**	**74**	**1.56**
一、县及县以上医院	33	1902	1897	63	3.31
综合医院	20	1498	1493	54	3.60
中医医院	9	378	378	9	2.38
精神医院	4	25	25	1	4.00
二、妇幼保健医院	10	121	115	2	1.65
三、卫生院	168	992	948	2	0.20
四、其他	3277	1724	1690	7	0.41

15-4 主要年份卫生机构数

(1978-2015年)

单位:个

年份	卫生机构数	医院、卫生院	#县以上医院	疗养院、所	社区卫生服务中心(站)	诊所卫生所医务室门诊部	卫生防疫机构	妇幼保健机构	卫生监督所	医学在职培训机构	其他卫生机构
1978	618	417	15								
1980	674	425	16								
1985	718	357	18								
1990	730	351	21	1	333		9	10		1	25
1991	729	359	22	1	322		9	10		1	27
1992	728	415	25	1	264		9	10		1	28
1993	701	386	25	1	266		9	10	1	10	18
1994	698	393	25	1	264		9	10	1	10	10
1995	709	402	25	1	265		10	10	1	10	10
1996	694	387	28	1	265		10	10	1	10	10
1997	717	391	29	1	284		10	10	1	10	10
1998	680	382	29	1	255		10	10	1	10	11
1999	635	356	29	1	236		10	10	1	10	11
2000	645	340	31	1	262		10	10	1	10	11
2001	664	365	31	1	238		28	10	1	10	11
2002	932	277	36	1	378	225	23	10	1	10	7
2003	1097	229	30	1	344	462	20	10	1	9	21
2004	1223	232	30	1	135	796	20	10	1	9	19
2005	1285	237	30	1	327	673	20	10	1	9	7
2006	1243	242	30	1	346	605	20	10	1	9	9
2007	1401	233	30	1	413	703	20	10	1	9	11
2008	1379	240	30	1	417	670	10	10	10	8	13
2009	1394	239	35	1	440	663	10	10	10	8	13
2010	1380	220	35	1	470	638	10	10	10	8	13
2011	3061	156	35	1	548	633	10	10	10	8	5
2012	3101	192	36	1	515	658	10	10	10	8	5
2013	3096	201	36	1	497	687	10	10	10	8	4
2014	3260	209	36	1	479	836	10	10	10	9	4
2015	3455	262	37	1	424	1047	10	10	10	9	4

注：2002年开始卫生机构数包括个体诊所、社区卫生服务站机构数;2003和2011年度均有一部分卫生院转为社区卫生服务站,导致卫生院数减少,社区卫生服务站增加;2011年卫生机构数包括1672家村卫生室,导致卫生机构数增加。

15－5 主要年份卫生机构床位数

单位:张

年份	卫生机构床位数	#医院、卫生院	#县以上医院	#疗养院、所	#妇保幼健机构	#社区卫生中心(站)	每万人口拥有床位数
1978	4788	4723	2366				10.6
1980	5237	5162	2607				11.3
1985	5974	5858	3212				12.2
1990	7030	6902	4120	60			13.6
1991	7352	7223	4415	60			14.2
1992	7672	7546	4788	70			14.7
1993	7682	7563	4814	70			14.7
1994	7861	7695	4931	112			14.9
1995	8015	7854	4974	112			15.1
1996	8333	8177	5292	112			15.6
1997	8534	8422	5483	112			15.9
1998	8671	8559	5628	112			16.1
1999	8880	8768	5892	112			16.4
2000	9559	9459	7006	100			17.5
2001	10496	10396	7277	100			19.1
2002	10387	10307	8374	80			18.9
2003	11352	11035	8555	100	173	44	20.5
2004	12285	11965	9172	100	201	19	22.1
2005	12634	12367	9158	32	220	15	22.6
2006	13762	13494	10192	25	243		24.4
2007	14293	14025	10393		258	10	25.1
2008	14927	14465	10816	30	253	179	26.0
2009	15563	15160	11232	30	303	70	26.9
2010	16528	16088	12580	30	318	339	28.3
2011	17536	16025	12100	30	336	1130	29.2
2012	18729	17809	14526	30	366	509	31.7
2013	20072	19033	15292	30	366	628	33.8
2014	22267	21334	15916	30	375	513	37.3
2015	24784	23723	17598	50	375	621	41.5

注：2007 年疗养院、所的床位数并入医院统计。

15－6 主要年份卫生事业基本情况

单位:人

年份	卫生机构人员数	卫生机构技术人员数	#医生	#护士	其他技术人员	管理人员	工勤人员	每万人口拥有卫生技术人员数	#医生数	#护士数
1978	7894	6998	2743	739	36	583	277	15.5	6.1	1.6
1980	9554	8283	2608	655	27	731	513	17.9	5.6	1.4
1985	10998	9391	3357	1073	43	828	736	19.2	6.8	2.2
1990	12879	11011	4512	1969	71	1140	657	21.4	8.8	3.8
1991	13219	11285	4607	2072	86	1172	676	21.8	8.9	4.0
1992	13599	11584	4599	2136	93	1223	699	22.3	8.8	4.1
1993	13952	11763	4483	2248	109	1167	913	22.5	8.6	4.3
1994	14534	12406	4950	2419	127	1094	907	23.6	9.4	4.6
1995	14495	12027	5357	2443	39	1813	616	22.7	10.1	4.6
1996	15240	12628	5676	2597	42	1924	646	23.7	10.6	4.9
1997	17186	14501	6106	2772	49	1982	654	27.1	11.4	5.2
1998	16635	13905	5871	2973	228	1453	1049	25.8	10.9	5.5
1999	17204	14149	6165	2992	211	1683	1161	26.1	11.4	5.5
2000	18017	14841	6479	3309	232	1724	1220	27.2	11.9	6.1
2001	18947	15692	7100	3713	396	1760	1099	28.6	12.9	6.8
2002	19337	16276	6898	4658	726	943	1392	29.6	12.5	8.5
2003	20967	17780	7837	4658	950	881	1356	32.2	14.2	8.4
2004	21548	18484	7804	4873	969	974	1121	33.2	14.0	8.8
2005	24484	20806	8577	5695	1198	898	1582	37.2	15.3	10.2
2006	25517	21372	8826	6232	1190	999	1956	37.8	15.6	11.1
2007	27426	22868	9828	6588	1162	1068	2328	40.2	17.3	11.6
2008	28794	24488	10968	7675	1137	979	2190	42.7	19.3	13.4
2009	30526	25798	11237	8432	1135	977	2616	44.6	19.4	14.6
2010	31855	26765	11521	9104	1282	1037	2771	45.9	19.8	15.6
2011	36660	29890	12606	10227	1515	725	3240	49.8	21.1	17.0
2012	39103	31643	12944	10873	1603	739	3844	53.5	21.9	18.4
2013	40697	32851	13338	11613	1479	948	4208	55.3	22.5	19.5
2014	43156	34836	14226	12731	1763	985	4415	58.3	23.9	21.3
2015	46335	37841	15723	14666	1721	1107	4551	63.3	26.3	24.5

注：2002 年及以后卫生机构数为登记注册数;医生系执业(助理)医师数,护士为注册护士数。

15-7 体育基本情况

(1992-2015年)

年份	体育场(馆)(个)	举办县以上运动会(次)	参加县以上运动会(人)	举办乡镇运动会(次)	参加乡镇运动会(人)	获世界比赛:金牌(枚)	获全国、全省比赛(枚)			向上级体育团体输送人员(人)	国家级裁判员(人)	国家一级裁判员(人)
							金牌	银牌	铜牌			
1992	4					4	87	80	55			
1993	4					3	72	56	49	35		
1994	4	141	27023	68	25921		35	26	18	10		
1995	4	161	27950	94	48530	1	60	72	67	25		
1996	4	180	28103	164	56704		63	86	75	23		
1997	6	102	13756	165	49316		91	57	55	10	7	35
1998	6	10	2000			2	57	51	39.5		7	40
1999	7	9	6234	6	3250	15	90	83	66	35	7	40
2000	9	12	1420	114	48545	2	60	56	53	27	7	40
2001	9	42	10850	77	26586		77	51	51	13	7	40
2002	9	12	11080	86	18600		104	64	61	7	8	45
2003	9	17	12741	135	18860		86	69	80	43	11	57
2004	11	23	11500	27	5500		117	94	104	30	13	72
2005	11	94	29227	174	32229		167.5	134	123	52	14	113
2006	14	21	21250	18	12500		147	138	146	88	15	124
2007	14	25	26280	35	17250		99	83	77	110	15	142
2008	14	27	28320	26	23620		93	71	103	135	16	167
2009	14	26	27840	30	32460		88.5	76	80	139	17	194
2010	7	28	25370	23	26000		189.7	119	151.5		18	222
2011	7	10	16800	29	22100	2	285.5	129	51	51	19	237
2012	7	19	26299	25	17800	9	142.5	137	168	71	19	249
2013	12	25	36000	36	22500	1	89.5	90	125	78	19	266
2014	9	20	32000	20	23000	2	176	90.5	150.5	53	19	284
2015	12	15	29500	55	33700	4	154.5	158	149	55	20	304

15-8 广播电视基本情况

（1992-2015年）

年份	广播节目套数（套）	广播电台（个）	无线电视节目套数（套）	有线广播电视网络干线总长（公里）	卫星收转（座）	电视人口覆盖率（%）
1992	3	8	7		112	78.56
1993	4	8	8		215	88.00
1994	4	8	8		917	87.00
1995	4	8	8		1338	90.00
1996	4	8	8		1133	88.61
1997	4	8	8		991	86.37
1998	3	6	7		425	86.37
1999	4	6	7		339	90.45
2000	4	6	7	20507	359	94.26
2001	8	6	8	24639	621	95.67
2002	8	6	10	45161	638	98.04
2003	8	6	10	44832	536	98.64
2004	9	7	10	11038	498	98.80
2005	10	9	10	12515	487	98.91
2006	10	9	10	11705	211	99.01
2007	10	9	10	14449	198	99.48
2008	10	9	10	15125	34	99.47
2009	10	9	10	15475	35	99.48
2010	10	9	10	17519	22	99.47
2011	10	9	10	18425	9	99.42
2012	10	9	10	21771	9	99.56
2013	10	8	10	23012	9	99.63
2014	10	8	10	24881	9	99.63
2015	10	8	10	26409	9	99.72

注：2006年有线广播电视网络干线总长是光节点之前的长度。

主 要 统 计 指 标 解 释

文化事业机构 指从事专业文化工作和为专业文化工作服务的独立核算、独立建制的单位。不包括文化主管部门直属单位举办的其他行业和各部门的业余文化组织。

艺术表演团体 指从事戏曲、音乐、舞蹈、杂技等专业艺术表演,有独立帐户,实行单独核算的团体。不包括半工半艺、半农半艺和民间职业剧团。

医院 指设有固定床位能收病人住院并能为病人提供医疗和护理服务的医疗机构。包括县及县以上医院、乡镇卫生院、其他医院三部分。

卫生技术人员 指卫生事业机构支付工资的全部固定职工和合同制职工中现任职务为卫生技术工作的专业人员。包括中医师、西医师、中西医结合高级医师、护师、中药师、西药师、检验师、其他技师、中医士、西医士、护士、助产士、中药剂士、西药剂士 、检验士、其他技士、其他中医、护理员、中药剂员、西药剂员、检验员,其他初级卫生技术人员。

医生 包括执业医生和执业助理医生。指具有《医师执业证》及其“级别”为“执业医师”且实际从事医疗、预防保健工作的人员,不包括实际从事管理工作的执业医师。

诊疗人次数 指一定时期内所有诊疗工作的总人次数,包括病人来院就诊的门诊、急诊人次数和出诊、赴家庭病床、到工厂、农村、会议、集体活动等外出诊疗的人次数以及外出进行的单项健康检查人次数。

体育场 指有400米跑道,中心含足球场。并有固定看台的田径场。

体育馆 指有固定看台可供蓝球、排球、羽毛球、乒乓球、体操等项目训练比赛活动用的室内场地。

等级裁判员人数 指经考核正式批准授予等级裁判员称号的人数。裁判员等级分为国际裁判、国家级裁判、一级裁判、二级裁判、三级裁判。

广播(电视)人口覆盖率 指广播(或电视)覆盖人口与总人口的比率。广播(或电视)覆盖,目前是按某套节目来计算的。广播覆盖人口是指能够用普通收音机在中午收听中波广播节目,并且收听效果能达到听清完整的节目内容的地区的人口数。包括只能收听外省的中波广播的人口数在内。电视覆盖人口是指能够用普通电视接收机,室外天线在离地面四米高外,在晚上收看电视,并且收看效果能达到图像基本稳定、清晰,能看清人物的形象、动作的地区内的人口数。指标计算公式:

$$\text{广播(或电视)人口覆盖率} = \frac{\text{年末广播(或电视)覆盖人口数}}{\text{年末总人口数}} \times 100\%$$

16

档案工会妇联共青团和社会保障

Archives,Labor Union,The Women's Federation,
The Communist Youth League and Social Security

16－1 档案馆档案资料馆藏情况

（1990－2015年）

年份	馆藏档案				馆藏资料册数（万册）	档案馆面积（平方米）	#库房面积
	全宗（个）	案卷（万卷）	录音录像影片（盒）	照片（万张）			
1990	624	14.83	595	0.55	3.95	6544	4371
1991	713	15.76	637	0.87	4.13	7689	4900
1992	944	18.10	672	0.95	4.30	8709	5412
1993	1008	18.65	704	1.04	4.74	8709	5412
1994	1070	19.77	734	1.17	4.92	8709	5412
1995	1116	21.54	793	1.30	5.16	8709	5412
1996	1133	22.31	770	1.44	5.65	8868	5563
1997	1215	23.31	637	1.74	6.00	8868	5563
1998	1223	24.42	612	1.89	6.44	9337	5885
1999	1322	28.80	766	2.04	6.63	8970	5831
2000	1353	30.66	1485	2.14	6.86	9097	5865
2001	1395	37.16	1617	2.47	7.13	9172	5865
2002	1449	40.93	1563	2.91	7.33	9372	5965
2003	1480	43.68	1597	3.15	7.43	9499	6199
2004	1497	45.22	1627	3.31	7.85	9167	6099
2005	1526	56.93	1783	3.60	8.09	9892	6810
2006	1554	49.66	1806	4.01	8.31	14441	9401
2007	1590	51.97	1820	4.23	8.46	13941	9147
2008	1620	54.24	1844	4.60	8.70	23941	11291
2009	1632	55.40	1860	4.82	8.91	23941	11291
2010	1753	59.27	1867	5.36	9.03	23941	11291
2011	1805	61.28	1923	5.47	9.14	23941	11291
2012	1839	65.92	1944	5.74	9.38	25041	11291
2013	1863	69.70	1969	6.00	9.47	24352	9779
2014	1894	72.20	2223	6.54	9.69	30657	11919
2015	1909	74.96	2224	7.12	10.00	30797	12019

16－2 档案馆档案资料利用情况

（1990－2015年）

年份	档案资料利用				开放档案	
	利用人次（万人次）	利用档案（万卷、件次）	利用资料（万册、次）	复制（万页）	全宗（个）	案卷（万卷）
1990	0.56	2.45	0.31	1.08		
1991	0.50	1.40	0.20	0.72	222	2.00
1992	0.49	1.16	0.15	0.76	264	2.19
1993	0.34	0.99	0.13	0.94	264	2.22
1994	0.36	1.01	0.15	1.13	264	2.27
1995	0.28	0.64	0.11	0.80	269	3.79
1996	0.24	0.67	0.11	0.51	340	3.90
1997	0.30	0.81	0.09	1.56	422	4.65
1998	0.40	1.01	0.15	0.88	520	5.47
1999	0.52	1.53	0.17	1.18	523	5.48
2000	0.54	1.74	0.16	1.24	528	5.75
2001	0.56	1.63	0.14	2.10	528	5.75
2002	0.79	2.27	0.10	2.94	458	5.88
2003	0.79	2.05	0.19	3.17	653	6.12
2004	1.01	3.04	0.78	4.86	673	6.21
2005	2.09	3.28	1.17	3.13	556	10.96
2006	1.94	19.46	0.52	9.82	556	6.31
2007	1.71	34.07	1.33	8.55	618	6.70
2008	1.64	5.04	0.18	7.25	625	7.01
2009	1.94	3.15	0.55	3.25	625	7.11
2010	1.56	2.50	0.98	3.12	625	7.11
2011	6.15	9.07	1.29	6.79	639	7.36
2012	2.98	3.77	0.28		657	7.36
2013	3.04	4.65	0.29		657	7.36
2014	3.66	4.98	0.18		784	7.42
2015	3.95	11.38	0.12		791	7.42

16－3 工 会 基 本 情 况

（1990－2015 年）

单位：人

年份	基层工会组织数（个）	建立工会组织单位职工人数	#女职工	建立工会组织单位会员人数	#女会员	建立职工代表大会制度的单位数（个）	全国劳模	省、部级劳模	市级劳模
1990	2228	251674	95376	230452	87158			10	
1991	2248	262784	101983	238735	91425			4	
1992	2324	266339	105200	239708	92282			3	
1993	2291	244083	97152	218933	86362			5	
1994	2273	246203	97268	223354	86867			8	
1995							9	13	
1996	2639	226287	89340	206707	81974			5	
1997	2489	196051	79224	179901	70837			3	
1998	2359	213689	87487	185941	74880	973		5	
1999	2926	265768	110630	217735	89573	971		27	100
2000	5399	503285	204580	408975	164591	621	9	2	
2001	7073	845300	288184	821751	263792	517		11	
2002	5795	865423	368442	818095	339828	1209		4	
2003	5940	890017	367797	826141	339025	1675		5	
2004	7218	973565	395162	888892	370207	2349		36	100
2005	8356	1043045	473879	982363	417495	2400	10		
2006	9205	1142028	469978	1073865	421380	2537		4	
2007	10378	1236408	535409	1167186	497179	2770		4	
2008	11647	1326682	537442	1249840	511820	2904		5	
2009	12538	1432401	558981	1352600	535431	3010		39	79
2010	13343	1580373	621436	1517298	601393	3290	11		
2011	14719	1763071	682306	1712126	666807	3653		5	
2012	16739	2014431	770027	1981778	760996	4106		4	
2013	17639	2119344	809964	2083070	799558	4295		4	
2014	17427	2142399	814445	2100368	800470	4305		49	108
2015	17574	2299533	834233	2258245	822948	4416	10		

注：工会基层组织统计口径 2002 年开始由原工会组织覆盖企业改为一级基层工会委员会。

16-4 妇女联合会基本情况

（1990-2015年）

年份	巾帼文明岗数（市级以上）（个）	巾帼志愿者（人）	三八红旗手（人）	巾帼建功标兵（省级以上）（人）	实用技术培训人数（万人）	文明家庭（市、县级）（户）	女农民技术员（人）
1990			83		14.56	725	
1991			73		15.61	151	
1992			20			410	
1993			30			335	
1994			3		9.39	91	
1995			37		15.42	110	
1996			3		17.37	267	
1997			79		17.90	162	
1998			44		19.67	450	
1999					11.40	763	
2000			10		9.72	11563	
2001	746				14.34	40141	
2002	1206	20514	13		10.25	225280	7732
2003	623	23021	26		10.79	412811	11207
2004	628	34997	37	7	6.73	482499	11207
2005	321	32640	34		6.75	289166	12439
2006	161	35680	28	7	5.66	144701	12439
2007	227	33600	33	5	4.76	135837	13406
2008	309	34580	59	38	3.68	647	13411
2009	309	35280	105	9	5.38	2048	14457
2010	411	35760	84	10	4.22	1490	14457
2011	124	36250	56	12	4.79	418	14200
2012	74	37777	60	15	7.25	2380	14200
2013	69	37100	49	17	0.90	70611	14648
2014	62	36659	20	9	0.90	5022	14648
2015	76	38195	22	7	2.87	334	14850

16-5 共青团基本情况

(1995-2015年)

单位:人

年份	新命名市级青年文明号(个)	市十大杰出青年	优秀团干部	优秀团员	市"五四"红旗团委(个)	市优秀青年志愿者	市大中学生"三下乡"先进集体(个)	市大中学生"三下乡"先进个人
1995							28	40
1996	11	10					27	30
1997	17					27	25	33
1998	22					29	17	28
1999	41	10	50	51	11	31	10	25
2000	66		50	51	5	30	19	24
2001	88		51	52	11	32	26	50
2002	89	10	51	52	10	32	31	68
2003	72		52	50	12	51	31	61
2004	70		54	51	11	50	26	64
2005	66	10	51	51	9	51	36	70
2006	60		54	53	11	100	36	64
2007	73		52	59	13		46	60
2008	58	10	51	49	12		35	61
2009	64		53	51	8	53		
2010	64		53	54	10		26	46
2011	64	10	54	53	10		42	53
2012	64		53	57	11		30	49
2013	201		50	50	10		44	59
2014			50	50	9		47	61
2015	103	10	50	49	10		38	52

16－6 民政事业基本情况(一)

(1990－2015 年)

单位:人

年　份	享受定期抚恤金人数	#烈士家属	享受定期补助人数	#在乡复员军人	#在乡退伍军人	烈军属享受优待户数(户)	烈军属享受优待总额(万元)	安置退伍军人人数	离退休、退职直接发放人员
1990	821	502	10591	9112	1296	10589	517	1639	772
1991	829	492	10427	8914	1410	10081	524		725
1992	793	483	10330	8697	1543	10455	553	2425	571
1993	797	474	10096	4836	1585	11111	570	1816	561
1994	770	458	10085	8434	1575	11888	689	2546	535
1995	780	467	9977	8314	1589	12728	864	2148	510
1996	721	431	9862	8112	1694	10307	1359	1872	501
1997	724	423	9526	7757	1711	10590	2223	1651	496
1998	694	391	9407	7407	1943	10296	2322	1366	474
1999	672	368	9308	7202	2072	14515	3559	3596	447
2000	646	349	9181	6947	2208	15940	3513	3568	427
2001	626	333	8811	6835	1959	17040	3825	1690	421
2002	611	323	8802	6581	2209	16572	3440	2409	406
2003	602	318	8474	6189	2274	16141	3950	1150	403
2004	590	312	8356	5982	2364	13522	2939	854	402
2005	583	309	7968	5616	2346	11922	4370	1257	391
2006	581	309	7741	5384	2351	9656	4543	1781	392
2007	561	291	7823	5164	2282	10104	5313	1730	386
2008	547	284	9150	4981	3197	10973	6063	2943	375
2009	545	277	9096	4680	3156	10993	7087	2482	363
2010	527	271	8987	4430	3183	11959	8797	2763	357
2011	510	257	9348	4158	3118	13483	11872	2698	349
2012	485	242	36368	3803	2193	14349	11438	2756	325
2013	445	222	36060	3217	2234	16203	9881	2616	318
2014	411	197	36725	2955	2220	18433	15095	2456	309
2015	416	204	37344	2764	2131	16537	15861	2302	303

16-7 民政事业基本情况(二)

(1990-2015年)

单位:人

年份	定期社会救济对象总人数	# 城镇最低生活保障人数	# 农村最低生活保障人数	最低生活保障资金(万元)	社会福利院			收养类单位		
					单位数(个)	床位(张)	年末在院人数	单位数(个)	床位(张)	年末在院人数
1990					4	222	124	82	1133	751
1991					4	194	112	93	1209	850
1992					4	194	114	98	1339	975
1993					4	182	142	98	1374	1056
1994					4	178	154	101	1336	1116
1995					4	178	297	123	1852	1087
1996					4	232	188	165	2225	1321
1997					6	322	177	185	2585	1666
1998					7	372	247	184	2795	1655
1999					7	403	297	179	2847	1640
2000	79794	899	28712	1441	7	525	359	175	3697	2005
2001	44493	1313	32174	1915	8	735	425	164	4024	2149
2002	55978	2416	46510	1751	9	854	503	149	4980	2396
2003	60837	3308	53443	2260	9	876	552	134	4303	2783
2004	64921	3792	57101	4970	9	908	599	135	5788	3642
2005	60172	3829	52918	4932	9	992	643	168	8327	4411
2006	61213	3766	52761	5126	9	1093	729	196	11753	7094
2007	64161	4019	56167	6917	9	1323	773	194	13237	9346
2008	66712	4310	58678	9422	9	1423	748	209	15061	8524
2009	65425	4401	57223	9960	9	1473	808	203	15574	9284
2010	64326	3966	56739	11988	9	1638	792	224	20518	9803
2011	65120	4029	57637	15686	9	1931	817	327	26949	16290
2012	65159	4005	57607	19035	9	1871	786	342	32939	18461
2013	63661	3951	56301	21227	9	2206	1107	366	38223	19458
2014	61800	3838	54717	20718	9	2117	1102	331	37963	19186
2015	81303	7577	70570	27099	9	2206	1195	345	42111	20502

16-8 民政事业基本情况(三)

(1990-2015年)

单位:个

年 份	民政福利企业单位数	结婚对数(对)	#涉外结婚对数(对)	离婚对数(对)	社会团体机构数	#地级社团	年末实有殡仪馆	年处理遗体数(具)
1990	431	30054	26	463			1	322
1991	391	29217	22	467	600	118	1	303
1992	425	36625	35	517	874	140	1	354
1993	460	39201	55	841	1134	165	1	348
1994	496	44557	38	1010	1091	171	1	406
1995	425	44544	51	992	1105	182	1	538
1996	382	45338	55	1375	1424	206	1	665
1997	376	40764	62	1559	1264	212	1	720
1998	380	50200	66	1555	1080	218	2	1419
1999	364	57519	83	1679	1131	215	5	13609
2000	345	48006	73	1994	884	202	5	25954
2001	361	46771	78	2080	815	203	5	26260
2002	382	47446	47	2149	887	234	5	27839
2003	388	46640	62	3163	953	256	6	32241
2004	384	46602	64	4795	1027	260	7	33110
2005	381	43853	42	4773	1151	273	7	35629
2006	387	49405	65	6522	1257	293	7	25709
2007	354	46229	3	6702	1315	301	7	33745
2008	323	47479	8	7837	1342	302	7	34621
2009	326	48197	37	8745	1384	333	7	34677
2010	311	47843	40	9516	1431	332	7	44043
2011	301	50064	67	10261	1448	315	7	35307
2012	209	47721	98	11159	1516	337	7	34565
2013	228	44383	185	11630	1598	356	7	35175
2014	207	47049	125	13149	1681	365	7	36330
2015	186	43540	113	14173	1759	384	7	37427

16－9 养老保险基本情况

（1995－2015 年）

年份	城镇职工养老保险参保人数（人）	职工参保	离退休参保	城镇养老保险收缴保险基金（万元）	城镇养老保险支付养老金（万元）	城乡居民养老保险参保人数（人）
1995	223450	181285	42165			
1996	231067	186165	44902			
1997	230021	181685	48336	26203	23500	
1998	238425	186402	52023	28957	29778	
1999	289975	232229	57746	29038	35818	
2000	323774	260075	63699	39518	43289	
2001	337621	268966	68655	67635	55314	
2002	475499	404592	70907	74404	68063	
2003	564249	490256	73993	116500	72220	
2004	663682	584910	78772	125341	77926	
2005	699799	616468	83331	140543	87633	
2006	740966	652528	88438	173169	103925	
2007	817298	723023	94275	218071	125779	
2008	906825	806013	100812	262405	153331	
2009	1010435	900749	109686	269939	177683	
2010	1138364	1021004	117360	314867	206125	
2011	1340952	1179823	161129	392608	263072	
2012	1486883	1291768	195115	496811	373575	2124079
2013	1609977	1398087	211890	575193	444999	2316696
2014	1811961	1511186	300775	674310	589138	2460537
2015	1797098	1320752	476346	813370	997801	2336250

16－10 基本医疗和失业保险情况

（1995－2015年）

年份	城镇基本医疗保险情况					失业保险情况		
	期末参保人数（人）	职工参保	离退休参保	收缴保险基金（万元）	支付保险基金（万元）	期末参保人数（人）	收缴保险基金（万元）	支付保险基金（万元）
1995	60102	49481	10621			149713	950	530
1996	65328	51544	13784			155772	1438	625
1997	58237	21421	36816	2054	1321	156924	1543	796
1998	109136	91479	17657	4687	2230	153038	2320	1082
1999	126770	97841	28929	8391	3761	231800	3628	1706
2000	127805	96257	31548	5445	5014	262000	3928	1619
2001	132793	90059	42734	7894	7674	284055	4431	2273
2002	223409	157042	66367	16835	9062	309988	5295	1998
2003	296000	219381	76619	40919	18480	320716	6411	1251
2004	330855	250393	87662	43205	27831	346440	8099	2596
2005	375163	282927	92236	45028	33894	348259	9334	1924
2006	427668	326288	101380	50724	38843	392096	11448	2622
2007	487703	380074	107629	52340	31423	443716	13257	2424
2008	586798	471292	115506	59191	35442	516349	17860	1774
2009	662437	530546	131891	72335	45043	562033	20080	4319
2010	744828	604216	140612	88734	53600	627233	27061	7639
2011	925990	762801	163189	136867	67558	748807	31761	10704
2012	1070942	893920	177022	225034	107365	822736	42710	10496
2013	1223191	1041790	181401	214681	139461	895307	51906	13737
2014	1362068	1173943	188125	320215	167409	959460	59122	12439
2015	1407771	1212375	195396	306705	162261	993734	58866	29031

16－11 工伤和生育保险基本情况

（1995－2015年）

年份	工伤保险情况			生育保险情况		
	期末参保人数（人）	收缴保险基金（万元）	支付保险基金（万元）	期末参保人数（人）	收缴保险基金（万元）	支付保险基金（万元）
1995	34964			14274		
1996	107496			46942		
1997	132906	618	118	73035	227	137
1998	130593	651	140	135056	378	255
1999	123201	639	200	133177	570	414
2000	122066	719	285	128547	590	451
2001	129824	858	347	129325	681	533
2002	129983	1147	420	126554	805	532
2003	190081	1414	733	123497	732	548
2004	235329	2505	1380	143816	811	542
2005	290154	4107	2541	135991	1106	841
2006	420460	5977	4092	176515	1570	1036
2007	1128802	9726	5713	199769	2421	1695
2008	1480046	16989	9623	243769	3072	2356
2009	1600697	17207	12092	274273	4053	3088
2010	1809065	23439	15435	345769	5373	4110
2011	1972055	31263	22660	574568	7837	5235
2012	2085850	36453	38900	666972	12560	8812
2013	2191494	39033	39841	769415	14525	10841
2014	2286346	42038	46833	856955	17012	13411
2015	2324260	53508	48834	887374	21835	15597

主要统计指标解释

社会救济对象总人数 指在报告期末生活在当地规定的最低生活保障线以下的家庭人员及国家规定由民政部门救济的特殊人员和60年代精减退职老职工救济人员等。

城镇居民最低生活保障人数 指在报告期末家庭平均收入在当地规定的最低生活保障线以下的城镇居民数。包括“三无”对象,失业人员和在职、下岗、退休人员等。

农村居民最低生活保障人数 指在报告期末在建立农村最低生活保障制度的地区,得到当地政府或集体给予最低生活保障的农业人口家庭人数。

收养类单位 指提供食宿的、不以盈利为目的的革命伤残军人休养院、复退军人慢性病疗养院、复退军人精神病院、光荣院、社会福利院、儿童福利院、精神病人福利院、老年收养性机构(敬老院、养老院、老年公寓)等收养性的社会福利事业单位的总称。分事业单位、企业和民办非企业3类。

基本医疗保险 建立城镇职工基本医疗保险制度,是对现行公费医疗、劳动医疗制度的创新和机制转换。基本医疗保险实行社会统筹和个人帐户相结合,是建立城镇职工基本医疗保险制度的核心内容。

基本养老保险参保职工人数 指参加基本养老保险并在社保经办机构已建立缴费记录档案的职工人数,包括不经常缴费、已中断缴费但未终止养老保险关系的职工人数,已参加基本养老保险后进入再就业服务中心并继续缴费的下岗职工人数。不包括只登记未建立缴费记录档案的人员。

保险福利费用 指企业、事业、机关单位在工资以外实际支付给职工和离休、退休、退职人员个人以及用于集体的劳动保险和福利费用。

17

各县市区国民经济主要指标

Main Indicators of National Economy by County, City and District

17－1 各县市区法人单位数

(2015年)

单位:个

地区	法人单位数	单产业法人	多产业法人
全市	**120580**	**118265**	**2315**
市区	43852	42896	956
椒江区	16506	16028	478
黄岩区	14736	14556	180
路桥区	12610	12312	298
玉环县	16663	16485	178
三门县	7403	7258	145
天台县	7893	7775	118
仙居县	6638	6477	161
温岭市	23077	22611	466
临海市	15054	14763	291

17－2 各县市区分产业法人单位数

(2015年)

单位:个

地区	法人单位数	第一产业	第二产业	第三产业	法人单位数中:工业
全市	**120580**	**10183**	**51646**	**58751**	**49539**
市区	43852	1825	16735	25292	15883
椒江区	16506	603	4595	11308	4053
黄岩区	14736	923	6753	7060	6581
路桥区	12610	299	5387	6924	5249
玉环县	16663	983	9878	5802	9654
三门县	7403	1670	2215	3518	2038
天台县	7893	1199	2521	4173	2378
仙居县	6638	1790	2004	2844	1889
温岭市	23077	721	13010	9346	12736
临海市	15054	1995	5283	7776	4961

17－3　各县市区分产业和行业增加值(一)

(2015年)

单位:万元

年　份	生产总值	第一产业	第二产业	第三产业	生产总值按行业分		
					农、林、牧、渔业	工　业	建筑业
全　　市	**35538533**	**2297549**	**15676479**	**17564505**	**2320823**	**13395642**	**2304272**
市　　区	12959715	460410	5643371	6855934	462625	4956294	701843
椒江区	4597188	182475	1901726	2512987	182717	1629253	276045
黄岩区	3538311	159476	1704752	1674083	160960	1567166	142738
路桥区	4824216	118459	2036893	2668864	118948	1759875	283060
玉 环 县	4365850	293853	2407779	1664218	299888	2225128	187772
三 门 县	1699508	247308	627691	824509	247398	442522	186160
天 台 县	1882776	127476	811559	943740	127919	675232	137684
仙 居 县	1692452	141955	692300	858197	142710	556396	137637
温 岭 市	8271472	623656	3563446	4084370	636208	2942778	631453
临 海 市	4648445	402896	2061729	2183820	404080	1716442	347275

17－4　各县市区分产业和行业增加值(二)

(2015年)

单位:万元

地　区	生产总值按行业分						
	批发和零售业	交通运输仓储及邮政业	住宿和餐饮业	信息传输、软件和信息技术服务业	金融业	房地产业	租赁和商务服务业
全　　市	**4856627**	**1419710**	**1147084**	**430186**	**2741116**	**2083611**	**527978**
市　　区	2018566	509267	382801	179998	1264839	749589	218195
椒江区	427720	166629	134399	89434	640883	286344	104160
黄岩区	373540	173271	121681	41753	256541	212252	51328
路桥区	1217306	169367	126720	48811	367414	250992	62707
玉 环 县	446733	144281	126416	48002	226188	157338	88562
三 门 县	153381	81706	60924	18089	121223	125288	12883
天 台 县	213711	79898	58926	20380	135198	130087	20940
仙 居 县	171637	77885	61601	18377	138879	123633	31537
温 岭 市	1385888	370921	248556	90078	574039	418866	95001
临 海 市	452768	149094	133151	57247	318686	342620	51516

17－5　各县市区分产业和行业增加值(三)

(2015 年)

单位:万元

地　　区	生产总值按行业分						
	科学研究和技术服务业	水利、环境和公共设施管理业	居民服务、修理和其他服务业	教　育	卫生和社会工作	文化、体育和娱乐业	公共管理、社会保障和社会组织
全　　市	**292413**	**125520**	**744099**	**1035329**	**619305**	**200544**	**1294274**
市　　区	107840	42584	184315	376930	222809	83904	497317
椒江区	74230	15318	43852	183935	96135	36444	209689
黄岩区	12966	18299	47592	102802	65127	34586	155709
路桥区	20645	8967	92871	90193	61547	12875	131919
玉 环 县	22572	12800	99505	75254	44672	18521	142218
三 门 县	9809	3520	30015	51068	27625	14257	113638
天 台 县	5862	15063	51309	73000	39638	10343	87587
仙 居 县	8073	12022	39232	69140	28970	8268	66455
温 岭 市	38676	18603	182440	182970	164997	44121	245878
临 海 市	85081	12236	109438	209860	102458	27519	128973

17－6　各县市区生产总值增长速度

(2015 年)

单位:%

年　份	生产总值	第一产业	第二产业	第三产业	在生产总值中:工　业	人均生产总值
全　　市	**6.4**	**3.5**	**3.1**	**10.5**	**1.2**	**6.1**
市　　区	6.4	4.2	3.6	9.3	3.0	6.2
椒江区	6.2	4.7	3.3	8.9	2.5	5.6
黄岩区	7.1	4.6	5.2	9.6	4.9	6.5
路桥区	6.1	2.9	2.7	9.5	2.0	5.8
玉 环 县	5.0	4.2	2.2	10.6	-0.2	4.8
三 门 县	9.3	3.9	9.4	10.7	9.4	9.0
天 台 县	9.2	3.9	8.7	10.5	7.2	9.4
仙 居 县	9.4	3.9	8.3	11.3	7.9	9.4
温 岭 市	5.5	2.8	2.8	8.9	1.6	5.3
临 海 市	7.3	2.9	7.2	8.1	7.2	6.8

注:本表按可比价格计算。

17-7 各县市区户籍人口数

(2015年)

单位:人

地区	总户数(户)	总人口数	按性别分		按城乡分	
			男性	女性	城镇人口	农村人口
全市	**1917747**	**5974938**	**3056100**	**2918838**	**2603533**	**3371405**
市区	501378	1592892	799673	793219	859917	732975
椒江区	172764	529865	266395	263470	293413	236452
黄岩区	194681	610070	306071	303999	289156	320914
路桥区	133933	452957	227207	225750	277348	175609
玉环县	140702	430228	217722	212506	231777	198451
三门县	143176	441122	230999	210123	143771	297351
天台县	191454	593701	309687	284014	194692	399009
仙居县	145834	506048	262836	243212	173276	332772
温岭市	411908	1215258	615256	600002	590085	625173
临海市	383295	1195689	619927	575762	410015	785674

17-8 各县市区人口自然变动情况

(2015年)

地区	出生		死亡		自然增长	
	人数(人)	出生率(‰)	人数(人)	死亡率(‰)	人数(人)	自然增长率(‰)
全市	**71395**	**11.95**	**36560**	**6.12**	**34835**	**5.83**
市区	22049	13.88	9601	6.04	12448	7.83
椒江区	8592	16.26	2796	5.29	5796	10.97
黄岩区	8023	13.21	4022	6.62	4001	6.59
路桥区	5434	12.00	2783	6.15	2651	5.85
玉环县	4116	9.57	2693	6.26	1423	3.31
三门县	4874	11.06	2210	5.01	2664	6.04
天台县	7974	13.38	3881	6.51	4093	6.87
仙居县	7029	13.85	3031	5.97	3998	7.88
温岭市	10445	8.59	8035	6.60	2410	1.98
临海市	14908	12.50	7109	5.96	7799	6.54

17-9 各县市区分乡镇街道户籍人口数

（2015年）

单位：人

地区	总户数（户）	总人口数	按性别分		按城乡分	
			男性	女性	城镇人口	农村人口
椒江区						
海门街道	29971	85298	42303	42995	85298	
白云街道	25784	72328	35960	36368	72328	
葭沚街道	26027	72687	35738	36949	41037	31650
洪家街道	14484	51253	25212	26041	20879	30374
下陈街道	14131	42641	21258	21383	32697	9944
前所街道	15678	53346	27832	25514	9598	43748
章安街道	23191	86247	44955	41292	17065	69182
三甲街道	21962	62146	31231	30915	12096	50050
大陈镇	1536	3919	1906	2013	2415	1504
黄岩区						
东城街道	21852	61078	30101	30977	56886	4192
南城街道	7273	24570	12104	12466	19227	5343
西城街道	22595	66391	32499	33892	56794	9597
北城街道	11191	36772	18020	18752	24217	12555
新前街道	14767	44651	22286	22365	24697	19954
澄江街道	11025	33117	16424	16693	22461	10656
江口街道	10081	35170	17386	17784	16027	19143
高桥街道	7182	24146	12053	12093	10325	13821
宁溪镇	10763	34723	17872	16851	10618	24105
北洋镇	11361	33717	17066	16651	6164	27553
头陀镇	12783	37405	19081	18324	7730	29675
院桥镇	20331	73515	36947	36568	23875	49640
沙埠镇	7017	24472	12439	12033	10135	14337
屿头乡	4347	14148	7307	6841		14148
上郑乡	3948	12755	6799	5956		12755
富山乡	3699	11841	6358	5483		11841
茅畲乡	4788	13853	7068	6785		13853
上垟乡	6411	17804	9091	8713		17804
平田乡	3267	9942	5170	4772		9942

17－9 续表1

单位:人

地区	总户数(户)	总人口数	按性别分		按城乡分	
			男性	女性	城镇人口	农村人口
路桥区						
路南街道	8894	32162	16024	16138	32162	
路桥街道	21227	57228	28165	29063	57228	
路北街道	7544	23984	11620	12364	23984	
螺洋街道	7085	25490	12556	12934	19544	5946
桐屿街道	10089	36862	18062	18800	16489	20373
峰江街道	12145	45028	22934	22094	34014	11014
新桥镇	7798	28151	14330	13821	23207	4944
横街镇	8004	28557	14515	14042	11871	16686
金清镇	32498	107369	54239	53130	37659	69710
蓬街镇	18649	68126	34762	33364	21190	46936
玉环县						
玉城街道	33799	102976	51237	51739	81926	21050
坎门街道	22180	68203	34329	33874	63199	5004
大麦屿街道	17146	56612	29438	27174	23179	33433
清港镇	17655	51062	26054	25008	11553	39509
楚门镇	17135	51725	25528	26197	32699	19026
干江镇	7357	21740	11179	10561	4886	16854
沙门镇	8992	25901	13068	12833	5807	20094
芦浦镇	5855	18036	9236	8800	2727	15309
龙溪镇	5770	18624	9642	8982	5801	12823
鸡山乡	2537	7721	4011	3710		7721
海山乡	2276	7628	4000	3628		7628

17－9 续表2

单位：人

地区	总户数（户）	总人口数	按性别分		按城乡分	
			男性	女性	城镇人口	农村人口
三门县						
海游街道	24850	72602	37122	35480	62470	10132
海润街道	7151	22921	11872	11049	6427	16494
沙柳街道	5641	17572	9265	8307	5116	12456
珠岙镇	13565	44195	23531	20664	17412	26783
亭旁镇	19310	58560	30619	27941	8209	50351
健跳镇	21648	68128	35575	32553	18334	49794
横渡镇	7309	23060	12261	10799	3890	19170
浦坝港镇	34520	105800	55768	50032	14771	91029
花桥镇	8695	26693	14171	12522	7142	19551
蛇蟠乡	487	1591	815	776		1591
天台县						
赤城街道	32563	95700	48123	47577	77120	18580
始丰街道	15392	48508	24490	24018	27068	21440
福溪街道	13889	44696	23193	21503	27729	16967
白鹤镇	22181	65701	34310	31391	6475	59226
石梁镇	5626	16320	8766	7554	1475	14845
街头镇	12822	38751	20320	18431	5052	33699
平桥镇	34617	111352	57957	53395	19766	91586
坦头镇	14791	45576	24506	21070	9967	35609
三合镇	11880	41003	21718	19285	12534	28469
洪畴镇	5952	21352	11385	9967	7506	13846
三州乡	3214	9764	5336	4428		9764
龙溪乡	2621	7965	4302	3663		7965
雷锋乡	5194	16105	8670	7435		16105
南屏乡	5446	14690	8004	6686		14690
泳溪乡	5266	16218	8607	7611		16218

17－9 续表3

单位:人

地区	总户数(户)	总人口数	按性别分		按城乡分	
			男性	女性	城镇人口	农村人口
仙居县						
安洲街道	8769	31747	16122	15625	29667	2080
南峰街道	10095	37388	19050	18338	31800	5588
福应街道	15874	54887	27957	26930	29585	25302
横溪镇	14237	50600	25855	24745	25573	25027
埠头镇	5341	19799	10178	9621	9050	10749
白塔镇	12594	43319	22337	20982	13021	30298
田市镇	8561	28949	15305	13644	9002	19947
官路镇	6747	22793	11804	10989	10108	12685
下各镇	15296	52165	27065	25100	11236	40929
朱溪镇	9740	31539	16413	15126	4234	27305
安岭乡	3084	11696	6407	5289		11696
溪港乡	2453	8389	4529	3860		8389
湫山乡	4957	16890	8858	8032		16890
淡竹乡	3881	13297	7011	6286		13297
皤滩乡	4633	15665	8155	7510		15665
上张乡	4207	13553	7483	6070		13553
步路乡	4480	15341	8231	7110		15341
广度乡	2568	9588	5142	4446		9588
大战乡	4719	15975	8390	7585		15975
双庙乡	3598	12468	6544	5924		12468
温岭市						
太平街道	41643	113398	55800	57598	113398	
城东街道	19485	53854	26878	26976	42217	11637
城西街道	10299	28662	14112	14550	24919	3743
城北街道	7061	20370	10230	10140	17635	2735
横峰街道	11111	33112	16633	16479	23996	9116
泽国镇	42025	128136	64800	63336	56403	71733
大溪镇	41889	131807	66997	64810	43507	88300

17－9 续表4

单位:人

地区	总户数（户）	总人口数	按性别分		按城乡分	
			男性	女性	城镇人口	农村人口
松门镇	31758	93801	47162	46639	50079	43722
箬横镇	49875	147977	75857	72120	50549	97428
新河镇	41647	122902	62352	60550	33884	89018
石塘镇	23474	70412	35369	35043	64208	6204
滨海镇	26237	76042	38909	37133	13945	62097
温峤镇	21962	63822	32514	31308	13671	50151
城南镇	25007	75566	38985	36581	16882	58684
石桥头镇	9917	29212	15138	14074	16463	12749
坞根镇	8518	26185	13520	12665	8329	17856
临海市						
古城街道	45277	122993	60949	62044	115208	7785
大洋街道	20455	56044	28119	27925	51018	5026
江南街道	9421	28611	14438	14173	9502	19109
大田街道	13675	41054	20650	20404	30277	10777
邵家渡街道	13541	42266	21516	20750	14559	27707
汛桥镇	6296	19855	10323	9532	5990	13865
东塍镇	22157	65614	33844	31770	25435	40179
汇溪镇	7635	21701	11377	10324	2825	18876
小芝镇	11536	36458	18960	17498	5292	31166
河头镇	16071	45065	23906	21159	5706	39359
白水洋镇	33989	104249	55834	48415	19220	85029
括苍镇	15459	46410	24546	21864	12510	33900
永丰镇	20558	62151	33035	29116	7504	54647
尤溪镇	8504	25828	13585	12243	2626	23202
涌泉镇	16536	54908	28801	26107	15211	39697
沿江镇	14903	49591	25376	24215	4258	45333
杜桥镇	60397	217366	113293	104073	39523	177843
上盘镇	15962	58079	30188	27891	28818	29261
桃渚镇	30923	97446	51187	46259	14533	82913

17－10　各县市区分行业全部在岗职工年末人数(一)

(2015 年)

单位:人

地　　区	在岗职工年末人数	农林牧渔业	采矿业	制造业	电力热力燃气及水生产和供应业	建筑业	批发和零售业	交通运输仓储和邮政业	住宿和餐饮业	信息传输软件和信息技术服务业
全　　市	**923917**	**507**	**80**	**297249**	**7388**	**366995**	**22082**	**13440**	**6341**	**5237**
市　　区	421080	335		112017	3202	193304	12415	6546	2478	4515
椒江区	191138	223		58511	1627	71591	9066	4798	1556	4218
黄岩区	153910	101		36943	864	92801	1375	1058	829	262
路桥区	76032	11		16563	711	28912	1974	690	93	35
玉 环 县	97046	4		69964	555	5353	1689	1683	1286	
三 门 县	30495	49		6780	421	10751	267	451	180	72
天 台 县	63840	25		10856	625	33501	539	1031	910	83
仙 居 县	46792		80	10945	662	20500	1779	208	247	11
温 岭 市	101552			50501	1021	12446	2616	1028	679	307
临 海 市	163112	94		36186	902	91140	2777	2493	561	249

17－11　各县市区分行业全部在岗职工年末人数(二)

(2015 年)

单位:人

地　　区	金融业	房地产业	租赁和商务服务业	科学研究技术服务业	水利环境和公共设施管理业	居民服务修理和其他服务业	教育	卫生和社会工作	文化体育和娱乐业	公共管理社会保障和社会组织
全　　市	**29089**	**10120**	**9229**	**7826**	**5927**	**1136**	**56187**	**32539**	**3407**	**49138**
市　　区	23176	5218	4856	3026	1765	291	17032	11372	1620	17912
椒江区	8739	2943	3248	1855	308	155	7251	4654	1277	9118
黄岩区	1358	1627	436	1035	700	18	5547	3585	260	5111
路桥区	13079	648	1172	136	757	118	4234	3133	83	3683
玉 环 县	523	832	868	252	940	80	5106	2759	321	4831
三 门 县	593	422	49	141	395	41	3402	1616	247	4618
天 台 县	478	747	155	587	1212	66	5295	3031	263	4436
仙 居 县	341	443	319	142	226	50	4259	2273	212	4095
温 岭 市	2966	2090	2356	803	503	436	10343	5919	382	7156
临 海 市	1012	368	626	2875	886	172	10750	5569	362	6090

17－12　各县市区分经济类型全部在岗职工年末人数

（2015年）

单位：人

地　区	合　计	国　有 经济单位	城镇集体 经济单位	其　他 经济单位
全　市	**923917**	**152211**	**43877**	**727829**
市　区	421080	52109	2003	366968
椒江区	191138	24701	406	166031
黄岩区	153910	16181	361	137368
路桥区	76032	11227	1236	63569
玉环县	97046	12252	928	83866
三门县	30495	11117	68	19310
天台县	63840	15397	67	48376
仙居县	46792	11084	62	35646
温岭市	101552	25260	3131	73161
临海市	163112	24992	37618	100502

17－13　各县市区从业人员素质情况（一）

（2015年）

单位：人

地　区	从业人员 年末人数	大学本科 及以上	大　专	中专及 高　中	初中及 以　下
全　市	**1011536**	**172666**	**145899**	**242616**	**450355**
市　区	476029	78301	63064	101691	232973
椒江区	230783	41226	34246	54339	100972
黄岩区	159905	16294	15667	34712	93232
路桥区	85341	20781	13151	12640	38769
玉环县	101699	12695	15998	24218	48788
三门县	32266	8264	7330	7159	9513
天台县	66720	11612	9429	21262	24417
仙居县	49326	10032	8404	11017	19873
温岭市	112219	24066	19574	25375	43204
临海市	173277	27696	22100	51894	71587

17-14 各县市区从业人员素质情况(二)

(2015年)

单位:人

地　区	在从业人员中:经营管理人员	在从业人员中:专业技术人员	高级专业技术人员	中级专业技术人员	初级专业技术人员	在专业技术岗位工作人员	在从业人员中:技术工人
全　市	**101151**	**227705**	**16642**	**51609**	**76770**	**82684**	**458408**
市　区	48128	93609	6719	20858	31020	35012	227558
椒江区	27920	47931	3965	11086	15714	17166	93566
黄岩区	12425	24018	1652	6098	9293	6975	95177
路桥区	7783	21660	1102	3674	6013	10871	38815
玉环县	14141	17868	1263	3666	6202	6737	49809
三门县	3501	12997	1606	3563	4247	3581	9834
天台县	6288	21617	1459	4426	6052	9680	24591
仙居县	8078	13405	1097	3746	5083	3479	18881
温岭市	8302	27930	1865	7278	11091	7696	45163
临海市	12713	40279	2633	8072	13075	16499	82572

17-15 各县市区农村基本情况

(2015年)

地　区	农村常住户数(万户)	农村常住人口数(万　人)	农村从业人员数	通自来水的村数(个)	通有线电视村数(个)	通宽带村数(个)
全　市	**172.22**	**550.97**	**342.94**	**4616**	**4667**	**4642**
市　区	44.19	145.14	85.36	1075	1106	1103
椒江区	14.03	44.97	25.80	275	275	275
黄岩区	17.48	54.71	33.70	506	537	529
路桥区	12.68	45.46	25.86	294	294	299
玉环县	21.70	68.14	44.41	276	276	274
三门县	10.75	35.21	22.15	494	506	507
天台县	14.99	47.20	29.80	586	588	583
仙居县	12.67	43.41	26.57	401	396	401
温岭市	39.71	117.03	74.81	826	830	830
临海市	28.21	94.83	59.83	958	965	944

17－16　各县市区农林牧渔业总产值(一)

(2015年)

单位:万元

地　区	农林牧渔业总产值	农业产值	粮食作物				油料	棉花
				谷物	豆类	薯类		
全　市	**4047708**	**1380456**	**185101**	**151719**	**13636**	**19746**	**6660**	**1427**
市　区	788968	354781	30928	25238	2177	3513	184	130
椒江区	365764	83884	10910	8859	1030	1021	51	125
黄岩区	220698	186436	11263	8358	730	2175	120	
路桥区	202506	84461	8755	8021	417	317	13	5
玉环县	552851	64421	3091	1710	430	951	273	248
三门县	491803	97643	15107	12763	808	1536	502	512
天台县	193477	129243	17657	14975	709	1973	1355	62
仙居县	218870	152584	32498	25436	2556	4506	3004	2
温岭市	1141416	263138	43452	35285	4366	3801	598	342
临海市	660325	318646	42368	36312	2590	3466	744	131

注：农林牧渔业总产值按当年价格计算，下同。

17－17　各县市区农林牧渔业总产值(二)

(2015年)

单位:万元

地　区	在农业产值中										
	甘蔗	药材	蔬菜	食用菌	花卉园艺	茶桑果及坚果					
							#茶叶	#水果			
									柑桔	果用瓜	其他
全　市	**29768**	**42761**	**401198**	**5371**	**56089**	**639701**	**58188**	**578792**	**151956**	**122877**	**303959**
市　区	6971	1530	145284	1268	25149	142818	165	142440	22881	35883	83676
椒江区	1331	231	17268	381	2622	50958		50958	6675	23614	20669
黄岩区	3518	970	93156	887	7056	69382	165	69004	15614	3413	49977
路桥区	2122	329	34860		15471	22478		22478	592	8856	13030
玉环县	200	967	22620	8	6672	30329	21	30308	13890	7375	9043
三门县	196	86	37373		1658	35156	6069	28871	9859	12090	6922
天台县	27	17539	27528	303	2896	60618	26451	33619	5341	4749	23529
仙居县	112	15361	34413	1026	3136	62589	4615	56622	1334	2701	52587
温岭市	21694	6123	64037	2177	11480	112755	569	112186	4706	39092	68388
临海市	568	1155	69943	589	5098	195436	20298	174746	93945	20987	59814

17－18 各县市区农林牧渔业总产值(三)

(2015年)

单位:万元

地区	在农业产值中			林业产值				
	其他	饲料绿肥作物	其他作物		人造林木生长	林产品	竹木采运	采集野生植物
全市	**12365**	**253**	**12112**	**61368**	**8536**	**17336**	**23529**	**11967**
市区	519	62	457	4040	949	932	1783	376
椒江区	7	6	1	195	195			
黄岩区	84	37	47	3434	343	932	1783	376
路桥区	428	19	409	411	411			
玉环县	13	1	12	906	887		19	
三门县	7053	13	7040	3364	958	1396	624	386
天台县	1243	40	1203	14219	2447	2450	6248	3074
仙居县	443	69	374	20447	2433	6596	4511	6907
温岭市	480	27	453	364	364			
临海市	2614	41	2573	18028	498	5962	10344	1224

17－19 各县市区农林牧渔业总产值(四)

(2015年)

单位:万元

地区	牧业产值							
		牲畜				家禽饲养	活的畜禽产品	捕猎野兽野禽
			牛	猪	羊			
全市	**308730**	**205663**	**6160**	**195460**	**4043**	**36152**	**41755**	**838**
市区	62235	42529	986	41111	432	4083	14159	50
椒江区	26329	16658	505	15857	296	1777	7079	
黄岩区	24377	17207	474	16597	136	1312	5224	50
路桥区	11529	8664	7	8657		994	1856	
玉环县	13665	8639	236	8152	251	3692	1183	
三门县	29630	20281	777	18826	678	2313	6678	72
天台县	45180	22693	1032	21256	405	14301	3506	225
仙居县	38732	27977	1395	25735	847	5009	3478	427
温岭市	48508	34860	1303	32666	891	4533	7994	
临海市	70782	48685	431	47715	539	2222	4757	64

17－20 各县市区农林牧渔业总产值(五)

(2015年)

单位:万元

地区	在牧业产值中				渔业产值	海水产品			淡水产品	农林牧渔服务业
	其他动物饲养	家兔	蚕茧	其他			捕捞	养殖		
全市	**24322**	**15669**	**403**	**8250**	**2258581**	**2182291**	**1573362**	**608929**	**76290**	**38573**
市区	1414	831		583	361577	344261	288760	55501	17316	6335
椒江区	815	685		130	254751	253508	226642	26866	1243	605
黄岩区	584	146		438	3457				3457	2994
路桥区	15			15	103369	90753	62118	28635	12616	2736
玉环县	151	48		103	467485	463477	349717	113760	4008	6374
三门县	286	117		169	360946	357002	27493	329509	3944	220
天台县	4455	1065		3390	3793				3793	1042
仙居县	1841	2	327	1512	5459				5459	1648
温岭市	1121	1070		51	808832	796953	718990	77963	11879	20574
临海市	15054	12536	76	2442	250489	220598	188402	32196	29891	2380

17－21 各县市区农作物播种面积(一)

(2015年)

单位:公顷

地区	农作物总播种面积	粮食作物	谷物	稻谷	早稻	单季稻	连作晚稻
全市	**206809**	**96345**	**74846**	**63657**	**13242**	**43768**	**6647**
市区	43370	17488	13702	12757	2770	8421	1566
椒江区	10784	5959	4695	4247	1307	2067	873
黄岩区	17966	6144	4473	4117	319	3533	265
路桥区	14620	5385	4534	4393	1144	2821	428
玉环县	8066	2068	1002	951	174	695	82
三门县	17813	7582	5992	5080	1149	3652	279
天台县	25489	13335	11232	7898	95	7802	1
仙居县	30041	15635	11739	8856	122	8640	94
温岭市	44844	21882	16016	15658	6449	5367	3842
临海市	39452	20621	16842	13981	2505	10152	1324

注:农作物播种面积中的粮食作物采用抽样调查推算,各县市区相加不等于全市数。

17－22 各县市区农作物播种面积(二)

(2015年)

单位:公顷

地区	在粮食作物中								
	在谷物中				豆类				薯类
	小麦	大麦	玉米	其他谷物		大豆	蚕(豌)豆	杂豆	
全　市	**5149**	**174**	**5005**	**861**	**11784**	**6800**	**4130**	**854**	**9715**
市　区	222	58	627	38	2229	1298	702	229	1557
椒江区	93	52	302	1	988	647	243	98	276
黄岩区	122	2	227	5	593	315	222	56	1078
路桥区	7	4	98	32	648	336	237	75	203
玉环县	8	1	35	7	480	178	214	88	586
三门县	754	15	137	6	997	610	322	65	593
天台县	1674	4	963	693	936	767	100	69	1167
仙居县	351	1	2471	60	1488	1216	184	88	2408
温岭市	14	13	322	9	3860	1630	1968	262	2006
临海市	2055	67	677	62	2120	1385	660	75	1659

17－23 各县市区农作物播种面积(三)

(2015年)

单位:公顷

地区	油料	油菜籽	花生	芝麻	棉花	麻类	甘蔗
全　市	**8267**	**7185**	**955**	**125**	**612**	**3**	**2401**
市　区	222	150	71	1	56		550
椒江区	57	57			52		52
黄岩区	131	59	71	1	1		310
路桥区	34	34			3		188
玉环县	759	727	32		103		33
三门县	440	306	89	45	185		20
天台县	1784	1355	412	15	53	3	11
仙居县	2820	2584	192	44	1		16
温岭市	522	451	67	4	130		1545
临海市	1720	1612	92	16	84		226

17－24 各县市区农作物播种面积(四)

(2015年)

单位:公顷

地区	药材类	蔬菜	果用瓜	#西瓜	#草莓	花卉苗木	#花卉	#盆栽类园艺	其他作物
全市	**4040**	**69698**	**13763**	**10141**	**637**	**3883**	**1044**	**41**	**7797**
市区	137	19127	2796	1560	53	1373	364	11	1621
椒江区	11	3299	1040	262	21	229	33	3	85
黄岩区	100	9750	549	467	19	466	165	1	515
路桥区	26	6078	1207	831	13	678	166	7	1021
玉环县	87	3717	1132	939	21	133	43	11	34
三门县	53	6531	2456	1674	9	231	40		315
天台县	1442	6609	843	739	25	485	36	3	924
仙居县	1979	6435	964	874	36	447	28	1	1744
温岭市	223	14989	3248	2579	76	532	247	15	1773
临海市	119	12290	2324	1776	437	682	286		1386

17－25 各县市区农作物产量(一)

(2015年)

单位:吨

地区	粮食作物	谷物	稻谷	早稻	单季稻	连作晚稻
全市	**607539**	**524145**	**475343**	**81656**	**349362**	**44325**
市区	112556	98789	94312	16265	68119	9928
椒江区	36056	32141	29851	7544	17075	5232
黄岩区	39769	32565	31042	1772	27560	1710
路桥区	36731	34083	33419	6949	23484	2986
玉环县	12769	7832	7608	1120	5937	551
三门县	46174	40607	37208	7151	28215	1842
天台县	83628	75625	63114	499	62609	6
仙居县	96376	81447	67430	750	66094	586
温岭市	133910	110901	109243	39663	43072	26508
临海市	136630	121208	107839	16345	82994	8500

注农作物产量中的粮食作物采用抽样调查推算,各县市区相加不等于全市数。

17－26 各县市区农作物产量(二)

(2015年)

单位:吨

地区	在粮食作物中								
	在谷物中				豆类				薯类
	小麦	大麦	玉米	其他谷物		大豆	蚕(豌)豆	杂豆	
全　市	**20602**	**734**	**25405**	**2061**	**30112**	**18049**	**10062**	**2001**	**53282**
市　区	842	257	3212	166	5527	3203	1777	547	8240
椒江区	376	232	1678	4	2325	1503	597	225	1590
黄岩区	441	9	1059	14	1533	830	565	138	5671
路桥区	25	16	475	148	1669	870	615	184	979
玉环县	30	4	167	23	1311	502	559	250	3626
三门县	2805	56	525	13	2101	1328	652	121	3466
天台县	6153	16	4937	1405	2091	1783	195	113	5912
仙居县	1202	2	12590	223	3302	2689	423	190	11627
温岭市	43	48	1536	31	10508	4974	4871	663	12501
临海市	9246	288	3594	241	6132	4329	1633	170	9290

17－27 各县市区农作物产量(三)

(2015年)

单位:吨

地区	油料	#油菜籽	棉花	麻类	甘蔗	药材	蔬菜	果用瓜
全　市	**15701**	**13485**	**865**	**3**	**184161**	**32977**	**1961609**	**425827**
市　区	442	265	84		36582	496	559332	87684
椒江区	105	105	79		4436	17	101059	38335
黄岩区	275	98	1		22865	235	285852	15897
路桥区	62	62	4		9281	244	172421	33452
玉环县	1322	1244	216		2617	255	113531	29031
三门县	744	519	254		898	215	170652	67634
天台县	3375	2642	42	3	318	7315	133621	22614
仙居县	5483	4907	1		712	23164	185670	25572
温岭市	1101	922	142		136356	1211	443921	134799
临海市	3234	2986	126		6678	321	354882	58493

17－28 各县市区桑园面积和蚕茧产量

(2015 年)

地区	桑园面积(公顷)	#本年采摘面积	饲养蚕种张数(张)	春蚕	夏蚕	秋蚕	蚕茧总产量(吨)	春蚕	夏茧	秋茧
全　市	**298**	**260**	**5227**	**2636**	**375**	**2216**	**244**	**141**	**16**	**88**
市　区	11									
椒江区										
黄岩区	11									
路桥区										
玉环县										
三门县										
天台县	107	107	1395	768	32	595	62	18	2	43
仙居县	94	67	1755	996	154	605	85	48	8	30
温岭市										
临海市	86	86	2077	872	189	1016	97	75	6	16

17－29 各县市区茶园面积和茶叶产量

(2015 年)

地区	茶园总面积(公顷)	#本年新增面积	#本年采摘面积	茶叶总产量(吨)	春茶	夏茶	秋茶
全　市	**11766**	**391**	**10268**	**4764**	**3703**	**786**	**275**
市　区	292		140	48	47	2	
椒江区							
黄岩区	292		140	48	47	2	
路桥区							
玉环县	58	3	58	7	7		
三门县	1144		1003	698	527	155	16
天台县	6278	243	5561	2375	1746	464	165
仙居县	1351	13	1136	498	414	74	11
温岭市	283	9	138	57	55	2	
临海市	2360	122	2232	1081	908	90	83

17-30 各县市区果园面积和水果产量(一)

(2015年)

单位:公顷

地区	果园面积	柑桔	梨园	桃园	杨梅	枇杷
全市	**67434**	**25123**	**2308**	**3692**	**24693**	**3573**
市区	14564	5365	106	684	5514	1640
椒江区	2459	964	4	214	831	90
黄岩区	10623	4246	83	312	4337	1293
路桥区	1482	155	19	158	346	257
玉环县	3952	2542	40	104	302	101
三门县	5061	3491	304	75	695	262
天台县	4522	764	703	609	1618	146
仙居县	11227	522	441	811	7953	376
温岭市	6665	1514	213	225	1703	316
临海市	21444	10925	501	1183	6909	732

17-31 各县市区果园面积和水果产量(二)

(2015年)

地区	在果园面积中(公顷)				水果总产量(吨)		
	柿子	葡萄	弥猴桃	其他	合计	柑桔	
							柑
全市	**957**	**4889**	**822**	**1201**	**1312864**	**476975**	**19757**
市区	28	966	116	145	261858	83333	6826
椒江区	14	307	12	24	80317	24063	628
黄岩区	13	140	104	95	123280	56519	6094
路桥区	1	519		26	58261	2751	104
玉环县	184	529	7	138	103606	50311	3933
三门县	78	67	23	53	147944	70418	1508
天台县	237	139	71	206	82465	19642	111
仙居县	184	278	413	235	96247	6870	3922
温岭市	70	2534	24	67	233199	17759	3251
临海市	177	377	169	357	387546	228642	207

17－32 各县市区果园面积和水果产量(三)

(2015 年)

单位:吨

地区	在水果总产量中					
	柑桔产量中			梨头	桃子	杨梅
	桔	橙	柚			
全市	**404564**	**7818**	**44836**	**27265**	**50337**	**181766**
市区	76295	141	70	1200	8661	43854
椒江区	23386	1	47	48	3016	6007
黄岩区	50262	140	23	697	3167	32338
路桥区	2647			455	2478	5509
玉环县	1160	2229	42989	550	1268	2772
三门县	67662	684	564	1625	1119	4139
天台县	19166	47	318	11922	8589	11489
仙居县	2668	119	161	3642	8238	43344
温岭市	9341	4435	733	2547	2588	15017
临海市	228273	162		5781	19875	61153

17－33 各县市区果园面积和水果产量(四)

(2015 年)

单位:吨

地区	在水果总产量中					
	枇杷	柿子	葡萄	弥猴桃	果用瓜	其它水果
全市	**23864**	**7706**	**105164**	**3809**	**425827**	**8377**
市区	13823	536	20934	557	87684	1274
椒江区	513	400	7362	207	38335	368
黄岩区	10569	128	2911	350	15897	703
路桥区	2741	8	10661		33452	203
玉环县	1282	2442	14034	23	29031	1790
三门县	1623	235	478	255	67634	287
天台县	788	1672	3462	566	22614	1323
仙居县	1078	883	3752	1822	25572	993
温岭市	2005	665	56536	86	134799	1192
临海市	3266	1273	5968	501	58493	1518

17－34　各县市区林业生产情况(一)

(2015 年)

单位:公顷

地　区	森林抚育面　积	人　工造　林	无林地和疏林地新封山(沙)育林	年末实有封山(沙)育　林	更　新造　林	四旁(零星)植树(万株)	育　苗面　积
全　市	**23631**	**1944**	**406**	**6826**	**796**	**187**	**3187**
市　区	2112	401	137	426	25	37	1417
椒江区	112	56			7	9	59
黄岩区	2000	115	137	426	18	8	922
路桥区		230				20	436
玉 环 县	682	194			8	10	27
三 门 县	1429	91		882	5	15	169
天 台 县	4400	330	87	1608	200	30	351
仙 居 县	5204	208	75	1865	249	30	700
温 岭 市	5079	286			4	45	78
临 海 市	4725	434	107	2045	305	20	445

17－35　各县市区林业生产情况(二)

(2015 年)

地　区	木材采伐(万立方米)	#村及村以下	竹材采伐(万根)	#村及村以下	主要林产品产量(吨)			
					毛　茶	油茶籽	竹笋干	板　栗
全　市	**10.24**	**7.49**	**175**	**62**	**5180**	**4818**	**4156**	**2286**
市　区	1.01	0.95	79		47	126	388	182
椒江区								
黄岩区	0.99	0.93	79		47	126	388	182
路桥区	0.02	0.02						
玉 环 县	0.06	0.06						
三 门 县	0.44	0.44	17	4	520	610	282	220
天 台 县	2.07		18	18	2498	2500	800	360
仙 居 县	2.65	2.42	21		720	1500	729	1000
温 岭 市	0.01				45		16	
临 海 市	4.00	3.63	40	40	1350	82	1941	524

17－36 各县市区畜牧业生产情况(一)

(2015年)

地区	生猪(万头)					牛(头)		
	年末存栏头数	能繁殖的母猪	其他生猪	年内肥猪出栏头数	全年饲养量	年末存栏	#良种牛	年内出栏
全市	**65.43**	**5.59**	**59.84**	**87.58**	**153.02**	**26971**	**3352**	**10698**
市区	10.61	0.70	9.90	19.87	30.48	3148	1783	1535
椒江区	3.70	0.27	3.43	9.02	12.72	1532	1333	399
黄岩区	4.74	0.36	4.38	6.82	11.56	1523	393	1126
路桥区	2.17	0.07	2.09	4.03	6.20	93	57	10
玉环县	3.04	0.26	2.78	5.15	8.18	1024		806
三门县	5.86	0.53	5.33	8.88	14.74	1731	16	971
天台县	13.79	1.69	12.10	9.20	22.99	6806	8	2162
仙居县	7.25	0.44	6.81	10.43	17.67	6366	412	1641
温岭市	11.09	0.74	10.36	15.23	26.33	2146	201	1448
临海市	13.80	1.23	12.57	18.83	32.63	5750	932	2135

17－37 各县市区畜牧业生产情况(二)

(2015年)

地区	羊(万只)		家禽(万只)		兔(万只)		肉类产量(吨)	#猪肉	禽蛋产量(吨)
	年末存栏	年内出栏	年末存栏	年内出栏	年末存栏	年内出栏			
全市	**6.77**	**6.09**	**641.43**	**1470.89**	**59.54**	**46.16**	**110344**	**85991**	**38529**
市区	0.70	0.76	93.75	164.51	6.72	9.71	21475	18504	11816
椒江区	0.35	0.35	27.51	68.88	3.11	3.02	9709	8355	5083
黄岩区	0.35	0.41	43.90	57.55	3.61	6.69	7844	6723	4540
路桥区			22.34	38.08			3922	3426	2193
玉环县	0.56	0.73	51.84	129.45	0.33	1.21	6940	5019	1414
三门县	1.04	0.77	60.76	77.73	2.13	2.56	9716	8487	6029
天台县	0.75	0.44	149.48	604.43	8.72	4.09	18052	8501	2724
仙居县	0.88	0.99	82.34	149.19	0.03	0.09	13480	11182	2898
温岭市	0.78	0.81	161.61	290.31	4.98	12.96	19222	14734	10118
临海市	2.07	1.59	41.66	55.27	36.63	15.55	21459	19563	3532

17－38 各县市区渔业基本情况

(2015年)

单位:人

地　　区	渔业乡镇(个)	渔业村(个)	渔业户(户)	渔业人口	渔业从业人员	#专业从业人员	海洋渔业从业人员	#专业从业人员	淡水渔业从业人员	#专业从业人员
全　　市	**28**	**224**	**79725**	**248326**	**144176**	**104376**	**131038**	**95771**	**13138**	**8605**
市　　区	4	30	6786	22339	21618	13966	17334	11307	4284	2659
椒江区	4	20	3404	9340	9769	5784	7769	4584	2000	1200
黄岩区		1	112	290	743	568			743	568
路桥区		9	3270	12709	11106	7614	9565	6723	1541	891
玉 环 县	11	85	22931	69992	27683	23789	24776	21239	2907	2550
三 门 县	8	7	9660	36236	25726	15276	22330	13230	3396	2046
天 台 县					417	136			417	136
仙 居 县					468	266			468	266
温 岭 市	3	94	29438	89364	54753	39602	54455	39463	298	139
临 海 市	2	8	10910	30395	13511	11341	12143	10532	1368	809

17－39 各县市区渔业机械年末拥有量

(2015年)

地　　区	机动渔船								非机动渔船	
	合计		捕捞渔船		养殖渔船		辅助渔船			
	艘	总吨位	艘	总吨位	艘	总吨位	艘	总吨位	艘	总吨位
全　　市	**6503**	**942556**	**4786**	**709392**	**792**	**1696**	**925**	**231468**	**123**	**144**
市　　区	1421	247531	931	108689	6	161	484	138681	58	112
椒江区	1097	202779	653	73518	6	161	438	129100		
黄岩区	28	73	24	61			4	12	40	20
路桥区	296	44679	254	35110			42	9569	18	92
玉 环 县	906	74816	416	58354	399	1071	91	15391		
三 门 县	596	24384	514	15281	2	20	80	9083		
天 台 县	5	13			4	12	1	1	5	4
仙 居 县									60	28
温 岭 市	2819	509215	2216	447445	371	398	232	61372		
临 海 市	756	86597	709	79623	10	34	37	6940		

17－40 各县市区水产养殖面积

（2015 年）

单位:公顷

地　　区	海水养殖面积	#鱼类	#甲壳类	#贝类	#藻类	海上养殖	滩涂养殖	淡水养殖面积（公顷）
全　　市	**28143**	**801**	**10319**	**14464**	**2265**	**4215**	**14261**	**11203**
市　　区	1935	166	966	445	168	367	330	2921
椒江区	182	130		39	13	182		73
黄岩区								2400
路桥区	1753	36	966	406	155	185	330	448
玉 环 县	6622	493	797	4803	529	1789	3970	776
三 门 县	12439	45	6827	5163	404	662	6103	971
天 台 县								1192
仙 居 县								1215
温 岭 市	5663	97	1060	3318	1084	1317	3160	1076
临 海 市	1484		669	735	80	80	698	3052

17－41 各县市区水产品产量(一)

（2015 年）

单位:吨

地　　区	水产品总产量	海洋捕捞	#鱼类	#甲壳类	海水养殖	#鱼类	#甲壳类	#贝类	#藻类	远洋渔业
全　　市	**1568978**	**1102633**	**694885**	**326760**	**408337**	**12490**	**36767**	**343616**	**13995**	**8930**
市　　区	327658	289435	245435	36198	16819	1857	2616	10959	912	8930
椒江区	261666	246749	210234	30347	5227	1504		3543	180	8930
黄岩区	2285									
路桥区	63707	42686	35201	5851	11592	353	2616	7416	732	
玉 环 县	276653	177225	94737	63879	96433	6038	4225	83743	2427	
三 门 县	237616	17263	4377	11900	216448	1656	23556	184206	7030	
天 台 县	2820									
仙 居 县	4241									
温 岭 市	592196	516775	261716	204058	67912	2939	2574	57779	3626	
临 海 市	127794	101935	88620	10725	10725		3796	6929		

17－42 各县市区水产品产量(二)

(2015年)

地　　区	淡水捕捞	#鱼类	#甲壳类	淡水养殖	#鱼类	#甲壳类	#池塘	#水库	#河沟	观赏鱼(万条)
全　　市	**3719**	**2163**	**346**	**45359**	**36602**	**6472**	**28690**	**7679**	**5299**	**27.65**
市　　区	591	554	37	11883	8695	2801	10224	150	468	24.75
椒江区				760	720	40	760			22.9
黄岩区	193	189	4	2092	1822	5	1223	150	286	
路桥区	398	365	33	9031	6153	2756	8241		182	1.85
玉 环 县	368	178		2627	1961	607	460	55	2051	
三 门 县	410	170	100	3495	2941	392	2534	532		
天 台 县	290	257	7	2530	2360	76	1054	1362		1.90
仙 居 县	251	155	15	3990	3277	49	1833	1780		1.00
温 岭 市	382	220	64	7127	5533	1337	6085		1020	
临 海 市	1427	629	123	13707	11835	1210	6500	3800	1760	

17－43 各县市区农业机械年末拥有量(一)

(2015年)

地　　区	农业机械总动力(千瓦)	耕作机械					收获前机械			收获后处理机械	
		耕作机械动力(千瓦)	#大中型拖拉机		#农用小型拖拉机		合　计		#联合收割机(台)		
			台	千瓦	台	千瓦	台	千瓦		台	千瓦
全　　市	**3386934**	**241643**	**1630**	**80754**	**13113**	**131176**	**3946**	**134752**	**3230**	**41889**	**92019**
市　　区	697985	36270	200	9757	2022	20277	735	24849	630	10259	18775
椒江区	361915	7755	56	2935	527	4763	151	5711	151	587	1310
黄岩区	123417	14139	41	1982	754	7557	190	7640	190	2618	5339
路桥区	212653	14376	103	4840	741	7957	394	11498	289	7054	12126
玉 环 县	245551	7332	21	779	316	1949	126	1493	28	2888	4375
三 门 县	294405	23497	167	8390	1262	12780	523	9299	239	813	8321
天 台 县	157826	26877	143	6358	1795	16044	212	8140	199	1806	5994
仙 居 县	221227	37688	110	4314	2602	28941	229	9375	209	11964	18042
温 岭 市	1171997	62536	645	33473	2259	23759	861	30425	837	6895	16586
临 海 市	597940	47440	344	17681	2857	27425	1260	51171	1088	7264	19926

17－44 各县市区农业机械年末拥有量(二)

(2015年)

地区	植保机械			排灌机械				运输机械动力(千瓦)
	合计		#机动喷雾(粉)机(架)	合计		#农用水泵(台)	#节水喷灌机械(套)	
	台	千瓦		台	千瓦			
全市	**48769**	**84477**	**34013**	**151502**	**315674**	**135506**	**7174**	**469224**
市区	13044	23469	10743	34908	67240	30002	5167	68594
椒江区	413	656	413	11018	14748	10767	108	17712
黄岩区	4134	4739	2616	13604	28277	10045	3526	27067
路桥区	8497	18074	7714	10286	24215	9190	1533	23815
玉环县	3081	4633	2273	26043	35659	26436	525	30660
三门县	5862	12339	4739	5212	30231	2925	14	83421
天台县	2888	10176	535	7373	20626	6853	37	34274
仙居县	8986	8957	2498	21684	32914	17455	639	52680
温岭市	4423	7504	3736	15104	48477	21744	500	110442
临海市	10485	17399	9489	41178	80527	30091	292	89153

17－45 各县市区农业机械年末拥有量(三)

(2015年)

地区	农副产品加工机械				渔业机械动力(千瓦)	#机动渔船			其他农业机械动力(千瓦)
	合计		#粮食加工机械(台)	#棉花加工机械(台)		(艘)	(吨位)	(千瓦)	
	台	千瓦							
全市	**13156**	**120309**	**10595**	**124**	**1494688**	**6503**	**942556**	**1447923**	**434148**
市区	1516	16619	1190	3	379883	1421	247531	363413	62286
椒江区	244	2783	59		296262	1097	202779	294807	14978
黄岩区	1018	9337	930		559	28	73	377	26320
路桥区	254	4499	201	3	83062	296	44679	68229	20988
玉环县	295	3067	223	3	131833	906	74816	128872	26499
三门县	903	7459	504	21	59300	596	24384	41405	60538
天台县	2098	17457	1977	14	372	5	13	45	33910
仙居县	2959	21688	2230	3	1056				38827
温岭市	2005	21480	1711	52	781511	2819	509215	775589	93036
临海市	3380	32537	2760	28	140733	756	86597	138599	119054

17－46 各县市区农业机械化农村能源及农业物资消耗情况

(2015 年)

地 区	农业机械化情况(万亩)			农村用电量(万千瓦时)	农用塑料薄膜使用量(吨)	农用柴油使用量(吨)	农药使用量(吨)
	机耕面积	机播面积	机收面积				
全 市	**142.38**	**29.73**	**113.78**	**1031618**	**9387**	**668007**	**4189**
市 区	30.06	7.33	23.96	386945	4470	138912	1467
椒江区	8.09	1.91	8.48	126103	318	134264	213
黄岩区	10.51	0.92	6.13	63728	3297	1297	886
路桥区	11.46	4.50	9.35	197114	855	3351	368
玉环县	4.85	1.75	1.49	96296	1005	21102	119
三门县	12.84	2.65	10.01	39410	349	17700	192
天台县	11.06	1.60	15.11	33046	443	3027	203
仙居县	18.85	6.37	15.50	32225	152	2460	282
温岭市	32.63	5.31	22.63	277528	2185	409271	548
临海市	32.09	4.71	25.07	166168	783	75535	1378

17－47 各县市区农用化肥施用量

(2015 年)

单位:吨

地 区	合计		氮肥		磷肥		钾肥		复合肥	
	实物量	折纯量	实物量	折纯量	实物量	折纯量	实物量	折纯量	实物量	折纯量
全 市	**339708**	**88296**	**180118**	**43445**	**42536**	**8737**	**14130**	**5003**	**102924**	**31111**
市 区	92983	29032	33042	9215	13253	1737	5024	1817	41664	16263
椒江区	20906	8567	4390	1573	1159	179	1034	484	14323	6331
黄岩区	36854	14066	9138	3116	5736	1040	2260	1174	19720	8736
路桥区	35223	6399	19514	4526	6358	518	1730	159	7621	1196
玉环县	13985	2413	5057	884	2357	280	1186	387	5385	862
三门县	18031	6344	10887	3429	2633	929	18	9	4493	1977
天台县	16997	6548	8438	3367	2639	475	1682	841	4238	1865
仙居县	33863	5079	22495	3374	3078	462	1418	212	6872	1031
温岭市	50005	16993	35519	11204	8054	2903	1862	934	4570	1952
临海市	113844	21887	64680	11972	10522	1951	2940	803	35702	7161

17－48　各县市区水利设施建设情况

(2015年)

地　　区	本年水利资金总投入（万元）	已建成水库（座）	#大型水库	总库容（万立方米）	#大型水库	堤防总长度（公里）	水闸总座数（座）
全　　市	**426122**	**346**	**4**	**186813**	**134922**	**2347**	**1245**
市　　区	156477	34	1	79866	73242	456	233
椒江区	45490	4		141		68	89
黄岩区	15611	28	1	79697	73242	343	111
路桥区	27397	2		28		45	33
市本级	67979						
玉 环 县	26352	16		2307		65	204
三 门 县	35430	49		6606		520	230
天 台 县	33087	73	1	29048	17930	395	27
仙 居 县	49177	62	1	22217	13500	613	65
温 岭 市	49465	23		7200		66	303
临 海 市	76134	89	1	39569	30250	232	183

17－49　各县市区农田水利灌溉情况

(2015年)

单位:千公顷

地　　区	灌溉面积	#耕地灌溉面积	#林地灌溉面积	#园地灌溉面积	规模上灌区数量（处）	实际耕地灌溉面积	节水灌溉面积
全　　市	**143.42**	**125.96**	**4.15**	**10.67**	**45**	**114.83**	**96.43**
市　　区	32.63	28.24	3.09	1.30	1	27.99	25.40
椒江区	9.84	8.58	0.42	0.84		8.33	10.52
黄岩区	11.45	9.33	2.12		1	9.33	8.95
路桥区	11.34	10.33	0.55	0.46		10.33	5.93
玉 环 县	10.10	5.67	0.20	1.59	4	5.34	5.14
三 门 县	13.13	12.89	0.03	0.21	15	10.44	9.56
天 台 县	13.89	13.67	0.11	0.11	3	13.63	8.72
仙 居 县	16.98	15.50	0.58	0.90	17	13.25	7.54
温 岭 市	27.06	21.50	0.03	5.53	1	18.90	25.84
临 海 市	29.63	28.49	0.11	1.03	4	25.28	14.23

17－50 各县市区全部工业单位数

（2015 年）

单位：个

地　　区	全部工业单位数	#国有	#集体	#有限责任公司	#股份有限公司	#外商及港澳台	#个体私营
全　　市	**131224**	**32**	**194**	**1867**	**99**	**502**	**125110**
市　　区	48807	12	87	822	37	171	46320
椒江区	14405	6	44	270	18	69	13530
黄岩区	19020	5	34	191	9	56	18092
路桥区	15382	1	9	361	10	46	14698
玉 环 县	18839	2	13	485	18	71	17605
三 门 县	3593	1	10	36	3	23	3426
天 台 县	8994	3	19	142	11	25	8747
仙 居 县	4416	4	18	47	3	51	4288
温 岭 市	37322	3	15	244	12	75	36052
临 海 市	9253	7	32	91	15	86	8672

17－51 各县市区规模以上工业单位数

（2015 年）

单位：个

地　　区	工业单位数	#国有及国有控股企业	轻工业	重工业	大型企业	中型企业	小型企业	微型企业
全　　市	**3672**	**51**	**1419**	**2253**	**41**	**383**	**3144**	**104**
市　　区	1140	23	494	646	22	115	972	31
椒江区	348	12	153	195	9	43	284	12
黄岩区	407	5	210	197	5	36	357	9
路桥区	385	6	131	254	8	36	331	10
玉 环 县	719	3	110	609	4	68	631	16
三 门 县	163	2	35	128	1	20	139	3
天 台 县	142	3	57	85	1	19	118	4
仙 居 县	148	4	77	71	1	21	117	9
温 岭 市	876	8	386	490	9	76	767	24
临 海 市	484	8	260	224	3	64	400	17

17－52 各县市区分注册类型规模以上工业单位数

（2015 年）

单位：个

地　区	国有企业	集体企业	股份合作企业	有限责任公司	股份有限公司	私营企业	港澳台商投资公司	外商投资企业
全　市	**13**	**4**	**122**	**1130**	**78**	**2124**	**90**	**111**
市　区	7	2	29	554	26	463	28	31
椒江区	4	1	5	182	12	120	13	11
黄岩区	2	1	17	136	7	229	9	6
路桥区	1		7	236	7	114	6	14
玉环县	1	1	34	324	14	309	17	19
三门县	1		3	15	3	133	1	7
天台县	1		2	30	10	89	3	7
仙居县	1			23	3	110	4	7
温岭市	1	1	42	144	9	638	13	28
临海市	1		12	40	13	382	24	12

17－53 各县市区分行业规模以上工业单位数（一）

（2015 年）

单位：个

地　区	有色金属矿采选业	非金属矿采选业	农副食品加工业	食品制造业	酒饮料和精制茶制造业	纺织业	纺织服装服饰业	皮革毛皮羽毛及其制品和制鞋业	木材加工和木竹藤棕草制品业
全　市	**1**	**3**	**69**	**21**	**8**	**86**	**21**	**216**	**15**
市　区		2	7	13	3	30	9	5	4
椒江区			1	4	1	24	4	2	
黄岩区		1	4	9	2	3	2	2	1
路桥区		1	2			3	3	1	3
玉环县			5	2	1			4	
三门县			1	1		4	1	2	
天台县	1			2	1	18	1		2
仙居县		1	2	1	2	2		1	3
温岭市			54			4	7	204	1
临海市				2	1	28	3		5

17－54　各县市区分行业规模以上工业单位数(二)

(2015 年)

单位:个

地　　区	家具制造业	造纸和纸制品业	印刷和记录媒介复制业	文教工美体育和娱乐用品制造业	石油加工炼焦和核燃料加工业	化学原料和化学制品制造业	医药制造业	化学纤维制造业	橡胶和塑料制品业
全　市	**97**	**55**	**42**	**141**	**1**	**72**	**76**	**3**	**455**
市　区	13	19	32	50		25	21	2	213
椒江区	8	3	6	4		11	10	2	47
黄岩区	4	9	6	42		9	11		125
路桥区	1	7	20	4		5			41
玉环县	34	2	3	1		1	5		25
三门县	3	3		4		5	2		52
天台县	1		1	18		1	7		39
仙居县	6	2		37		5	14		20
温岭市	3	15	4	12	1	5	4		43
临海市	37	14	2	19		30	23	1	63

17－55　各县市区分行业规模以上工业单位数(三)

(2015 年)

单位:个

地　　区	非金属矿物制品业	黑色金属冶炼和压延加工业	有色金属冶炼和压延加工业	金属制品业	通用设备制造业	专用设备制造业	汽车制造业	铁路船舶航空航天和其他运输设备制造业	电气机械和器材制造业
全　市	**88**	**53**	**85**	**194**	**594**	**214**	**327**	**161**	**339**
市　区	31	13	19	79	90	135	44	64	143
椒江区	17	1	5	18	40	35	17	19	46
黄岩区	7	7	3	20	9	78	4	16	25
路桥区	7	5	11	41	41	22	23	29	72
玉环县	4	6	39	50	233	26	199	13	18
三门县	6		1	7	24	4	14	5	20
天台县	6		1	3	5	4	15	5	3
仙居县	7		3	3	7	4	4	1	17
温岭市	15	10	13	34	208	28	30	51	85
临海市	19	24	9	18	27	13	21	22	53

17－56　各县市区分行业规模以上工业单位数(四)

(2015 年)

单位:个

地　　区	计算机通信和其他电子设备制造业	仪器仪表制造业	其他制造业	废弃资源综合利用业	金属制品机械和设备修理业	电力热力生产和供应业	燃气生产和供应业	水的生产和供应业
全　　市	**38**	**79**	**30**	**41**	**1**	**25**	**6**	**15**
市　　区	15	6	2	33	1	7	2	8
椒江区	10	5		1	1	3		3
黄岩区	2		1			2	1	2
路桥区	3	1	1	32		2	1	3
玉 环 县	2	40	1	1		3		1
三 门 县	1		1			2		
天 台 县	1	2		1		3		1
仙 居 县		1	1	1		3		
温 岭 市	17	17	1	3		3	1	3
临 海 市	2	13	24	2		4	3	2

17－57　各县市区规模以上工业增加值

(2015 年)

单位:万元

地　　区	工业增加值	#国有及国有控股企业	轻工业	重工业	大型企业	中型企业	小型企业	微型企业
全　　市	**8297077**	**1082285**	**3217947**	**5079130**	**1730508**	**2923221**	**3592913**	**50435**
市　　区	2882407	344709	1146575	1735832	905946	812730	1149631	14100
椒江区	1155783	250444	572934	582849	462982	325150	366250	1400
黄岩区	848506	48872	389592	458914	189918	218393	436169	4026
路桥区	878118	45393	184050	694069	253046	269187	347211	8674
玉 环 县	1476142	418775	181372	1294770	107015	711423	644773	12931
三 门 县	322455	31347	43074	279381	26447	135542	160025	442
天 台 县	483208	50490	197796	285412	56724	204062	217725	4698
仙 居 县	329387	64752	194944	134443	45217	138580	143314	2277
温 岭 市	1398509	107743	586082	812428	304043	395209	687493	11765
临 海 市	1404968	64470	868104	536864	285116	525675	589953	4224

17－58　各县市区分注册类型规模以上工业增加值

（2015 年）

单位：万元

地　　区	国　有企　业	集　体企　业	股份合作企业	有限责任公司	股份有限公司	私　营企　业	港澳台商投资公司	外商投资企业
全　　市	**332705**	**7469**	**122801**	**2326533**	**1372423**	**3031102**	**295033**	**809011**
市　　区	187113	938	28298	1229994	444378	730037	84954	176698
椒江区	125916	133	5122	572362	217005	145962	26148	63136
黄岩区	34089	805	16467	313584	138585	322841	13191	8946
路桥区	27108		6709	344048	88788	261234	45615	104616
玉 环 县	25759	1156	32512	451877	110580	387057	48387	418815
三 门 县	15684		2830	37156	20351	226987	1054	18393
天 台 县	16495		3206	103973	131438	164853	6968	56275
仙 居 县	16969			55467	62818	146842	15320	31972
温 岭 市	31439	5376	36569	291623	174341	702521	76125	80517
临 海 市	39248		19387	156444	428518	672805	62226	26340

17－59　各县市区分行业规模以上工业增加值(一)

（2015 年）

单位：万元

地　　区	有色金属矿采选业	非金属矿采选业	农副食品加工业	食　品制造业	酒饮料和精制茶制造业	纺织业	纺织服装服饰业	皮革毛皮羽毛及其制品和制鞋业	木材加工和木竹藤棕草制品业
全　　市	**1573**	**2231**	**81654**	**45907**	**47110**	**132353**	**15499**	**238749**	**17107**
市　　区		449	9083	29615	11569	38263	6183	9422	6243
椒江区			354	4267	5576	30429	3544	7543	
黄岩区		163	7698	25347	5993	3884	1473	1823	1276
路桥区		285	1031			3950	1166	56	4967
玉 环 县			3631	2525	8557			4737	
三 门 县			817	2498		3103	739	1883	
天 台 县	1573			4910	23923	18964	1025		1574
仙 居 县		1782	4933	1036	1927	1448		533	5941
温 岭 市			63190			2878	4881	222173	680
临 海 市				5325	1134	67697	2672		2670

17－60　各县市区分行业规模以上工业增加值(二)

(2015 年)

单位:万元

地　区	家具制造业	造纸和纸制品业	印刷和记录媒介复制业	文教工美体育和娱乐用品制造业	石油加工炼焦和核燃料加工业	化学原料和化学制品制造业	医药制造业	化学纤维制造业	橡胶和塑料制品业
全　市	**147765**	**78876**	**40601**	**166666**	**183**	**306357**	**893819**	**5190**	**810765**
市　区	23111	18622	32187	53916		148824	318709	3706	341394
椒江区	11229	3839	7713	6144		95561	212247	3706	62215
黄岩区	9551	8489	6060	45361		48606	106462		238211
路桥区	2331	6294	18414	2411		4657			40968
玉环县	34596	2417	2323	915		558	7405		28790
三门县	4581	3324		3000		6985	6547		107416
天台县	143		933	31120		1161	95447		61095
仙居县	6795	5003		47283		21755	111026		56651
温岭市	1767	27457	2964	10829	183	14111	39948		43890
临海市	76772	22054	2194	19603		112963	314737	1485	171529

17－61　各县市区分行业规模以上工业增加值(三)

(2015 年)

单位:万元

地　区	非金属矿物制品业	黑色金属冶炼和压延加工业	有色金属冶炼和压延加工业	金属制品业	通用设备制造业	专用设备制造业	汽车制造业	铁路船舶航空航天和其他运输设备制造业	电气机械和器材制造业
全　市	**130919**	**53163**	**100554**	**288526**	**1016033**	**421315**	**748636**	**352488**	**633049**
市　区	68602	7590	71307	92713	228772	304601	160963	97480	342184
椒江区	44607	－542	－99	23063	77712	96879	55002	19206	175957
黄岩区	12184	5606	4180	25818	19494	160219	6791	24331	30659
路桥区	11811	2526	67226	43832	131566	47504	99171	53943	135568
玉环县	3889	3323	13191	90423	326034	37908	318253	22701	30385
三门县	7194		1760	9232	38572	11940	30025	6099	43785
天台县	5480		154	3815	7510	2205	93339	47992	10070
仙居县	8029		1308	－226	6250	12104	3449	603	7697
温岭市	16556	5453	4736	74742	373678	27736	97202	137871	132175
临海市	21171	36798	8098	17825	35216	24822	45404	39743	66753

17－62　各县市区分行业规模以上工业增加值(四)

(2015年)

单位:万元

地　　区	计算机通信和其他电子设备制造业	仪器仪表制造业	其他制造业	废弃资源综合利用业	金属制品机械和设备修理业	电力热力生产和供应业	燃气生产和供应业	水的生产和供应业
全　　市	**83943**	**201749**	**212623**	**156528**	**1443**	**800104**	**12530**	**51072**
市　　区	51751	29035	5206	148112	1443	187918	3384	30050
椒江区	48042	28628		2211	1443	124677		4632
黄岩区	763		503			32806	2185	12570
路桥区	2946	408	4704	145901		30435	1199	12848
玉环县	3369	104630	676	2015		418890		4000
三门县	644		965			31347		
天台县	6935	10433		332		51729		1349
仙居县		209	3903	88		19861		
温岭市	16961	22040	1528	1031		39465	5376	7010
临海市	4283	35402	200345	4950		50893	3770	8664

17－63　各县市区规模以上工业主要财务指标(一)

(2015年)

单位:万元

地　　区	企业单位数(个)	#亏损企业	工业总产值	工业销售产值	出口交货值	年末资产总计
全　　市	**3672**	**417**	**38522436**	**35961331**	**10454211**	**44418559**
市　　区	1140	155	13803500	13255313	3617776	17858288
椒江区	348	61	4987169	4858175	1553021	8338259
黄岩区	407	38	3811715	3588891	1049833	4360273
路桥区	385	56	5004617	4808247	1014922	5159756
玉环县	719	65	6176656	5831910	1836747	6384688
三门县	163	22	1789467	1669099	380280	2728694
天台县	142	17	1850753	1727392	526191	2205563
仙居县	148	41	1360791	1276513	326621	1502019
温岭市	876	30	6657063	6215167	1963223	6259933
临海市	484	87	6884205	5985938	1803374	7479375

17－64　各县市区规模以上工业主要财务指标(二)

(2015 年)

单位:万元

地　　区	流动资产合计	存货	固定资产合计	固定资产原价	固定资产净值	年末负债合计	流动负债
全　市	**23830595**	**5237301**	**11647019**	**17991035**	**10747133**	**24793146**	**21712603**
市　区	9738433	2016357	3859139	6478205	3597861	9958678	8825915
椒江区	4334337	832087	1825626	3158978	1732391	4060176	3622630
黄岩区	2433547	508720	1012215	1742093	920843	2524138	2265933
路桥区	2970549	675550	1021299	1577133	944627	3374364	2937352
玉环县	3422238	804918	2218749	3622603	2080646	3501493	3269499
三门县	1174020	259140	1231869	1473666	1201268	1952602	1285765
天台县	1198056	247636	587607	1036763	558174	944976	781561
仙居县	835298	195584	420131	613015	374454	802613	733538
温岭市	3373720	731992	1374658	2063235	1231038	3302291	3011009
临海市	4088831	981674	1954866	2703549	1703691	4330494	3805318

17－65　各县市区规模以上工业主要财务指标(三)

(2015 年)

单位:万元

地　　区	非流动负债	年末所有者权益合计	实收资本	主营业务收入	主营业务成本	主营业务税金及附加
全　市	**2055852**	**19571913**	**8670239**	**35090803**	**29206639**	**209549**
市　区	1020950	7887202	3198676	13132333	11128490	73491
椒江区	398272	4277335	1343169	4983492	4080370	26967
黄岩区	203657	1824478	981804	3503844	2848746	23882
路桥区	419022	1785390	873702	4644997	4199374	22642
玉环县	185023	2861882	1529953	5777452	4723062	38803
三门县	82304	774285	452687	1592393	1350768	7925
天台县	147803	1260586	438258	1726599	1337942	17050
仙居县	59910	694451	283029	1243871	950795	9454
温岭市	211534	2957640	1086031	6030471	5091552	33136
临海市	348327	3135867	1681606	5587686	4624030	29691

17－66　各县市区规模以上工业主要财务指标(四)

(2015年)

单位:万元

地　　区	销售费用	利润总额	利税总额	本年应交增值税	财务费用	#利息支出	从业人员年平均人数(人)
全　　市	**1027718**	**2131978**	**3598257**	**1250295**	**525685**	**660028**	**618181**
市　　区	362733	702855	1214289	434338	206544	259848	206464
椒江区	151242	345330	527285	153159	65767	100937	77436
黄岩区	120484	221361	404554	158964	71211	81956	63736
路桥区	91007	136164	282451	122215	69566	76956	65292
玉 环 县	162045	383315	648696	226113	108291	121485	110602
三 门 县	47223	59452	112084	44685	35793	42460	27233
天 台 县	53124	180529	271745	74065	22106	25912	24388
仙 居 县	67638	74346	139690	55769	25313	29476	26200
温 岭 市	175823	349136	589163	205752	55051	77534	127294
临 海 市	159132	382346	622591	209575	72587	103313	96000

17－67　各县市区规模以上工业主要经济效益指标(一)

(2015年)

地　　区	企业亏损面(%)	资产负债率(%)	流动比率	存货周转次数(次)	产品销售率(%)
全　　市	**11.36**	**55.82**	**1.10**	**5.58**	**93.35**
市　　区	13.60	55.77	1.10	5.52	96.03
椒江区	17.53	48.69	1.20	4.90	97.41
黄岩区	9.34	57.89	1.07	5.60	94.15
路桥区	14.55	65.40	1.01	6.22	96.08
玉 环 县	9.04	54.84	1.05	5.87	94.42
三 门 县	13.50	71.56	0.91	5.21	93.27
天 台 县	11.97	42.85	1.53	5.40	93.33
仙 居 县	27.70	53.44	1.14	4.86	93.81
温 岭 市	3.42	52.75	1.12	6.96	93.36
临 海 市	17.98	57.9	1.07	4.71	86.95

17－68 各县市区规模以上工业主要经济效益指标(二)

(2015年)

地　　区	企　业亏损率(%)	成本费用利润率(%)	百元销售收入实现利税(元)	百元固定资产原值实现利税(元)	出口交货值占工业销售产值(%)
全　　市	**7.62**	**6.44**	**10.25**	**20.00**	**29.07**
市　　区	12.02	5.60	9.25	18.74	27.29
椒江区	7.65	7.40	10.58	16.69	31.97
黄岩区	8.63	6.65	11.55	23.22	29.25
路桥区	25.48	2.98	6.08	17.91	21.11
玉 环 县	6.13	7.17	11.23	17.91	31.49
三 门 县	14.19	3.87	7.04	7.61	22.78
天 台 县	1.49	11.73	15.74	26.21	30.46
仙 居 县	9.26	6.37	11.23	22.79	25.59
温 岭 市	2.19	6.13	9.77	28.56	31.59
临 海 市	6.55	7.25	11.14	23.03	30.13

17－69 各县市区国有及国有控股工业主要财务指标(一)

(2015年)

单位:万元

地　　区	企　业单位数(个)	#亏　损企　业	工　业总产值	工业销售产值	出　口交货值	年末资产总计
全　　市	**51**	**5**	**3627077**	**3604152**	**224977**	**6153256**
市　　区	23	2	1213892	1215439	132807	2323335
椒江区	12	1	744387	746758	132807	1726944
黄岩区	5		233799	233475		264005
路桥区	6	1	235706	235206		332386
玉 环 县	3		956604	956825		1301092
三 门 县	2	1	119584	119584		927315
天 台 县	3	1	120892	120451		256642
仙 居 县	4		243658	235415	34339	360582
温 岭 市	8		666366	657588	57830	681557
临 海 市	8	1	306081	298851		302735

17－70　各县市区国有及国有控股工业主要财务指标(二)

(2015年)

单位:万元

地　区	流动资产合计	存货	固定资产合计	固定资产原价	固定资产净值	年末负债合计	流动负债
全　市	**1514676**	**258434**	**3520543**	**5649223**	**3336268**	**2949922**	**1646398**
市　区	611784	132057	937771	1892420	888535	1127718	629645
椒江区	424042	122411	596100	1351734	590272	751085	448779
黄岩区	61622	3882	155962	251588	120667	155254	67578
路桥区	126121	5764	185709	289098	177596	221379	113289
玉环县	226432	26606	1072810	1779553	1047216	391501	315136
三门县	106968	4493	786549	819131	779162	782385	242372
天台县	42934	6195	200761	422089	200761	122168	43718
仙居县	158909	24136	115386	177423	109736	122928	103986
温岭市	281534	51592	241148	303132	162048	225406	192552
临海市	86115	13356	166119	255476	148810	177817	118989

17－71　各县市区国有及国有控股工业主要财务指标(三)

(2015年)

单位:万元

地　区	非流动负债	年末所有者权益合计	实收资本	主营业务收入	主营业务成本	主营业务税金及附加
全　市	**735074**	**3203334**	**1460967**	**3519728**	**2839576**	**23954**
市　区	480910	1195617	338938	1211582	984020	7694
椒江区	285144	975859	262685	750996	567747	5708
黄岩区	87676	108751	26396	234561	209030	1031
路桥区	108090	111007	49857	226026	207242	955
玉环县	76366	909591	695318	956109	671619	6947
三门县	6191	144930	137014	119529	107344	422
天台县	78449	134475	95987	108823	92145	1175
仙居县	18632	237654	63792	220303	157546	1741
温岭市	32854	456151	90087	605198	556607	4477
临海市	41672	124917	39832	298184	270295	1499

17－72　各县市区国有及国有控股工业主要财务指标(四)

(2015年)

单位:万元

地区	销售费用	利润总额	利税总额	本年应交增值税	财务费用	#利息支出	从业人员年平均人数(人)
全市	**68074**	**319943**	**521213**	**177023**	**85589**	**90015**	**27395**
市区	35785	68118	123191	47164	27766	31186	10797
椒江区	34439	52895	85597	26910	13825	17211	8256
黄岩区	47	12164	25320	12008	6997	6700	1485
路桥区	1299	3059	12274	8246	6943	7274	1056
玉环县	769	196825	276853	73072	34405	34583	1129
三门县		－4569	－3705	436	5882	5892	1319
天台县	221	12453	25051	11412	5551	2598	696
仙居县	22463	13239	31499	16515	4749	6227	2182
温岭市	3429	24562	47628	18551	2214	3383	9141
临海市	5407	9316	20697	9873	5022	6148	2131

17－73　各县市区国有及国有控股工业主要经济效益指标(一)

(2015年)

地区	企业亏损面(%)	资产负债率(%)	流动比率	存货周转次数(次)	产品销售率(%)
全市	**9.80**	**47.94**	**0.92**	**10.99**	**99.37**
市区	8.70	48.54	0.97	7.45	100.13
椒江区	8.33	43.49	0.94	4.64	100.32
黄岩区		58.81	0.91	53.84	99.86
路桥区	16.67	66.60	1.11	35.96	99.79
玉环县		30.09	0.72	25.24	100.02
三门县	50.00	84.37	0.44	23.89	100.00
天台县	33.33	47.60	0.98	14.87	99.64
仙居县		34.09	1.53	6.53	96.62
温岭市		33.07	1.46	10.79	98.68
临海市	12.50	58.74	0.72	20.24	97.64

17－74　各县市区国有及国有控股工业主要经济效益指标(二)

(2015 年)

地　　区	企　业 亏损率 (%)	成本费用 利润率 (%)	百元销售收 入实现利税 (元)	百元固定 资产原值 实现利税 (元)	出口交货 值占工业 销售产值 (%)
全　　市	**2.95**	**10.04**	**14.81**	**9.23**	**6.24**
市　　区	5.77	5.85	10.17	6.51	10.93
椒江区	4.04	7.47	11.40	6.33	17.78
黄岩区		5.25	10.79	10.06	
路桥区	38.84	1.36	5.43	4.25	
玉 环 县		27.45	28.96	15.56	
三 门 县	834.68	-3.66	-3.10	-0.45	
天 台 县	1.29	12.65	23.02	5.93	
仙 居 县		6.39	14.30	17.75	14.59
温 岭 市		4.18	7.87	15.71	8.79
临 海 市	2.23	3.23	6.94	8.10	

17－75　各县市区大中型工业主要财务指标(一)

(2015 年)

单位:万元

地　　区	企　业 单位数 (个)	#亏　损 企　业	工　业 总产值	工业销 售产值	出　口 交货值	年末资 产总计
全　　市	**424**	**34**	**18740212**	**17461078**	**6034572**	**24750458**
市　　区	137	19	7325414	7040002	2209978	10695211
椒江区	52	8	2855137	2795705	1131377	5822884
黄岩区	41	7	1615187	1530169	439221	2170971
路桥区	44	4	2855090	2714129	639381	2701356
玉 环 县	72	7	2617853	2536640	818367	3312306
三 门 县	21	1	814212	755448	213654	1624030
天 台 县	20		847612	803884	291988	1027453
仙 居 县	22	1	669569	616869	175519	828593
温 岭 市	85		3057180	2825775	1097573	3366635
临 海 市	67	6	3408371	2882459	1227493	3896230

17－76 各县市区大中型工业主要财务指标(二)

(2015年)

单位:万元

地区	流动资产合计	存货	固定资产合计	固定资产原价	固定资产净值	年末负债合计	流动负债
全市	**12058403**	**2743929**	**6857123**	**10421299**	**6231588**	**11792007**	**9985297**
市区	5424653	1155897	2202403	3831518	2044488	5083427	4431563
椒江区	2750172	488411	1202655	2202030	1129064	2311711	2016156
黄岩区	1164351	240664	442256	765101	406901	1104389	970669
路桥区	1510130	426823	557493	864387	508523	1667327	1444739
玉环县	1511387	342988	1502524	2414939	1385477	1526660	1427498
三门县	551325	104718	947968	1066841	937589	1186703	628253
天台县	541071	127742	212596	363975	196020	372296	307383
仙居县	454651	106580	218113	314334	199786	379830	336946
温岭市	1569097	359771	668976	975506	555870	1339319	1175643
临海市	2006220	546233	1104543	1454186	912358	1903773	1678010

17－77 各县市区大中型工业主要财务指标(三)

(2015年)

单位:万元

地区	非流动负债	年末所有者权益合计	实收资本	主营业务收入	主营业务成本	主营业务税金及附加
全市	**1181017**	**12958449**	**4967289**	**16968560**	**13643949**	**107831**
市区	609708	5611784	1763382	6965820	5768663	39459
椒江区	287311	3511173	841647	2875875	2254451	15266
黄岩区	105256	1066582	560927	1505126	1170991	9898
路桥区	217140	1034029	360808	2584819	2343221	14295
玉环县	97327	1785646	1000954	2525490	1933790	16798
三门县	22559	437327	242371	744823	620977	3441
天台县	64913	655157	167390	813628	606263	12227
仙居县	42884	448763	136863	584188	410409	4357
温岭市	151142	2027316	581188	2702984	2213394	16565
临海市	192485	1992457	1075142	2631626	2090455	14985

17-78　各县市区大中型工业主要财务指标(四)

(2015年)

单位:万元

地　区	销售费用	利润总额	利税总额	本年应交增值税	财务费用	#利息支出	从业人员年平均人数(人)
全　市	**563482**	**1447975**	**2262276**	**704497**	**202323**	**297083**	**276104**
市　区	199812	505830	800060	253161	92133	125336	100980
椒江区	98727	269527	390040	103675	24084	51673	43218
黄岩区	55928	133672	219294	75708	30885	36793	25824
路桥区	45157	102631	190727	73779	37165	36870	31938
玉环县	68723	285082	427009	125112	53054	62354	37882
三门县	27336	33834	58830	21549	15650	18764	11514
天台县	24879	103099	154714	39377	2599	7994	11378
仙居县	39407	57512	92535	30665	12676	16084	11394
温岭市	113839	188057	317069	112190	8568	27287	55996
临海市	89486	274561	412059	122443	17642	39264	46960

17-79　各县市区大中型工业主要经济效益指标(一)

(2015年)

地　区	企业亏损面(%)	资产负债率(%)	流动比率	存货周转次数(次)	产品销售率(%)
全　市	**8.02**	**47.64**	**1.21**	**4.97**	**93.17**
市　区	13.87	47.53	1.22	4.99	96.10
椒江区	15.38	39.70	1.36	4.62	97.92
黄岩区	17.07	50.87	1.20	4.87	94.74
路桥区	9.09	61.72	1.05	5.49	95.06
玉环县	9.72	46.09	1.06	5.64	96.90
三门县	4.76	73.07	0.88	5.93	92.78
天台县		36.23	1.76	4.75	94.84
仙居县	4.55	45.84	1.35	3.85	92.13
温岭市		39.78	1.33	6.15	92.43
临海市	8.96	48.86	1.20	3.83	84.57

17-80　各县市区大中型工业主要经济效益指标(二)

(2015年)

地　　区	企　业 亏损率 (%)	成本费用 利润率 (%)	百元销售收 入实现利税 (元)	百元固定 资产原值 实现利税 (元)	出口交货 值占工业 销售产值 (%)
全　市	**4.68**	**9.24**	**13.33**	**21.71**	**34.56**
市　区	9.28	7.70	11.49	20.88	31.39
椒江区	4.70	10.25	13.56	17.71	40.47
黄岩区	9.29	9.52	14.57	28.66	28.70
路桥区	19.43	4.05	7.38	22.07	23.56
玉环县	3.77	12.98	16.91	17.68	32.26
三门县	13.30	4.74	7.90	5.51	28.28
天台县		14.63	19.02	42.51	36.32
仙居县	0.02	10.89	15.84	29.44	28.45
温岭市		7.44	11.73	32.50	38.84
临海市	1.08	11.3	15.66	28.34	42.58

17-81　各县市区规模以上非国有工业主要财务指标(一)

(2015年)

单位:万元

地　　区	企　业 单位数 (个)	#亏　损 企　业	工　业 总产值	工业销 售产值	出　口 交货值	年末资 产总计
全　市	**3621**	**412**	**34895359**	**32357178**	**10229234**	**38265303**
市　区	1117	153	12589608	12039874	3484968	15534953
椒江区	336	60	4242782	4111417	1420214	6611315
黄岩区	402	38	3577915	3355416	1049833	4096268
路桥区	379	55	4768911	4573041	1014922	4827370
玉环县	716	65	5220052	4875085	1836747	5083596
三门县	161	21	1669884	1549515	380280	1801379
天台县	139	16	1729861	1606941	526191	1948921
仙居县	144	41	1117133	1041097	292282	1141437
温岭市	868	30	5990698	5557579	1905393	5578376
临海市	476	86	6578124	5687088	1803374	7176640

17－82　各县市区规模以上非国有工业主要财务指标（二）

（2015 年）

单位：万元

地　区	流动资产合计	存货	固定资产合计	固定资产原价	固定资产净值	年末负债合计	流动负债
全　市	**22315919**	**4978866**	**8126475**	**12341812**	**7410865**	**21843224**	**20066205**
市　区	9126649	1884300	2921368	4585785	2709327	8830960	8196270
椒江区	3910296	709677	1229526	1807245	1142119	3309092	3173851
黄岩区	2371925	504838	856253	1490505	800176	2368884	2198355
路桥区	2844428	669786	835590	1288035	767032	3152985	2824064
玉环县	3195806	778312	1145939	1843051	1033430	3109992	2954363
三门县	1067052	254648	445320	654536	422106	1170217	1043392
天台县	1155122	241441	386846	614673	357413	822809	737842
仙居县	676389	171449	304746	435592	264719	679685	629552
温岭市	3092186	680399	1133510	1760103	1068990	3076885	2818457
临海市	4002716	968318	1788747	2448073	1554881	4152677	3686328

17－83　各县市区规模以上非国有工业主要财务指标（三）

（2015 年）

单位：万元

地　区	非流动负债	年末所有者权益合计	实收资本	主营业务收入	主营业务成本	主营业务税金及附加
全　市	**1320778**	**16368579**	**7209272**	**31571076**	**26367063**	**185595**
市　区	540041	6691585	2859738	11920750	10144470	65797
椒江区	113128	3301476	1080484	4232496	3512623	21259
黄岩区	115981	1715727	955409	3269283	2639715	22851
路桥区	310932	1674383	823845	4418971	3992132	21687
玉环县	108658	1952292	834635	4821343	4051443	31856
三门县	76113	629355	315672	1472864	1243423	7503
天台县	69354	1126111	342270	1617776	1245797	15875
仙居县	41277	456797	219237	1023568	793249	7713
温岭市	178680	2501489	995944	5425273	4534945	28659
临海市	306655	3010949	1641774	5289502	4353736	28191

17－84 各县市区规模以上非国有工业主要财务指标(四)

(2015 年)

单位:万元

地区	销售费用	利润总额	利税总额	本年应交增值税	财务费用	#利息支出	从业人员年平均人数(人)
全市	**959645**	**1812035**	**3077044**	**1073272**	**440096**	**570013**	**590786**
市区	326949	634737	1091098	387174	178778	228663	195667
椒江区	116803	292435	441687	126249	51942	83726	69180
黄岩区	120438	209197	379234	146956	64214	75256	62251
路桥区	89708	133105	270177	113969	62623	69681	64236
玉环县	161276	186489	371843	153041	73887	86902	109473
三门县	47223	64021	115788	44249	29911	36569	25914
天台县	52903	168076	246695	62653	16554	23314	23692
仙居县	45176	61107	108191	39254	20564	23250	24018
温岭市	172394	324574	541535	187201	52837	74152	118153
临海市	153725	373030	601894	199701	67565	97164	93869

17－85 各县市区规模以上非国有工业主要经济效益指标(一)

(2015 年)

地区	企业亏损面(%)	资产负债率(%)	流动比率	存货周转次数(次)	产品销售率(%)
全市	**11.38**	**57.08**	**1.11**	**5.30**	**92.73**
市区	13.70	56.85	1.11	5.38	95.63
椒江区	17.86	50.05	1.23	4.95	96.90
黄岩区	9.45	57.83	1.08	5.23	93.78
路桥区	14.51	65.31	1.01	5.96	95.89
玉环县	9.08	61.18	1.08	5.21	93.39
三门县	13.04	64.96	1.02	4.88	92.79
天台县	11.51	42.22	1.57	5.16	92.89
仙居县	28.47	59.55	1.07	4.63	93.19
温岭市	3.46	55.16	1.10	6.67	92.77
临海市	18.07	57.86	1.09	4.50	86.45

17－86 各县市区规模以上非国有工业主要经济效益指标(二)

(2015年)

地区	企业亏损率(%)	成本费用利润率(%)	百元销售收入实现利税(元)	百元固定资产原值实现利税(元)	出口交货值占工业销售产值(%)
全市	**8.40**	**6.05**	**9.75**	**24.93**	**31.61**
市区	12.65	5.57	9.15	23.79	28.95
椒江区	8.27	7.39	10.44	24.44	34.54
黄岩区	9.08	6.76	11.60	25.44	31.29
路桥区	25.11	3.06	6.11	20.98	22.19
玉环县	11.83	4.03	7.71	20.18	37.68
三门县	6.76	4.53	7.86	17.69	24.54
天台县	1.50	11.67	15.25	40.13	32.74
仙居县	11.05	6.37	10.57	24.84	28.07
温岭市	2.35	6.36	9.98	30.77	34.28
临海市	6.65	7.48	11.38	24.59	31.71

17－87 各县市区固定资产投资(一)

(2015年)

单位:万元

地区	投资额	建筑工程	安装工程	设备工器具购置	其他费用	#土地购置费	#工业性投资	#住宅
全市	**19960258**	**12232322**	**813380**	**3875915**	**3038641**	**1884448**	**8164860**	**2820833**
市区	6257563	3861624	307022	608105	1480812	992414	1807800	1352030
椒江区	2892333	1965353	154141	199100	573739	287985	563564	675393
黄岩区	1561861	812626	82641	186971	479623	406377	626228	280250
路桥区	1803369	1083645	70240	222034	427450	298052	618008	396387
玉环县	1635487	1325428	45821	168567	95671	67286	552229	176459
三门县	2001133	918981	212889	636482	232781	84084	1518894	139681
天台县	1712668	1117371	60961	331259	203077	120127	783110	127660
仙居县	1826470	1315458	43985	292552	174475	90272	782539	199805
温岭市	3661243	2045672	112899	929592	573080	379340	1313281	452574
临海市	2865694	1647788	29803	909358	278745	150925	1407007	372624

17－88　各县市区固定资产投资(二)

(2015年)

地　　区	新　增 固定资产 (万元)	施　工 房屋面积 (平方米)	#住　宅	竣　工 房屋面积 (平方米)	#住　宅	竣　工 房屋价值 (万元)	#住　宅
全　　市	**13956253**	**70667632**	**22506915**	**13719999**	**3413364**	**1325805**	**954659**
市　　区	4219938	31297081	10841494	4902873	2183073	910606	637007
椒江区	2718235	14211423	5177845	2443734	1458308	698166	495848
黄岩区	638176	6911837	2314532	1579242	463337	20623	
路桥区	863527	10173821	3349117	879897	261428	191817	141159
玉 环 县	925512	5480710	1355956	601479	34721	38151	26250
三 门 县	1977028	3419844	2100073	165849	110025	6859	4770
天 台 县	104853	1965100	1124544	7990	4857	3100	1400
仙 居 县	1166327	5075879	1512538	1441931	38017		
温 岭 市	2886404	16089437	3526342	3924289	710353	339542	266539
临 海 市	2676191	7339581	2045968	2675588	332318	27547	18693

17－89　各县市区房地产开发投资(一)

(2015年)

单位:万元

地　　区	投资额	住　宅	办公楼	商　业 用　房	其　他	土　地 购置费	新增固 定资产
全　　市	**4386861**	**2727785**	**166293**	**783328**	**709455**	**1066554**	**2286251**
市　　区	2453762	1345989	147979	525011	434783	637905	1706954
椒江区	1249884	674437	110812	278829	185806	194876	1235683
黄岩区	474059	277370	10948	39639	146102	279463	20826
路桥区	729819	394182	26219	206543	102875	163566	450445
玉 环 县	250743	176459	2048	50910	21326	20610	112127
三 门 县	173166	139381	2272	14235	17278	61856	16786
天 台 县	240316	127660	200	87794	24662	52023	3107
仙 居 县	267350	181773	2122	43749	39706	54740	238
温 岭 市	564536	415121	1902	41462	106051	134830	415989
临 海 市	436988	341402	9770	20167	65649	104590	31050

17-90 各县市区房地产开发投资(二)

(2015年)

单位:万元

地区	投资额	国有控股	集体控股	私人控股	港澳台控股	非国有控股	#民间
全市	**4386861**	**232925**	**27033**	**3979290**	**61303**	**4178028**	**4106212**
市区	2453762	153812		2196026	39014	2324042	2285028
椒江区	1249884	107231		1083543		1142653	1142653
黄岩区	474059	20		435025	39014	474039	435025
路桥区	729819	46561		677458		707350	707350
玉环县	250743			238754	11989	250743	238754
三门县	173166	2130		171036		171036	171036
天台县	240316	22723		217593		217593	217593
仙居县	267350	1500		265850		265850	265850
温岭市	564536	13860	26433	502843		550676	540163
临海市	436988	38900	600	387188	10300	398088	387788

17-91 各县市区房地产开发投资(三)

(2015年)

单位:平方米

地区	施工面积	#住宅	竣工面积	#住宅	商品房住宅竣工套数(套)	竣工房屋价值(万元)	#住宅	商品房销售额(万元)	#住宅
全市	**32994341**	**21148334**	**3591841**	**2509231**	**18982**	**1325805**	**954659**	**3969866**	**3424699**
市区	16239537	10084741	2398880	1708538	11633	910606	637007	1900349	1645789
椒江区	7789507	5168153	1968441	1458308	9965	698166	495848	945284	795105
黄岩区	2742122	1578669	71115			20623		417362	345590
路桥区	5707908	3337919	359324	250230	1668	191817	141159	537703	505094
玉环县	2046679	1355956	49348	34721	246	38151	26250	229016	171294
三门县	2909027	2010212	165849	110025	892	6859	4770	251891	225464
天台县	1940198	1124544	7990	4857	34	3100	1400	246245	202840
仙居县	2006961	1404995						250687	229606
温岭市	4985986	3377199	841921	574053	5511	339542	266539	799117	721584
临海市	2865953	1790687	127853	77037	666	27547	18693	292561	228122

17－92　各县市区房地产开发投资(四)

(2015年)

单位:平方米

地　区	商品房销售面积	#住宅	现　房	#住宅	期　房	#住宅	商品房住宅销售套数(套)	商品房待售面积	#住宅
全　市	**4420267**	**3520662**	**716379**	**501182**	**3703888**	**3019480**	**26981**	**1812670**	**920664**
市　区	1983605	1592002	352964	261354	1630641	1330648	11888	1005537	525635
椒江区	1096249	828791	218104	146861	878145	681930	6268	726125	408459
黄岩区	333111	257709	12050	6740	321061	250969	1834	128288	17813
路桥区	554245	505502	122810	107753	431435	397749	3786	151124	99363
玉环县	284924	196931	31294	18807	253630	178124	1586	94849	53883
三门县	379369	311196	78769	45435	300600	265761	2131	215893	67214
天台县	323375	261527	62842	53319	260533	208208	2166	121451	48804
仙居县	293677	272322	339	339	293338	271983	1880	11352	7817
温岭市	786934	636489	141782	110400	645152	526089	5408	231161	141332
临海市	368383	250195	48389	11528	319994	238667	1922	132427	75979

17－93　各县市区房地产开发企业财务状况(一)

(2015年)

单位:万元

地　区	单位数	流动资产合计	固定资产原价	#本年折旧	资产总计	负债合计	所有者权益合计	#实收资本
全　市	**399**	**19153177**	**404027**	**21413**	**20844159**	**17735695**	**3108464**	**2341120**
市　区	171	10387636	196876	10208	11116165	9397380	1718786	1365534
椒江区	82	5021894	126253	6490	5527686	4702719	824968	621171
黄岩区	35	2011846	30396	2026	2124379	1720687	403692	277818
路桥区	54	3353896	40227	1692	3464100	2973974	490126	466545
玉环县	35	1087833	7318	571	1193948	1022321	171627	122312
三门县	37	756071	12260	804	836560	770247	66313	114288
天台县	27	770210	41122	1558	827446	663589	163857	109561
仙居县	18	1082859	9531	1156	1173315	1074808	98507	87958
温岭市	70	3248791	64244	3913	3564435	2918732	645703	356887
临海市	41	1819778	72678	3204	2132289	1888619	243671	184582

17－94　各县市区房地产开发企业财务状况(二)

(2015 年)

单位:万元

地　区	主营业务收入	主营业务成本	主营业务税金及附加	销售费用	管理费用	#税金
全　市	**3164535**	**2521735**	**298937**	**87570**	**126652**	**7886**
市　区	1850139	1498798	172683	51301	64898	4489
椒江区	1137058	912584	92955	26119	33140	2218
黄岩区	293767	289566	28733	8977	11698	1431
路桥区	419313	296648	50995	16205	20060	840
玉环县	114537	98961	12538	6072	6739	566
三门县	62893	45744	11519	3058	9813	236
天台县	274687	220794	25674	6884	8037	150
仙居县	108513	93491	9555	3792	6588	61
温岭市	479133	375534	39811	12300	18723	1334
临海市	274633	188414	27158	4164	11854	1050

17－95　各县市区房地产开发企业财务状况(三)

(2015 年)

单位:万元

地　区	财务费用	#利息支出	营业利润	利润总额	应交所得税	应付职工薪酬
全　市	**84261**	**81809**	**68187**	**53778**	**46181**	**74685**
市　区	59027	56260	13561	6784	32183	36703
椒江区	47819	49376	33821	28402	21099	17825
黄岩区	2427	2574	－46687	－47611	352	7295
路桥区	8781	4310	26428	25994	10731	11583
玉环县	2245	1388	－12041	－14578	783	4443
三门县	2942	2076	－11969	－13885	412	3712
天台县	1995	2037	12041	12013	313	4063
仙居县	5289	4800	4849	5327	143	3571
温岭市	9411	11486	22408	20993	10875	16009
临海市	3353	3763	39338	37124	1472	6185

17－96 各县市区建筑业企业基本情况(一)

(2015年)

地　区	企业数（个）	#国有控股企业	建筑业总产值（万元）	#建筑工程产值	#安装工程产值	#在外省完成产值
全　市	**448**	**17**	**22266641**	**21270695**	**680836**	**12441494**
市　区	143	6	7214591	6861072	241636	3486176
椒江区	70	3	2619267	2547753	42609	960284
黄岩区	41	2	2181396	2007329	102221	1154665
路桥区	32	1	2413928	2305991	96806	1371228
玉环县	30	2	184534	152273	23755	625
三门县	39		1117819	1093775	17045	480771
天台县	26	1	903813	889460	8444	359225
仙居县	31	1	1195391	1013146	16021	623639
温岭市	110	3	7402750	7225825	165362	5016194
临海市	69	4	4247744	4035144	208572	2474864

17－97 各县市区建筑业企业基本情况(二)

(2015年)

地　区	房屋建筑施工面积（平方米）	#本年新开工面积	房屋建筑竣工面积（平方米）	#住　宅	年末自有机械设备总功率（千瓦）
全　市	**177255042**	**63931345**	**70328122**	**42622371**	**2081522**
市　区	55679700	20922888	17381805	10439018	586535
椒江区	24356844	8886227	7757411	5352382	270104
黄岩区	26254220	9041257	6651126	3926915	200585
路桥区	5068636	2995404	2973268	1159721	115846
玉环县	1051721	536371	671026	77090	52072
三门县	6618230	3014853	2863864	1534924	191107
天台县	5048919	3387919	2668690	858865	92592
仙居县	3531266	1785554	1396288	501450	147853
温岭市	74273405	21854782	30131316	17652983	716038
临海市	31051801	12428978	15215133	11558041	295325

17－98　各县市区建筑业企业财务状况(一)

(2015 年)

单位:万元

指　　标	流动资产合计	# 存货	固定资产合计	# 本年折旧	资产合计	负债合计
全　　市	**6386081**	**1879506**	**846392**	**73693**	**7910828**	**4149339**
市　　区	2646455	787100	274689	23204	3209947	1805758
椒江区	1293817	450154	94646	9745	1472792	950555
黄岩区	475324	150582	83847	5119	647154	291469
路桥区	877313	186363	96196	8340	1090001	563734
玉 环 县	115996	28837	16589	1494	138439	81464
三 门 县	278714	77467	83039	8470	366671	127267
天 台 县	191789	39870	55563	3011	269506	98401
仙 居 县	384638	109211	47258	9843	464634	197868
温 岭 市	1959145	470631	244938	16890	2418566	1393180
临 海 市	809343	366391	124316	10781	1043065	445401

17－99　各县市区建筑业企业财务状况(二)

(2015 年)

单位:万元

指　　标	所有者权益合计	# 实收资本	营业收入	营业成本	营业税金及附加	营业利润
全　　市	**3761489**	**1728819**	**15595759**	**14147008**	**537591**	**521052**
市　　区	1404189	593188	4836584	4413808	168334	151929
椒江区	522237	251716	1820282	1655440	65957	58515
黄岩区	355685	152128	1548566	1432324	52074	31174
路桥区	526267	189344	1467736	1326044	50303	62240
玉 环 县	56976	48051	155031	137679	5598	3980
三 门 县	239404	118767	856935	769029	29325	36638
天 台 县	171105	110563	784366	705063	28962	31885
仙 居 县	266767	148026	1078568	937102	36828	49296
温 岭 市	1025386	417070	5282844	4811236	173652	173079
临 海 市	597664	293155	2601430	2373092	94892	74245

17－100　各县市区建筑业企业财务状况(三)

(2015 年)

单位:万元

指　　标	管理费用	#税金	财务费用	#利息支出	利润总额	应交所得税	本年应付职工薪酬
全　　市	**243980**	**10749**	**110930**	**101808**	**522983**	**148768**	**3330447**
市　　区	68413	4982	27209	26176	153742	37754	955570
椒江区	29737	1391	7899	12449	60488	15615	319269
黄岩区	19779	2136	9807	7866	31238	7732	326688
路桥区	18896	1456	9503	5861	62017	14407	309613
玉 环 县	6212	325	538	537	4233	1130	25452
三 门 县	15408	712	4334	4477	35669	11371	153359
天 台 县	12645	339	4484	3502	31888	13295	131548
仙 居 县	14413	1201	36757	32458	49413	12553	120618
温 岭 市	82000	1838	28550	26644	172768	53015	1244813
临 海 市	44891	1352	9059	8016	75270	19650	699087

17－101　各县市区客运量货运量及港口货物吞吐量

(2015 年)

地　　区	客运量(万人)	#铁路	#公路	#水运	货运量(万吨)	#公路	#水运	港口货物吞吐量(万吨)
全　　市	**13166**	**836**	**12064**	**208**	**21215**	**9990**	**11200**	**6237**
市　　区	2002	322	1612	10	11808	5014	6769	1594
椒江区	619		609	10	5768	1394	4374	1371
黄岩区	517	322	195		3013	2266	747	183
路桥区	866		808		3027	1354	1648	40
玉 环 县	2847		2649	198	2366	1036	1330	3095
三 门 县	1186	51	1135		1073	295	778	421
天 台 县	1172		1172		440	440		
仙 居 县	1154		1154		360	360		
温 岭 市	4314	373	3941		3281	1411	1870	734
临 海 市	491	90	401		1887	1434	453	395

17－102 各县市区客运周转量和货运周转量

(2015 年)

地区	客运周转量（万人公里）	铁路	公路	水运	货运周转量（万吨公里）	铁路	公路	水运
全市	**772643**	**267193**	**503713**	**1737**	**15710683**	**5313**	**1661631**	**14043739**
市区	266211	104006	161688	517	9133528	5313	912483	8215732
椒江区	56468		55951	517	5182514		188870	4993644
黄岩区	140073	104006	36067		1566432		484101	1082331
路桥区	69670		69670		2384582	5313	239512	2139757
玉环县	66841		65621	1220	1857743		129205	1728538
三门县	39491	6987	32504		956155		42790	913365
天台县	37810		37810		66046		66046	
仙居县	29747		29747		50059		50059	
温岭市	259067	130550	128517		2858263		240781	2617482
临海市	73476	25650	47826		788889		220267	568622

17－103 各县市区公路基本情况(一)

(2015 年)

单位:公里

地区	公路总里程	等级公路合计	高速公路	一级	二级	三级	四级	准四级	等外公路
全市	**12480**	**12297**	**298**	**608**	**1241**	**566**	**6246**	**3339**	**183**
市区	2479	2423	34	181	259	127	1201	619	56
椒江区	603	603	13	61	83	58	218	169	
黄岩区	1256	1200	21	54	73	25	585	443	56
路桥区	620	620		66	103	45	398	7	
玉环县	657	657		53	87	50	261	206	
三门县	1272	1270	21	51	151	43	899	105	2
天台县	1949	1949	42	68	70	68	901	800	
仙居县	1859	1831	106	35	133	63	686	808	28
温岭市	1958	1862	11	84	203	118	1281	165	96
临海市	2307	2307	85	135	338	96	1016	636	

17－104 各县市区公路基本情况(二)

(2015年)

地区	路面里程			隧道		桥梁	
	有铺装（公里）	简易铺装（公里）	未铺装（公里）	道	延米	座	米
全市	**11971**	**98**	**411**	**300**	**214747**	**5793**	**304709**
市区	2369	3	107	15	8786	1472	64635
椒江区	603			8	4456	351	20607
黄岩区	1184	2	71	5	3080	661	25790
路桥区	582	1	36	2	1250	460	18237
玉环县	657			29	14522	208	21698
三门县	1247	17	8	39	28254	415	22023
天台县	1901	43	5	23	8047	528	21085
仙居县	1804	27	28	87	63509	588	46673
温岭市	1697	5	256	34	21851	1516	60472
临海市	2298	2	7	73	69777	1066	68123

17－105 各县市区公路基本情况(三)

(2015年)

单位:公里

地区	公路总里程	国道	省道	县道	乡道	专用道	村道
全市	**12480**	**268**	**734**	**2750**	**2029**	**64**	**6636**
市区	2479	46	79	627	432	20	1274
椒江区	603		49	143	117		293
黄岩区	1256	37	29	341	158	14	678
路桥区	620	9	1	143	157	6	303
玉环县	657		29	188	103		337
三门县	1272	21	82	273	197	27	672
天台县	1949	81	61	347	338	10	1112
仙居县	1859		227	406	216	3	1006
温岭市	1958	32	62	375	289		1200
临海市	2307	88	192	534	454	3	1036

17－106　各县市区汽车拥有量

（2015年）

单位：辆

地　区	汽车拥有量	载客汽车	#个人	载货汽车	#个人	其他汽车	摩托车
全　市	**1160758**	**996106**	**919358**	**161221**	**129081**	**3431**	**561369**
市　区	476166	398040	362376	76619	58687	1507	178083
椒江区	160852	140131	123804	19994	13345	727	55585
黄岩区	147006	121456	111410	25281	19090	269	67635
路桥区	168308	136453	127162	31344	26252	511	54863
玉环县	103918	91631	80231	11928	9009	359	33284
三门县	43048	36731	33410	6098	5081	219	26347
天台县	60042	54599	51122	5305	4344	138	45461
仙居县	57987	51811	48619	6031	5028	145	37906
温岭市	261621	221408	209914	39623	34233	590	164027
临海市	157976	141886	133686	15617	12699	473	76261

17－107　各县市区邮电通信主要指标

（2015年）

地　区	邮电局（所）数（个）	邮电业务收入（万元）	电话交换机装机总容量（门）	固定电话用户数（户）	移动电话用户数（户）	宽带用户数（户）
全　市	**425**	**726790**	**1715888**	**1204415**	**7397767**	**1785103**
市　区	124	295111	628434	483898	2624080	686668
椒江区	38	145266	232432	210053	962840	294685
黄岩区	46	68765	194988	129836	776609	193394
路桥区	40	81080	201014	144009	884631	198589
玉环县	38	78455	204044	142832	784820	197918
三门县	41	32579	74582	56586	343802	84337
天台县	37	38220	121958	80589	424974	109054
仙居县	34	35637	88710	53310	397563	85398
温岭市	67	154247	376166	241202	1704650	364560
临海市	84	92543	221994	145998	1117878	257168

17－108 各县市区用电量

（2015 年）

单位:万千瓦时

地区	全社会用电量（包括厂用电量及线损）	#工业用电量	#制造业	轻工业	重工业	#城乡居民生活用电
全市	**2527487**	**1677933**	**1519348**	**595433**	**1082500**	**481992**
市区	954080	638843	587586	283201	355642	158994
椒江区	252406	172663	159724	95083	77580	43407
黄岩区	315633	229034	210689	112425	116609	46642
路桥区	262444	168203	152438	56128	112075	49090
直辖局	123597	68943	64735	19565	49378	19855
玉环县	366871	278669	263277	34920	243749	57368
三门县	122832	69503	62331	16563	52939	22325
天台县	109545	63612	54644	20233	43379	28298
仙居县	90888	51688	44114	19902	31786	23103
温岭市	502501	309959	284891	103241	206718	122736
临海市	357504	242392	222506	117374	125019	69169

17－109 各县市区全社会单位生产总值能耗

（2015 年）

地区	单位 GDP 能耗（吨标准煤/万元）	单位 GDP 能耗降低率（%）	单位 GDP 电耗（千瓦时/万元）	单位 GDP 电耗降低率（%）	规模以上工业增加值能耗降低率（%）
全市	**0.356**	**4.10**	**725**	**6.72**	**2.33**
椒江区	0.429	3.30	861	4.24	1.30
黄岩区	0.387	4.30	912	6.62	2.19
路桥区	0.274	5.85	568	8.38	5.59
玉环县	0.383	7.25	838	9.33	2.52
三门县	0.440	1.64	870	-6.88	-4.87
天台县	0.283	5.31	605	7.23	-3.00
仙居县	0.243	7.70	564	7.60	12.00
温岭市	0.358	4.18	617	8.39	1.15
临海市	0.348	5.33	792	5.28	6.37

17-110 各县市区规模以上工业主要能源消费量

(2015 年)

单位:吨

地 区	原 煤	焦 炭	汽 油	柴 油	热 力(百万千焦)	电 力(万千瓦时)
全 市	**10766567**	**7351**	**21413**	**46174**	**6684579**	**1116193**
市 区	2459710	4879	11528	24206	2824130	414425
椒江区	2284648	176	2979	11062	1943466	204741
黄岩区	122710	4703	4977	4856	880665	118745
路桥区	52352		3572	8289		90939
玉 环 县	7115918	1044	2266	4477	41484	217815
三 门 县	856399		885	2218		58693
天 台 县	76310	15	1638	2417	793387	72693
仙 居 县	82318		763	922	802719	31116
温 岭 市	103436	155	3299	8882	326691	157441
临 海 市	72476	1258	1033	3051	1896167	164010

17-111 各县市区规模以上工业企业能源消费情况

(2015 年)

单位:吨标准煤

地 区	综合能源消费量	万元产值综合能耗(吨标准煤/万元)	节能量	万元产值综合能耗降低率(%)
全 市	**6328583**	**0.159**	**74911**	**1.17**
市 区	1766354	0.119	106950	5.71
椒江区	1269770	0.208	188228	12.91
黄岩区	266735	0.071	-4213	-1.60
路桥区	229849	0.046	-42282	-22.54
玉 环 县	3167437	0.503	189370	5.64
三 门 县	472244	0.257	-335884	-246.32
天 台 县	148191	0.077	-7626	-5.43
仙 居 县	94510	0.070	-443	-0.47
温 岭 市	329296	0.048	-14821	-4.71
临 海 市	350550	0.052	-3935	-1.14

17-112　各县市区规模以上工业取水情况

(2015年)

单位:万立方米

地区	取水总量	地表水	地下水	自来水	海水	其他水	外供水
全市	**78807.00**	**64301.02**	**291.84**	**12780.97**	**1371.86**	**11.86**	**66614.21**
市区	53807.49	45651.81	45.07	8098.91			49504.63
椒江区	8336.04	3912.50	24.82	4387.65			6346.46
黄岩区	29370.23	28337.83	7.93	1024.10			27607.55
路桥区	16101.23	13401.48	12.32	2687.16		0.07	15550.61
玉环县	4943.90	3231.19	14.41	324.78	1371.86	1.58	3063.39
三门县	532.06	23.79	98.27	408.80		0.04	
天台县	2486.90	2029.52	26.47	430.15		0.01	1552.09
仙居县	543.50	183.71	47.95	301.68		10.17	
温岭市	8378.11	6775.58	8.90	1592.14			6282.11
临海市	8115.05	6405.41	50.78	1624.51			6212.00

17-113　各县市区社会消费品零售总额

(2015年)

单位:万元

地区	社会消费品零售总额	比上年增长(%)	按行业分			按销售地区分		
			批发和零售业	住宿业	餐饮业	城镇	#城区	乡村
全市	**18266783**	**11.0**	**16317522**	**150203**	**1799058**	**14894362**	**8277183**	**3372421**
市区	7386063	11.2	6731905	80971	573186	6376478	5293223	1009585
椒江区	2354822	9.1	2191078	52702	111042	1965563	2347498	389259
黄岩区	1963675	11.9	1673479	17397	272799	1752796	983298	210879
路桥区	3067566	12.4	2867348	10872	189345	2658119	1962427	409447
玉环县	1541381	8.6	1463295	18207	59880	1161006		380375
三门县	796498	13.0	735651	7236	53611	542211		254287
天台县	980053	15.2	922095	7731	50227	724650		255403
仙居县	804952	15.2	703341	3013	98598	478501		326451
温岭市	4738870	10.1	3927631	14650	796590	3847117	1578653	891753
临海市	2018966	9.8	1833604	18395	166967	1764399	1405307	254568

17-114　各县市区限额以上批发业企业销售情况

（2015年）

单位：万元

地　区	法人企业（个）	年末从业人数（人）	销售额	批发额	零售额	年末零售营业面积（平方米）
全　市	**549**	**17174**	**9397355**	**8777334**	**620022**	**306235**
市　区	269	8065	6558094	6129669	428425	193212
椒江区	134	4640	3333876	3195221	138655	139466
黄岩区	47	1556	1076909	912831	164078	16748
路桥区	88	1869	2147310	2021617	125693	36998
玉环县	72	1776	577914	566097	11817	34231
三门县	20	428	116766	112881	3885	310
天台县	3	87	46620	42165	4455	5998
仙居县	14	2017	275121	231350	43771	6173
温岭市	125	3695	1318862	1201300	117562	41606
临海市	46	1106	503978	493872	10106	24705

17-115　各县市区限额以上零售业企业销售情况

（2015年）

单位：万元

地　区	法人企业（个）	年末从业人数（人）	销售额	批发额	零售额	年末零售营业面积（平方米）
全　市	**415**	**26579**	**5415737**	**761452**	**4654285**	**1678895**
市　区	172	14133	3551059	626465	2924594	987546
椒江区	75	8189	2087354	557186	1530168	664607
黄岩区	22	1662	345056	49675	295381	93546
路桥区	75	4282	1118648	19604	1099045	229393
玉环县	41	1821	164143	3461	160682	82475
三门县	26	448	50254	1852	48403	31072
天台县	24	851	76065	10330	65735	104284
仙居县	18	384	39372	3401	35971	28431
温岭市	65	4383	757052	37319	719733	279005
临海市	69	4559	777792	78625	699168	166082

17-116 各县市区限额以上住宿业企业经营情况

(2015年)

单位:万元

地　区	法人企业(个)	年末从业人数(人)	营业额	#客房收入	#餐费收入	客房间数(间)	床位数(个)	餐位数(位)	年末餐饮营业面积(平方米)
全　市	**77**	**9701**	**161608**	**67593**	**86295**	**12149**	**19259**	**46282**	**218497**
市　区	25	4025	69482	25743	40688	4138	6286	17390	74120
椒江区	10	2143	40399	14119	24477	2074	3164	9874	40208
黄岩区	7	1041	17457	7037	9645	1102	1641	4558	23416
路桥区	8	841	11626	4586	6565	962	1481	2958	10496
玉环县	11	1230	23461	8938	13594	1813	2836	6509	30580
三门县	4	456	6117	2633	3371	610	1061	1614	13799
天台县	12	877	8650	4033	4147	1149	1801	4608	18576
仙居县	2	277	3188	2313	624	462	739	2212	5500
温岭市	14	1347	26089	12657	10530	2025	3499	6697	38667
临海市	9	1489	24622	11277	13342	1952	3037	7252	37255

17-117 各县市区限额以上餐饮业企业经营情况

(2015年)

单位:万元

地　区	法人企业(个)	年末从业人数(人)	营业额	#客房收入	#餐费收入	客房间数(间)	床位数(个)	餐位数(位)	年末餐饮营业面积(平方米)
全　市	**113**	**6858**	**119590**	**6994**	**109130**	**1989**	**3194**	**53116**	**223006**
市　区	30	2236	38244	2978	33872	834	1219	13237	80734
椒江区	15	1052	20784	506	19793	190	299	4675	26775
黄岩区	6	248	3855	167	3669	161	266	1751	16000
路桥区	9	936	13606	2305	10410	483	654	6811	37959
玉环县	10	829	14035		13843			9895	19913
三门县	3	147	3388	124	2831	47	90	732	4400
天台县	13	687	11525	380	10411	22	55	4903	23575
仙居县	10	415	4540	1331	2843	393	721	4394	17428
温岭市	25	1523	31179	1389	29477	439	758	13568	42089
临海市	22	1021	16678	792	15854	254	351	6387	34867

17－118 各县市区限额以上批发和零售业企业财务状况(一)

(2015年)

单位:万元

地区	企业数(个)	流动资产合计	#存货	固定资产原价	累计折旧	#本年折旧
全 市	**964**	**5792851**	**905094**	**812105**	**305609**	**48449**
市 区	441	3857602	529034	500612	200016	29409
椒江区	209	2315161	274732	333483	137371	18486
黄岩区	69	427824	68839	61081	23760	3937
路桥区	163	1114617	185462	106048	38885	6985
玉环县	113	241099	62132	88184	24603	5463
三门县	46	107946	12512	18533	6593	1057
天台县	27	53305	20340	11656	3965	672
仙居县	32	91128	17396	19092	4484	1051
温岭市	190	851215	181606	114139	40388	6786
临海市	115	590555	82074	59890	25563	4013

17－119 各县市区限额以上批发和零售业企业财务状况(二)

(2015年)

单位:万元

地区	资产合计	负债合计	所有者权益	#实收资本	#国家资本	主营业务收入
全 市	**7484706**	**5722128**	**1762578**	**961527**	**98338**	**13104170**
市 区	4807592	3580566	1227026	554151	86298	8894493
椒江区	3019668	2030619	989048	351945	82123	4748089
黄岩区	517075	455639	61436	57763		1244386
路桥区	1270849	1094307	176542	144443	4175	2902018
玉环县	341326	270794	70532	55129	1404	661907
三门县	181617	117383	64234	27897	618	149875
天台县	68921	52206	16715	14006	600	109418
仙居县	122538	104346	18192	18503	1529	284690
温岭市	1048140	882332	165808	163604	4300	1883892
临海市	914573	714502	200071	128238	3590	1119895

17-120 各县市区限额以上批发和零售业企业财务状况(三)

(2015年)

单位:万元

地区	主营业务成本	主营业务税金	其他业务利润	销售费用	管理费用	#税金
全市	**12112257**	**119531**	**90498**	**420266**	**263838**	**11524**
市区	8248179	109456	18825	217949	161650	7981
椒江区	4262607	104233	10103	138876	99601	5274
黄岩区	1180161	1634	1680	36420	25745	1079
路桥区	2805411	3589	7042	42653	36304	1628
玉环县	607077	2885	6559	26544	16559	701
三门县	137193	306	401	4158	4516	55
天台县	101588	378	2306	4295	4234	253
仙居县	231098	900	12	42066	9702	167
温岭市	1766122	3329	6287	68549	38533	1502
临海市	1021001	2277	56108	56704	28644	867

17-121 各县市区限额以上批发和零售业企业财务状况(四)

(2015年)

单位:万元

地区	财务费用	#利息支出	营业利润	利润总额	应付职工薪酬	应交增值税
全市	**77131**	**137130**	**221737**	**246413**	**252608**	**146795**
市区	40340	86811	171439	186359	144841	103255
椒江区	17311	48281	172330	177797	92365	83861
黄岩区	9901	11119	-5431	-4526	17969	7887
路桥区	13129	27411	4540	13088	34507	11507
玉环县	7230	5479	2834	4716	15603	8076
三门县	1857	4458	2633	3150	3653	2492
天台县	678	401	279	523	3367	532
仙居县	2068	254	-1133	-776	14491	6347
温岭市	5925	12865	-1512	3893	42522	11294
临海市	19033	26863	47199	48549	28130	14799

17－122　各县市区限额以上住宿和餐饮业企业财务状况(一)

(2015 年)

单位:万元

地　区	企业数(个)	流动资产合计	#存货	固定资产原价	累计折旧	#本年折旧
全　市	**190**	**306025**	**8710**	**479649**	**184066**	**25725**
市　区	55	123948	3589	165507	73781	6359
椒江区	25	66150	1595	84633	45840	3539
黄岩区	13	16354	843	63568	18074	2337
路桥区	17	41444	1151	17307	9868	484
玉环县	21	75295	1195	116336	31726	6580
三门县	7	24756	349	30427	12114	1532
天台县	25	20226	923	16499	9730	695
仙居县	12	1478	229	20427	7690	980
温岭市	39	22114	1249	59270	18491	5777
临海市	31	38208	1176	71184	30534	3802

17－123　各县市区限额以上住宿和餐饮业企业财务状况(二)

(2015 年)

单位:万元

地　区	资产合计	负债合计	所有者权益	#实收资本	#国家资本	主营业务收入
全　市	**860030**	**712196**	**147834**	**228493**	**1992**	**277885**
市　区	238728	185021	53707	72308	462	106317
椒江区	112520	79551	32969	39517	267	60577
黄岩区	65785	58451	7335	19703	195	21262
路桥区	60423	47020	13403	13088		24478
玉环县	183738	177404	6334	44223	1500	36226
三门县	47472	47107	366	19280		9339
天台县	40587	34105	6482	12445		19478
仙居县	24907	29498	－4591	5794	30	7851
温岭市	95328	68093	27235	28264		57294
临海市	229270	170968	58301	46179		41381

17－124 各县市区限额以上住宿和餐饮业企业财务状况(三)

(2015 年)

单位:万元

地　　区	主营业务成　本	主营业务税　金	其他业务利　润	销　售费　用	管　理费　用	#税　金
全　　市	**121969**	**15566**	**7560**	**83802**	**57798**	**1869**
市　　区	43580	5734	5119	34714	20180	946
椒江区	23562	3428	1903	18887	12865	242
黄岩区	8924	1125	409	7607	4336	428
路桥区	11095	1181	2807	8220	2979	276
玉 环 县	15135	2001	1071	16256	7212	151
三 门 县	3929	551		2256	3121	31
天 台 县	10479	1020	125	5551	3281	193
仙 居 县	2871	499		2885	2474	18
温 岭 市	26998	3665	48	12237	10119	97
临 海 市	18978	2097	1196	9903	11411	433

17－125 各县市区限额以上住宿和餐饮业企业财务状况(四)

(2015 年)

单位:万元

地　　区	财　务费　用	#利　息支　出	营　业利　润	利　润总　额	应　交所得税	应付职工薪　　酬
全　　市	**17242**	**16160**	**－17101**	**－15178**	**2061**	**63866**
市　　区	4198	5069	－726	121	734	24054
椒江区	1563	2976	1355	1560	368	13351
黄岩区	1891	1794	－2474	－1960	63	5420
路桥区	745	299	393	521	304	5284
玉 环 县	1088	828	－5519	－5210	205	9349
三 门 县	386	282	－904	－948	21	2034
天 台 县	782	646	－1124	－1482	69	4890
仙 居 县	1567	1478	－2371	－2236	194	1959
温 岭 市	1386	804	2998	2851	593	11476
临 海 市	7835	7052	－9455	－8275	246	10103

17－126　各县市区商品市场基本情况

（2015年）

地　　区	市场数（个）	#消费品市场	#生产资料市场	市场成交额（亿元）
全　市	**537**	**452**	**84**	**1615.00**
市　区	182	143	39	722.60
椒江区	52	46	6	153.00
黄岩区	47	39	8	106.00
路桥区	80	55	25	463.00
市直属分局	3	3		0.60
玉环县	49	45	4	37.00
三门县	20	15	5	9.70
天台县	21	19	2	27.00
仙居县	18	16	2	7.70
温岭市	166	143	23	759.00
临海市	81	71	9	52.00

17－127　各县市区外贸进出口总额

（2015年）

单位：万美元

地　　区	进出口总额	出口额	#欧盟	#中东	#东盟	进口额
全　市	**2116577**	**1882887**	**502591**	**145617**	**131371**	**233690**
市　区	888127	701205	147355	50427	64816	186922
椒江区	233047	198975	34637	12116	20838	34072
黄岩区	211009	199668	50882	10927	13532	11342
路桥区	290578	181320	40560	17065	16544	109258
市直属公司	20909	20240	5978	1426	1730	669
台州经济开发区	132584	101002	15298	8893	12172	31581
玉环县	351352	340906	109403	27356	14206	10446
三门县	68811	66242	15857	7489	2391	2569
天台县	70721	65965	22495	4812	4827	4756
仙居县	73386	71052	22646	3376	6296	2334
温岭市	382427	372092	71614	45701	28536	10336
临海市	281752	265425	113221	6455	10301	16327

17－128　各县市区进出口贸易情况

（2015 年）

单位：万美元

地　区	出口额中				进口额中			
	一般贸易	加工贸易	来料加工装配贸易	进料加工装配贸易	一般贸易	加工贸易	来料加工装配贸易	进料加工装配贸易
全　市	**1740296**	**141950**	**3033**	**138916**	**181533**	**48868**	**1678**	**47190**
市　区	616515	84529	1787	82740	155310	29376	1114	28262
椒江区	156820	43975	646	43329	23842	7788	491	7297
黄岩区	179331	20279	1114	19164	7082	4169	611	3558
路桥区	178453	2963		2963	108240	1002		1002
市直属公司	20236	3		3	665	3		3
台州经济开发区	81675	17309	27	17281	15481	16414	12	16402
玉环县	326815	13782		13782	3890	6399	6	6394
三门县	63972	2256	186	2070	1710	783	162	621
天台县	61066	4895	17	4877	3851	899	12	887
仙居县	70151	901	10	891	752	1578	1	1577
温岭市	358164	13786		13786	6796	2965		2965
临海市	243613	21802	1032	20770	9225	6869	383	6486

17－129　各县市区出口贸易主要市场情况

（2015 年）

单位：万美元

地　区	合　计	欧　洲	亚　洲	北美洲	拉丁美洲	非　洲	大洋洲
全　市	**1882887**	**589397**	**536263**	**400542**	**166745**	**143261**	**46679**
市　区	701083	173932	244439	146211	75984	42905	17612
椒江区	200777	41105	81868	38863	25171	10893	2877
黄岩区	199610	56350	56387	51144	17608	11874	6247
路桥区	181203	47300	56284	34155	24135	13441	5888
市直属公司	20239	7583	5484	3576	1703	1443	450
台州经济开发区	99254	21594	44416	18473	7367	5254	2150
玉环县	340906	129541	70029	82105	32002	16636	10593
三门县	66241	19165	17507	15686	4961	7024	1898
天台县	65965	24944	17413	12272	5496	3987	1853
仙居县	71052	23957	23081	17706	3466	1342	1500
温岭市	371961	94886	116552	52204	35248	67481	5590
临海市	265676	122972	47239	74359	9586	3887	7633

17－130　各县市区外贸出口主要商品(一)

(2015 年)

万美元

地　　区	家用电器	汽摩及部件	服装机械	塑料模具	医化产品	纺织服装	鞋类	灯具
全　　市	**86848**	**108384**	**28169**	**121273**	**214234**	**79591**	**153607**	**52609**
市　　区	53446	23685	21421	72981	95763	19909	12169	28594
椒江区	44804	526	14227	7806	65321	4476	1679	3637
黄岩区	1415	4325	1457	43633	26272	6714	448	4644
路桥区	3256	16441	2383	13362	739	1999	1311	18701
市直属公司	1103	333	436	2341	249	2395	561	491
台州经济开发区	2868	2060	2918	5839	3182	4325	8170	1121
玉 环 县	2069	56787	4717	7798	3194	2497	52	124
三 门 县	4504	3285	6	8374	4880	6536	888	131
天 台 县	678	7568	4	9387	16932	14647	1697	1561
仙 居 县	1573	891	16	2881	23079	5781	365	2570
温 岭 市	22489	14389	1834	11214	473	3484	118585	1846
临 海 市	2089	1779	171	8637	69912	26736	19851	17783

17－131　各县市区外贸出口主要商品(二)

(2015 年)

万美元

地　　区	农产品	阀门、龙头	家具	工艺品	太阳能板	喷雾器	船舶	液体泵
全　　市	**72285**	**182529**	**123225**	**26850**	**14306**	**47593**	**130841**	**90041**
市　　区	27557	32763	19024	12591	1658	42380	29271	10860
椒江区	2521	1209	4933	149	558	13014	2026	1840
黄岩区	20460	5263	6004	10399	532	5383	6705	1767
路桥区	1601	17205	3771	659	382	20362	16456	4866
市直属公司	1329	1283	823	1040	6	811	463	483
台州经济开发区	1646	7803	3493	344	180	2810	3621	1904
玉 环 县	12234	130278	12961	9	5701	1322	60923	7092
三 门 县	2666	12821	1911	462		16	3168	274
天 台 县	1042	8	2975	632		196	5601	
仙 居 县	12861	242	9404	6305		3	496	1723
温 岭 市	4734	5891	2008	1162	4174	3578	29579	69116
临 海 市	11191	525	74942	5688	2772	99	1803	976

17－132　各县市区利用外资情况

（2015年）

单位：万美元

地　区	2014年				2015年			
	利用外资企业数（家）	总投资	合同外资	实际利用外资	利用外资企业数（家）	总投资	合同外资	实际利用外资
全　市	**40**	**54108**	**34586**	**27705**	**17**	**34709**	**18289**	**11635**
市　区	17	28927	16352	13648	7	9819	5105	3190
椒江区	4	10183	7093	3929	2	4328	2118	1045
黄岩区	7	5045	4605	4180	3	1527	1515	1043
路桥区	3	4416	1978	4452		3055	1021	995
台州经济开发区	2	5208	2024	761	1	397	195	107
台州湾集聚区	1	4075	652	326	1	512	256	
玉 环 县	4	7175	2766	1092	5	16340	4295	1076
三 门 县			193	1193		839	595	602
天 台 县	6	5407	2560	610				187
仙 居 县	3	3743	3941	1241				80
温 岭 市	7	4105	2914	5811		1000	1652	1090
临 海 市	3	4750	5860	4110	5	6712	6642	5410

17－133　各县市区国际国内旅游情况

（2015年）

单位：万人次

年　份	旅游总人数	国内旅游人数	国际旅游入境人数	旅游总收入（亿元）	国内旅游收入（亿元）	国际旅游（外汇）收入（万美元）
全　市	**7436.03**	**7419.17**	**16.86**	**749.25**	**745.63**	**5875.76**
市　区	1784.09	1780.74	3.35	179.77	178.96	1306.35
椒江区	992.15	990.81	1.34	99.91	99.58	548.18
黄岩区	345.89	344.35	1.54	35.00	34.61	633.47
路桥区	446.05	445.58	0.47	44.86	44.78	124.70
玉 环 县	648.44	648.23	0.21	65.19	65.15	68.43
三 门 县	318.12	317.94	0.18	32.00	31.95	73.97
天 台 县	1219.19	1213.76	5.44	123.20	121.98	1965.16
仙 居 县	1136.32	1129.68	6.64	114.85	113.53	2136.97
温 岭 市	1389.94	1389.59	0.35	139.72	139.65	109.42
临 海 市	1458.57	1458.57	0.69	146.72	146.59	215.46

注：国内旅游人数和收入扣除重游率（1.07），各县市区没有扣除。

17 - 134 各县市区地方财政收入及分类(一)

(2015 年)

单位:万元

地区	一般预算收入合计	增值税	营业税	企业所得税	个人所得税	资源税	城市维护建设税
全 市	**2980170**	**551873**	**656380**	**382176**	**187590**	**8051**	**174320**
市 区	1283947	209552	304520	171813	81335	1015	80958
椒江区	350386	65571	76986	46274	25097		22860
黄岩区	310189	68750	57365	30322	22221	924	22190
路桥区	358834	53414	82663	70047	17981	91	19199
市本级	264538	21817	87506	25170	16036		16709
玉环县	344987	98857	55003	48843	18106	1748	21160
三门县	144987	22669	40173	14032	8086	1590	6052
天台县	150268	23003	35674	20188	7059	181	7398
仙居县	134660	23678	31033	13782	9249	606	6790
温岭市	541213	99149	116266	70539	42615	2397	29604
临海市	380108	74965	73711	42979	21140	514	22358

17 - 135 各县市区地方财政收入及分类(二)

(2015 年)

单位:万元

地区	房产税	印花税	城镇土地使用税	土地增值税	车船税	耕地占用税	契税
全 市	**133407**	**46114**	**115244**	**107636**	**41720**	**33805**	**144297**
市 区	55937	20354	43788	60023	20576	8510	62261
椒江区	14668	5230	11077	18770	6104	3295	19531
黄岩区	15017	4105	13311	15604	3713	4559	14077
路桥区	13931	5671	14360	13455	6355	656	13767
市本级	12321	5348	5040	12194	4404		14886
玉环县	17664	5420	14040	5694	3600	3030	11837
三门县	6169	2145	4653	5934	1163	6923	3829
天台县	5878	2069	2611	5884	2155	2312	12170
仙居县	3708	1700	3769	3875	1717	4165	5035
温岭市	23778	8975	21129	18015	8280	4116	27764
临海市	20273	5451	25254	8211	4229	4749	21401

17-136　各县市区地方财政收入及分类(三)

(2015年)

单位:万元

地　区	专项收入	行政事业性收费收入	罚没收入	国有资本经营收入	国有资源(资产)有偿使用收入	其他收入	基金收入	
							政府性基金	社会保险基金
全　市	**272474**	**3246**	**121898**	**-25127**	**21586**	**3480**	**1392457**	**2916561**
市　区	120603		51065	-14675	2834	3478	540363	1040705
椒江区	24295		11900	-1738	466		139092	255274
黄岩区	31066		8809	-5437	115	3478	156855	236315
路桥区	41715		9289	-5000	1240		75129	338873
市本级	23527		21067	-2500	1013		169287	210243
玉环县	36673	46	6990	-4000	276		236855	279489
三门县	13207	58	4347	1256	2699	2	44087	176206
天台县	11560	2388	7074		2664		51088	157294
仙居县	16372		8898		283		50864	153673
温岭市	43314	737	24611	-7000	6924		289941	577749
临海市	30745	17	18913	-708	5906		179259	531445

17-137　各县市区地方财政支出及分类(一)

(2015年)

单位:万元

地　区	一般预算支出合计	一般公共服务支出	国防支出	公共安全支出	教育支出	科学技术支出
全　市	**4572105**	**448465**	**4952**	**287148**	**986283**	**167047**
市　区	1799424	178282	2984	128535	336342	107328
椒江区	322095	40340	444	22522	77734	12199
黄岩区	354761	40883	811	20785	102479	13857
路桥区	311123	34516	44	21160	81670	5016
市本级	811445	62543	1685	64068	74459	76256
玉环县	481184	63529	100	31936	85996	17988
三门县	305551	33710	598	17141	62188	2414
天台县	329310	37181	273	20666	90569	5252
仙居县	343653	29719	250	14224	73545	3225
温岭市	726079	59554	150	40528	187726	16197
临海市	586904	46490	597	34118	149917	14643

17－138 各县市区地方财政支出及分类(二)

(2015年)

单位:万元

地区	文化体育与传媒支出	社会保障和就业支出	医疗卫生与计划生育支出	节能环保支出	城乡社区支出	农林水支出
全市	**82662**	**413170**	**351056**	**101208**	**275500**	**699888**
市区	29988	147913	102565	44117	137190	190399
椒江区	5251	26458	23483	5799	23113	54530
黄岩区	7839	31398	22669	6488	16819	47435
路桥区	5380	23806	26594	20316	15901	33192
市本级	11518	66251	29819	11514	81357	55242
玉环县	15718	32893	30866	11368	36759	85031
三门县	6563	43574	32127	1919	8312	39964
天台县	7398	31818	34009	4256	11243	47750
仙居县	5791	24299	43096	3565	32974	62808
温岭市	10145	64811	49280	9480	26543	177197
临海市	7059	67862	59113	26503	22479	96739

17－139 各县市区地方财政支出及分类(三)

(2015年)

单位:万元

地区	交通运输支出	工业商业金融等支出	其他支出	基金支出	
				政府性基金	社会保险基金
全市	**407770**	**171013**	**175943**	**1593654**	**1720132**
市区	218291	107746	67744	682503	592824
椒江区	5000	12448	12774	169243	173569
黄岩区	30364	7014	5920	169306	197042
路桥区	10686	4722	28120	136962	135582
市本级	172241	83562	20930	206992	86631
玉环县	37606	17420	13974	228680	155397
三门县	34747	7419	14875	58163	95645
天台县	18291	5547	15057	51544	173755
仙居县	27915	6407	15835	59296	90751
温岭市	39905	16875	27688	330163	349147
临海市	31015	9599	20770	183305	262613

17－140 各县市区全部金融机构年末存贷款余额(一)

(2015 年)

单位:万元

地区	本外币存款余额	人民币存款余额合计	住户存款	活期存款	定期及其他存款	非银行业金融机构存款
全市	**63059372**	**61886513**	**32323686**	**13926084**	**18397602**	**3764622**
市区	30177101	29364829	13573429	5217788	8355641	2393862
其中:椒江区	7584750	7168131	2761588	1093231	1668357	975297
黄岩区	6193818	6100429	3839761	1236781	2602980	14655
路桥区	8314542	8259333	4890026	2011833	2878193	478450
市本级	7437851	7191159	1532629	647533	885096	925459
玉环县	5144656	5057077	2806808	1575567	1231240	57313
三门县	2099875	2083805	1153082	547809	605272	2995
天台县	2854713	2827052	1714743	879435	835308	6991
仙居县	2793287	2767203	1613000	667853	945148	139
温岭市	12814734	12710028	7332217	3337711	3994506	1281495
临海市	7175006	7076519	4130407	1699920	2430487	21827

17－141 各县市区全部金融机构年末存贷款余额(二)

(2015 年)

单位:万元

地区	非金融企业存款	活期存款	定期及其他存款	广义政府存款	财政性存款	机关团体存款
全市	**14772755**	**5611710**	**9161045**	**10981102**	**466085**	**10515017**
市区	8590264	2657628	5932637	4778976	197019	4581956
其中:椒江区	2239616	699053	1540563	1175648	178423	997225
黄岩区	1146543	435041	711502	1092625	6465	1086160
路桥区	2020093	698401	1321692	869186	2321	866865
市本级	3148931	791991	2356940	1580272	9810	1570461
玉环县	1152356	641847	510510	1035097	21464	1013633
三门县	405272	210025	195248	521908	36489	485419
天台县	570312	295226	275086	533827	39512	494315
仙居县	415040	315794	99246	738804	40538	698266
温岭市	2048861	842064	1206796	2043241	105262	1937980
临海市	1590650	649127	941523	1329249	25801	1303448

17－142　各县市区全部金融机构年末存贷款余额(三)

(2015 年)

单位:万元

地　区	本外币贷款余额	人民币贷款余额合计	住户贷款	短期贷款	消费贷款
全　市	**55184387**	**54296010**	**28118314**	**17686180**	**4385616**
市　区	26000174	25635228	12039874	7840607	2309664
其中:椒江区	5614008	5536257	2721611	1672572	347504
黄岩区	4736807	4696352	2263050	1512110	329573
路桥区	7671055	7562658	4008417	3197750	901581
市本级	7510360	7374291	2752751	1357071	728643
玉 环 县	4311594	4270458	1961078	954526	229843
三 门 县	3094650	2785761	1321440	662073	169831
天 台 县	2624836	2623705	1907961	1132757	299910
仙 居 县	2524877	2516109	1558822	990339	247006
温 岭 市	10561400	10505489	6160271	4538688	760149
临 海 市	6066856	5959261	3168867	1567191	369214

17－143　各县市区全部金融机构年末存贷款余额(四)

(2015 年)

单位:万元

地　区	在住户贷款中				非金融企业及机关团体贷款
	在短期贷款中 经营贷款	中长期贷款	消费贷款	经营贷款	
全　市	**13300565**	**10432133**	**8540088**	**1892045**	**26169902**
市　区	5530942	4199267	3677441	521826	13590790
其中:椒江区	1325068	1049040	934903	114137	2814554
黄岩区	1182537	750940	611853	139086	2433222
路桥区	2296168	810668	666562	144106	3550240
市本级	628428	1395681	1282390	113290	4621148
玉 环 县	724683	1006552	738582	267970	2309311
三 门 县	492242	659367	450558	208810	1464302
天 台 县	832847	775204	691966	83238	715743
仙 居 县	743333	568483	522237	46246	957185
温 岭 市	3778540	1621583	1355572	266011	4342206
临 海 市	1197977	1601676	1103731	497945	2790364

17－144 各县市区全部金融机构年末存贷款余额（五）

（2015 年）

单位：万元

地区	在非金融企业及机关团体贷款中				非银行业金融机构贷款
	短期贷款	中长期贷款	票据融资	各项垫款	
全市	**15813392**	**7874221**	**2375160**	**107129**	**7000**
市区	8057953	3846370	1638634	47834	4000
其中：椒江区	1952120	738363	97263	26808	
黄岩区	1607151	641414	176943	7714	
路桥区	1754781	744761	1042346	8352	4000
市本级	2642465	1720431	253292	4960	
玉环县	1579865	634079	68043	27324	
三门县	526355	924171	13304	473	
天台县	472883	232200	10289	371	
仙居县	564552	382751	7444	2438	
温岭市	2959133	797963	566368	18743	3000
临海市	1652651	1056688	71077	9947	

17－145 各县市区财产和人寿保险业务收支情况

（2015 年）

单位：万元

地区	保费收入			赔款、给付			
	合计	财产险	人身险	合计	财产险赔款支出	人身险赔款支出	人身险给付
全市	**1274452**	**579060**	**695392**	**459763**	**321127**	**27451**	**111186**
市区	627801	289440	338361	235525	164195	15461	55869
椒江区	62278	40800	21479	25026	21328	1588	2110
黄岩区	127865	56946	70919	48542	32557	1775	14210
路桥区	138054	95235	42820	58976	52690	1315	4972
市本级	299604	96459	203144	102981	57621	10783	34578
玉环县	105741	48661	57080	35995	23833	1718	10444
三门县	37452	18500	18952	13209	9738	878	2592
天台县	67758	28855	38903	24389	15171	1919	7299
仙居县	66170	25271	40899	24215	13399	1377	9439
温岭市	229332	103258	126075	74741	55136	4340	15266
临海市	140197	65074	75123	51689	39655	1758	10277

17－146 各县市区养老保险基本情况

（2015 年）

地区	城镇职工养老保险参保人数（人）	职工参保人数	离退休参保人数	收缴保险基金（万元）	支付养老金（万元）	月人均养老金（元）
全　市	**1797098**	**1320752**	**476346**	**813370**	**997801**	**2046**
市　区	680677	503770	176907	344974	373234	2082
椒江区	182547	126574	55973	109010	125119	2316
黄岩区	236930	174151	62779	98002	142928	1992
路桥区	168800	119852	48948	86253	86875	1956
市本级	92400	83193	9207	51709	18312	2017
玉 环 县	167452	123185	44267	74724	88522	2005
三 门 县	105823	80077	25746	46819	52733	1806
天 台 县	167297	116485	50812	60697	107826	1841
仙 居 县	91255	72356	18899	44023	42606	2267
温 岭 市	333432	244779	88653	137038	187584	2037
临 海 市	251162	180100	71062	105095	145296	2215

17－147 各县市区城镇基本医疗和失业保险基本情况

（2015 年）

地区	城镇基本医疗保险					失业保险		
	期末参保人数（人）	职工参保人数	离退休参保人数	收缴保险基金（万元）	支付保险基金（万元）	期末参保人数（人）	收缴保险基金（万元）	支付保险基金（万元）
全　市	**1407771**	**1212375**	**195396**	**306705**	**162261**	**993734**	**58866**	**29031**
市　区	549702	482612	67090	124601	58706	390681	24273	11178
椒江区	167015	144450	22565			108663	6193	3019
黄岩区	154043	129856	24187			119919	6173	3563
路桥区	132128	119081	13047			98478	5050	2175
市本级	96516	89225	7291			63621	6857	2421
玉 环 县	119152	101675	17477	31937	16826	92525	6320	2914
三 门 县	74137	64456	9681	17375	9032	43464	1955	955
天 台 县	83869	69083	14786	26041	16295	59359	3557	1454
仙 居 县	103484	81170	22314	17810	7332	55313	2473	1415
温 岭 市	280482	247870	32612	49380	31882	184565	10876	7145
临 海 市	196945	165509	31436	39561	22188	167827	9412	3971

17－148　各县市区工伤与生育保险基本情况

（2015 年）

地　　区	工　伤　保　险			生　育　保　险		
	期末参保人数（人）	收缴保险基金（万元）	支付保险基金（万元）	期末参保人数（人）	收缴保险基金（万元）	支付保险基金（万元）
全　　市	**2324260**	**53508**	**48834**	**887374**	**21835**	**15597**
市　　区	838181	16650	14925	358149	9383	6629
椒江区	227515	3853	3564	108238	2480	1370
黄岩区	257956	5507	3850	93413	2694	1823
路桥区	243968	4804	5209	78559	1930	1414
市本级	108742	2486	2302	77939	2279	2022
玉 环 县	258707	9939	10757	78883	2731	1590
三 门 县	115062	2437	2464	44442	596	632
天 台 县	117300	2011	1681	57089	1164	686
仙 居 县	129767	2449	1931	47653	889	693
温 岭 市	533174	13625	6363	165360	2760	2147
临 海 市	332069	6397	10713	135798	4312	3220

17－149　各县市区城乡居民养老保险与城乡居民医疗保险情况

（2015 年）

地　　区	城乡居民养老保险			城乡居民医疗保险		
	期末参保人数（人）	收缴保险基金（万元）	支付保险基金（万元）	期末参保人数（人）	收缴保险基金（万元）	支付保险基金（万元）
全　　市	**2336250**	**140483**	**132921**	**4801890**	**298974**	**290343**
市　　区	523854	34812	33803	1253925	73614	74767
椒江区	131278	10265	9266	442264	25231	24775
黄岩区	239782	15898	15096	453143	27034	25965
路桥区	152794	8649	9441	358518	21349	24027
玉 环 县	150475	6760	8130	335103	23671	23304
三 门 县	181519	11620	9152	346788	21423	16425
天 台 县	194327	12213	14298	478596	31954	31675
仙 居 县	262883	13958	11893	416215	25949	23902
温 岭 市	551156	30856	27399	1026209	63128	68448
临 海 市	472036	30264	28246	945054	59235	51822

17－150 各县市区分经济类型在岗职工工资总额

（2015年）

单位：万元

地　区	在岗职工工资总额	国　有经济单位	城镇集体经济单位	其　他经济单位
全　市	**5105907**	**1443876**	**192683**	**3469348**
市　区	2343085	547945	9395	1785745
椒江区	1166801	273398	2982	890422
黄岩区	684245	164692	2939	516615
路桥区	492039	109856	3474	378709
玉 环 县	514834	116746	11425	386663
三 门 县	172620	82717	275	89628
天 台 县	308953	117956	323	190674
仙 居 县	250698	91832	183	158683
温 岭 市	624084	249459	13589	361037
临 海 市	891633	237222	157494	496918

17－151 各县市区分经济类型在岗职工平均工资

（2015年）

单位：元

地　区	在岗职工平均工资	国　有经济单位	城镇集体经济单位	其　他经济单位
全　市	**57215**	**95525**	**43702**	**49764**
市　区	58234	105508	46928	51252
椒江区	61556	111291	76266	54098
黄岩区	49862	101995	78788	42799
路桥区	65100	97902	28063	59995
玉 环 县	53265	96071	122712	46267
三 门 县	56556	74614	40485	46277
天 台 县	52011	76491	48164	43421
仙 居 县	54302	83949	29516	45124
温 岭 市	61533	99927	39502	49445
临 海 市	57200	96213	41976	53031

17－152 各县市区分行业在岗职工工资总额(一)

(2015年)

单位:万元

地区	在岗职工工资总额	农林牧渔业	采矿业	制造业	电力热力燃气及水生产和供应业	建筑业	批发和零售业	交通运输仓储和邮政业	住宿和餐饮业	信息传输软件和信息技术服务业
全市	**5105907**	**2084**	**383**	**1439641**	**91378**	**1381495**	**116981**	**86687**	**25833**	**44144**
市区	2343085	1337		561883	46255	720261	69710	47513	10591	37778
椒江区	1166801	1047		304482	26380	292861	52295	37510	7231	35865
黄岩区	684245	224		171303	12972	294946	6300	4560	3080	1574
路桥区	492039	66		86097	6903	132454	11115	5442	280	340
玉环县	514834	23		321388	6021	20877	7588	8746	6294	
三门县	172620	169		32765	2952	43641	1415	2569	469	518
天台县	308953	145		62175	7069	107534	2390	5513	2696	998
仙居县	250698		383	58879	7126	71351	9768	1453	789	93
温岭市	624084			224017	12516	51601	12843	4042	2922	2476
临海市	891633	411		178535	9438	366230	13267	16851	2073	2282

17－153 各县市区分行业在岗职工工资总额(二)

(2015年)

单位:万元

地区	金融业	房地产业	租赁和商务服务业	科学研究技术服务业	水利环境和公共设施管理业	居民服务修理和其他服务业	教育	卫生和社会工作	文化体育和娱乐业	公共管理社会保障和社会组织
全市	**347191**	**65897**	**48453**	**96553**	**32705**	**5299**	**489410**	**320055**	**25284**	**486437**
市区	261717	35921	28615	29251	12609	1263	159533	116162	11815	190871
椒江区	117211	20920	19690	19912	2675	692	67300	49224	8745	102760
黄岩区	20349	8543	2872	8713	5975	84	55880	39236	2305	45330
路桥区	124157	6458	6052	626	3959	487	36353	27702	766	42782
玉环县	9934	4796	4961	1675	4330	493	40525	26886	2415	47883
三门县	7056	2415	430	939	1758	204	26057	12279	1589	35398
天台县	4414	4341	1147	4578	4882	468	39773	22619	1874	36340
仙居县	6291	2926	1265	1200	1497	420	32461	18247	1473	35077
温岭市	40093	11997	9271	6262	3133	1583	94490	64549	3595	78696
临海市	17686	3502	2765	52648	4497	868	96571	59315	2523	62172

17－154　各县市区分行业在岗职工平均工资(一)

(2015年)

单位:元

地　　区	在岗职工平均工资	农林牧渔　业	采矿业	制造业	电力热力燃气及水生产和供应业	建筑业	批发和零售业	交通运输仓储和邮政业	住宿和餐饮业	信息传输软件和信息技术服务业
全　　市	**57215**	**38165**	**51797**	**48406**	**123701**	**40849**	**52663**	**63192**	**40682**	**97040**
市　　区	58234	36525		50348	144096	40880	54769	72087	41730	98843
椒江区	61556	42048		51081	162739	41990	55840	77293	45307	101657
黄岩区	49862	21113		48439	147740	37925	46185	43145	36541	60757
路桥区	65100	60000		51782	97091	46190	55605	79916	28253	97000
玉 环 县	53265	56250		45754	108488	42931	45575	52436	49092	
三 门 县	56556	33078		47056	69630	41143	49128	56953	27600	71931
天 台 县	52011	57800		56797	114192	37060	44507	53469	31787	120217
仙 居 县	54302		51797	53097	107483	35711	56075	69195	33278	84455
温 岭 市	61533			43835	123193	41769	52594	39054	41501	81170
临 海 市	57200	41130		50343	104871	42993	47195	61681	36308	89121

17－155　各县市区分行业在岗职工平均工资(二)

(2015年)

单位:元

地　　区	金融业	房地产业	租赁和商务服务业	科学研究技术服务业	水利环境和公共设施管理业	居民服务修理和其他服务业	教育	卫生和社会工作	文化体育和娱乐业	公共管理社会保障和社会组织
全　　市	**122500**	**65380**	**53468**	**130742**	**55526**	**47869**	**87437**	**100189**	**71971**	**99948**
市　　区	115860	70131	58842	97666	71848	44475	94309	102843	70079	107177
椒江区	139587	71474	60679	108337	90976	43816	93864	107125	67842	113260
黄岩区	149297	54413	64539	85002	84757	46611	100848	110961	73171	89460
路桥区	96778	103326	51597	47424	52370	45083	86451	87554	93366	116603
玉 环 县	188136	57157	57348	68934	46256	63244	80647	98232	73838	99819
三 门 县	121655	54018	87653	70052	44617	51075	77045	76266	64320	76735
天 台 县	97011	56449	73532	70002	40113	70848	72724	80208	62266	82816
仙 居 县	185032	62521	46675	84493	68661	83980	76923	83394	69136	86588
温 岭 市	140430	57787	41557	78274	62531	36986	91863	111695	93137	110543
临 海 市	177746	97824	44094	217825	51748	53907	90464	107532	71476	105520

17 - 156 各县市区居民人均可支配收入和住房情况(一)

(2015 年)

单位:元

地区	可支配收入			工资性收入			经营净收入		
	全体居民	城镇常住居民	农村常住居民	全体居民	城镇常住居民	农村常住居民	全体居民	城镇常住居民	农村常住居民
全市	**33788**	**43266**	**21225**	**20493**	**25402**	**13986**	**6365**	**7699**	**4598**
市区	38083	47990	22446	22481	27352	14793	7105	8239	5316
椒江区	38611	47993	22386	24548	30101	14945	5446	5692	5021
黄岩区	33761	43048	21338	20641	24452	15543	5973	7661	3715
路桥区	41953	52587	23823	22174	27120	13743	10025	11491	7526
玉环县	41098	51586	25171	28321	35126	17987	6596	8139	4252
三门县	25771	34771	18788	17380	23710	12468	5770	7059	4770
天台县	26692	35276	17401	14288	19766	8358	6896	8689	4955
仙居县	24051	31201	15930	13983	18311	9066	7117	8617	5413
温岭市	35551	44743	23739	18712	20854	15960	8652	11447	5061
临海市	30547	39676	20973	20042	25743	14063	4132	4349	3905

17 - 157 各县市区居民人均可支配收入和住房情况(二)

(2015 年)

单位:元

地区	财产净收入			转移净收入			年末现住房建筑面积(平方米)		
	全体居民	城镇常住居民	农村常住居民	全体居民	城镇常住居民	农村常住居民	全体居民	城镇常住居民	农村常住居民
全市	**3627**	**5548**	**1081**	**3302**	**4617**	**1560**	**51.4**	**48.4**	**55.5**
市区	4864	7039	1430	3633	5361	907	48.1	45.6	52.0
椒江区	5071	7064	1624	3545	5135	795	46.5	44.3	50.4
黄岩区	3216	5142	639	3932	5793	1441	48.6	43.7	55.2
路桥区	6333	8778	2164	3421	5198	391	49.2	48.7	50.0
玉环县	5000	7386	1376	1182	935	1556	47.7	45.8	50.5
三门县	1635	3374	286	986	628	1264	52.7	41.2	61.6
天台县	1841	3475	73	3668	3346	4015	56.1	54.7	57.5
仙居县	1841	3240	253	1110	1033	1198	59.8	56.6	63.4
温岭市	3953	6425	777	4233	6017	1941	50.4	53.9	46.0
临海市	2476	4014	863	3897	5570	2142	51.6	39.3	64.4

17－158　各县市区居民人均消费支出情况(一)

(2015 年)

单位:元

地　区	消费支出			食品烟酒			衣着		
	全体居民	城镇常住居民	农村常住居民	全体居民	城镇常住居民	农村常住居民	全体居民	城镇常住居民	农村常住居民
全　市	**23822**	**28892**	**17102**	**7085**	**8457**	**5266**	**1888**	**2463**	**1127**
市　区	26062	31448	17560	7877	9515	5292	2219	2829	1257
椒江区	28112	32718	20147	8526	10124	5763	2387	2848	1589
黄岩区	25121	32637	15067	7493	9607	4665	1964	2793	855
路桥区	24852	28988	17800	7582	8779	5542	2304	2843	1384
玉环县	28302	34939	18223	8511	9791	6567	2636	3226	1740
三门县	16760	20511	13851	5007	5886	4325	1336	1892	904
天台县	18609	23064	13787	5274	5993	4497	1145	1588	665
仙居县	17672	21066	13818	5710	6967	4283	1413	1913	846
温岭市	26370	32732	18194	8056	9443	6274	1958	2498	1265
临海市	22115	26529	17485	6011	6995	4979	1593	2161	998

17－159　各县市区居民人均消费支出情况(二)

(2015 年)

单位:元

地　区	居住			生活用品及服务			交通通信		
	全体居民	城镇常住居民	农村常住居民	全体居民	城镇常住居民	农村常住居民	全体居民	城镇常住居民	农村常住居民
全　市	**5678**	**6994**	**3934**	**1401**	**1782**	**895**	**3850**	**4690**	**2737**
市　区	5923	7027	4181	1503	1894	886	4343	5135	3094
椒江区	6012	7010	4287	1761	1943	1447	4569	4963	3887
黄岩区	6753	8626	4380	1174	1647	541	4123	5240	2628
路桥区	4979	5649	3835	1567	2072	705	4331	5220	2814
玉环县	5054	6116	3442	2022	2531	1249	5072	6916	2271
三门县	4197	5724	3011	918	1268	646	2582	2912	2326
天台县	5343	7034	3512	981	1132	818	2797	3729	1789
仙居县	3021	3541	2431	1311	1354	1263	3570	4695	2293
温岭市	5882	8083	3053	1271	1482	1000	5197	6910	2996
临海市	5452	6798	4041	1248	1673	803	3235	3647	2802

17－160 各县市区居民人均消费支出情况(三)

(2015年)

单位:元

地 区	教育文化娱乐			医疗保健			其他用品及服务		
	全体居民	城镇常住居民	农村常住居民	全体居民	城镇常住居民	农村常住居民	全体居民	城镇常住居民	农村常住居民
全 市	**2029**	**2372**	**1573**	**1289**	**1323**	**1244**	**602**	**811**	**326**
市 区	2213	2597	1607	1099	1291	796	884	1160	448
椒江区	2642	3120	1814	1069	1231	788	1147	1479	572
黄岩区	1780	2336	1035	990	1238	658	845	1250	304
路桥区	2203	2283	2066	1242	1403	967	645	737	487
玉环县	2105	2695	1209	1953	2451	1198	950	1215	547
三门县	1401	1408	1396	942	958	929	378	462	313
天台县	1408	1869	909	1328	1249	1413	333	470	184
仙居县	1125	1165	1080	1151	935	1397	369	496	225
温岭市	1875	2082	1608	1581	1526	1651	550	708	347
临海市	2579	2914	2228	1563	1707	1411	433	634	223

17－161 各县市区城市和县城建设基本情况

(2015年)

年 份	全年供水总量(万吨)	排水管道长度(公里)	铺设道路面积(万平方米)	绿化覆盖面积(公顷)	园林绿地面积(公顷)	公园绿地面积(公顷)	人均公园绿地面积(平方米)
全 市	**29086**	**4401**	**5170**	**12899**	**11796**	**2795**	**12.78**
市 区	15159	2274	2868	6250	5776	1270	12.29
椒江区	6890	917	1389	2736	2572	544	12.29
黄岩区	4710	894	954	1792	1701	406	12.25
路桥区	3559	463	525	1722	1503	320	12.33
玉环县	2257	435	244	877	811	203	10.60
三门县	1268	271	243	513	441	127	12.49
天台县	2098	183	266	885	740	181	13.56
仙居县	1815	231	237	721	630	166	13.04
温岭市	3239	426	683	1848	1624	386	13.36
临海市	3250	580	629	1805	1773	463	14.85

17－162　各县市区中等职业学校基本情况

（2015 年）

单位：人

地　　区	学校数（所）	招生数	在校学生数	毕业生数	教职工数	#专任教师
全　　市	**31**	**23825**	**65275**	**20026**	**4026**	**3647**
市　　区	10	6659	18821	5742	1203	1119
椒江区	3	2772	7929	2358	464	416
黄岩区	6	2221	6192	2024	495	468
路桥区	1	1666	4700	1360	244	235
玉 环 县	1	1181	3221	1158	240	223
三 门 县	1	1325	3984	1284	279	259
天 台 县	3	2157	6346	1981	429	395
仙 居 县	4	2415	6099	1844	350	302
温 岭 市	3	3784	10455	3367	657	615
临 海 市	9	6304	16349	4650	868	734

注：中等职业学校包括普通中专、成人中专、职业高中。

17－163　各县市区普通中学基本情况

（2015 年）

单位：人

地　　区	学校数（所）	招生数	在校学生数	毕业生数	教职工数	#专任教师
全　　市	**253**	**96689**	**284963**	**90447**	**27175**	**23774**
市　　区	68	27978	82985	26255	8206	7185
椒江区	20	8108	24881	8218	2367	2044
黄岩区	23	8574	25986	8408	2545	2269
路桥区	20	9000	26212	7848	2641	2366
台州经济开发区	5	2296	5906	1781	653	506
玉 环 县	23	7332	20439	5666	2911	2318
三 门 县	20	5762	16438	5399	1423	1249
天 台 县	29	9559	29031	9777	2658	2439
仙 居 县	22	9208	27269	8725	2326	2117
温 岭 市	47	18300	53024	15852	5154	4520
临 海 市	44	18550	55777	18773	4497	3946

17-164 各县市区小学基本情况

（2015年）

单位：人

地　区	学校数（所）	招生数	在校学生数	毕业生数	教职工数	#专任教师
全　市	**329**	**78428**	**480907**	**71447**	**21635**	**20536**
市　区	71	24484	143399	20887	6420	6104
椒江区	16	6985	41683	6331	2018	1875
黄岩区	28	7448	44543	6683	2052	1982
路桥区	23	8265	47805	6804	1943	1890
台州经济开发区	4	1786	9368	1069	407	357
玉环县	10	8719	49722	6753	1706	1667
三门县	31	4620	28733	4345	1512	1396
天台县	42	5361	36686	5918	1865	1783
仙居县	39	5469	39820	5816	1674	1601
温岭市	47	16296	95842	14536	4351	3983
临海市	89	13479	86705	13192	4107	4002

17-165 各县市区幼儿教育基本情况

（2015年）

单位：人

地　区	幼儿园数（所）	班数（个）	在园幼儿数	教职工数	#专任教师
全　市	**1329**	**8024**	**224345**	**23240**	**11704**
市　区	447	2907	74315	8204	3914
椒江区	141	729	20796	2402	1141
黄岩区	125	747	21394	2298	1159
路桥区	162	1270	27150	2900	1293
台州经济开发区	19	161	4975	604	321
玉环县	130	1022	26690	3094	1576
三门县	74	359	10901	1133	605
天台县	99	423	12868	1419	664
仙居县	88	451	14368	1391	726
温岭市	225	1513	47892	4530	2467
临海市	266	1349	37311	3469	1752

17－166 各县市区基础教育情况

（2015 年）

单位：%

地区	小学			初中				
	入学率	巩固率	升学率	入学率	#女生入学率	巩固率	#女生巩固率	初中毕业升高中段比例
全市	**100.00**	**100.00**	**100.00**	**100.00**	**100.00**	**100.00**	**100.00**	**98.31**
椒江区	100.00	100.00	100.00	100.00	100.00	100.00	100.00	99.20
黄岩区	100.00	100.00	100.00	100.00	100.00	100.00	100.00	95.72
路桥区	100.00	100.00	100.00	100.00	100.00	100.00	100.00	98.67
台州经济开发区	100.00	100.00	100.00	100.00	100.00	100.00	100.00	99.35
玉环县	100.00	100.00	100.00	100.00	100.00	100.00	100.00	99.85
三门县	100.00	100.00	100.00	100.00	100.00	100.00	100.00	99.38
天台县	100.00	100.00	100.00	100.00	100.00	100.00	100.00	97.44
仙居县	100.00	100.00	100.00	100.00	100.00	100.00	100.00	98.03
温岭市	100.00	100.00	100.00	100.00	100.00	100.00	100.00	99.61
临海市	100.00	100.00	100.00	100.00	100.00	100.00	100.00	97.60

17－167 各县市区县级及以上政府部门属研究与开发机构基本情况

（2015 年）

单位：万元

地区	机构数（个）	职工人数（人）	#科技活动人员	经费收入总额	#政府拨款	经费支出总额	#人员费用
全市	**7**	**253**	**214**	**7348**	**4048**	**7536**	**3400**
市区	3	163	132	4129	1546	4524	2236
椒江区	2	85	78	1889	65	1858	1129
黄岩区	1	78	54	2240	1481	2666	1106
路桥区							
玉环县							
三门县							
天台县							
仙居县	1	8	6	63	43	63	34
温岭市							
临海市	3	82	76	3156	2460	2949	1130

17－168　各县市区科技成果和专利授权情况

（2015 年）

单位:项

地　　区	科技进步奖励	#省进步奖	#市进步奖	合同数（个）	成交额（万元）	专利申请受理量	专利授权量合计	发明	实用新型	外观设计
全　　市	**69**	**16**	**50**	**1198**	**143539**	**23144**	**19717**	**1386**	**10257**	**8074**
市　　区	36	12	24	385	68257	10313	8711	605	3802	4304
椒江区	8	4	3	174	28176	3870	3029	303	1817	909
黄岩区	4		4	74	19453	4555	4076	191	1296	2589
路桥区				68	14603	1888	1606	111	689	806
市本级	25	8	17	69	6025					
玉 环 县	1		1	116	12058	2439	2157	224	997	936
三 门 县	5	1	4	40	3214	691	461	25	296	140
天 台 县	4		4	50	7650	869	843	69	379	395
仙 居 县	6	1	5	64	5604	563	411	51	193	167
温 岭 市	7		6	455	25664	5643	4709	196	3317	1196
临 海 市	16	5	10	88	21091	2626	2425	216	1273	936

注:科技进步奖励按实际参与项目统计。

17－169　各县市区规模以上工业企业研发活动基本情况

（2015 年）

单位:万元

地　　区	研发人员（人）	研发经费支出	企业内部日常研发经费支出	当年形成用于研发固定资产支出	委托外单位开展研发活动经费支出
全　　市	**39505**	**734421**	**622167**	**65508**	**46746**
市　　区	13064	278932	235226	26249	17457
椒江区	5562	129778	101821	13250	14706
黄岩区	3958	75928	69259	4703	1966
路桥区	3544	73226	64147	8296	784
玉 环 县	7327	95324	88765	6254	305
三 门 县	1289	20171	17307	2493	372
天 台 县	1735	36297	32395	1375	2527
仙 居 县	1856	37787	28073	5590	4124
温 岭 市	9212	147696	134714	9696	3287
临 海 市	5022	118215	85688	13851	18676

17－170　各县市区规模以上工业企业研究与试验发展(R&D)活动基本情况

(2015 年)

地　　区	有R&D活动单位数（个）	R&D项目数（项）	R&D 人员（人）	R&D人员折合全时当量（人年）	R&D经费内部支出（万元）	R&D经费外部支出（万元）	专利申请数（件）
全　　市	**1197**	**5454**	**32681**	**25878**	**550050**	**43832**	**3806**
市　　区	368	1978	11873	9219	217352	17349	1515
椒江区	94	802	4976	4165	93485	14706	690
黄岩区	162	780	3845	2787	65595	1864	479
路桥区	112	396	3052	2267	58272	779	346
玉 环 县	278	829	5527	4135	73153	190	573
三 门 县	45	219	1224	874	18386	372	95
天 台 县	42	216	1345	1028	25746	2306	108
仙 居 县	29	222	1602	1360	27444	3867	114
温 岭 市	345	1449	7561	6273	118012	3070	739
临 海 市	90	541	3549	2989	69958	16678	662

17－171　各县市区卫生事业基本情况

(2015 年)

地　　区	卫生机构数（个）	#医院、卫生院	卫生机构床位数（张）	#医院、卫生院	卫生机构技术人员数（人）	#医生	#护士	医院、卫生院诊疗人次数（万人次）
全　　市	**3455**	**262**	**24784**	**23723**	**37841**	**15723**	**14666**	**3056**
市　　区	1004	67	7636	7556	12889	5244	5062	967
椒江区	374	28	3291	3251	5685	2214	2301	398
黄岩区	344	18	2090	2050	3715	1628	1405	277
路桥区	286	21	2255	2255	3489	1402	1356	292
玉 环 县	273	14	1852	1587	3051	1070	1381	261
三 门 县	152	14	1360	1265	2075	914	826	172
天 台 县	211	16	2159	2090	2900	1337	983	266
仙 居 县	261	21	1931	1794	2546	1167	928	218
温 岭 市	870	51	5018	4803	7865	3137	2981	587
临 海 市	684	79	4828	4628	6515	2854	2505	586

17－172 各县市区计划生育情况

(2014－2015 年)

单位:%

地区	计划生育率		综合节育率	
	2014 年	2015 年	2014 年	2015 年
全市	**89.27**	**90.35**	**84.87**	**83.51**
市区	92.21	93.93	88.47	86.90
椒江区	90.43	91.99	87.80	86.51
黄岩区	93.99	95.30	89.96	89.17
路桥区	92.02	94.51	87.35	85.03
玉环县	89.04	89.04	77.74	74.75
三门县	88.06	88.39	87.46	86.60
天台县	85.02	85.14	85.03	84.37
仙居县	85.87	85.82	83.32	80.46
温岭市	90.85	93.08	80.49	79.03
临海市	88.07	88.57	86.79	86.21

17－173 各县市区广播基本情况

(2015 年)

地区	公共广播节目套数(个)	广播人口覆盖率(%)	全年播音时间(小时)	自制节目制作情况(小时)
全市	**10**	**99.91**	**71718**	**39708**
市区	4	100.00	33063	20341
椒江区		100.00		
黄岩区	1	100.00	6783	1521
路桥区		100.00		
市本级	3		26280	18820
玉环县	1	100.00	6579	2711
三门县	1	100.00	5366	1717
天台县	1	99.06	5840	4086
仙居县	1	100.00	5840	5110
温岭市	1	100.00	8760	4086
临海市	1	100.00	6270	1657

17－174　各县市区电视基本情况

（2015 年）

地　　区	无线电视节目套数（套）	有线广播电视网络干线总长（公里）	电视人口覆盖率（%）	全　　年播出时间（小时）	全年制作节目时间（小时）
全　　市	**10**	**26409**	**99.72**	**58815**	**10912**
市　　区	4	6642	100.00	28405	6293
椒江区			100.00		
黄岩区	1	2700	100.00	6205	282
路桥区			100.00		
市本级	3	3942		22200	6011
玉 环 县	1	1167	100.00	4625	380
三 门 县	1	2669	100.00	4063	321
天 台 县	1	1950	97.33	4114	492
仙 居 县	1	3273	100.00	6230	1452
温 岭 市	1	3378	100.00	6570	935
临 海 市	1	7330	100.00	4808	1038

17－175　各县市区民政事业基本情况

（2015 年）

单位:人

年　　份	定期社会救济对象总人数	#城镇最低生活保障人数	#农村最低生活保障人数	最低生活保障资金（万元）	社会福利院床位数（张）	收养类单位床位数（张）	结婚对数（对）
全　　市	**81303**	**7577**	**70570**	**27099**	**2206**	**42111**	**43540**
市　　区	14855	1008	12992	5873	1005	11918	12963
椒江区	3650	488	3046	1631	500	3696	4661
黄岩区	7339	237	6632	2481	100	4882	4922
路桥区	3866	283	3314	1760	405	3340	3267
市本级							113
玉 环 县	4514	4409		2186	450	2977	3083
三 门 县	9896	222	9483	3752	138	2681	3227
天 台 县	12322	415	11603	2742	60	3899	4461
仙 居 县	11530	108	11128	2521	360	3355	3446
温 岭 市	13137	593	11640	5566	92	9081	7195
临 海 市	15049	822	13724	4459	101	8200	9165

18

各乡镇社会经济情况

Social Economics by Village and Town

18－1　乡镇(街道)经济社会基本情况(一)

(2015年)

地　区	行政区域面　积(公顷)	村　委会　数(个)	#通宽带村　数	#通自来水村数	#通电视村　数	#垃圾集中处理村　数	乡镇常住户数(户)	乡镇常住总人口数(人)
椒江区								
海门街道	2210	16	16	16	16	16	44754	125931
白云街道	1417	14	14	14	14	14	45013	115058
葭沚街道	3924	42	42	42	42	42	48820	134750
洪家街道	2887	37	37	37	37	37	14480	85125
三甲街道	3723	43	43	43	43	43	21896	67491
下陈街道	2379	41	41	41	41	41	18869	56402
前所街道	2920	34	34	34	34	34	15840	54071
章安街道	6266	40	40	40	40	40	22478	81212
大陈镇	1605	6	6	6	6	6	1218	2362
黄岩区								
东城街道	1600	10	10	10	10	10	23107	75285
南城街道	1700	16	16	16	16	16	9273	29620
西城街道	2500	22	22	22	22	22	22595	66391
北城街道	3200	25	25	25	25	25	12279	39467
新前街道	4656	27	26	26	26	26	16934	48680
澄江街道	3500	24	24	24	24	24	12895	37757
江口街道	3100	31	31	31	31	31	11811	39533
高桥街道	2000	26	26	26	26	26	6882	24166
宁溪镇	9000	43	43	41	43	41	10763	29902
北洋镇	6100	33	33	33	33	33	11361	32263
头陀镇	5850	36	36	30	36	36	11498	32149
院桥镇	7840	68	68	68	68	68	23526	77470
沙埠镇	4400	33	25	27	33		7217	24472
屿头乡	9900	22	22	15	22	10	3900	11872
上郑乡	7900	24	24	24	24	24	3961	11760
富山乡	5500	19	19	19	19	19	2426	7945
茅畲乡	3032	14	14	14	14	12	4788	13471
上垟乡	6400	18	18	18	18	18	6411	17804
平田乡	4030	18	18		18	18	3267	9350

18－1 续表 1

地区	行政区域面积（公顷）	村委会数（个）	#通宽带村数	#通自来水村数	#通电视村数	#垃圾集中处理村数	乡镇常住户数（户）	乡镇常住总人口数（人）
路桥区								
路南街道	1710	25	25	25	25	25	8792	39429
路桥街道	930	14	14	14	14	14	27873	76535
路北街道	1130	21	21	21	21	21	8438	31604
螺洋街道	2028	21	21	21	21	21	8333	31927
桐屿街道	3330	27	27	27	27	27	11013	42534
峰江街道	2710	30	30	30	30	30	14717	54457
新桥镇	1380	17	17	17	17	17	7408	28409
横街镇	1493	20	20	20	20	20	8004	28557
金清镇	8140	65	60	60	60	60	32498	139548
蓬街镇	4520	47	47	47	47	47	19172	69582
玉环县								
玉城街道	6590	61	61	61	61	61	48773	168122
坎门街道	2568	6	6	6	6	6	31813	93501
大麦屿街道	7090	48	48	48	48	48	24465	82001
清港镇	5470	40	40	40	40	40	27618	83673
楚门镇	3750	28	28	28	28	28	43625	119184
干江镇	2930	19	19	19	19	19	9441	26251
沙门镇	3890	23	23	23	23	23	11476	39995
芦浦镇	1970	16	16	16	16	16	17092	48259
龙溪镇	3170	20	20	20	20	20	10530	30538
鸡山乡	881	6	4	6	6	6	1152	3316
海山乡	830	9	9	9	9	9	2278	7660

18－1 续表2

地　区	行政区域面积（公顷）	村委会数（个）	#通宽带村数	#通自来水村数	#通电视村数	#垃圾集中处理村数	乡镇常住户数（户）	乡镇常住总人口数（人）
三门县								
海游街道	7250	40	40	40	40	40	25312	76038
海润街道	10130	25	25	25	25	25	6543	22061
沙柳街道	4900	34	34	29	33	28	4487	15184
珠岙镇	8320	79	79	69	77	79	11887	41308
亭旁镇	13100	106	103	105	105	106	15379	46682
健跳镇	16320	72	71	71	71	71	18006	60019
横渡镇	11370	22	22	22	22	22	3669	12409
浦坝港镇	25320	93	93	93	93	93	28614	94219
花桥镇	8305	34	34	34	34	34	8695	23005
蛇蟠乡	1970	6	6	6	6	6	886	3002
天台县								
赤城街道	8370	31	30	31	30	30	32540	94367
始丰街道	5700	51	51	49	51	36	13478	43268
福溪街道	5900	40	40	37	40	40	13575	40959
白鹤镇	14330	83	83	79	82	83	21484	62349
石梁镇	15860	31	18	31	24	31	4944	14895
街头镇	14273	45	45	45	45	45	12822	38751
平桥镇	18180	116	116	116	116	116	33765	109454
坦头镇	8280	61	61	61	61	61	12807	39676
三合镇	5970	31	31	28	31	31	11899	39841
洪畴镇	4060	21	21	21	21	21	4975	17319
三州乡	4350	17	17	17	17	17	3150	9223
龙溪乡	6570	12	12	12	12	12	1821	6295
雷峰乡	7990	17	17	17	17	17	4750	14898
南屏乡	5100	19	19	18	19	19	3345	8720
泳溪乡	7780	22	22	22	22	22	3958	12732

18－1续表3

地　区	行政区域面　积（公顷）	村　委会　数（个）	#通宽带村　数	#通自来水村数	#通电视村　数	#垃圾集中处理村　数	乡镇常住户数（户）	乡镇常住总人口数（人）
仙居县								
安洲街道	4655	17	17	15	17	15	9850	37180
南峰街道	3883	11	11	11	11	11	11087	38964
福应街道	11389	26	26	26	26	26	11370	37850
横溪镇	21100	42	42	42	42	42	12728	45600
埠头镇	6970	20	20	20	20	20	4683	16967
白塔镇	10702	41	41	41	41	41	11386	41002
田市镇	9258	29	29	29	29	29	8563	26260
官路镇	8000	21	21	21	21	21	6812	22762
下各镇	8950	37	37	37	37	37	15293	52765
朱溪镇	18250	30	30	30	30	29	7559	23491
安岭乡	4870	16	16	16	13	16	2409	8914
溪港乡	6274	9	9	9	9	9	1795	5828
湫山乡	13010	18	17	18	18	18	4563	15269
淡竹乡	21150	13	13	13	13	13	3629	12093
皤滩乡	7020	10	10	10	10	10	4584	15447
上张乡	10280	12	12	12	12	12	3201	10312
步路乡	7180	16	16	16	12	11	4312	14214
广度乡	8250	13	12	13	13	13	2307	8658
大战乡	5910	13	13	13	13	13	4485	15025
双庙乡	6090	9	9	9	9	9	3123	10708
温岭市								
太平街道	3070	19	19	19	19	19	41755	113398
城东街道	4260	44	44	44	44	44	28563	76386
城西街道	1970	21	21	21	21	21	10306	35698
城北街道	1260	16	16	16	16	16	7650	21596
横峰街道	1630	27	27	27	27	27	15203	56071
泽国镇	6328	74	74	74	74	74	76097	212955
大溪镇	12950	99	99	99	99	99	50266	139144

18－1 续表4

地　区	行政区域面　积（公顷）	村　委会　数（个）	#通宽带村　数	#通自来水村数	#通电视村　数	#垃圾集中处理村　数	乡镇常住户数（户）	乡镇常住总人口数（人）
松门镇	8270	61	61	60	61	61	33051	100265
箬横镇	11790	99	99	99	99	99	49875	147921
新河镇	7140	86	86	86	86	86	42013	120370
石塘镇	2820	58	57	57	58	58	22940	69647
滨海镇	6170	60	60	59	59	59	25165	73547
温峤镇	7750	45	45	45	45	45	23695	67530
城南镇	10910	76	76	76	76	76	23826	70837
石桥头镇	2840	27	27	27	27	27	9919	29216
坞根镇	3470	18	18	18	18	18	8545	25080
临海市								
古城街道	8100	21	21	21	21	21	53892	153367
大洋街道	4200	25	25	25	25	25	25375	72104
江南街道	8700	37	37	37	37	37	9421	28648
大田街道	6500	38	37	38	37	38	14269	45718
邵家渡街道	8800	44	42	42	42	44	12925	39560
汛桥镇	5300	31	31	31	31	31	5845	18732
东塍镇	16500	63	48	59	63	63	17956	56956
汇溪镇	5700	34	21	34	30	34	4245	12528
小芝镇	9000	30	30	29	30	30	11536	31166
河头镇	10000	54	54	54	54	54	10839	31413
白水洋镇	21700	122	118	110	116	120	23480	73763
括苍镇	15600	47	47	47	47	47	13148	39924
永丰镇	15600	78	77	75	73	78	16083	50028
尤溪镇	13600	39	31	35	31	29	8504	19402
涌泉镇	11200	39	39	39	39	39	15821	50392
沿江镇	8800	46	46	46	46	46	15032	50161
杜桥镇	18600	123	123	123	123	123	62430	267178
上盘镇	9900	42	39	38	39	39	15962	58079
桃渚镇	12900	80	80	66	80	80	28522	90827

18－2　乡镇(街道)经济社会基本情况(二)

(2015 年)

地　　区	从　业 人员数 (人)				耕　地 面　积 (亩)	设施农业 占地面积 (亩)	工业企业 单位数 (个)	建筑业 企业 单位数 (个)
		第一 产业	第二 产业	第三 产业				
椒江区								
海门街道	78287	1369	28126	48792	2721	330	321	47
白云街道	48740	596	15210	32934	788		250	2
葭沚街道	63176	3359	34856	24961	11790	281	1015	37
洪家街道	48611	2350	29143	17118	15270	450	649	8
三甲街道	44045	9018	25901	9126	27041	5835	676	6
下陈街道	34621	3243	20075	11303	12935	3000	663	9
前所街道	37631	4800	23200	9631	16170	3480	708	1
章安街道	37329	20	23819	13490	28503	780	624	3
大陈镇	2112	1425	96	591			8	
黄岩区								
东城街道	48731	1530	32628	14573	1200	29	606	25
南城街道	17472	1972	11890	3610	4652		1115	
西城街道	43840	1870	18620	23350	5145	105	169	10
北城街道	22387	3610	12610	6167	3746	62	1070	3
新前街道	27863	3656	20613	3594	13242	4950	1215	
澄江街道	22746	4105	13342	5299	6228	180	229	1
江口街道	23683	3869	9302	10512	6180	4275	255	
高桥街道	14644	3977	8449	2218	10172	45	395	
宁溪镇	20032	5687	8860	5485	12664	690	222	
北洋镇	18889	10189	3498	5202	13143	1350	78	
头陀镇	23753	8026	11047	4680	18653	1875	159	
院桥镇	52429	15640	19999	16790	30887	4	383	2
沙埠镇	15451	4004	8829	2618	10703	3075	380	2
屿头乡	8098	1912	3666	2520	7248		15	
上郑乡	8381	960	2241	5180	7059	3	3	
富山乡	5418	2005	2377	1036	5088	60	1	
茅畲乡	6801	3196	1610	1995	6365	170	30	
上垟乡	10300	4700	4380	1220	8805	8805	4	
平田乡	5277	3489	800	988	4900	150		

18－2 续表1

地　区	从业人员数（人）	第一产业	第二产业	第三产业	耕地面积（亩）	设施农业占地面积（亩）	工业企业单位数（个）	建筑业企业单位数（个）
路桥区								
路南街道	20524	1923	13366	5235	9695	1305	646	2
路桥街道	38679	68	16756	21855	240		1255	15
路北街道	17599	412	11992	5195	1635	270	418	8
螺洋街道	18165	2345	10593	5227	7575	360	578	
桐屿街道	20858	1316	9526	10016	8550	375	405	4
峰江街道	19056	1442	12085	5529	15135	1950	2377	
新桥镇	16060	1133	10476	4451	8835	2355	2093	
横街镇	17219	648	10937	5634	9975	1140	2040	
金清镇	65213	9995	36622	18596	51920	16500	3513	
蓬街镇	36802	6953	25121	4728	34680	4800	3511	1
玉环县								
玉城街道	94422	3122	61500	29800	21744	7800	3052	30
坎门街道	67532	4932	44399	18201	6234	3	2012	
大麦屿街道	49959	4198	38216	7545	32994	188	1522	
清港镇	54104	5480	32804	15820	35828	5505	1709	1
楚门镇	73060	4553	42815	25692	11667	1065	2750	2
干江镇	16855	3659	9504	3692	11610	5500	330	
沙门镇	29810	3186	20384	6240	12100	1580	348	
芦浦镇	32777	2775	21118	8884	9155	570	375	
龙溪镇	20838	1406	11778	7654	7968	780	985	
鸡山乡	1687	1407	88	192	1062		5	
海山乡	3320	1861	380	1079	3897	5	1	

18－2 续表 2

地　　区	从业人员数（人）	第一产业	第二产业	第三产业	耕地面积（亩）	设施农业占地面积（亩）	工业企业单位数（个）	建筑业企业单位数（个）
三 门 县								
海游街道	43030	1291	18649	23090	2325	120	457	46
海润街道	14519	4382	4891	5246	10620	75	45	
沙柳街道	9826	3110	4185	2531	5721	105	66	
珠岙镇	27675	3758	15215	8702	10236	5	338	
亭旁镇	31018	7140	11247	12631	20175	405	195	3
健跳镇	41949	12532	10632	18785	43200	6075	215	
横渡镇	8210	2215	1787	4208	11760	75	23	
浦坝港镇	62605	21982	22613	18010	72551	4688	187	
花桥镇	14744	5256	3989	5499	16740	405	27	
蛇蟠乡	1959	1268	221	470	3630	150		
天 台 县								
赤城街道	55528	5428	5480	44620	11164	3555	506	15
始丰街道	25809	5166	9958	10685	31643	1005	165	8
福溪街道	22740	4579	7129	11032	7838	75	322	4
白鹤镇	36846	14861	7294	14691	28410	510	198	
石梁镇	9714	3057	3645	3012	9575		19	
街头镇	25649	8134	2462	15053	22533	3000	44	
平桥镇	79460	16063	28089	35308	54487	7740	363	1
坦头镇	27429	6215	13469	7745	21345	600	1620	
三合镇	23178	5390	9935	7853	16035	287	266	
洪畴镇	10278	1649	3473	5156	6900		252	
三州乡	5780	2996	1477	1307	3876			
龙溪乡	4350	1485	596	2269	3217	120	4	
雷峰乡	9690	2950	968	5772	7437	1020	2	
南屏乡	5627	1630	665	3332	8219	150	1	
泳溪乡	8724	3130	2856	2738	6667	10	1	

18－2 续表3

地　区	从业人员数（人）	第一产业	第二产业	第三产业	耕地面积（亩）	设施农业占地面积（亩）	工业企业单位数（个）	建筑业企业单位数（个）
仙居县								
安洲街道	24250	3590	8270	12390	4500		220	14
南峰街道	29321	4251	11982	13088	3645	120	311	5
福应街道	35957	5989	16933	13035	14325	195	310	13
横溪镇	29152	8178	6824	14150	23100	2670	183	
埠头镇	11253	2145	1998	7110	9510	900	69	
白塔镇	24782	6188	3933	14661	20274	650	114	
田市镇	15855	3625	2012	10218	12765	300	44	
官路镇	14768	4318	4219	6231	10245	15	89	
下各镇	31874	7765	7807	16302	31236	300	179	
朱溪镇	15922	3900	3152	8870	14595	1500	18	
安岭乡	6266	2578	864	2824	4575		1	
溪港乡	3710	1390	145	2175	2985		1	
湫山乡	10035	2230	1743	6062	9855	1500	13	
淡竹乡	7448	2151	27	5270	6089	225	2	
皤滩乡	9648	2976	1805	4867	8250	465	30	
上张乡	7079	1892	1245	3942	6885	300	17	
步路乡	9210	2858	1690	4662	5888	765	21	
广度乡	5135	1208	652	3275	7133		4	
大战乡	9119	2584	2547	3988	10316	300	26	
双庙乡	6517	2298	583	3636	7545		19	
温岭市								
太平街道	54830	315	23289	31226	1010		364	54
城东街道	47929	2663	34082	11184	9369	225	782	29
城西街道	21760	1113	13521	7126	4509	645	272	4
城北街道	13651	778	8130	4743	5870	30	869	1
横峰街道	47517	857	37016	9644	10746	30	2010	
泽国镇	156391	5336	77685	73370	44180	2625	1717	5
大溪镇	98794	6029	65835	26930	46526	5700	2334	1

18－2 续表4

地　区	从业人员数（人）	第一产业	第二产业	第三产业	耕地面积（亩）	设施农业占地面积（亩）	工业企业单位数（个）	建筑业企业单位数（个）
松门镇	62692	19906	19821	22965	49596	6075	725	3
箬横镇	93804	31978	32060	29766	91914	28425	1060	2
新河镇	72776	17208	30731	24837	60401	5775	854	4
石塘镇	51883	23686	10199	17998	3147		256	1
滨海镇	50259	20883	14870	14506	53933	24240	307	2
温峤镇	42712	9267	22216	11229	26817	3015	700	2
城南镇	44326	13142	18496	12688	31919	4230	287	2
石桥头镇	18675	6025	6092	6558	14415	2265	95	
坞根镇	13383	3403	6850	3130	16560	1980	85	
临海市								
古城街道	99691	2444	28912	68335	5745	4200	427	33
大洋街道	42140	2768	22087	17285	6481	330	740	21
江南街道	21155	3490	9210	8455	13185	330	275	3
大田街道	29100	7091	13497	8512	14228	390	375	1
邵家渡街道	22894	6248	9378	7268	23040	6675	79	
汛桥镇	11713	3953	4568	3192	11340	375	77	
东塍镇	37886	11601	21696	4589	32460	390	379	
汇溪镇	7133	2021	2552	2560	9695	7911	41	
小芝镇	21676	5886	7041	8749	30621	537	260	
河头镇	20143	7125	4289	8729	24285	7500	159	1
白水洋镇	46885	14835	16700	15350	39741	200	364	1
括苍镇	26352	6354	8512	11486	16680	735	183	1
永丰镇	29259	9623	9947	9689	30285	195	215	1
尤溪镇	13093	4597	6144	2352	12195	3180	172	
涌泉镇	31668	12880	8078	10710	25253	705	235	
沿江镇	30289	7024	11692	11573	18555		298	
杜桥镇	161616	26666	54142	80808	70383		3100	7
上盘镇	34960	12524	5967	16469	26850	165	221	1
桃渚镇	60498	19650	21585	19263	48495	225	360	

18－3 乡镇(街道)经济社会基本情况(三)

(2015年)

单位:个

地 区	市场个数	50平方米以上的超市个数	住宿餐饮业企业个数	小学数	幼儿园、托儿所个数	图书馆、文化站个数	医疗卫生机构个数(所)	医疗卫生机构床位数(床)
椒江区								
海门街道	6	7	8	7	24	2	7	1172
白云街道	5	117	43	6	33	2	6	1416
葭沚街道	5	101	7	8	17	1	2	203
洪家街道	7	83	5	5	21	5	2	96
三甲街道	4	34	1	2	10	1	1	5
下陈街道	3	51		3	10	1	1	4
前所街道	3	52	1	3	18	4	6	9
章安街道	5	25	1	4	17	1	2	58
大陈镇		3	9	1	1	1	1	
黄岩区								
东城街道	8	83	87	4	19	1	13	1185
南城街道	4	15	4	1	7	16	16	3
西城街道	14	22	71	4	18	1	20	620
北城街道	4	59	1	2	12	1	19	
新前街道	2	46	5	1	14	1	23	20
澄江街道	4	14		1	8	1	17	5
江口街道	6	4	1	2	10		21	50
高桥街道	3	16		1	3	1	1	8
宁溪镇	2	3	1	1	2	2	21	56
北洋镇	2	21	18	1	2	1	14	25
头陀镇	4	13	3	1	8	2	24	
院桥镇	3	14	1	3	13	1	5	110
沙埠镇	3	4	1	1	3	1	9	
屿头乡	1		11	1	1		2	6
上郑乡		1		1	1		3	10
富山乡	1	1	6	1	1		4	
茅畲乡	1	2		1	1	21	1	5
上垟乡	2	3		1	1	1	2	
平田乡	1	2			1	1	1	

18－3 续表1

单位:个

地　区	市场个数	50平方米以上的超市个数	住宿餐饮业企业个数	小学数	幼儿园、托儿所个数	图书馆、文化站个数	医疗卫生机构个数（所）	医疗卫生机构床位数（床）
路桥区								
路南街道	7	12	15	4	11	1	1	
路桥街道	24	80	88	4	24	1	4	1230
路北街道	9	50	52	5	17	2	2	
螺洋街道	1	12	2	2	4	1	1	5
桐屿街道	5	13	15	3	12	1	2	802
峰江街道	1	30	2	6	14	1	2	
新桥镇	5	18	13	5	13	1	1	10
横街镇	6	20	10	5	10	2	1	122
金清镇	14	68	54	11	20	2	2	89
蓬街镇	10	19	17	6	23	1	2	21
玉环县								
玉城街道	18	91	10	8	45	3	3	785
坎门街道	5	8		4	22	2	1	120
大麦屿街道	1	137	7	5	13	1	1	50
清港镇	2	22	6	2	13	1	1	
楚门镇	10	20	1	3	19	2	3	349
干江镇	1	1	1	1	5		1	
沙门镇	2	5	2	1	6	1	1	
芦浦镇	1	2		1	4	1	1	
龙溪镇	1	13	1	1	7	1	1	
鸡山乡		1	1	1	1	3	1	
海山乡	1	1		1	1	1	1	

18－3 续表2

单位:个

地　　区	市　场 个　数	50平方米 以上的 超市个数	住宿餐 饮业企 业个数	小学数	幼儿园、 托儿所 个　数	图书馆、 文化站 个　数	医疗卫生 机构个数 (所)	医疗卫 生机构 床位数 (床)
三 门 县								
海游街道	14	43	8	11	19	3	6	830
海润街道	1	3	1	5	3	1	3	6
沙柳街道	1	2		1	4	1	1	17
珠岙镇	6	10		4	13	2	2	32
亭旁镇	4	34	1	6	7	1	1	30
健跳镇	10	32		6	15	2	2	45
横渡镇	5	2		2	3		1	8
浦坝港镇	11	39	4	10	26	4	4	60
花桥镇	3	3		4	4	1	1	20
蛇蟠乡	1	2	2	1	1	1	1	3
天 台 县								
赤城街道	7	27	128	7	25	2	10	1125
始丰街道	1	33	43	5	9	1	1	8
福溪街道		3	4	4	16	1	4	18
白鹤镇		2	9	6	15		1	40
石梁镇	2	1	19	1	1		4	2
街头镇	4	80	6	3	5	1	7	32
平桥镇	8	15	8	11	14	2	15	75
坦头镇	1	67	2	5	11	1	4	56
三合镇	3	10		4	6	1	4	8
洪畴镇	1	14	5	2	4	1	1	2
三州乡	2	2		1	1		2	4
龙溪乡	1	1	1	1	1	1	2	2
雷峰乡	2		8	2	3	1	3	8
南屏乡	1	10	4	1	2	1	1	4
泳溪乡	1	6	4	1	1	1	3	10

18－3 续表3

单位:个

地　　区	市　场 个　数	50平方米以上的超市个数	住宿餐饮业企业个数	小学数	幼儿园、托儿所个　数	图书馆、文化站个　数	医疗卫生机构个数（所）	医疗卫生机构床位数（床）
仙 居 县								
安洲街道	3	13	5	6	18	1	1	250
南峰街道	3	48	12	6	18	1	3	248
福应街道	2	65	6	4	15	1	1	661
横溪镇	2	15	2	8	32	1	1	130
埠头镇	1	24		4	3	1	1	2
白塔镇	1	20	5	6	9	1	1	99
田市镇	1	5	2	5	8	1	1	
官路镇	3	79		2	11	1	1	2
下各镇	1	38		6	15	1	1	99
朱溪镇	3	2		5	7	1	1	10
安岭乡		3	1	1	1	1	1	10
溪港乡		3		1		1	1	2
湫山乡		3		1	2	1	1	
淡竹乡		1	2	1	1	1	1	2
皤滩乡	1	13	4	2	4	1	1	
上张乡	1	2	1	1	1	1	1	
步路乡	1	2		1	1	1	1	2
广度乡	1			1		1	2	10
大战乡	1	5		2	2	1	1	
双庙乡	1	9	1	1	2	1	1	
温 岭 市								
太平街道	17	23	93	9	21	2	5	1928
城东街道	4	81	48	3	11	1	3	745
城西街道	4	25	19	2	9	1	3	150
城北街道	5	15	5	3	2	1	1	29
横峰街道	5	26	5	4	9	1	1	
泽国镇	50	232	57	7	34	1	5	542
大溪镇	12	14	23	8	33	1	4	276

18－3 续表4

单位:个

地　区	市场个数	50平方米以上的超市个数	住宿餐饮业企业个数	小学数	幼儿园、托儿所个数	图书馆、文化站个数	医疗卫生机构个数（所）	医疗卫生机构床位数（床）
松门镇	11	65	33	4	15	1	6	310
箬横镇	13	48	21	4	14	1	5	135
新河镇	7	89	7	3	19	1	5	630
石塘镇	8	16	3	2	6	1	3	
滨海镇	8	8	3	3	11	1	3	58
温峤镇	12	59	5	4	13	1	4	25
城南镇	5	10	3	3	8	1	4	190
石桥头镇	3	4	2	1	2	1	1	
坞根镇		3	3	1	2	1	1	
临海市								
古城街道	36	35	64	9	30	1	6	1766
大洋街道	5	50	25	3	29	1	1	172
江南街道	9	25	6	2	10	1	2	20
大田街道	7	105	5	2	16	21	3	50
邵家渡街道	2	31	1	4	10	1	1	20
汛桥镇	1	18		2	8	1	1	25
东塍镇	5	64	1	5	18	1	2	32
汇溪镇	1	13	1	1	4	1	1	10
小芝镇	1	5	2	4	5	4	2	25
河头镇	4	3	2	4	5	1	5	45
白水洋镇	8	50	4	6	35	1	3	70
括苍镇	1	55	3	4	5	1	2	40
永丰镇	3	41	3	6	18	1	3	14
尤溪镇	2	1	9	1	2	1	1	10
涌泉镇	5	5	4	10	20	1	4	30
沿江镇	4	10	2	4	8	1	2	26
杜桥镇	23	570	17	17	64	1	7	168
上盘镇	7	45	5	5	18	1	4	20
桃渚镇	14	120	3	5	22	1	5	110

主 要 统 计 指 标 解 释

通宽带村数 指可通过宽带或光纤宽带上网查看各种信息的村数。

通自来水村数 自来水是指符合卫生标准，并经公共设施处理的管道输送水。通自来水的村指乡镇行政区域内通自来水的村数。

通电视村数 指有限电视网络已经架设到村，并能通过有线网络接收到电视节目的村数。

垃圾集中处理村数 指本行政区域内有垃圾处理设施进行垃圾集中处理，或者虽然没有垃圾处理设施，但对垃圾实行统一集中清运管理的行政村数。

乡镇常住总户数 常住户指长期（一年以上）居住在本乡镇的住户。包括乡村户数和城镇户数，包括农业户和非农业户，也包括乡村地区内的国有经济的机关、团体、学校、事业单位的集体户。

乡镇常住人口数 指乡镇范围内的乡村常住人口和城镇常住人口之和。常住人口指家庭户和集体户中在本乡镇居住6个月以上的人口。外来人口只要在本乡镇居住6个月以上的，均包括在常住人口内。

从业人员数 指乡镇常住总人口中16岁以上实际参加生产经营活动并取得实物或货币收入的人员，既包括劳动年龄内经常参加劳动的人员，也包括超过劳动年龄但经常参加劳动的人员，还包括户籍在外地的乡镇工作人员和乡镇企业外来打工人员。包括从事农业与非农业生产、管理及其他辅助劳动的人员。

耕地面积 指种植农作物的土地。包括熟地，新开发、复垦、整理地，休闲地（含轮歇地、轮作地）；以种植农作物（含蔬菜）为主，间有零星果树、桑树或其他树木的土地；平均每年能保证收获一季的已垦滩地和海涂。耕地中包括宽度 < 1.0米固定的沟、渠、路和地坎（埂）；临时种植药材、草皮、花卉、苗木等的耕地，以及其他临时改变用途的耕地。

设施农业占地面积 设施农业是指以工厂化生产方式，建造人工设施，改变气候条件，提高农作物抵御自然灾害的能力，改良生物特性，使作物实现错季或反季节生产，达到农作物均衡生产的目的．包括温室、大棚和中小棚。占地面积指三类面积的总和。一是实际使用面积，指沿墙内侧的围绕面积；二是墙体面积，指设施的墙体等其他支撑体自身的占地面积；三是采光占用面积，指设施距遮光物体（其他设施、房屋等）的必要距离所占的面积。

工业企业单位数 指本行政区域内按国民经济行业划分归属于工业的企业个数和生产单位个数。

建筑业企业单位数 指具有建筑业资质的独立核算的总承包和专业承包建筑业企业与生产单位个数。

市场个数 指所辖地域范围内，由乡镇管理，经工商部门批准，具有固定场所，专门从事各类商品交换市场的个数。

医疗卫生机构个数 指辖区范围内的医院、卫生院总数。

医疗卫生机构床位数 指各级各类医院年底的固定实有床位（非编制床位），包括正规床、简易床、监护床、正在消毒和修理床位、因扩建或大修而停用的床位，不包括产科新生儿床、接产室待产床、库存床、观察床、临时加床和病人家属陪侍床。

19

各市国民经济主要指标

Main Indicators of National Economy by City

19－1　各市国民经济主要指标(一)

(2015 年)

地　　区	土地面积(平方公里)	市区建成区面积(平方公里)	年末总户数(万户)	年末总人口(万人)	年出生人口(万人)	年死亡人口(万人)
杭州市	16596	506	225.79	723.55	7.06	4.03
宁波市	9816	322	224.60	586.57	4.86	3.78
温州市	12083	238	231.04	811.21	10.18	4.45
嘉兴市	3915	99	105.81	349.48	2.84	2.53
湖州市	5820	103	86.28	263.71	2.02	1.92
绍兴市	8279	199	161.43	443.11	3.22	3.03
金华市	10942	80	185.70	478.09	5.96	3.22
衢州市	8845	71	91.77	256.38	2.70	1.51
舟山市	1455	62	36.67	97.36	0.60	0.73
台州市	9411	140	191.77	597.49	7.14	3.66
丽水市	17324	35	101.57	266.38	3.27	1.74

19－2　各市国民经济主要指标(二)

(2015 年)

地　　区	生产总值(当年价,亿元)	第一产业	第二产业	第三产业	在生产总值中:工业	人均生产总值(元)
杭州市	10050.21	287.95	3909.01	5853.25	3497.83	139653
宁波市	8003.61	284.68	4098.22	3620.71	3632.86	136773
温州市	4618.08	129.57	2022.59	2465.92	1677.53	56841
嘉兴市	3517.81	139.09	1850.68	1528.04	1668.57	100852
湖州市	2084.26	122.60	1021.05	940.60	920.47	79024
绍兴市	4465.97	198.94	2252.87	2014.15	1957.29	100796
金华市	3402.34	141.03	1549.15	1712.16	1333.74	71391
衢州市	1146.13	84.46	534.83	526.84	455.22	44766
舟山市	1092.85	111.01	449.63	532.21	356.17	112172
台州市	3553.85	229.75	1567.65	1756.45	1339.56	59499
丽水市	1103.29	91.36	503.91	508.02	426.15	41475

注:本表人均生产总值均按户籍人口计算。

19－3　各市国民经济主要指标(三)

(2015 年)

地　区	农作物播种总面积(千公顷)	#粮食播种面积	粮食总产量(万吨)	水果产量(万吨)	肉类总产量(万吨)	禽蛋产量(万吨)	水产品总产量(万吨)
杭州市	297.69	106.02	63.38	78.96	27.84	11.40	25.86
宁波市	287.12	134.06	79.05	121.39	15.28	6.45	103.34
温州市	215.82	122.94	122.14	63.44	14.27	5.89	15.06
嘉兴市	320.18	182.77	75.97	50.34	12.43	5.12	61.65
湖州市	173.12	94.87	66.95	26.03	12.98	4.26	36.06
绍兴市	268.67	147.64	95.02	63.19	15.47	4.07	10.65
金华市	220.62	98.16	60.33	66.17	19.15	4.96	7.78
衢州市	209.57	108.41	70.35	91.16	29.18	2.83	6.23
舟山市	17.65	6.12	3.20	7.34	2.00	0.49	176.46
台州市	206.81	96.35	60.75	131.29	11.03	3.85	156.90
丽水市	163.12	88.78	47.80	41.57	8.76	1.23	2.01

19－4　各市国民经济主要指标(四)

(2015 年)

地　区	工业企业单位数(个)	工业总产值(当年价,亿元)	工业企业主营业务收入(亿元)	主营业务税金及附加(亿元)	工业企业本年应交增值税(亿元)
杭州市	6073	12415.68	12237.39	254.79	404.59
宁波市	7509	13869.46	12911.27	369.87	373.74
温州市	5013	4944.23	4343.56	25.09	150.26
嘉兴市	5154	7569.31	7192.33	35.65	217.45
湖州市	2752	4413.10	4228.33	26.86	118.76
绍兴市	4352	9746.38	9405.60	40.76	227.86
金华市	4144	4720.84	4364.72	24.21	138.02
衢州市	1003	1562.90	1597.37	7.67	54.74
舟山市	390	1633.37	1196.51	4.01	16.19
台州市	3672	3852.24	3509.08	20.95	125.03
丽水市	1115	1704.36	1655.86	7.97	48.27

注：本表统计范围为年主营业务收入 2000 万元及以上独立核算工业。

19-5 各市国民经济主要指标(五)

(2015年)

地　区	工业企业利润总额(亿元)	工业企业从业人员年平均人数(万人)	固定资产投资(亿元)	#工业性投资	#房地产开发投资额
杭州市	891.12	111.86	5556.32	930.01	2472.07
宁波市	776.28	147.43	4506.58	1499.86	1228.84
温州市	276.82	76.88	3456.39	886.76	766.29
嘉兴市	402.90	84.69	2513.82	1118.05	458.41
湖州市	264.25	36.90	1402.64	612.65	323.39
绍兴市	545.22	79.08	2582.84	1252.38	622.65
金华市	244.02	64.07	1836.16	740.43	350.22
衢州市	74.51	15.48	882.04	369.13	99.51
舟山市	13.76	8.83	1134.76	318.30	193.59
台州市	213.20	61.82	1996.03	816.49	438.69
丽水市	130.93	16.91	751.52	199.31	158.27

注：本表工业统计范围为年主营业务收入2000万元及以上独立核算工业。

19-6 各市国民经济主要指标(六)

(2015年)

地　区	境内公路里程(公里)	民用汽车拥有量(万辆)	公路客运量(万人)	公路货运量(万吨)	水运客运量(万人)	水运货运量(万吨)
杭州市	16210	224.48	16591	23800	597	5251
宁波市	11183	180.37	9430	22906	160	16771
温州市	8426	157.24	19198	8566	54	3243
嘉兴市	8088	91.60	8822	9933	38	8522
湖州市	7666	55.31	5976	7819	71	5746
绍兴市	9959	97.01	9899	10866	121	1405
金华市	12431	129.38	12908	8233		15
衢州市	8182	28.18	4687	8936	4	2
舟山市	1925	12.18	2916	6519	2515	18548
台州市	12480	116.08	12064	9990	208	11200
丽水市	15206	28.17	4017	4982	66	223

19－7　各市国民经济主要指标(七)

(2015年)

地　区	全社会用电量(亿千瓦时)	#工业用电	邮电业务收入(亿元)	固定电话用户数(万户)	移动电话用户数(万户)	宽带用户数(万户)
杭州市	646.38	407.02	333.35	293.44	1726.76	294.96
宁波市	585.07	434.90	126.93	269.00	1257.00	302.00
温州市	344.00	208.81	160.59	179.36	1122.49	288.20
嘉兴市	413.35	339.92	82.41	124.29	602.27	147.68
湖州市	198.91	151.16	33.92	89.14	450.27	104.33
绍兴市	366.25	293.97	57.11	144.09	704.58	164.50
金华市	284.11	195.08	86.42	111.07	921.25	195.77
衢州市	133.86	105.83	19.84	43.05	287.87	56.80
舟山市	46.03	23.45	14.85	36.30	167.62	144.60
台州市	252.75	167.79	72.68	120.44	739.78	178.51
丽水市	78.06	51.25	24.73	41.30	293.95	56.86

19－8　各市国民经济主要指标(八)

(2015年)

地　区	社会消费品零售总额(亿元)	进出口总额(亿美元)	#出口总额	国内旅游者人数(万人次)	国内旅游收入(亿元)	入境旅游人数(万人次)	国际旅游收入(万美元)
杭州市	4697.23	593.39	444.65	12040.41	2019.74	341.56	293065
宁波市	3349.63	1004.66	714.29	7920.29	1183.94	157.52	80019
温州市	2674.38	194.78	171.15	7575.75	770.32	105.81	54918
嘉兴市	1494.57	310.85	229.27	6310.01	663.79	72.64	25349
湖州市	963.92	102.07	88.55	7000.24	682.08	70.29	29073
绍兴市	1621.06	299.02	271.42	7202.46	746.12	73.48	26327
金华市	1783.10	490.58	476.73	6989.67	720.81	97.90	57991
衢州市	550.98	44.13	32.92	4370.17	284.35	11.99	4929
舟山市	415.52	117.01	61.85	3844.18	541.98	32.24	18759
台州市	1826.68	211.66	188.29	7419.17	745.63	16.86	5876
丽水市	519.28	33.64	31.44	6270.35	375.42	31.34	81956

注：杭州市自营进出口总额不包括省级公司。

19－9 各市国民经济主要指标(九)

(2015年)

地区	财政总收入(亿元)	地方财政预算内收入(亿元)	地方财政预算内支出(亿元)	年末金融机构本外币存款余额(亿元)	#住户存款(亿元)	年末金融机构本外币贷款余额(亿元)
杭州市	2238.75	1233.88	1205.48	29863.83	7617.75	23327.95
宁波市	2072.63	1006.41	1252.64	16175.33	5366.77	15754.65
温州市	677.92	403.07	569.43	9577.46	4687.88	7637.38
嘉兴市	638.80	350.35	424.13	5957.00	2967.96	4919.82
湖州市	327.82	191.31	273.74	3089.72	1555.57	2535.01
绍兴市	602.19	362.89	421.41	6948.91	3129.61	6047.93
金华市	516.96	309.69	464.38	6890.80	3535.00	6127.17
衢州市	143.99	94.02	230.67	1738.09	897.45	1594.40
舟山市	159.59	112.72	239.65	1791.08	668.53	1499.84
台州市	539.78	298.02	457.21	6305.94	3251.93	5518.44
丽水市	151.66	94.51	279.33	1963.46	1108.85	1503.75

19－10 各市国民经济主要指标(十)

(2015年)

地区	在岗职工平均工资(元)	全体居民人均可支配收入	全体居民人均消费支出	城镇常住居民人均可支配收入(元)	城镇常住居民人均消费支出(元)	农村常住居民人均可支配收入(元)	农村常住居民人均消费支出(元)
杭州市	77816	42642	30181	48316	33818	25719	19334
宁波市	74989	41373	26056	47852	29645	26469	17800
温州市	64412	36459	24799	44026	29438	21235	15464
嘉兴市	67689	37139	22336	45499	25544	26838	17522
湖州市	61201	34251	22020	42238	26815	24410	16112
绍兴市	58728	38389	23785	46747	28156	25648	17123
金华市	66782	34378	22670	43193	27701	20297	14634
衢州市	75447	24460	14697	33212	19393	16884	10632
舟山市	74717	38254	25774	44845	30128	25903	17615
台州市	57215	33788	23822	43266	28892	21225	17102
丽水市	77238	24402	18399	32875	23556	15000	12677

注：在岗职工平均工资统计范围为城镇集体及以上单位。

19－11　各市国民经济主要指标(十一)

(2015 年)

地　　区	学校数(个)			专任教师数(人)			在校学生数(万人)		
	普通高校	普通中学	小　学	普通高校	普通中学	小　学	普通高校	普通中学	小　学
杭州市	39	318	443	28868	28539	31280	475558	32.13	52.45
宁波市	14	289	448	8417	23404	25357	155767	27.39	48.02
温州市	8	458	563	5209	31674	34502	83790	36.75	63.33
嘉兴市	6	173	154	2384	14465	13915	52713	16.26	24.58
湖州市	3	118	129	1483	10083	8607	32199	11.64	15.58
绍兴市	9	185	369	3952	18498	15714	83831	23.60	27.73
金华市	2	244	396	1951	21002	18100	34976	24.11	41.27
衢州市	2	98	199	667	8734	8533	13681	10.98	14.25
舟山市	4	41	57	1223	3263	3412	23468	3.25	4.77
台州市	4	253	329	1606	23774	20536	33566	28.50	48.09
丽水市	2	98	216	1084	8219	9766	37614	10.68	16.93

19－12　各市国民经济主要指标(十二)

(2015 年)

地　　区	医院、卫生院单位数(个)	医院、卫生院床位数(张)	执业医生数(人)	注册护士(人)	保费收入(亿元)	赔款、给付(亿元)
杭州市	333	58982	34832	38182	374.38	139.68
宁波市	243	31700	21937	22159	228.25	106.60
温州市	394	35182	24310	22030	166.47	54.04
嘉兴市	136	22148	9837	12046	108.55	30.49
湖州市	124	13254	7370	8124	65.82	25.51
绍兴市	182	23159	12911	12546	109.69	37.14
金华市	279	25372	14756	14330	159.30	51.59
衢州市	180	10916	7023	6171	41.31	12.80
舟山市	67	5500	3328	3168	24.51	11.01
台州市	262	23723	15723	14666	127.45	45.98
丽水市	239	11635	6815	6577	38.49	12.34

20

长江三角洲各城市国民经济主要指标

Main Indicators of National Economy by YANGTZE DELTA'S City

20－1　长江三角洲各城市国民经济主要指标(一)

(2015年)

单位:亿元

地　区	生产总值(当年价)	第一产业	第二产业	第三产业	在生产总值中:工业	人均生产总值(元)	规模以上工业总产值(当年价)
上海市	24964.99	109.78	7940.69	16914.52	7109.94	103141	31049.57
南京市	9720.77	232.39	3916.11	5572.27	3395.26	118171	13065.80
无锡市	8518.26	137.72	4197.43	4183.11	3837.28	130938	14698.76
常州市	5273.15	146.56	2516.15	2610.44	2269.99	112221	11454.30
苏州市	14504.07	215.71	7045.12	7243.24	6490.44	136702	30546.32
南通市	6148.40	354.90	2977.53	2815.97	2453.38	84236	13772.81
扬州市	4016.84	241.93	2011.97	1762.94	1749.45	89647	9823.00
镇江市	3502.48	132.89	1726.96	1642.63	1588.95	110351	8781.90
泰州市	3655.53	218.93	1793.04	1643.56	1547.28	78781	11173.68
杭州市	10050.21	287.95	3909.01	5853.25	3497.83	139653	12415.68
宁波市	8003.61	284.68	4098.22	3620.71	3632.86	136773	13869.46
嘉兴市	3517.81	139.09	1850.68	1528.04	1668.57	100852	7569.31
湖州市	2084.26	122.60	1021.05	940.60	920.47	79024	4413.10
绍兴市	4465.97	198.94	2252.87	2014.15	1957.29	100796	9746.38
舟山市	1092.85	111.01	449.63	532.21	356.17	112172	1633.37
台州市	3553.85	229.75	1567.65	1756.45	1339.56	59499	3852.24

注:上海市和江苏省各市的生产总值均为初步统计数,上海市和江苏省各市人均生产总值均按常住人口计算。

20－2　长江三角洲各城市国民经济主要指标(二)

(2015年)

地　区	规模以上工业产品产销率(%)	工业用电量(亿千瓦时)	固定资产投资(亿元)	#房地产开发投资额	自营进出口总额(亿美元)	#自营出口总额
上海市	97.7	787.02	6352.70	3468.94	4517.33	1969.69
南京市	97.9	300.54	5425.98	1429.02	532.40	315.03
无锡市	97.2	472.24	4901.19	991.66	684.67	422.32
常州市	98.2	325.49	3398.97	508.04	280.46	212.56
苏州市	97.9	1074.20	6124.43	1864.95	3053.50	1814.59
南通市	98.8	253.05	4376.03	690.94	315.79	228.26
扬州市	98.1	152.50	2856.80	378.20	103.40	77.10
镇江市	98.4	165.33	2541.07	355.78	100.64	68.73
泰州市	98.3	172.53	2695.66	247.48	102.30	63.77
杭州市	98.5	407.02	5556.32	2472.07	593.39	444.65
宁波市	96.4	434.90	4506.58	1228.84	1004.66	714.29
嘉兴市	96.3	339.92	2513.82	458.41	310.85	229.27
湖州市	96.5	151.16	1402.64	323.39	102.07	88.55
绍兴市	97.1	293.97	2582.84	622.65	299.02	271.42
舟山市	97.7	23.45	1134.76	193.59	117.01	61.85
台州市	93.5	167.79	1996.03	438.69	211.66	188.29

20－3　长江三角洲各城市国民经济主要指标(三)

(2015年)

地　区	实际利用外资(亿美元)	社会消费品零售总额(亿元)	城镇常住居民人均可支配收入(元)	城镇常住居民人均生活消费支出(元)	市区居民消费价格指数(%)
上海市	184.59	10055.76	52962	36946	102.4
南京市	33.35	4590.17	46104	27794	102.0
无锡市	32.02	2847.61	45129	29466	101.8
常州市	24.87	1990.45	42710	25922	101.6
苏州市	70.19	4424.82	50390	31136	101.6
南通市	23.16	2379.46	36291	23680	101.8
扬州市	8.50	1237.00	32946	19780	101.7
镇江市	13.05	1113.71	38666	22859	101.5
泰州市	10.66	1001.64	34092	21008	101.7
杭州市	71.13	4697.23	48316	33818	101.8
宁波市	42.34	3349.60	47852	29645	101.8
嘉兴市	26.84	1494.57	45499	25544	101.0
湖州市	9.42	963.92	42238	26815	101.0
绍兴市	9.42	1621.06	46747	28156	101.2
舟山市	0.78	415.52	44845	30128	101.2
台州市	1.16	1826.68	43266	28892	100.7

20－4 长江三角洲各城市国民经济主要指标(四)

(2015年)

单位:亿元

地　区	财　政 总收入	地方财政 预算内收入	地方财政 预算内支出	年末金融 机构本外币 存款余额	#年末住户 存款余额	年末金融 机构本外币 贷款余额
上海市		5519.50	6191.56	103760.60	23384.73	53387.21
南京市	2008.96	1020.03	1045.18	26471.69	5651.58	18951.70
无锡市		830.00	820.85	13181.25	4693.94	9525.99
常州市		466.28	479.18	7664.98	3223.43	5418.85
苏州市		1560.76	1527.01	25231.08	7358.04	20161.26
南通市	1398.51	625.64	748.97	9843.42	5075.43	6081.34
扬州市		336.70	435.28	4793.82	2392.63	3118.17
镇江市	711.98	302.85	351.62	4056.71	1741.48	3023.85
泰州市	830.38	322.22	432.30	4549.00	2250.70	3314.15
杭州市	2238.75	1233.88	1205.48	29863.83	7617.75	23327.95
宁波市	2072.70	1006.41	1252.64	16175.33	5366.77	15754.65
嘉兴市	638.80	350.35	424.13	5957.00	2967.96	4919.82
湖州市	327.82	191.31	273.74	3089.72	1555.57	2535.01
绍兴市	602.19	362.89	421.37	6948.91	3129.61	6047.93
舟山市	159.59	112.72	239.65	1791.08	668.53	1499.84
台州市	539.78	298.02	457.21	6305.94	3251.93	5518.44

21

统计公报

Statistical Communique

台州市2015年国民经济和社会发展统计公报

台州市统计局　　国家统计局台州调查队

（2016年3月7日）

2015年，全市人民在市委、市政府的正确领导下，深入贯彻落实党的十八届四中、五中全会精神，主动适应经济发展新常态，紧紧围绕打造"一都三城"新目标，统筹抓好稳增长、促改革、调结构、惠民生各项政策措施，全市经济平稳健康发展，结构调整取得新进展，民生改善取得新成效，社会事业取得新发展。

一、综　合

经济运行总体平稳。据初步核算，全市实现生产总值3553.85亿元，按可比价格计算，比上年增长6.4%。其中，第一产业增加值229.75亿元，增长3.5%；第二产业增加值1567.65亿元，增长3.1%；第三产业增加值1756.45亿元，增长10.5%；三次产业结构为6.5：44.1：49.4，第三产业增加值所占比重比上年提高2.4个百分点。全市人均生产总值为59499元，比上年增长6.1%，按年平均汇率折算达9553美元。

市区实现生产总值1295.97亿元，按可比价格计算，比上年增长6.4%。市区人均生产总值达到81778元，比上年增长6.2%，按年平均汇率折算达13130美元。

二、农　业

农业生产保持稳定。全市实现农林牧渔业总产值404.77亿元，按可比价格计算，比上年增长3.6%。其中，农业产值138.05亿元，增长3.8%；林业产值6.14亿元，下降0.8%；牧业产值30.87亿元，下降5.0%；渔业产值225.86亿元，增长4.7%；农林牧渔服务业产值3.86亿元，增长7.5%。

全年农作物总播种面积206,81千公顷，比上年增长1.6%。全市粮食作物播种面积96.35千公顷，比上年下降2.0%；全年粮食总产量60.75万吨，比上年下降1.4%，每公顷单产为6306公斤，比上年增长0.6%。全市非粮作物播种面积110.46千公顷，比上年增长2.8%。粮食作物与非粮食作物播种面积的比例为46.6:53.4。全年蔬菜产量196.16万吨，比上年增长4.1%；油料产量1.57万吨，增长1.5%；水果产量131.29万吨，增长3.8%。

全市完成造林更新面积2740公顷，其中人工造林面积1944公顷。年末实有封山育林面积6.8千公顷。全市有林地面积623.03千公顷，森林覆盖率为60.3%。全市有自然保护区（含小区）35个，面积12.14千公顷。

全年肉类总产量11.03万吨，比上年下降10.6%，其中猪肉产量8.60万吨，下降3.6%。禽蛋产量3.85万吨，下降1.6%。

全年水产品产量156.90万吨，比上年增长5.7%。其中海洋捕捞产量110.26万吨，增长6.9%；海水养殖产量40.83万吨，增长6.2%。

全市注册登记的农民专业合作社7391家，其中省级示范性专业合作社129家。全市共认证有机食品35个，绿色食品187个，国家无公害农产品272个，浙江省无公害农产品产(基)地272个。市级农业龙头企业共有241家。

农业生产条件进一步改善。全市完成河道疏浚清淤464公里，其中市区163公里，治理水土流失面积53.02平方公里，新增防渗渠道225公里，新增节水灌溉面积3308公顷。年末全市拥有农业机械总动力338.69万千瓦，全年农村用电量103.16亿千瓦时。

三、工业和建筑业

工业生产平稳增长。全市实现工业增加值1339.56亿元，按可比价格计算，比上年增长1.2%。全市年主营业务收入2000万元及以上工业企业(以下简称规模以上工业企业)家数为3672家，实现工业增加值829.71亿元。

全市规模以上轻工业实现工业增加值312.89亿元，占规模以上工业增加值的38.8%；重工业实现工业增加值507.91亿元，所占比重为61.2%。

全市规模以上工业增加值总量排在前五位的行业中，通用设备制造业、医药制造业、橡胶和塑料制品业分别完成工业增加值101.60亿元、89.38亿元和81.08亿元，电力热力生产供应业、汽车制造业分别完成增加值80.01亿元和74.86亿元。

全市规模以上工业企业产品产销率为93.4%，新产品产值1188.38亿元，新产品产值率为30.9%。

全市规模以上工业企业实现利税总额(不含台州电业局)359.83亿元，其中利润总额213.20亿元。

建筑业稳步增长。全市实现建筑业增加值230.43亿元，按可比价格计算，比上年增长16.9%。资质以上建筑企业完成房屋建筑施工面积17725.50万平方米，比上年下降2.7%；房屋竣工面积7032.81万平方米，增长9.0%。

四、固定资产投资和房地产业

固定资产投资规模继续扩大。全市固定资产投资施工项目4254个，其中新开工项目2198个。全年固定资产投资总额1996.03亿元，比上年增长13.0%。其中第一产业完成投资11.70亿元，下降3.0%；第二产业完成投资821.73亿元，增长12.3%；第三产业完成投资1162.60亿元，增长13.8%。固定资产投资中，工业性投资816.49亿元，比上年增长13.4%；基础设施投资606.37亿元，增长38.0%；民间投资1351.49亿元，增长6.7%。

重点工程建设进展良好。吉利V项目基本建成并试生产，仙居抽水蓄能电站主体工程蓄水验收，金台铁路、台金高速东延段二期、东官河综合整治、市府大道东延段等项目开工建设，沿海高速、台州第二电厂、三门核电一期、飞龙湖、集聚区"月湖绿岛"核心区、黄岩综合客运枢纽中心、黄岩高铁新区、路桥中央山周边区块等项目建设稳步推进。

房地产市场销售明显回暖。全年房地产开发完成投资438.69亿元,比上年下降11.6%。房屋施工面积3299.43万平方米,比上年增长9.0%,房屋竣工面积359.18万平方米,增长9.2%。全年商品房销售面积442.03万平方米,比上年增长28.3%,其中住宅销售面积352.07万平方米,增长29.2%。

五、交通和邮电业

全年交通运输、仓储和邮政业增加值为141.97亿元,比上年增长12.7%。

全年完成货物周转量1571.07亿吨公里,比上年增长7.1%;旅客周转量为77.26亿人公里,与上年基本持平。全年台州港完成货物吞吐量6237万吨,比上年增长3.1%。其中外贸吞吐量709万吨,下降13.2%;完成集装箱吞吐量15.55万标箱,增长0.8%。民航完成旅客吞吐量58.47万人次,货邮吞吐量5985吨,分别比上年下降12.0%和19.2%。全年铁路发送旅客836万人次,比上年增长20.3%。

年末全市公路总里程(含村道)12480公里,其中等级公路12297公里,占公路总里程的98.5%,高速公路298公里。年末全市汽车保有量达116.08万辆,比上年增加12.13万辆,其中私人汽车104.96万辆,比上年增加12.18万辆。

全市邮电业务收入72.68亿元,比上年下降3.8%。年末国际互联网宽带接入用户178.51万户,移动互联网用户605.67万户,分别比上年末增加10.84万户和62.92万户。年末移动电话用户为739.78万户,城乡固定电话用户为120.44万户。

全市快递服务企业累计完成业务量2.95亿件,比上年增长58.9%,累计完成业务收入24.29亿元,增长39.3%。

六、国内贸易和旅游业

市场消费保持一定增长。全市实现社会消费品零售总额1826.68亿元,比上年增长11.0%,扣除价格因素,实际增长11.3%。其中餐饮收入194.72亿元,比上年增长9.2%,商品零售额1631.95亿元,比上年增长11.2%;城镇零售额1489.44亿元,增长10.8%,乡村零售额337.24,增长11.7%。限额以上批发零售企业中,粮油食品类、日用品类、汽车类和通信器材类零售额分别比上年增长15.0%、26.8%、6.1%和48.8%,石油及制品类则下降7.3%。全年网络零售额494.37亿元,比上年增长45.7%。

商贸设施不断完善。台州农港城开业,万达广场、银泰城综合体和台州星光耀广场等项目建设顺利推进。年末全市拥有各类商品交易市场537家,成交额1615亿元,年成交额超亿元的市场有109家。全市已建成村级连锁店5025个,行政村覆盖率93.9%。电商产业加快发展,全市已创设各类网上店铺5.56万个,淘宝村42个,电商产业园19个。

市场物价微幅上涨。2015年我市居民消费价格总水平比上年上升0.8%,其中消费品价格上升1.0%,服务项目价格上升0.3%(见表一)。工业生产者出厂价格比上年下降2.7%,工业生产者购进价格比上年下降4.9%。

表一： 2015年居民消费价格比上年涨跌幅度

单位:%

指　　标	全　市	#市　区
居民消费价格指数	**0.8**	**0.7**
一、食品	2.8	2.2
其中:粮食	2.8	2.9
鲜菜	6.9	6.2
肉禽及制品	7.2	6.1
水产品	3.0	1.2
二、烟酒及用品	3.9	4.3
三、衣着类	3.3	4.3
四、家庭设备及维修服务费	1.3	1.4
五、医疗保健和个人用品	3.7	3.7
六、交通和通信	-5.2	-5.8
七、娱乐教育文化用品及服务	-1.5	-1.9
八、居住	-0.1	0.7

旅游业健康发展。全年共接待旅游总人数7436.03万人次,比上年增长22.0%,其中接待国内游客7419.17万人次,增长22.0%;实现旅游总收入749.25亿元,比上年增长28.4%,其中国内旅游收入745.63亿元,增长28.4%。天台山景区、神仙居景区成功晋级国家5A景区,填补了我市5A级景区"零"的空白。全市共有5A级旅游区2个,4A级旅游区7个,3A级旅游区19个,2A级旅游区14个。共有星级饭店50家,客房8041间,床位13166张,旅行社140家。

七、对外经济

对外贸易有所回落。全年外贸进出口总额211.66亿美元,比上年下降4.1%。其中出口总额188.29亿美元,下降2.7%,进口总额23.37亿美元,下降14.3%。全年外贸企业出口28.42亿美元,下降1.5%;三资企业出口20.76亿美元,下降11.9%;生产企业出口139.11亿美元,下降1.4%。在出口总额中,一般贸易出口174.03亿美元,下降2.4%;加工贸易出口14.20亿美元,增长3.9%。全年高新技术产品出口增长5.6%,机电产品出口下降3.2%。2015年我市有进出口实绩企业5110家,比上年增加187家,其中进出口超1000万美元企业有439家。出口国家和地区为208个。

全年新批外商投资企业17家,总投资3.03亿美元,合同利用外资1.83亿美元,实际利用外资1.16亿美元。

全年新批境外投资企业34家,中方投资额13693万美元。全市累计境外投资项目547个,中方累计投资额8.0亿美元。

服务外包发展良好。全市累计已注册服务外包企业68家。服务外包离岸合同额4180万美元，比上年增长6.3%；离岸合同执行额4180万美元，增长6.3%。

八、财政、金融和保险业

2015年，全市公共财政一般预算总收入539.78亿元，比上年增长7.5%；其中地方财政一般预算收入298.02亿元，增长5.6%。

金融业运行保持稳定。2015年末，全市金融机构本外币存款余额6305.94亿元，比上年末增长9.8%，当年新增存款568.95亿元。年末本外币住户存款余额3251.93亿元，比上年末增长8.5%，当年新增256.19亿元。年末金融机构本外币贷款余额5518.44亿元，比上年末增长9.5%，当年新增贷款472.44亿元。年末金融机构本外币存贷比为87.5%，不良贷款率为1.58%。

企业上市工作取得新进展。全年新增上市公司4家，年末我市累计已有上市公司36家，其中中小板上市公司22家，累计融资总额达到519.45亿元。年末有小额贷款公司33家，注册资本金总额49.71亿元，全年累计发放贷款92.45亿元。

全年台州辖内证券营业部股票交易额4.75万亿元，比上年增长279.2%。

保险市场发展较快。全年保费总收入127.45亿元，比上年增长11.3%。其中财产险保费收入57.91亿元，人寿险保费收入69.54亿元，分别比上年增长12.0%和14.6%。全年各类赔款、给付支出45.98亿元，比上年增长19.8%。

九、科学技术和教育

科技创新能力进一步提升。全市实现规模以上高新技术产业增加值363.05亿元。全市共有省级企业研究院50家，省级高新技术研发中心280家，国家重点扶持的高新技术企业429家。全年申请专利23144件，比上年增长12.5%；专利授权19717件，比上年增长22.2%，其中发明1386件，增长75.2%。全年共签订各类技术合同1198项，技术交易额14.35亿元。

质量强市和名牌战略深入推进。"浙江制造"品牌认证企业达到6家，居全省第一位。全市有中国名牌产品19个，浙江名牌产品252个，地理标志保护产品3个。全市有467家食品企业取得QS证书。年末全市有各类检验机构110家，其中国家检测中心1家，省级质检中心9家。全年新增5件驰名商标，全市被国家工商总局认定的驰名商标达到56件。

教育事业再上新台阶。市政府与北京师范大学成功签订校地合作协议，北师大附属台州高级中学正式落户。全市有幼儿园1329所，在园幼儿22.43万人；普通小学329所，在校生48.09万人；初中187所，在校生19.56万人；高中66所，中等职业学校31所，高中段在校生15.47万人，初升高比例98.31%。全市特殊教育学校招生(不含随班就读)190人，在校生1234人。全市全日制普通高校招生10618人，在校生33566人，成人高校在校学生34768人。

十、文化、卫生和体育

公共文化服务体系建设取得新进展。至2015年末，全市有文化馆10个，公共图书馆10个，自办广播节目10套,自办电视节目10套。年末全市有线广播电视覆盖用户162.74万户,其中数字电视实际用户136.45万户。全年广播节目播出时间71717小时,电视节目播出时间58815小时。广播人口综合覆盖率和电视人口综合覆盖率分别为99.89%和99.67%。至2015年末全市拥有国家级非物质文化遗产项目15项,省级95项,市级299项。全年共完成235场文艺演出、22个主题展览、3.67万场数字电影和1.8万册图书的下乡任务。

城乡公共卫生服务体系进一步完善。分级诊疗制度、全科医生签约服务全面实施。年末全市有各类医疗卫生机构3455家,其中社区卫生服务机构424家。积极吸引社会资本举办医疗机构,全市共有民营医院53家。全市医疗卫生机构床位24784张,各类卫生技术人员37841人,其中执业医生和执业助理医生15723人,注册护士14666人。年末每千人拥有卫生技术人员6.33人,其中医生2.63人。全市甲乙类传染病发病率为174.82/10万。全市五岁以下儿童死亡率6.80‰,其中婴儿死亡率4.39‰,户籍孕产妇死亡率5.57/10万。全年有4.38万人参加无偿献血。农村自来水普及率97.38%,卫生户厕普及率95.54%。

体育事业取得新成绩。成功举办首届国际马拉松邀请赛、台州市第四届运动会、第二届市区机关运动会等一系列赛事。群众体育活动蓬勃开展,举办了市第四届万人健身跑、快乐彩虹跑等活动。全市运动员参加国际国内各项赛事取得了较好成绩,共夺得国际比赛金牌4枚、银牌2枚、铜牌2枚,全国、全省比赛金牌154.5枚、银牌158枚、铜牌149枚。全市共建有市、县级体育社团239个。

十一、能耗、环境保护和安全生产

2015年,全市万元生产总值综合能耗比上年下降4.1%。主要污染物化学需氧量、氨氮、二氧化硫、氮氧化物排放量分别比上年下降5.28%、6.25%、2.68%和13.24%。全市地表水满足水域功能达标率为64.5%,城市空气综合污染指数4.01。城镇生活污水集中处理率为90.95%,城镇生活垃圾无害化处理率为100.0%。2015年市区PM2.5年均浓度为41微克/立方米,比上年下降5微克/立方米;市区环境空气质量达到二级标准以上的天数有319天,占全年总天数的87.4%。

全市共发生各类事故2949起,死亡504人,受伤2978人,分别比上年下降3.2%、1.6%和6.3%。

十二、人口、就业、社会保障和人民生活

人口平稳增长。2015年末,全市户籍总人口597.49万人,其中男性人口305.61万人,女性人口291.88万人,男女性别比为104.7:100。全年共出生7.14万人,死亡3.66万人,人口出生率为11.95‰,死亡率为6.12‰,人口自然增长率5.83‰。户籍总人口中市区人口159.29万人。据2015年全省1%人口变动抽样调查,年末全市常住人口604.9万人,城镇人口比重为60.3%。

就业形势基本稳定。全市城镇新增就业人数8.71万人,全年帮助3.04万名城镇失业人员实现再就业。全年创业培训4833人。年末城镇登记失业率为2.13%。

社会保障机制进一步健全。开展机关事业单位人员养老保险缴存工作。建立健全大病医疗保险制度,形成较为健全的"基本医疗+大病保险"保障模式。年末全市城镇职工基本养老保险(含被征地农民)、基本医疗保险、工伤保险、生育保险和失业保险参保人数分别达到198.77万人、140.78万人、232.43万人、88.73万

人和99.37万人。年末全市有233.63万人参加城乡居民社会养老保险,有480.19万人参加城乡居民医疗保险。全年收缴各类保险基金196.44亿元,支出187.67亿元。

社会福利和社会救助体系日臻完善。全市城乡居民最低生活保障人数为78147人,全年共投入低保资金27099元。城镇和农村低保对象月人均补助分别为382元和287元。全市农村五保对象集中供养率达到97.21%,城镇"三无"人员供养率达到92.91%。全市共有各类养老机构345个,床位42111张,年末在院老人20502人。全市新建城乡社区居家养老服务照料中心2895个。全年共支出医疗救助资金1.08亿元,医疗救助16.80万人次。

城乡居民生活水平进一步提高。全年全体居民人均可支配收入33788元,比上年增长9.2%,扣除价格因素实际增长8.3%。全年城镇常住居民人均可支配收入43266元,比上年增长8.8%,扣除价格因素实际增长7.9%。农村常住居民人均可支配收入21225元,比上年增长9.6%,扣除价格因素实际增长8.8%。城乡居民收入差距倍数为2.04。年末城镇常住居民和农村常住居民人均现住房建筑面积分别为48.39平方米和55.46平方米。城乡居民每百户家庭家用汽车、空调、家用电脑等高档耐用消费品拥有量继续增加(见表二)。

表二: 2015年末城乡居民每百户主要耐用消费品拥有量

指　标	单位	城镇常住居民	农村常住居民
洗衣机	台	95	73
电冰箱	台	101	94
空调器	台	191	92
摩托车	辆	24	28
家用汽车	辆	51	29
彩色电视机	台	196	156
固定电话	部	51	39
移动电话	部	242	221
家用电脑	台	104	62

注: 1、本公报所列各项数据来源于台州统计局、国家统计局台州调查队和市级相关部门。

2、公报中生产总值、各产业增加值绝对数按现行价格计算,增长速度按可比价格计算;人均生产总值按户籍人口计算。

3、粮食、油菜籽播种面积及产量采用全省粮食监测抽样数据。

4、部分数据因四舍五入的原因,存在着与分项合计不等的情况。

2015年浙江省国民经济和社会发展统计公报(1)

浙江省统计局　　国家统计局浙江调查总队

（2016年2月23日）

2015年，全省上下全面落实中央和省委、省政府决策部署，主动适应经济发展新常态，坚定不移打好转型升级组合拳，经济持续平稳健康发展，社会保持和谐稳定。

一、综　合

据2015年全省1%人口抽样调查推算，年末全省常住人口为5539万人，比上年末增加31万人。其中，男性人口为2836.5万人，女性人口为2702.5万人，分别占总人口的51.2%和48.8%。全年出生人口58.1万人，出生率为10.52‰；死亡人口30.4万人，死亡率为5.50‰；自然增长率为5.02‰。城镇化率为65.8%，比上年提高0.93个百分点。

初步核算，全年地区生产总值（GDP）(2)42886亿元，比上年增长8%。其中，第一产业增加值1833亿元，第二产业增加值19707亿元，第三产业增加值21347亿元，分别增长1.5%、5.4%和11.3%，第三产业对GDP的增长贡献率为65.7%。三次产业增加值结构由上年的4.4:47.7:47.9调整为4.3:45.9:49.8，三产比重提高1.9个百分点。信息经济和现代服务业等核心产业的引领支撑作用进一步显现。全年信息经济核心产业增加值3310亿元，增长15.1%，占GDP的7.7%，比重比上年提高0.6个百分点。

全年人均GDP为77644元（按年平均汇率折算为12466美元），增长7.6%。全员劳动生产率为11.5万元/人，比上年提高7.7%。

（图1　2010－2015年地区生产总值及其增长速度，略）

（图2　2015年地区生产总值及第三产业增加值构成，略）

表1：　2015年规模以上服务业企业(3)主要行业营业收入情况

行业	营业收入（亿元）	增长速度（%）
规模以上服务业企业总计	**8903.1**	**16.7**
交通运输、仓储和邮政业	2242.0	1.6
信息运输、软件和信息技术服务业	3223.4	35.7
房地产业（除房地产开发经营）	186.9	10.2
租赁和商务服务业	1783.6	16.6
科学研究和技术服务业	753.8	7.0
水利、环境和公共设施管理业	232.3	8.5
居民服务、修理和其他服务业	49.1	3.9
教育	43.6	3.1
卫生和社会工作	88.2	22.2
文化、体育和娱乐业	300.3	13.3

全年居民消费价格比上年上涨1.4%，其中，食品类价格上涨3.3%。商品零售价格下降0.1%。农业生产资料价格上涨0.9%。工业生产者出厂价格下降3.6%，工业生产者购进价格下降5.5%。固定资产投资价格下降2.6%。

（图3 2015年居民消费价格月度涨跌幅度，略）

表2： 2015年居民消费价格指数情况（上年=100）

	全　省	城　市	农　村
居民消费价格总指数	**101.4**	**101.4**	**101.4**
食　品	103.3	103.1	103.7
其中：粮　食	102.5	102.4	102.5
烟酒及用品	103.3	103.4	103.1
衣　着	101.8	101.6	102.6
家庭设备用品及服务	100.9	100.9	101.0
医疗保健及个人用品	102.7	102.9	102.4
交通和通信	96.0	95.8	96.6
娱乐教育文化用品及服务	101.4	101.5	100.9
居　住	100.8	101.2	99.6

全年财政总收入8549亿元，比上年增长8.7%；地方公共财政预算收入4810亿元，增长7.8%。

全年新增城镇就业人数110.5万人，其中42.95万名城镇失业人员实现再就业。年末城镇登记失业率为2.93%，比上年下降0.03个百分点。

二、农业和农村建设

全省粮食播种面积1278千公顷，比上年增长0.9%；粮食单产和总产量分别为5886公斤/公顷和752万吨，分别下降1.5%和0.7%。油菜籽播种面积122千公顷，下降3.2%；蔬菜618千公顷，增长2.0%；花卉苗木145千公顷，增长3.9%；中药材39千公顷，增长5.6%；果用瓜100千公顷，增长4.7%。

生猪年末存栏730万头，年内出栏1316万头，分别比上年下降24.3%和23.7%；肉类总产量130万吨，下降16.6%；水产品总产量602万吨，增长4.7%，其中，海水产品产量491万吨，增长4.9%；淡水产品产量111万吨，增长3.7%。

表3： 2015年主要农产品产量

	绝对数（万吨）	比上年增长（%）
粮　食	752.2	-0.7
春粮	72.3	6.5
早稻	67.7	-5.3
秋粮	612.2	-1.0
油菜籽	25.1	-3.0
茶叶	17.3	4.3
果用瓜	280.8	3.6
蔬菜	1775.7	2.6

2015 年，全省新建粮食生产功能区 1445 个，面积 105 万亩，累计建成粮食生产功能区 7886 个，总面积 677 万亩。全省累计建成现代农业园区 818 个，总面积 517 万亩；其中，现代农业综合区 107 个，主导产业示范区 200 个，特色农业精品园 511 个。全省已有农业龙头企业 7470 家。全省土地流转率为 50%，累计流转面积 955 万亩。

全年各级投入美丽乡村建设资金 254 亿元。截至年末，全省共开展 10010 个村的农村生活污水治理，受益农户（已接入和正在接入）245 万户；开展农村垃圾减量化资源化处理试点村 104 个。全省 98% 的村实现生活垃圾集中收集处理，79% 的村实现生活污水有效治理，农村生活污水治理农户受益率为 66%，已有 58 个县（市、区）成为美丽乡村创建先进县。全省在建历史文化村落保护利用重点村 130 个，保护利用一般村 649 个；农家乐特色村 897 个、特色点（各类农庄、山庄、渔庄）2389 个。"千万农民素质提升工程" 培训总人数为 35 万人。

三、工业和建筑业

全年规模以上工业增加值 13193 亿元，比上年增长 4.4%，轻、重工业增加值分别为 5689 和 7505 亿元，分别增长 3.5% 和 4.8%。规模以上工业销售产值 64544 亿元，增长 0.2%，其中出口交货值 11707 亿元，下降 3.7%。

表 4： 2015 年规模以上工业增加值

	绝对数（亿元）	比上年增长（%）
工业增加值总计	13193	4.4
在总计中：轻工业	5689	3.5
重工业	7505	4.8
在总计中：国有企业	661	2.4
有限责任公司	3122	9.2
股份有限公司	1127	3.2
私营企业	5143	3.6
港澳台商投资企业	1474	2.8
外商投资企业	1625	1.1
在总计中：国有及国有控股企业	2308	6.5

规模以上工业中，高新技术产业增加值 4910 亿元，增长 6.9%，占规模以上工业的比重为 37.2%，对规模以上工业增长贡献率为 55.7%；装备制造业增加值 4856 亿元，增长 6.3%，占规模以上工业的比重为 36.8%。在规模以上工业中，健康产品制造、节能环保产业增加值分别增长 6.2%、5.9%；新一代信息技术和物联网、新能源、新能源汽车、新材料、生物、海洋新兴产业增加值分别增长15.1%、17.1%、10.9%、8.1%、6.6% 和 6.1%。规模以上工业新产品产值 21555 亿元，增长 13.8%；新产品产值率 32.2%，比上年提高 3.7 个百分点。

表5： 2015 年规模以上工业重点产业增加值

	绝对数(亿元)	比上年增长(%)
高新技术产业	4910	6.9
装备制造业	4856	6.3
战略性新兴产业	3367	6.9
高耗能产业	4542	3.5
信息经济核心产业制造业	1389	9.3
高端装备制造业(4)	1607	4.1

表6： 2015 年主要工业产品产量

	单　位	绝对数	比上年增长(%)
纱	万吨	220.0	-4.9
布	亿米	152.8	0.5
化　　纤	万吨	2186.4	15.8
卷　　烟	亿支	948.3	1.9
房间空调器	万台	634.8	-3.4
发 电 量	亿千瓦时	2905.3	2.5
钢　　材	万吨	4047.7	-1.6
水　　泥	万吨	11286.5	-7.8
化　　肥(折 100%)	万吨	35.3	10.8
集成电路	亿块	63.4	6.1
电子元件	亿只	947.8	0.7
微型计算机设备	万台	151.4	-20.7

全年规模以上工业企业实现利润 3718 亿元，比上年增长 5%。其中，国有及国有控股企业 581 亿元，增长 9.1%；股份制企业 534 亿元，增长 19.1%；外商及港澳台投资企业 1039 亿元，增长 3.7%；私营企业 1271 亿元，增长 2.9%。劳动生产率为 19.3 万元/人，按可比价计算增长 8.1%。

全年建筑业增加值 2563 亿元，比上年增长 9.4%。资质以上总承包和专业承包建筑业企业完成建筑业总产值 23980 亿元，增长 5.8%；实现利润 598 亿元，增长 3.8%；税金总额 686 亿元，增长 10.3%。

四、固定资产投资和房地产业

全年固定资产投资 26665 亿元，比上年增长 13.2%。非国有投资 17662 亿元，增长 8.3%，占固定资产投资的 66.2%，其中民间投资 16109 亿元，增长 9.2%，占固定资产投资的 60.4%。

在固定资产投资中，第一产业投资 339 亿元，比上年增长 28.7%。第二产业投资 8803 亿元，增长 11%，其中工业投资 8747 亿元，增长 11%；在工业投资中，工业技术改造投资 6701 亿元，增长 23.6%，占工业投资的 76.6%。第三产业投资 17523 亿元，增长 14.1%。全年投资项目 48022 个，比上年增长 2.2%，其中新开工项目 30106 个，增长 8.8%。

全年房地产开发投资 7112 亿元，比上年下降 2.1%，其中，住宅投资 4451 亿元，下降 3.1%。商品房销售面积5985万平方米，增长28%；商品房销售额6299亿元，增长28%。

（图4 2010－2015年固定资产投资及其增长速度，略）

表7： 2015年固定资产投资分项情况

	绝对数（亿元）	比上年增长（%）
按投资主体划分：		
其中：国有投资	9002	24.2
非国有投资	17662	8.3
其中：民间投资	16109	9.2
按项目划分：		
其中：.项目投资	19553	20.0
其中：基础设施投资	7418	29.2
其中：房地产开发投资	7112	－2.1
其中：住宅投资	4451	－3.1
按产业划分：		
其中：农业投资	339	28.7
工业投资	8747	11.0
其中：工业技改投资	6701	23.6
其中：制造业投资	7579	11.1
其中：装备制造业投资	3658	14.7
高新技术产业投资	2162	18.2
战略性新兴产业投资	2545	15.8
建筑业	55	10.1
服务业投资	17523	14.1
其中：水利、环境和公共设施管理业	3092	38.7
生态保护和环境治理业	217	89.3
信息传输、软件和信息技术服务业	275	30.8
高技术服务业	598	38.4

五、国内贸易

全年社会消费品零售总额19785亿元，比上年增长10.9%，扣除价格因素增长11%。按经营地分，城镇消费品零售额16523亿元，增长10.6%；乡村消费品零售额3262亿元，增长12.4%。按消费类型统计，商品零售额17797亿元，增长11.1%；餐饮收入额1988亿元，增长9.8%。全省网络零售额7611亿元，比上年增长49.9%，其中，省内居民网络消费4012亿元，增长39.6%。

（图5 2010－2015年社会消费品零售总额及其增长速度，略）

在限额以上批发零售贸易业零售额中，汽车类零售额比上年增长5.5%，石油及制品类下降7.1%，食品饮料烟酒类增长17.2%，服装、鞋帽、针纺织品类增长23.8%，中西药品类增长11.8%，日用品类增长16.5%，金银珠宝类增长16.9%，通讯器材类增长73.6%，家具类增长59.3%，五金、电料类增长27.5%，建筑及装潢材料类增长43.3%。

年末全省已登记商品交易实体市场名称4243家，交易额为2.05万亿元，比上年增长5.3%。

六、对外经济

全年货物进出口总额21566亿元(3474亿美元),比上年下降1.1%(-2.1%)。其中,出口17174亿元(2767亿美元),增长2.3%(1.2%);进口4392亿元(707亿美元),下降12.5%(-13.4%)。民营企业出口12579亿元,增长7.1%,占全省出口总值的73.2%,拉动全省出口增长5.0个百分点。机电产品出口7236亿元,增长4.7%;高新技术产品出口1047亿元,增长10%。全省跨境电子商务出口270亿元,增长34.7%。

全年服务贸易进出口额442亿美元,比上年增长16%,其中,出口285亿美元,增长16.5%;进口158亿美元,增长15.3%。

表8: 2015年货物进出口主要分类情况

	绝对数(亿元)	比上年增长(%)
货物进出口总额	21566	-1.1
货物出口额	17174	2.3
其中:一般贸易	13361	0.3
加工贸易	1827	-8.9
市场采购贸易	1766	42.6
其中:机电产品	7236	4.7
高新技术产品	1047	10.0
货物进口额	4392	-12.5
其中:一般贸易	3230	-9.6
加工贸易	679	-21.8
其中:机电产品	823	-7.8

表9: 2015年对主要市场进出口情况

国家或地区	出口额(亿元)	比上年增长(%)	进口额(亿元)	比上年增长(%)
欧盟	3761	-2.3	539	-9.3
东盟	1502	7.7	555	-13.8
美国	3042	7.3	379	-0.4
日本	737	-5.6	493	-13.8
俄罗斯	419	-26.9	60	-16.2
韩国	400	4.0	354	-21.3
中国香港	352	-1.4	13	-4.1
中国台湾	195	12.4	494	-18.2

新批外商直接投资项目1778个,比上年增加228个;合同外资278亿美元,实际利用外资170亿美元,分别增长14%和7.4%。第二产业投资势头良好,合同外资103亿美元,实际利用外资72亿美元,分别增长7.6%和21.4%。其中制造业实际利用外资69亿美元,增长27.4%,占实际利用外资总额的40.9%,比重比上年提高4.8个百分点。第三产业合同外资175亿美元,实际利用外资97亿美元,分别比上年增长20.1%、下降1.2%,占外资总额的比重分别为62.8%和57.1%。

对外承包工程完成营业额401亿元,比上年增长26.4%;全省外派劳务人员实际收入总额9.5亿元。经审批和核准的境外投资企业和机构共计760家，比上年增加183家；对外直接投资额908亿元，增长1.5倍；实际投资350.5亿元，增长54.9%。

七、交通运输、邮电和旅游

全年交通运输、仓储和邮政业增加值1599亿元，比上年增长5.7%。

全年铁路、公路和水运完成货物周转量9878亿吨公里，比上年增长3.5%；旅客周转量1063亿人公里，增长0.5%。港口完成货物吞吐量13.8亿吨，下降0.7%，其中，沿海港口完成11亿吨，增长1.6%；内河港口完成2.8亿吨，下降8.7%。

表10：　2015年交通客货运输量

	单　位	绝对数	比上年增长(%)
货物周转量	亿吨公里	9878	3.5
铁　路	亿吨公里	212	-4.8
公　路	亿吨公里	1514	6.7
水　运	亿吨公里	8152	3.1
旅客周转量	亿人公里	1063	0.5
铁　路	亿人公里	542	9.8
公　路	亿人公里	515	-7.7
水　运	亿人公里	6	5.0
民航旅客吞吐量	万人	4521	9.4

全年邮电业务总量2392亿元，比上年增长42%。其中，邮政业务总量811亿元，增长50.5%；电信业务总量1581亿元，增长38%。年末本地电话交换机容量1132万门，比上年减少636万门；移动电话交换机容量11423万户，增加282万户。移动电话用户7466万户，比上年增加95万户，普及率135.6部/百人；本地电话用户1500万户，减少142万户，普及率27.2线/百人；(固定)互联网宽带接入用户1316万户，增加40万户，普及率23.9户/百人；移动互联网用户5430万户，增加365万户。全省快递业务量38.3亿件，比上年增长55.9%。

全年实现旅游总收入7139亿元，比上年增长13%。其中，接待国内旅游者5.25亿人次，增长9.7%，实现国内旅游收入6720亿元，增长13%；接待入境旅游者1012万人次，增长8.8%，实现旅游外汇收入67.9亿美元，增长13.7%。

表11：2010－2015年接待旅游人数

年　　份	入境旅游人数（万人次）	国内旅游人数（亿人次）
2010	685	2.95
2011	774	3.43
2012	866	3.91
2013	866	4.34
2014	931	4.79
2015	1012	5.25

八、金融、证券和保险

年末全部金融机构本外币各项存款余额 90302 亿元,比上年末增长 10.2%,其中人民币存款余额增长 9.4%。全部金融机构本外币各项贷款余额 76466 亿元,比上年末增长 7.1%,其中人民币贷款余额增长 8%。年末住户本外币存款余额 34787 亿元,比上年末增长 6.5%。

表 12: 2015 年全部金融机构本外币存贷款情况

指　　标	年末数(亿元)	比上年增长(%)
各项存款余额	90302	10.2
其中:住户存款	34787	6.5
非金融企业存款	31485	6.2
各项贷款余额	76466	7.1
其中: 住户贷款	23536	13.4
非金融企业及机关团体贷款	52614	4.4

年末共有境内上市公司 299 家,累计融资 5181 亿元;其中,中小板上市公司 127 家,占全国中小板上市公司总数的 16.4%;创业板上市公司 50 家,占全国创业板上市公司总数的 10.2%。

全年保险业实现保费收入 1435 亿元,比上年增长 14.1%。其中,财产险保费收入 647 亿元,增长 10.7%;人身险保费收入 789 亿元,增长 17.1%。支付各类赔款及给付 559 亿元,比上年增长 17.7%。其中,财产险赔付支出 380 亿元,人身险赔付支出 179 亿元。

九、教育和科学技术

全省共有小学 3303 所,招生 59.9 万人;在校生 357 万人,比上年增长 0.7%,小学学龄儿童入学率为 99.99%。小学生均校舍建筑面积 8.2 平方米;生均图书 26.8 册;每百名学生拥有计算机 17.1 台;小学体育运动场(馆)面积达标的学校比例为 97.3%,比上年提高 1.9 个百分点。共有初中 1712 所,招生 48.9 万人;在校生 147.9 万人,初中入学率为 99.99%。初中生均校舍建筑面积 18.3 平方米;生均图书 45.7 册;每百名学生拥有计算机 28.3 台;初中体育运动场(馆)面积达标的学校比例为 97.6%,比上年提高 1.3 个百分点。

义务教育中小学随迁子女在校生 146.1 万人,比上年增长 1.5%,其中在公办学校就读人数为 105.9 万人,占 72.5%。随迁子女在校生中,在小学就读的有 115.6 万人,比上年增长 1%;在初中就读的有 30.5 万人,增长 3.7%。

全省各类中等职业教育学校 357 所,招生 22.9 万人,在校生 64.6 万人;普通高中 563 所,招生 26 万人,在校生 77.3 万人,毕业生 27.1 万人。

全省共有普通高校 108 所(含独立学院及筹建院校)。研究生、本科、专科招生比例为 1:7.2:6.2;普通高考录取率为 87.1%,高等教育毛入学率为 56%。全年研究生招生 21496 人,其中,博士生 2421 人,硕士生 19075 人,招生总数比上年增长 6.6%。

义务教育中小学专任教师 31.5 万人,比上年增长 1.6%。中等职业教育专任教师 3.35 万人,生师比 15.6:1;专任教师学历合格率为 96.3%。双师型教师占专任教师和专业课教师的比例分别为 44% 和 77.1%。普通高等学校专任教师中副高职称以上教师所占比例为 45%;具有硕士以上学位教师比例为 78.8%。

全省共有幼儿园8909所，在园幼儿190.2万人。幼儿园专任教师11.6万人，比上年增加0.4万人；幼儿教师学历合格率为99.8%。

全年全社会研究和发展（R&D）经费支出1000亿元，相当于地区生产总值的比例为2.33%，比上年提高0.07个百分点。地方财政科技支出251亿元，比上年增长20.6%。

全省有国家认定的企业技术中心93家（含分中心）。新认定高新技术企业1046家，累计7905家。新培育科技型中小企业8536家，累计23930家。全年专利申请量、授权量分别为30.7万件和23.5万件，分别比上年增长17.5%和24.6%，其中发明专利授权量为2.33万件，增长74.6%。

十、文化、卫生和体育

年末共有卫生机构3.1万个（含村卫生室）。各类医院床位数23.8万张，比上年增长11.7%。卫生技术人员40.4万人，增长7.7%；其中，执业（助理）医师15.7万人，注册护士15.9万人，分别增长7.8%和9.6%。医院年诊疗24621万人次，增长2.9%。孕产妇死亡率5.28/10万，5岁以下儿童死亡率4.65‰，婴儿死亡率3.27‰。

全年省预约诊疗服务平台预约请求量670.6万人次，预约成功量为482.7万次，比上年分别增长23.2%和20.9%。日均预约成功量13224次；新增注册用户130.1万人，增长3.8%，日均注册量为4564人次。全年完成新接入医院16家，累计接入医院220家。

年末全省共有公共图书馆100个，文化馆102个，博物馆223个，隶属文化部门艺术表演团体57个。全省有线广播电视用户数1538万户，比上年增长2.6%；广播、电视人口综合覆盖率分别为99.6%和99.7%。全年制作电视剧66部2906集；制作影片57部，比上年增长50%；制作动画片55部27256分钟，部数和时长分别增长34.1%和43.3%。全省新闻出版广播影视业营业收入比上年增长8%。影视制作机构1435家，其中上市公司32家。全省14家图书出版社，共出版图书14139种，总印数3.9亿册，比上年增长5.4%；公开发行报纸69种；出版期刊227种。

浙江运动员在各类国际性、洲际性、全国性比赛中共获得世界锦标赛冠军10个、世界杯分站赛冠军10个、世界青年锦标赛冠军4个，亚洲锦标赛冠军8个、亚洲青年锦标赛冠军12个，全国各类比赛冠军204个。共创建省级青少年体育俱乐部20个，青少年户外体育活动营地5个。年末全省共有省级青少年体育俱乐部404所，国家级青少年体育俱乐部148所；省级青少年户外活动营地54个，国家级营地6所。全年共销售体育彩票108.8亿元，比上年增加1.7亿元，增长1.6%。

十一、人民生活和社会保障

根据城乡一体化住户调查(5)，全年全体居民人均可支配收入35537元，比上年增长8.8%，扣除价格因素增长7.3%。其中，城镇常住居民和农村常住居民人均可支配收入分别为43714元和21125元，增长8.2%和9%，扣除价格因素分别增长6.7%和7.5%。全年全体居民人均可支配收入中位数(6)31499元，比上年增加2919元，增长10.2%。其中，城镇常住居民人均可支配收入中位数40161元，比上年增加3757元，增长10.3%；农村常住居民人均可支配收入中位数20665元，比上年增加2205元，增长11.9%。

（图6　2015年居民人均可支配收入、中位数及其增幅，略）

全体居民人均生活消费支出24117元，比上年增长6.9%，扣除价格因素增长5.4%。其中，城镇常住居民和农村常住居民人均生活消费支出分别为28661元和16108元，增长5.2%和11.1%，扣除价格因素分别增长3.7%和9.6%。

年末居民人均住房建筑面积48.0平方米，其中，城镇常住居民人均住房建筑面积40.5平方米，农村常住居民人均住房建筑面积61.3平方米。

全年参加企业基本养老保险人数2398万人，参加城镇职工基本医疗保险人数1993万人，参加失业保险人数1260万人，参加工伤保险人数1930万人，参加生育保险人数1285万人。正常缴费企业退休人员基本养老金月均水平超过2750元；城乡居保基础养老金最低标准提高到120元；因工死亡职工供养亲属抚恤金月人均提高130元。

年末在册低保对象66.5万人，其中，城镇7.3万人，农村59.2万人（含五保对象2.6万人）。低保资金（含各类补贴）支出25.8亿元；城乡低保平均标准分别为每人每月653元和570元，分别比上年增长11.2%和17%。获得生活补助的城乡低收入家庭持证重度残疾人7.3万名，发放补助金额5.35亿元，比上年增长11.5%。

全年共支出医疗救助资金10.1亿元，比上年增加0.3亿元。中央和省财政投入补助资金3.1亿元，新增各类养老机构床位数3.6万张，新建成社区居家养老服务照料中心6120个。

年内共发行各类福利彩票146.7亿元，比上年增加8.9亿，共筹集公益金40.7亿元。

十二、资源、环境保护和社会安全

全年全省平均降水量为2042毫米（折合降水总量2116亿立方米），全省总水资源量为1430.6亿立方米，比多年平均955.4亿立方米多49.7%；人均水资源量为2590立方米。

全省完成造林更新面积39.7千公顷，比上年减少26.2%，其中，人工造林19.6千公顷，无林地和疏林地封育10.6千公顷，迹地更新9.5千公顷。全省森林抚育面积233.2千公顷，比上年增加0.5%。完成义务植树6600万株，比上年减少2.9%。根据2015年浙江省森林资源年度监测结果显示，全省森林覆盖率为60.91%（含灌木林）。全省新增水土流失治理面积682平方公里。

全省有气象雷达观测站点10个，卫星云图接收站点25个，区域自动气象观测站2482个。全省霾平均日数53天，比上年减少16.7天。全省11个设区城市环境空气PM2.5年均浓度平均为47微克/立方米，比上年下降11.3%；11个设区城市日空气质量达标天数（AQI）比例范围为59.7%－90.8%，平均为78.2%；69个县级以上城市日空气质量达标天数（AQI）比例范围为59.7%－99.4%，平均为85.0%。

全省221个省控断面中，Ⅰ～Ⅲ类水质断面占72.9%，比上年提高9.1个百分点；满足水环境功能区目标水质要求断面占75.1%。11个设区城市的主要集中式饮用水水源地水质达标率为92.8%，县级以上城市集中式饮用水水源地水质达标率为89.4%。全省145个跨行政区域河流交接断面中，满足水环境功能区目标水质要求断面占73.1%。全省近岸海域共发生赤潮12次，累计面积约837.5平方千米，其中有害赤潮3次，有害面积78.5平方千米，与上年同期相比，赤潮发生次数下降6次，减少面积882.5平方千米。

全省城市污水排放量29.9亿立方米，比上年增长2%；城市污水处理量26.9亿立方米，增长2.2%；城市污水处理率90.1%，比上年提高0.16个百分点；城市生活垃圾无害化处理率99.96%；城市用水普及率99.93%；城市燃气普及率99.66%；人均公园绿地面积13.33平方米，比上年增长3.7%。

全年累计建成国家级生态县16个，国家环境保护模范城市7个，国家级生态乡镇691个，省级生态县（市、区）62个，省级环保模范城市12个。

全年规模以上工业企业能源消费比上年增长2.1%，单位工业增加值能耗下降2.2%。其中，千吨以上和重点监测用能企业能源消费分别比上年增长0.7%和0.9%，单位工业增加值能耗分别下降2.8%和3.3%。

（图7　2010－2015年规模以上工业单位增加值能耗降幅，略）

全年共发生各类事故[7]16767起、死亡4815人、受伤16174人，分别比上年下降5.5%、4%和6.5%。其中，发生较大事故33起、死亡124人，比上年减少7起、22人；发生重大事故1起、死亡14人，与上年持平、减少2人。道路交通共发生事故16271起、死亡4280人、受伤16153人，分别比上年下降5.2%、3.2%、6.5%。

注：(1) 本公报所列各项数据为年度初步统计数据。部分数据因四舍五入的原因，存在与分项合计不等的情况。

(2) 全省地区生产总值和各产业增加值绝对数按现价计算，增长速度按不变价格计算，三次产业划分执行国家统计局2012年制定的《三次产业划分规定》。2010－2013年生产总值数据为经济普查后修订数，2014年为年报核实数。

(3) 规模以上服务业企业不包括批发零售住宿餐饮、房地产开发和银行、证券、保险业数据。

(4) 高端装备制造业增加值数据口径范围有调整，与往年公报中数据不可比。

(5) 2012年四季度，国家统计局实施城乡一体化住户调查改革，统一了城乡居民收入名称、分类和统计标准，在浙江选取6200宅(户)城乡居民家庭，直接开展调查。在此基础上，计算了城乡可比的新口径浙江全体居民人均可支配收入以及分城乡常住居民人均可支配收入。

(6) 人均可支配收入中位数是指将所有调查户按人均可支配收入水平从低到高顺序排列，处于最中间位置的调查户的人均可支配收入。

(7) 各类事故口径包括工矿商贸企业、道路交通、水上交通、渔业船舶、铁路路外事故。

本公报中财政数据来自省财政厅；新增城镇就业、登记失业率、社会保障数据来自省人力社保厅；水产品产量、近岸海域赤潮数据来自省海洋与渔业局；粮食生产功能区、现代农业园区和综合区、特色农业精品园、农业龙头企业、土地流转数据来自省农业厅；美丽乡村建设、农村生活垃圾处理、农村生活污水治理、历史文化村落保护利用村、农家乐特色村和特色点个数、农民素质提升工程培训数据来自省农办；商品交易实体市场和交易额数据来自省工商局；货物进出口数据来自杭州海关；网络零售额、省内居民网络消费、跨境电子商务出口、服务贸易进出口、外商直接投资、对外直接投资、对外承包工程、外派劳务人员实际收入数据来自省商务厅；货物周转量、旅客周转量、港口货物吞吐量数据来自省交通运输厅；邮政业务、快递业务量数据来自省邮政管理局；电话交换机容量、电话用户、互联网用户数据来自省通信管理局；旅游数据来自省旅游局；货币金融数据来自人民银行杭州中心支行；上市公司数据来自浙江证监局；保险业数据来自浙江保监局；教育数据来自省教育厅；企业技术中心、高新技术企业、科技型中小企业、专利数据来自省科技厅；公共图书馆、文化馆、博物馆、艺术表演团体数据来自省文化厅；广播电视电影、出版数据来自省新闻出版广电局；卫生、诊疗数据来自省卫生计生委；体育、体育彩票金额数据来自省体育局；低保、社会服务和救助、福利彩票数据来自省民政厅；水资源、水土流失治理面积数据来自省水利厅；森林资源数据来自省林业厅；气象数据来自省气象局；生态建设、环境监测数据来自省环保厅；城市污水处理、城市生活垃圾处理、用水和燃气普及率、人均公园绿地面积数据来自省建设厅；各类事故发生起数、死亡和受伤人数来自省安监局；价格、粮食面积与产量、生猪存出栏、城乡居民收支、人均住房面积数据来自国家统计局浙江调查总队；其它数据均来自于省统计局。

中华人民共和国2015年国民经济和社会发展统计公报[1]

中华人民共和国国家统计局

（2016年2月29日）

2015年，面对错综复杂的国际形势和艰巨繁重的国内改革发展稳定任务，党中央、国务院团结带领全国各族人民，按照"五位一体"总体布局和"四个全面"战略布局的总要求，牢固树立和贯彻落实创新、协调、绿色、开放、共享的发展理念，适应经济发展新常态，坚持改革开放，坚持稳中求进工作总基调，坚持稳增长、调结构、惠民生、防风险，不断创新宏观调控思路与方式，深入推进结构性改革，扎实推动大众创业万众创新，努力促进经济保持中高速增长、迈向中高端水平，转型升级步伐加快，改革开放不断深化，民生事业持续进步，经济社会发展迈上新台阶，实现了"十二五"圆满收官，为"十三五"经济社会发展、决胜全面建成小康社会奠定了坚实基础。

一、综　合

初步核算，全年国内生产总值[2]676708亿元，比上年增长6.9%。其中，第一产业增加值60863亿元，增长3.9%；第二产业增加值274278亿元，增长6.0%；第三产业增加值341567亿元，增长8.3%。第一产业增加值占国内生产总值的比重为9.0%，第二产业增加值比重为40.5%，第三产业增加值比重为50.5%，首次突破50%。全年人均国内生产总值49351元，比上年增长6.3%。全年国民总收入[3]673021亿元。

（图1　2011－2015年国内生产总值及其增长速度，略）

（图2　2011－2015年三次产业增加值占国内生产总值比重，略）

年末全国大陆总人口137462万人，比上年末增加680万人，其中城镇常住人口77116万人，占总人口比重（常住人口城镇化率）为56.10%，比上年末提高1.33个百分点。全年出生人口1655万人，出生率为12.07‰；死亡人口975万人，死亡率为7.11‰；自然增长率为4.96‰。全国人户分离的人口[4]2.94亿人，其中流动人口[5]2.47亿人。人均预期寿命76.34岁。

表1：　2015年年末人口数及其构成

单位：万人

指　　标	年末数	比重%
全国总人口	137462	100.0
其中：城镇	77116	56.10
乡村	60346	43.90
其中：男性	70414	51.2
女性	67048	48.8
其中：0－15岁[6]（含不满16周岁）	24166	17.6
16－59岁（含不满60周岁）	91096	66.3
60周岁及以上	22200	16.1
其中：65周岁及以上	14386	10.5

年末全国就业人员77451万人,其中城镇就业人员40410万人。全年城镇新增就业1312万人。年末城镇登记失业率为4.05%。全国农民工(7)总量27747万人,比上年增长1.3%。其中,外出农民工16884万人,增长0.4%;本地农民工10863万人,增长2.7%。

(图3 2011-2015年城镇新增就业人数,略)

全年全员劳动生产率(8)为76978元/人,比上年提高6.6%。

(图4 2011-2015年全员劳动生产率,略)

全年居民消费价格比上年上涨1.4%,其中食品价格上涨2.3%。固定资产投资价格下降1.8%。工业生产者出厂价格下降5.2%。工业生产者购进价格下降6.1%。农产品生产者价格(9)上涨1.7%。

(图5 2015年居民消费价格月度涨跌幅度,略)

表2: 2015年居民消费价格比上年涨跌幅度

单位:%

指标	全国	城市	农村
居民消费价格	**1.4**	**1.5**	**1.3**
其中:食品	2.3	2.3	2.4
烟酒及用品	2.1	2.0	2.3
衣着	2.7	2.8	2.3
家庭设备用品及维修服务	1.0	1.0	0.9
医疗保健和个人用品	2.0	1.9	2.3
交通和通信	-1.7	-1.6	-1.9
娱乐教育文化用品及服务	1.4	1.4	1.4
居住(10)	0.7	1.0	-0.3

年末70个大中城市新建商品住宅销售价格月同比上涨的城市个数为21个,比年初增加20个;下降的为49个,减少20个。

(图6 2015年新建商品住宅月环比价格上涨、持平、下降城市个数变化情况,略)

全年全国一般公共预算收入152217亿元,比上年同口径(11)增加8324亿元,增长5.8%,其中税收收入124892亿元,增加5717亿元,增长4.8%。

(图7 2011-2015年全国一般公共财政收入,略)

年末国家外汇储备33304亿美元,比上年末减少5127亿美元。全年人民币平均汇率为1美元兑6.2284元人民币,比上年贬值1.4%。

(图8 2011-2015年年末国家外汇储备,略)

二、农业

全年粮食种植面积11334万公顷,比上年增加62万公顷。棉花种植面积380万公顷,减少42万公顷。

油料种植面积1406万公顷，增加1万公顷。糖料种植面积174万公顷，减少16万公顷。

全年粮食产量62144万吨，比上年增加1441万吨，增产2.4%。其中，夏粮产量14112万吨，增产3.3%；早稻产量3369万吨，减产0.9%；秋粮产量44662万吨，增产2.3%。全年谷物产量57225万吨，比上年增产2.7%。其中，稻谷产量20825万吨，增产0.8%；小麦产量13019万吨，增产3.2%；玉米产量22458万吨，增产4.1%。

（图9　2011－2015年粮食产量，略）

全年棉花产量561万吨，比上年减产9.3%。油料产量3547万吨，增产1.1%。糖料产量12529万吨，减产6.2%。茶叶产量224万吨，增产6.9%。

全年肉类总产量8625万吨，比上年下降1.0%。其中，猪肉产量5487万吨，下降3.3%；牛肉产量700万吨，增长1.6%；羊肉产量441万吨，增长2.9%；禽肉产量1826万吨，增长4.3%。禽蛋产量2999万吨，增长3.6%。牛奶产量3755万吨，增长0.8%。年末生猪存栏45113万头，下降3.2%；生猪出栏70825万头，下降3.7%。

全年水产品产量6690万吨，比上年增长3.5%。其中，养殖水产品产量4942万吨，增长4.1%；捕捞水产品产量1748万吨，增长0.5%。

全年木材产量6832万立方米，比上年下降17.0%。

全年新增耕地灌溉面积158万公顷，新增节水灌溉面积254万公顷。

三、工业和建筑业

全年全部工业增加值228974亿元，比上年增长5.9%。规模以上工业增加值增长6.1%。在规模以上工业中，分经济类型看，国有控股企业增长1.4%；集体企业增长1.2%，股份制企业增长7.3%，外商及港澳台商投资企业增长3.7%；私营企业增长8.6%。分门类看，采矿业增长2.7%，制造业增长7.0%，电力、热力、燃气及水生产和供应业增长1.4%。

（图10　2011－2015年全部工业增加值及其增长速度，略）

全年规模以上工业中，农副食品加工业增加值比上年增长5.5%，纺织业增长7.0%，化学原料和化学制品制造业增长9.5%，非金属矿物制品业增长6.5%，黑色金属冶炼和压延加工业增长5.4%，通用设备制造业增长2.9%，专用设备制造业增长3.4%，汽车制造业增长6.7%，电气机械和器材制造业增长7.3%，计算机、通信和其他电子设备制造业增长10.5%，电力、热力生产和供应业增长0.5%。六大高耗能行业(12)增加值比上年增长6.3%，占规模以上工业增加值的比重为27.8%。高技术制造业(13)增加值增长10.2%，占规模以上工业增加值的比重为11.8%。装备制造业(14)增加值增长6.8%，占规模以上工业增加值的比重为31.8%。

年末全国发电装机容量150828万千瓦，比上年末增长10.5%。其中(17)，火电装机容量99021万千瓦，增长7.8%；水电装机容量31937万千瓦，增长4.9%；核电装机容量2608万千瓦，增长29.9%；并网风电装机容量12934万千瓦，增长33.5%；并网太阳能发电装机容量4318万千瓦，增长73.7%

表3： 2015年主要工业产品产量及其增长速度(12)

产品名称	单 位	产 量	比上年增长(%)
纱	万吨	3538.0	4.7
布	亿米	892.6	-0.1
化学纤维	万吨	4831.7	10.1
成 品 糖	万吨	1474.1	-10.3
卷 烟	亿支	25890.7	-0.8
彩色电视机	万台	14475.7	2.5
其中:液晶电视机	万台	14391.9	3.8
其中:智能电视	万台	8383.5	14.9
家用电冰箱	万台	7992.8	-9.1
房间空气调节器	万台	14200.4	-1.8
一次能源生产总量	亿吨标准煤	36.2	0.0
原 煤	亿吨	37.5	-3.3
原 油	亿吨	21455.6	1.5
天 然 气(15)	亿立方米	1346.1	3.4
发 电 量	亿千瓦小时	58105.8	0.3
其中:火电	亿千瓦小时	42420.4	-2.7
水电	亿千瓦小时	11264.2	5.0
核电	亿千瓦小时	1707.9	28.9
粗 钢	万吨	80382.5	-2.2
钢 材(16)	万吨	112349.6	-0.1
十种有色金属	万吨	5155.8	6.8
其中:精练铜(电解铜)	万吨	796.2	4.2
原铝(电解铝)	万吨	3141.0	8.8
水 泥	亿吨	23.6	-5.3
硫 酸(折100%)	万吨	8975.7	0.8
烧 碱(折100%)	万吨	3020.7	-1.4
乙 烯	万吨	1714.6	1.1
化 肥(折100%)	万吨	7432.0	8.1
发电机组(发电设备)	万千瓦	12431.4	-17.4
汽 车	万辆	2450.4	3.3
其中:基本型乘用车(轿车)	万辆	1163.0	-6.8
运动型多用途乘用车(SUV)	万辆	602.4	48.0
其中:新能源汽车	万辆	32.8	161.2
大中型拖拉机	万台	68.8	6.9
集成电路	亿块	1087.2	7.1
程控交换机	万线	1880.3	-12.5
移动通信手持机	万台	181261.4	7.8
其中:智能手机	万台	139943.1	11.3
微型计算机设备	万台	31418.7	-10.4
工业机器人	台(套)	32996.0	21.7

全年规模以上工业企业实现利润63554亿元,比上年下降2.3%。分经济类型看,国有控股企业实现利润10944亿元,比上年下降21.9%;集体企业508亿元,下降2.7%,股份制企业42981亿元,下降1.7%,外商及港澳台商投资企业15726亿元,下降1.5%;私营企业23222亿元,增长3.7%。分门类看,采矿业实现利润

2604亿元，比上年下降58.2%；制造业55609亿元，增长2.8%；电力、热力、燃气及水生产和供应业5341亿元，增长13.5%。

全年全社会建筑业增加值46456亿元，比上年增长6.8%。全国具有资质等级的总承包和专业承包建筑业企业实现利润6508亿元，增长1.6%，其中国有控股企业1676亿元，增长6.0%。

（图10　2011－2015年建筑业增加值及其增长速度，略）

四、固定资产投资

全年全社会固定资产投资562000亿元，比上年增长9.8%，扣除价格因素，实际增长11.8%。其中，固定资产投资（不含农户）551590亿元，增长10.0%。分区域看[18]，东部地区投资232107亿元，比上年增长12.4%；中部地区投资143118亿元，增长15.2%；西部地区投资140416亿元，增长8.7%；东北地区投资40806亿元，下降11.1%。

（图12　2011－2015年全社会固定资产投资，略）

在固定资产投资（不含农户）中，第一产业投资15561亿元，比上年增长31.8%；第二产业投资224090亿元，增长8.0%；第三产业投资311939亿元，增长10.6%。基础设施投资[19]101271亿元，增长17.2%，占固定资产投资（不含农户）的比重为18.4%。民间固定资产投资[20]354007亿元，增长10.1%，占固定资产投资（不含农户）的比重为64.2%。高技术产业投资[21]32598亿元，增长17.0%，占固定资产投资（不含农户）的比重为5.9%。

（图13　2015年按领域分固定资产投资（不含农户）及其占比，略）

表4：　2015年分行业固定资产投资（不含农户）及其增长速度

单位：亿元

行　　业	投资额	比上年增长（%）
总　　计	551590	10.0
农、林、牧、渔业	19061	30.8
采矿业	12971	-8.8
制造业	180365	8.1
电力、热力、燃气及水生产和供应业	26621	16.6
建筑业	4895	10.2
批发和零售业	18682	20.1
交通运输、仓储和邮政业	48972	14.3
住宿和餐饮业	6504	5.1
信息传输、软件和信息技术服务业	5517	34.5
金融业	1367	0.3
房地产业[22]	126674	2.5
租赁和商务服务业	9436	18.6
科学研究和技术服务业	4752	12.6
水利、环境和公共设施管理业	55673	20.4
居民服务、修理和其他服务业	2628	15.5
教　　育	7723	15.2
卫生和社会工作	5175	29.7
文化、体育和娱乐业	6724	8.9
公共管理、社会保障和社会组织	7851	9.1

表5： 2015年固定资产投资新增主要生产与运营能力

指　　标	单　位	绝对数
新增220千伏及以上变电设备	万千伏安	21785
新建铁路投产里程	公里	9531
其中：高速铁路(23)	公里	3306
增、新建铁路复线投产里程	公里	7647
电气化铁路投产里程	公里	8694
新建公路里程	公里	71401
其中：高速公路	公里	11265
港口万吨级码头泊位新增吞吐能力	万吨	38487
新增民用运输机场	个	8
新增光缆线路长度	万公里	441

全年房地产开发投资95979亿元，比上年增长1.0%。其中，住宅投资64595亿元，增长0.4%；办公楼投资6210亿元，增长10.1%；商业营业用房投资14607亿元，增长1.8%。

全年全国城镇保障性安居工程基本建成住房772万套，新开工783万套，其中棚户区改造开工601万套。

表6： 2015年房地产开发和销售主要指标完成情况及其增长速度

指　　标	单　位	绝对数	比上年增长(%)
投资额	亿元	95979	1.0
其中：住宅	亿元	64595	0.4
其中：90平方米及以下	亿元	24646	21.2
房屋施工面积	万平方米	735693	1.3
其中：住宅	万平方米	511570	-0.7
房屋新开工面积	万平方米	154454	-14.0
其中：住宅	万平方米	106651	-14.6
房屋竣工面积	万平方米	100039	-6.9
其中：住宅	万平方米	73777	-8.8
商品房销售面积	万平方米	128495	6.5
其中：住宅	万平方米	112406	6.9
本年到位资金	亿元	125203	2.6
其中：国内贷款	亿元	20214	-4.8
其中：个人按揭贷款	亿元	16662	21.9

五、国内贸易

全年社会消费品零售总额300931亿元，比上年增长10.7%，扣除价格因素，实际增长10.6%。按经营地统计，城镇消费品零售额258999亿元，增长10.5%；乡村消费品零售额41932亿元，增长11.8%。按消费类型统计，商品零售额268621亿元，增长10.6%；餐饮收入额32310亿元，增长11.7%。

（图14　2011－2015年社会消费品零售总额，略）

在限额以上企业商品零售额中，粮油、食品、饮料、烟酒类零售额比上年增长14.6%，服装、鞋帽、针纺织品类增长9.8%，化妆品类增长8.8%，金银珠宝类增长7.3%，日用品类增长12.3%，家用电器和音像器材类增长11.4%，中西药品类增长14.2%，文化办公用品类增长15.2%，家具类增长16.1%，通讯器材类增长

29.3%，建筑及装潢材料类增长18.7%，汽车类增长5.3%，石油及制品类下降6.6%。

全年网上零售额(24)38773亿元，比上年增长33.3%，其中网上商品零售额32424亿元，增长31.6%。在网上商品零售额中，吃类商品增长40.8%，穿类商品增长21.4%，用类商品增长36%。

六、对外经济(25)

全年货物进出口总额245741亿元，比上年下降7.0%。其中，出口141255亿元，下降1.8%；进口104485亿元，下降13.2%。货物进出口差额(出口减进口)36770亿元，比上年增加13244亿元。

（图15　2011－2015年货物进出口总额，略）

表7：　2015年货物进出口总额及其增长速度

单位：亿元

指　　标	绝对数	比上年增长(%)
货物进出口总额	245741	-7.0
货物出口额	141255	-1.8
其中：一般贸易	75456	2.1
加工贸易	49553	-8.8
其中：机电产品	81421	1.1
高新技术产品	40737	0.4
货物进口额	104485	-13.2
其中：一般贸易	57323	-15.9
加工贸易	27772	-13.7
其中：机电产品	50111	-4.50.7
高新技术产品	34073	0.6
货物进出口差额(出口减进口)	36770	-

表8：　2015年主要商品出口数量、金额及其增长速度

商品名称	单位	数　量	比上年增长(%)	金　额(亿元)	比上年增长(%)
煤(包括褐煤)	万吨	533	-7.1	31	-27.7
钢材	万吨	11240	19.9	3890	-10.6
纺织纱线、织物及制品	-	-	-	6796	-1.3
服装及衣着附件	-	-	-	10819	-5.5
鞋类	-	-	-	3319	-3.9
家具及其零件	-	-	-	3277	2.6
自动数据处理设备及其部件	万台	171508	-10.6	9461	-15.2
手持或车载无线电话	万台	134342	2.4	7711	8.8
集装箱	万个	272	-10.1	475	-14.2
液晶显示板	万个	229344	-6.4	1923	-1.5
汽车	万辆	72	-19.4	696	-9.5

表9： 2015 年主要商品进口数量、金额及其增长速度

商品名称	数　量（万吨）	比上年增长（%）	金　　额（亿元）	比上年增长（%）
谷物及谷物粉	3270	67.6	582	52.4
大　　豆	8169	14.4	2157	-12.8
食用植物油	676	4.1	311	-14.5
铁矿砂及其精矿	95272	2.2	3574	-37.7
氧化铝	465	-11.8	101	-14.2
煤(包括褐煤)	20406	-29.9	749	-45.2
原　　油	33550	8.8	8333	-40.5
成品油	2990	-0.3	886	-38.5
初级形状的塑料	2610	2.9	2793	-11.8
纸　　浆	1984	10.4	792	6.9
钢　　材	1278	-11.4	889	-19.2
未锻轧铜及铜材	481	-0.3	1804	-17.4

表10： 2015 年对主要国家和地区货物进出口额及其增长速度

单位:亿元

国家和地区	出口额	比上年增长（%）	进口额	比上年增长（%）
欧盟	22096	-3.0	12985	-13.6
美国	25425	4.5	9238	-5.4
东盟	17221	3.1	12097	-5.4
中国香港	20589	-7.7	797	2.8
日本	8424	-8.3	8881	-11.4
韩国	6291	2.1	10847	-7.1
中国台湾	2785	-2.0	8904	-4.6
印度	3612	8.5	831	-17.2
俄罗斯	2161	-34.5	2066	-19.1

全年服务进出口(26)总额 7130 亿美元，比上年增长 14.6%。其中，服务出口 2882 亿美元，增长 9.2%；服务进口 4248 亿美元，增长 18.6%。服务进出口逆差 1366 亿美元。

全年吸收外商直接投资（不含银行、证券、保险）新设立企业 26575 家，比上年增长 11.8%。实际使用外商直接投资金额 7814 亿元（折 1263 亿美元），增长 6.4%。其中"一带一路"(27)沿线国家吸收外商直接投资新设立企业 2164 家，增长 18.3%；实际使用外商直接投资金额 526 亿元（折 85 亿美元），增长 25.3%。

表11： 2015 年外商直接投资（不含银行、证券、保险）及其增长速度

单位:亿元

行业	企业家（家）	比上年增长（%）	实际使用金额	比上年增长（%）
总　　计	**26575**	**11.8**	**7813.5**	**6.4**
其中：农、林、牧、渔业	609	-15.3	94.8	1.3
制造业	4507	-13.0	2452.3	0.0
电力、燃气及水的生产和供应业	264	26.9	139.4	3.1
交通运输、仓储和邮政业	449	19.4	259.7	-5.0
信息传输、计算机服务和软件业	1311	33.6	237.1	40.1
批发和零售业	9156	14.8	744.0	28.0
房地产业	387	-13.2	1789.8	-15.9
租赁和商务服务业	4465	12.7	623.3	-18.8
居民服务和其他服务业	217	19.9	44.4	0.8

全年对外直接投资额(不含银行、证券、保险)7351 亿元,按美元计价为1180 亿美元,比上年增长14.7%。其中,我国对"一带一路"沿线国家对外直接投资额达148 亿美元,增长18.2%。

表12： 2015 年对外投资额(不含银行、证券、保险)及其增长速度

行　　业	对外直接投资金额(亿美元)	比上年增长(%)
总　　计	1080.2	14.7
其中:农、林、牧、渔业	20.5	17.8
采矿业	108.5	-43.9
制造业	143.3	105.9
电力、热力、燃气及水生产和供应业	27.9	51.6
建筑业	45.0	-35.9
批发和零售业	160.2	-7.2
交通运输、仓储和邮政业	30.9	5.5
信息传输、软件和信息技术服务业	57.8	240.0
房地产业	90.6	193.2
租赁和商务服务业	416.7	11.9

全年对外承包工程业务完成营业额9596 亿元,按美元计价为1541 亿美元,比上年增长8.2%。对外劳务合作派出各类劳务人员53 万人,下降5.7%。

七、交通[28]、邮电和旅游

全年货物运输总量417 亿吨,比上年增长0.2%。货物运输周转量177401 亿吨公里,下降1.9%。全年规模以上港口完成货物吞吐量114.3 亿吨,比上年增长1.6%,其中外贸货物吞吐量35.9 亿吨,增长1.1%。规模以上港口集装箱吞吐量20959 万标准箱,增长4.1%。

表13： 2015 年各种运输方式完成货物运输量及其增长速度

指　　标	单　位	绝对数	比上年增长%
货物运输总量	亿吨	417.1	0.2
铁　路	亿吨	33.6	-11.9
公　路	亿吨	315.0	1.2
水　运	亿吨	61.4	2.5
民　航	万吨	625.3	5.2
管　道	亿吨	7.1	1.7
货物运输周转量	亿吨公里	177400.7	-1.9
铁　路	亿吨公里	23754.3	-13.7
公　路	亿吨公里	57955.7	2.0
水　运	亿吨公里	91344.6	-1.2
民　航	亿吨公里	207.3	10.4
管　道	亿吨公里	4138.8	6.6

全年旅客运输总量194 亿人次,比上年下降4.4%。旅客运输周转量30047 亿人公里,增长4.9%。

表14： 2015各种运输方式完成旅客运输量及其增长速度

指　　标	单　位	绝对数	比上年增长%
旅客运输总量	亿人次	194.3	-4.4
铁　路	亿人次	25.3	10.0
公　路	亿人次	161.9	-6.7
水　运	亿人次	2.7	2.8
民　航	亿人次	4.4	11.1
旅客运输周转量	亿人公里	30047.0	4.9
铁　路	亿人公里	11960.6	6.4
公　路	亿人公里	10742.7	-2.3
水　运	亿人公里	73.1	-1.7
民　航	亿人公里	7270.7	14.8

年末全国民用汽车保有量达到17228万辆(包括三轮汽车和低速货车955万辆)，比上年末增长11.5%，其中私人汽车保有量14399万辆，增长14.4%。民用轿车保有量9508万辆，增长14.6%，其中私人轿车8793万辆，增长15.8%。

全年完成邮电业务总量(29) 28220亿元，比上年增长29.2%。其中，邮政行业业务总量5079亿元，增长37.4%；电信业务总量23142亿元，增长27.5%。邮政业全年完成邮政函件业务45.8亿件，包裹业务0.4亿件，快递业务量206.7亿件；快递业务收入2770亿元。电信业全年新增移动电话交换机容量(30) 6529万户，达到211066万户。年末全国电话用户总数达到153673万户，其中移动电话用户130574万户。移动电话普及率上升至95.5部/百人。固定互联网宽带接入用户(31) 21337万户，比上年增加1289万户；移动宽带用户(32) 78533万户，增加20279万户。移动互联网接入流量41.9亿G，比上年增长103%。互联网上网人数6.88亿人，增加3951万人，其中手机上网人数(33) 6.20亿人，增加6303万人。互联网普及率达到50.3%。软件和信息技术服务业(34) 完成软件业务收入43249亿元，比上年增长16.6%。

（图16　2011－2015年快递业务量及其增长速度，略）

（图17　2011－2015年年末固定互联网宽带接入用户和移动宽带用户数，略）

全年国内游客40亿人次，比上年增长10.5%，国内旅游收入34195亿元，增长13.1%。入境游客13382万人次，增长4.1%。其中，外国人2599万人次，下降1.4%；香港、澳门和台湾同胞10783万人次，增长5.6%。在入境游客中，过夜游客5689万人次，增长2.3%。国际旅游收入1137亿美元，增长7.8%。国内居民出境12786万人次，增长9.7%。其中因私出境12172万人次，增长10.6%；赴港澳台出境8588万人次，增长4.4%。

八、金融

年末广义货币供应量(M2)余额139.2万亿元，比上年末增长13.3%；狭义货币供应量(M1)余额40.1万亿元，增长15.2%；流通中货币(M0)余额6.3万亿元，增长4.9%。

全年社会融资规模增量(35) 15.4万亿元，按可比口径计算，比上年少4675亿元。年末全部金融机构本外币各项存款余额139.8万亿元，比年初增加15.3万亿元，其中人民币各项存款余额135.7万亿元，增加15.0万亿元。全部金融机构本外币各项贷款余额99.3万亿元，增加11.7万亿元，其中人民币各项贷款余额94.0万亿元，增加11.7万亿元。

表 15： 2015 年年末全部金融机构本外币存贷款余额及其增长速度

指　　标	年末数(亿元)	比上年末增长(%)
各项存款余额	1397752	12.4
其中:住户存款	551929	8.9
其中:人民币	546078	8.7
非金融企业存款	455209	13.7
各项贷款余额	993460	13.4
其中:境内短期贷款	366684	7.3
境内中长期贷款	538924	14.2

年末主要农村金融机构(农村信用社、农村合作银行、农村商业银行)人民币贷款余额 120321 亿元,比年初增加 13433 亿元。全部金融机构人民币消费贷款余额 189520 亿元,增加 35869 亿元。其中,个人短期消费贷款余额 41008 亿元,增加 8497 亿元;个人中长期消费贷款余额 148512 亿元,增加 27373 亿元。

全年上市公司通过境内市场累计筹资 29814 亿元,比上年增加 21417 亿元。其中,首次公开发行 A 股 220 只,筹资 1579 亿元;A 股再筹资(包括配股、公开增发、非公开增发(36)、认股权证)6711 亿元,增加 2546 亿元;上市公司通过发行可转债、可分离债、公司债、中小企业私募债筹资 21524 亿元,增加 17961 亿元。全年首次公开发行创业板股票 86 只,筹资 309 亿元。

全年发行公司信用类债券(37)6.72 万亿元,比上年增加 1.57 万亿元。

全年保险公司原保险保费收入(38)24283 亿元,比上年增长 20.0%。其中,寿险业务原保险保费收入 13242 亿元,健康险和意外伤害险业务原保险保费收入 3046 亿元,财产险业务原保险保费收入 7995 亿元。支付各类赔款及给付 8674 亿元。其中,寿险业务给付 3565 亿元,健康险和意外伤害险赔款及给付 915 亿元,财产险业务赔款 4194 亿元。

九、人民生活和社会保障

全年全国居民人均可支配收入 21966 元,比上年增长 8.9%,扣除价格因素,实际增长 7.4%;全国居民人均可支配收入中位数(39)19281 元,增长 9.7%。按常住地分,城镇居民人均可支配收入 31195 元,比上年增长 8.2%,扣除价格因素,实际增长 6.6%;城镇居民人均可支配收入中位数为 29129 元,增长 9.4%。农村居民人均可支配收入 11422 元,比上年增长 8.9%,扣除价格因素,实际增长 7.5%;农村居民人均可支配收入中位数为 10291 元,增长 8.4%。全年农村居民人均纯收入为 10772 元。全国农民工人均月收入 3072 元,比上年增长 7.2%。全国居民人均消费支出 15712 元,比上年增长 8.4%,扣除价格因素,实际增长 6.9%。按常住地分,城镇居民人均消费支出 21392 元,增长 7.1%,扣除价格因素,实际增长 5.5%;农村居民人均消费支出 9223 元,增长 10.0%,扣除价格因素,实际增长 8.6%。

(图 18　2011 - 2015 年全国居民人均可支配收入及其增长速度,略)

(图 19　2015 年全国居民人均消费支出及其构成,略)

年末全国参加城镇职工基本养老保险人数 35361 万人,比上年末增加 1236 万人。参加城乡居民基本养老保险人数 50472 万人,增加 365 万人。参加城镇基本医疗保险人数 66570 万人,增加 6823 万人。其中,参加职工基本医疗保险人数 28894 万人,增加 598 万人;参加城镇居民基本医疗保险人数 37675 万人,增加 6225 万人。参加失业保险人数 17326 万人,增加 283 万人。年末全国领取失业保险金人数 227 万人。参加工伤保险人数 21404 万人,增加 765 万人,其中参加工伤保险的农民工 7489 万人,增加 127 万人。参加生育保险人数 17769 万人，增加 730 万人。年末全国共有 1708.0 万人享受城市居民最低生活保障，4903.2 万人享受农村居民最低生活保障，农村五保供养[40]517.5 万人。全年资助 5910.3 万城乡困难群众参加基本医疗保险。按照每人每年 2300 元（2010 年不变价）的农村扶贫标准计算，2015 年农村贫困人口 5575 万人，比上年减少 1442 万人。

十、教育、科学技术和文化

全年研究生教育招生 64.5 万人，在学研究生 191.1 万人，毕业生 55.2 万人。普通本专科招生 737.8 万人，在校生 2625.3 万人，毕业生 680.9 万人。中等职业教育[41]招生 601.2 万人，在校生 1656.7 万人，毕业生 567.9 万人。普通高中招生 796.6 万人，在校生 2374.4 万人，毕业生 797.6 万人。初中招生 1411.0 万人，在校生 4312.0 万人，毕业生 1417.6 万人。普通小学招生 1729.0 万人，在校生 9692.2 万人，毕业生 1437.2 万人。特殊教育招生 8.3 万人，在校生 44.2 万人，毕业生 5.3 万人。学前教育在园幼儿 4264.8 万人。九年义务教育巩固率为 93.0%，高中阶段毛入学率为 87.0%。

（图 20　2011－2015 年普通本专科、中等职业教育及普通高中招生人数，略）

全年研究与试验发展（R&D）经费支出 14220 亿元，比上年增长 9.2%，与国内生产总值之比为 2.10%，其中基础研究经费 671 亿元。全年国家安排了 3574 项科技支撑计划课题，2561 项"863"计划课题。截至年底，累计建设国家工程研究中心 132 个，国家工程实验室 158 个，国家认定企业技术中心 1187 家。国家新兴产业创投计划[42]累计支持设立 206 家创业投资企业，资金总规模 557 亿元，投资创业企业 1233 家。全年受理境内外专利申请 279.9 万件，授予专利权 171.8 万件。截至年底，有效专利 547.8 万件，其中境内有效发明专利 87.2 万件，每万人口发明专利拥有量 6.3 件。全年共签订技术合同 30.7 万项，技术合同成交金额 9835 亿元，比上年增长 14.7%。

（图 21　2011－2015 年研究与试验发展（R&D）经费支出，略）

表 16：　2015 年专利申请受理、授权和有效专利情况

指　　标	专利数（万件）	比上年增长（%）
专利申请受理数	279.9	18.5
其中：境内专利申请受理数	261.7	19.7
其中：发明专利申请受理数	110.2	18.7
其中：境内发明专利	95.7	21.2
专利申请授权数	171.8	31.9
其中：境内专利授权	157.8	32.4
其中：发明专利授权	35.9	54.1
其中：境内发明专利	25.6	62.5
年末有效专利数	547.8	18.0
其中：境内有效专利	467.4	19.3
其中：有效发明专利	147.2	23.1
其中：境内有效发明专利	87.2	31.4

全年成功完成 19 次宇航发射。长征六号、长征十一号新型运载火箭成功首飞；地球静止轨道分辨率最高

的遥感卫星高分四号成功发射；完成4颗新一代北斗导航卫星发射，北斗卫星导航系统全球组网稳步推进；国产首架大飞机C919成功总装下线。

年末全国共有产品检测实验室31768个，其中国家检测中心641个。全国现有产品质量、体系认证机构221个，已累计完成对136780个企业的产品认证。全国共有法定计量技术机构3830个，全年强制检定计量器具7354万台(件)。全年制定、修订国家标准1931项，其中新制定1330项。全年中央气象台和省级气象台共发布气象预警信号5939次，警报6107次。全国共有地震台站1687个，区域地震台网32个。全国共有海洋观测站(点)[43]124个。测绘地理信息部门公开出版地图2003种。

年末全国文化系统共有艺术表演团体2052个，博物馆2956个。全国共有公共图书馆3136个，总流通[44]58339万人次；文化馆3315个。有线电视用户2.39亿户，其中有线数字电视用户2.02亿户。年末广播节目综合人口覆盖率为98.2%，电视节目综合人口覆盖率为98.8%。全年生产电视剧395部16560集，电视动画片134011分钟。全年生产故事影片686部，科教、纪录、动画和特种影片[45]202部。出版各类报纸440亿份，各类期刊30亿册，图书81亿册(张)，人均图书拥有量[46]5.91册(张)。年末全国共有档案馆4196个，已开放各类档案13294万卷(件)。

全年我国运动员在25个运动大项中获得127个世界冠军，共创12项世界纪录。全年我国残疾人运动员在34项国际赛事中获得395个世界冠军。

十一、卫生和社会服务

年末全国共有医疗卫生机构990248个，其中医院27215个，乡镇卫生院36869个，社区卫生服务中心(站)34588个，诊所(卫生所、医务室)195866个，村卫生室644751个，疾病预防控制中心3492个，卫生监督所(中心)3097个。卫生技术人员803万人，其中执业医师和执业助理医师300万人，注册护士328万人。医疗卫生机构床位708万张，其中医院534万张，乡镇卫生院121万张。

(图22　2011－2015年卫生技术人员人数，略)

年末全国各类提供住宿的社会服务机构3.2万个，其中养老服务机构2.8万个。社会服务床位[47]676.3万张，其中养老床位669.8万张。年末共有社区服务中心2.4万个，社区服务站12.5万个。

十二、资源、环境和安全生产

全年全国国有建设用地供应总量[48]53万公顷，比上年下降12.5%。其中，工矿仓储用地12万公顷，下降15.2%；房地产用地[49]12万公顷，下降20.9%；基础设施等其他用地29万公顷，下降7.1%。

全年水资源总量28306亿立方米。全年平均降水量644毫米。年末全国监测的614座大型水库蓄水总量3645亿立方米，与上年末蓄水量基本持平。全年总用水量6180亿立方米，比上年增长1.4%。其中，生活用水增长3.1%，工业用水增长1.8%，农业用水增长0.9%，生态补水增长1.7%。万元国内生产总值用水量[50]104立方米，比上年下降5.1%。万元工业增加值用水量58立方米，下降3.9%。人均用水量450立方米，比上年增长0.9%。

全年完成造林面积632万公顷，其中林业重点生态工程完成造林面积242万公顷，占全部造林面积的38.2%。截至年底，自然保护区达到2740个，其中国家级自然保护区428个。新增水土流失治理面积5.4万平方公里，新增实施水土流失地区封育保护面积2.0万平方公里。

全年平均气温为10.5℃，共有6个台风登陆。

初步核算，全年能源消费总量43.0亿吨标准煤，比上年增长0.9%。煤炭消费量下降3.7%，原油消费量增长5.6%，天然气消费量增长3.3%，电力消费量增长0.5%。煤炭消费量占能源消费总量的64.0%，水电、风电、核电、天然气等清洁能源消费量占能源消费总量的17.9%。全国万元国内生产总值能耗下降5.6%。工业企业吨粗铜综合能耗下降0.79%，吨钢综合能耗下降0.56%，单位烧碱综合能耗下降1.41%，吨水泥综合能耗下降0.49%，每千瓦时火力发电标准煤耗下降0.95%。

（图23　2011－2015年万元国内生产总值能耗降低率，略）

（图24　2011－2015年清洁能源消费量占能源消费总量的比重，略）

十大流域(51)的700个水质监测断面中，Ⅰ～Ⅲ类水质断面比例占72.1%，劣Ⅴ类水质断面比例占8.9%。十大流域水质总体为轻度污染，水质保持稳定。

近岸海域301个海水水质监测点中，达到国家一、二类海水水质标准的监测点占70.4%，三类海水占7.6%，四类、劣四类海水占21.9%。

在监测的338个城市中，城市空气质量达标的城市占21.6%，未达标的城市占78.4%。

在监测的321个城市中，城市区域声环境质量好的城市占4.0%，较好的占68.5%，一般的占26.2%，较差的占0.9%，差的占0.3%。

年末城市污水处理厂日处理能力达到13784万立方米，比上年末增长5.3%；城市污水处理率达到91.0%，提高0.8个百分点。城市生活垃圾无害化处理率达到92.5%，提高0.7个百分点。城市集中供热面积64.2亿平方米，增长5.1%。城市建成区绿地面积189万公顷，增长3.7%；建成区绿地率达到36.3%，提高0.05个百分点；人均公园绿地面积13.16平方米，增加0.08平方米。

全年农作物受灾面积2177万公顷，其中绝收223万公顷。全年因洪涝和地质灾害造成直接经济损失920亿元，因旱灾造成直接经济损失486亿元，因低温冷冻和雪灾造成直接经济损失89亿元，因海洋灾害造成直接经济损失72亿元。全年大陆地区共发生5级以上地震14次，成灾12次，造成直接经济损失180亿元。全年共发生森林火灾2936起，森林火灾受害森林面积1.3万公顷。

全年各类生产安全事故共死亡66182人。亿元国内生产总值生产安全事故死亡人数0.098人，比上年下降8.4%；工矿商贸企业就业人员10万人生产安全事故死亡人数1.071人，下降19.4%；道路交通事故万车死亡人数2.1人，下降4.5%；煤矿百万吨死亡人数0.162人，下降36.5%。

注释：(1)本公报中数据均为初步统计数。各项统计数据均未包括香港特别行政区、澳门特别行政区和台湾省。部分数据因四舍五入的原因，存在着与分项合计不等的情况。

(2) 国内生产总值、各产业增加值和人均国内生产总值绝对数按现价计算，增长速度按不变价格计算。

(3) 国民总收入，原称国民生产总值，是指一个国家或地区所有常住单位在一定时期内所获得的初次分配收入总额。它等于国内生产总值加上来自国外的净要素收入。

(4)人户分离的人口是指居住地与户口登记地所在的乡镇街道不一致且离开户口登记地半年及以上的人口。

(5) 流动人口是指人户分离人口中扣除市辖区内人户分离的人口。市辖区内人户分离的人口是指一个直辖市或地级市所辖区内和区与区之间，居住地和户口登记地不在同一乡镇街道的人口。

(6) 2015年年末，0－14岁（含不满15周岁）人口为22715万人，15－59岁（含不满60周岁）人口为92547万人。

(7)年度农民工数量包括年内在本乡镇以外从业6个月及以上的外出农民工和在本乡镇内从事非农产业6个月及以上的本地农民工两部分。

(8)全员劳动生产率为国内生产总值（以2010年价格计算）与全部就业人员的比率。

(9)农产品生产者价格是指农产品生产者直接出售其产品时的价格。

(10)居住类价格包括建房及装修材料、住房租金、自有住房和水电燃料等价格。

(11) 按照完善政府预算体系的要求，2015年将政府性基金中用于提供基本公共服务以及主要用于人员和机构运转等方面的11项基金转列一般公共预算。为此，需扣除11项政府性基金转列一般公共预算影响，计算同口径增幅。

(12) 六大高耗能行业包括石油加工、炼焦和核燃料加工业，化学原料和化学制品制造业，非金属矿物制品业，黑色金属冶炼和压延加工业，有色金属冶炼和压延加工业，电力、热力生产和供应业。

(13) 高技术制造业包括医药制造业，航空、航天器及设备制造业，电子及通信设备制造业，计算机及办公设备制造业，医疗仪器设备及仪器仪表制造业，信息化学品制造业。

(14) 装备制造业包括金属制品业，通用设备制造业，专用设备制造业，汽车制造业，铁路、船舶、航空航天和其他运输设备制造业，电气机械和器材制造业，计算机、通信和其他电子设备制造业，仪器仪表制造业。

(15) 天然气包括气田天然气、油田天然气（分为油田气层气、油田伴生溶解气）和煤田天然气（也称煤层气）。

(16) 钢材产量数据中含企业之间重复加工钢材约34400万吨。

(17) 少量发电装机容量（如地热等）文中未列出。

(18) 固定资产投资按东部、中部、西部和东北地区计算的合计数据小于全国数据，是因为有部分跨地区的投资未计算在地区数据中。其中，东部地区是指北京、天津、河北、上海、江苏、浙江、福建、山东、广东和海南10省（市）；中部地区是指山西、安徽、江西、河南、湖北和湖南6省；西部地区是指内蒙古、广西、重庆、四川、贵州、云南、西藏、陕西、甘肃、青海、宁夏和新疆12省（区、市）；东北地区是指辽宁、吉林和黑龙江3省。

(19) 基础设施投资是指建造或购置为社会生产和生活提供基础性、大众性服务的工程和设施的支出。本文中的基础设施投资包括交通运输、邮政业，电信、广播电视和卫星传输服务业，互联网和相关服务业，水利、环境和公共设施管理业投资。

(20) 民间固定资产投资是指具有集体、私营、个人性质的内资企事业单位以及由其控股（包括绝对控股和相对控股）的企业单位建造或购置固定资产的投资。

(21) 高技术产业投资包括医药制造、航空航天器及设备制造等六大类高技术制造业投资和信息服务、电子商务服务等九大类高技术服务业投资。

(22) 房地产业投资除房地产开发投资外，还包括建设单位自建房屋以及物业管理、中介服务和其他房地产投资。

(23) 高速铁路是指最高营运速度达到200公里/小时及以上的铁路。

(24) 网上零售额是指通过公共网络交易平台（包括自建网站和第三方平台）实现的商品和服务零售额。其中，网上零售额包括的服务类商品，以及少部分用于生产经营用或被转卖的商品不统计在社会消费品零售总额中。

(25) 货物贸易、吸收外资采用人民币计价。服务贸易、对外投资和对外承包工程由于技术原因仍主要沿用美元计价。

(26) 服务进出口按照《国际收支手册（第六版）》标准统计，不含政府服务，增速按可比口径计算。

(27) "一带一路"是指"丝绸之路经济带"和"21世纪海上丝绸之路"。

(28) 2015年公路客货运量、周转量数据的核算方法和统计口径发生变化，增速按可比口径计算。

(29) 邮电业务总量按2010年价格计算。

(30) 移动电话交换机容量是指移动电话交换机根据一定话务模型和交换机处理能力计算出来的最大同时服务用户的数量。

(31) 固定互联网宽带接入用户是指报告期末在电信企业登记注册，通过xDSL、FTTx + LAN、FTTH/0以及其他宽带接入方式和普通专线接入公众互联网的用户。

(32) 移动宽带用户是指报告期末在计费系统拥有使用信息，占用3G或4G网络资源的在网用户。

(33) 手机上网人数是指过去半年通过手机接入并使用互联网的6周岁及以上中国居民数量。

(34) 软件和信息技术服务业包括软件开发，信息系统集成服务，信息技术咨询服务，数据处理和存储服务，集成电路设计服务和其他信息技术服务等行业。

(35) 社会融资规模增量是指一定时期内实体经济从金融体系获得的资金总额。

(36) 非公开增发又叫定向增发，不含资产认购部分。

(37) 公司信用类债券包括非金融企业债务融资工具、企业债券以及公司债、可转债等。

(38) 原保险保费收入是指保险企业确认的原保险合同保费收入。

(39) 人均收入中位数是指将所有调查户按人均收入水平从低到高(或从高到低)顺序排列,处于最中间位置调查户的人均收入。

(40) 农村五保供养是指老年、残疾和未满16周岁的村民,无劳动能力、无生活来源又无法定赡养、抚养、扶养义务人,或者其法定赡养、抚养、扶养义务人无赡养、抚养、扶养能力的村民,在吃、穿、住、医、葬方面得到的生活照顾和物质帮助。

(41) 中等职业教育包括普通中专、成人中专、职业高中和技工学校。

(42) 国家新兴产业创投计划是指中央财政专项资金通过与地方政府资金、社会资本共同发起设立创业投资企业,或以股权投资模式直接投资创业企业等方式,培育和促进新兴产业发展的活动。

(43) 海洋观测站(点)是指依托岸基、岛屿(或海上固定平台)进行海洋水文、气象观测,获取具有充分代表性的长期、定点、连续海洋环境观测资料的场所,部分海洋观测站存在多个观测点的情况。

(44) 总流通人次是指本年度内到图书馆场馆接受图书馆服务的总人次,包括借阅书刊、咨询问题以及参加各类读者活动等。

(45) 特种影片是指那些采用与常规影院放映在技术、设备、节目方面不同的电影展示方式,如巨幕电影、立体电影、立体特效(4D)电影、动感电影、球幕电影等。

(46) 人均图书拥有量是指在一年内全国平均每人能拥有的当年出版图书册数。

(47) 社会服务床位数除收养性机构外,还包括救助类机构、社区类机构以及军休所、军供站等机构的床位。

(48) 国有建设用地供应总量是指报告期内市、县人民政府根据年度土地供应计划依法以出让、划拨、租赁等方式将土地使用权提供给单位或个人使用的国有建设用地总量。

(49) 房地产用地是指商服用地和住宅用地的总和。

(50) 万元国内生产总值用水量、万元工业增加值用水量和万元国内生产总值能耗按2010年价格计算。

(51) 十大流域包括长江、黄河、珠江、松花江、淮河、海河、辽河、浙闽片河流、西北诸河和西南诸河。

本公报中城镇新增就业、登记失业率、社会保障数据来自人力资源社会保障部;财政数据来自财政部;外汇储备、汇率、货币金融、公司信用类债券数据来自人民银行;水产品产量数据来自农业部;木材产量、林业、森林火灾数据来自林业局;灌溉面积、水资源数据来自水利部;发电装机容量、新增220千伏及以上变电设备数据来自中电联;新建铁路投产里程、增新建铁路复线投产里程、电气化铁路投产里程、铁路运输数据来自铁路总公司;新建公路里程、港口万吨级码头泊位新增吞吐能力、公路运输、水运、港口货物吞吐量数据来自交通运输部;新增民用运输机场、民航数据来自民航局;新增光缆线路长度、电话交换机容量、电话用户、宽带用户、移动互联网接入流量、上网人数、软件业务收入等数据来自工业和信息化部;保障性住房、城市污水处理、城市集中供热面积、建成区绿地率数据来自住房城乡建设部;货物进出口数据来自海关总署;服务进出口、外商直接投资、对外直接投资、对外承包工程、对外劳务合作等数据来自商务部;管道数据来自中石油、中石化、中海油;民用汽车、交通事故数据来自公安部;邮政业务数据来自邮政局;旅游数据来自旅游局、公安部;上市公司数据来自证监会;保险业数据来自保监会;城乡低保、五保供养、社会服务、农作物受灾面积、洪涝地质灾害造成直接经济损失、旱灾造成直接经济损失、低温冷冻和雪灾造成直接经济损失来自民政部;教育数据来自教育部;安排科技计划课题、技术合同等数据来自科技部;国家工程研究中心、企业技术中心、新兴产业创投等数据来自发展改革委;专利数据来自知识产权局;宇航发射数据来自国防科工局;质量检验、国家标准制定修订等数据来自质检总局;气象预警、平均气温、登陆台风数据来自气象局;地震数据来自地震局;海洋观测站(点)、海洋灾害造成直接经济损失数据来自海洋局;测绘数据来自测绘地信局;艺术表演团体、博物馆、公共图书馆、文化馆数据来自文化部;广播电视、电影、报纸、期刊、图书数据来自新闻出版广电总局;档案数据来自档案局;体育数据来自体育总局;残疾人运动员数据来自中国残联;卫生数据来自卫生计生委;国有建设用地供应数据来自国土资源部;自然保护区、环境监测数据来自环境保护部;安全生产数据来自安全监管总局;其他数据均来自国家统计局。

中国统计出版社最新图书简目

（仅供参考，以实际出版为准）

统计资料

中国统计年鉴 中国统计摘要 中国发展报告
中国经济普查年鉴2013 国际统计年鉴 金砖国家联合统计手册
中国-东盟国家统计手册 中国农村统计年鉴 中国县域统计年鉴
中国城市统计年鉴 中国对外直接投资统计公报 中国地区经济监测报告
中国贸易外经统计年鉴 中国零售和餐饮连锁企业统计年鉴 中国商品交易市场统计年鉴
大中型批发零售和住宿餐饮企业统计年鉴 中国农产品价格调查年鉴 中国住户调查年鉴
中国价格统计年鉴 中国能源统计年鉴 全国农产品成本收益资料汇编
中国环境统计年鉴 中国建筑业统计年鉴 国外资源、能源和环境统计资料汇编
中国工业统计年鉴 中国城乡建设统计年鉴 中国房地产统计年鉴
中国城市建设统计年鉴 中国科技统计年鉴 中国第三产业统计年鉴
中国证券期货统计年鉴 中国劳动统计年鉴 中国高技术产业统计年鉴
工业企业科技活动资料 中国社会统计年鉴 中国人口和就业统计年鉴
中国人才资源统计报告 中国教育经费统计年鉴 中国文化及相关产业统计年鉴
文化及相关产业统计概览 中国民政统计年鉴 中国民族统计年鉴
中国残疾人事业统计年鉴 中国妇女儿童状况统计资料（英） 中国乡镇街道行政区域简册
中国基本单位统计年鉴

省级综合统计年鉴系列

北京 天津 河北 山西 内蒙古 辽宁 吉林 黑龙江 上海 江苏 浙江 安徽 福建 江西 山东 河南 湖北 湖南
广东 广西 海南 重庆 四川 贵州 云南 西藏 陕西 甘肃 青海 宁夏 新疆 新疆生产建设兵团

市(县)级综合统计年鉴系列

天津滨海新区 石家庄 唐山 邯郸 保定 沧州 邢台 廊坊 承德 衡水 秦皇岛 张家口 太原 大同 阳泉 长治 晋城
朔州 晋中 运城 忻州 临汾 呼和浩特 呼和浩特新城区 鄂尔多斯 包头 沈阳 大连 长春 延吉 四平 通化 哈尔滨
齐齐哈尔 黑龙江垦区 上海浦东新区 南京 无锡 徐州 常州 苏州 南通 连云港 淮安 盐城 扬州 镇江 泰州
宿迁 江阴 丹阳 杭州 宁波 温州 嘉兴 湖州 绍兴 金华 衢州 舟山 台州 丽水 合肥 安庆 马鞍山 福州 厦门
宁德 漳州 南昌 九江 上饶 新余 抚州 萍乡 赣州 吉安 景德镇 济南 青岛 潍坊 枣庄 日照 滕州 郑州 洛阳
平顶山 三门峡 商丘 信阳 济源 武汉 十堰 荆州 宜昌 荆门 咸宁 长沙 广州 深圳 惠州 东莞 南宁 柳州 桂林
来宾 海口 三亚 成都 贵阳 昆明 西安 安康 兰州 庆阳 银川 乌鲁木齐 兵团一师 兵团十师

调查年鉴系列

天津 山西 内蒙古 辽宁 吉林 上海 福建 江西 河南 湖北 湖南 广西 重庆 四川 云南 甘肃 宁夏 新疆

统计方法应用/实用手册

实用SAS统计分析教程 马克威统计分析与数据挖掘应用案例
乡镇统计人员岗位知识培训系列教材：辅助调查员岗位基础知识 乡镇统计人员岗位基础知识
县级统计人员岗位知识培训系列教材：Excel在统计工作中的应用 简明统计分析
EXCEL在基层统计工作中的应用 统计公文知识问答

统计通俗读物/统计科普图书

漫话诺贝尔经济学大师与数学情缘 魅力统计 漫话信息时代的统计学 统计使人更聪明
漫游数据王国 探访随机世界 新中国统计工作历史流变1949-1999 无处不在的统计

重点图书

新编英汉汉英统计大词典 中华医学统计百科全书
挑大学选专业2016—考研择校指南 挑大学选专业2016—高考志愿填报指南